KB109515

러스트벨트의
밤과 낮

이 책의 한국어판 저작권은 대니홍 에이전시를 통한 저작권사와의 독점 계약으로
마음산책 출판사에 있습니다. 신저작권법에 의해 한국 내에서 보호를 받는 저작물이므로
무단전재와 복제를 금합니다.

▪ 이 도서의 국립중앙도서관 출판예정도서목록(CIP)은
서지정보유통지원시스템 홈페이지(http://seoji.nl.go.kr)와
국가자료종합목록 구축시스템(http://kolis-net.nl.go.kr)에서 이용하실 수 있습니다.
(CIP제어번호: CIP2020049552)

러스트벨트의
밤과 낮

엘리스 콜레트 골드바흐 오현아 옮김

**여성
철강 노동자가
경험한
두 개의 미국**

마음산책

옮긴이 **오현아**
서울대학교 영어영문학과를 졸업하고 조인스닷컴에서 서평 전문 기자로 일했다.
옮긴 책으로는『긴즈버그의 말』『알리바이』『작은 공주 세라』『작가님, 어디 살아
요?』『디어 개츠비』『사냥꾼들』등이 있다.

러스트벨트의
밤과 낮

여성 철강 노동자가 경험한 두 개의 미국

1판 1쇄 인쇄 2020년 12월 10일
1판 1쇄 발행 2020년 12월 15일

지은이 | 엘리스 콜레트 골드바흐
옮긴이 | 오현아
펴낸이 | 정은숙
펴낸곳 | 마음산책

편집 | 권한라 · 성혜현 · 김수경 · 이복규   디자인 | 최정윤 · 오세라
마케팅 | 권혁준 · 김종민   경영지원 | 박지혜

등록 | 2000년 7월 28일(제13-653호)
주소 | (우 04043) 서울시 마포구 잔다리로 3안길 20
전화 | 대표 362-1452 편집 362-1451   팩스 | 362-1455
홈페이지 | www.maumsan.com
블로그 | maumsanchaek.blog.me
트위터 | twitter.com/maumsanchaek
페이스북 | facebook.com/maumsan
인스타그램 | instagram.com/maumsanchaek
전자우편 | maum@maumsan.com

ISBN 978-89-6090-653-2 03300

* 책값은 뒤표지에 있습니다.

부모님께

■ 일러두기

1. 이 책은 『RUST: A Memoir of Steel and Grit』(Eliese Colette Goldbach, 2020)을 우리말로 옮긴 것이다.

2. 이 책의 이야기는 실화지만, 몇몇 이름과 세부 내용은 바꾸었고 부수적 인물들과 사건들은 얼마간 요약하거나 순서를 재배열했다.

3. 외국 인명·지명·독음 등은 외래어표기법을 따르되 관용적인 표기와 동떨어진 경우 절충하여 실용적 표기를 따랐다.

4. 국내에 소개된 작품명은 번역된 제목을 따랐고, 국내에 소개되지 않은 작품명은 원어 제목을 독음대로 적거나 우리말로 옮겼다.

5. 원문에서 이탤릭체로 강조한 부분은 고딕체로 표시했다.

6. 주석은 모두 옮긴이 주다.

7. 매체, 영화, 공연, 게임, 텔레비전 프로그램 등의 제목은 〈 〉로, 장 제목, 편명은 「 」로, 책 제목은 『 』로 묶었다.

차 례

러스트벨트의 도시에서 주황빛 불꽃은
단순히 역한 냄새와 오염의 전조만이 아니다.
저 불꽃은 우리 역사와 우리 정체성의 일부다.

1
클리블랜드의 유산

제철소 안에서 반짝이는 것은 강철뿐이다. 한때 옥색이었던 통로들은 우중충한 회녹색으로 바랬다. 한때 노란색이었던 크레인들은 때가 묻어 누렇게 변색되었다. 도처에—벽과 손가락에, 지게차와 도시락에, 화물차와 외투에—먼지가 내려앉았다. 긴 근무시간 동안 굼뜨게 움직이는 노동자들마저 먼지를 뒤집어쓴 것처럼 보인다.

나는 그런 노동자 가운데 하나다. 회사에서 나는 유틸리티 노동자 utility worker. 다양한 작업 공간에서 일상적인 유지 보수 활동을 담당하는 노동자 6691번으로 통한다. 6691은 신입공에게 부여하는 번호다. 풋내기. 초짜. 제철소에서 일을 시작할 무렵, 나이 지긋한 직원 하나가 내게 축하 인사를 건넸다. "복권 당첨이야. 돈 좀 벌걸?"

그는 말을 멈췄다. 잠시 생각하는 눈치였다. 그러더니 가느다랗게 한숨을 쉬었다.

"어쨌거나 조심해. 까닥하다가는 기계가 자네를 집어삼킬지도 몰라."

대개의 경우 제철소는 악몽 같은 곳이다. 이른 아침, 높다란 화통에서는 주황빛 불꽃이 하늘 높이 치솟는다. 굴뚝은 하얀 연기를 내뿜는다. 철로는 물 빠진 황량한 땅을 가로지르고, 쿠야호가 강의 누런 강물은 이리 호 어귀로 흘러간다. 많은 공장 건물이 녹슬고 그을음이 낀 채 엉긴 피처럼 검불그스름하게 서 있다. 이런 건물들 안에서 용광로는 활활 타오르고 기계는 윙윙 돌아가고 크레인들은 짐 무게에 겨워 끽끽거린다. 이런 건물들 안에서 쇳물이 강철로 바뀐다. 9미터 위 레이들ladle. 용광로에서 녹인 용융물을 받는 용기에 용융물을 부으면 환한 가스가 자욱하게 피어오른다. 끓는 금속의 불빛 속에서 주황색으로 보이는, 이 탁탁 튀는 가스는 혀를 날름거리고 채찍을 휘두르면서 악마의 춤을 춘다. 제철소 어디를 둘러보나 이렇게 외치는 듯하다. 여긴 널 죽일 수 있는 곳이야. 사람들이 죽어나가는 곳이라고.

일을 시작했던 무렵 어느 오후에 고참 하나가 자신이 알고 지낸 여자 이야기를 들려주었다. 나처럼 그녀도 유틸리티 노동자였다. 나처럼 그녀도 감사한 마음으로 제철소에 다녔을 것이다.

어느 날 그녀는 컨베이어벨트 근처의 철제 탁자에 장갑을 올려놓았다. 평소와 다를 바 없었다. 모두들 그 탁자에 장갑을 올려놓았다. 무게가 20~30톤쯤 되는 원기둥형의 강재를 실은 컨베이어벨트가 철컥철컥 굴러갔다. 그날따라 컨베이어벨트에 실린 강재에는 두텁게 기름칠이 되어 있었다. 강재는 유독 미끄러웠고 컨베이어벨트는 연신 철커덩거리며 움직였다. 그녀가 장갑을 집으려고 손을 뻗는 순간, 강재 하나가 컨베이어벨트에서 미끄러지면서 철제 탁자 위로 그녀를 깔아뭉갰다.

"한번 상상해봐. 강재가 얼마나 무거웠을지. 몸이 둘로 갈라졌어." 고참이 말했다.

뭐라 대꾸해야 할지 몰랐다. 내 몸이 깔리는 상상을 했다.

"사고가 난 직후에 그녀는 숨이 붙어 있었어." 고참은 말을 이었다. "최악이었지. 여전히 숨이 붙어 있었으니. '나 좀 꺼내줘.' 그녀가 계속 말했어. '나 좀 꺼내줘. 나 좀 꺼내줘.'"

나는 시꺼메진 내 손을 내려다보았다. 제철소의 돌가루가 손금 사이사이에 박힌 것처럼 보였다. 살갗 속으로 파고든 것 같았다.

"마침내 원기둥을 들어 올렸는데, 곧바로 숨이 끊어지더군."

고참은 입을 다물고 허공을 응시했다. 아득히 먼 곳을 바라보는 것 같았다.

"그녀의 몸은." 그가 다시 입을 뗐다. "그녀의 몸은 말이지, 으스러졌어."

철강 노동자가 될 생각은 없었다. 별 하나 없는 하늘 아래 용광로의 환한 불빛을 바라보면서 밤을 보낼 생각은 없었다. 제철소의 언어를 배울 생각도, 그래서 나보다 나이가 갑절은 많은 아저씨들에게 압연강재를 옮기세요, 압연기를 가동하세요, 라인을 치우세요 같은 말을 할 생각도 없었다.

나는 가톨릭계 여자고등학교를 다녔다. 학창 시절 육상 선수로 뛰었다. 〈작은 아씨들〉 연극에서 베스 역을 맡았고, 졸업생 대표였다.

가능성은 무궁무진해, 어린 시절에 어른들은 말했다. 이 세상에서 원하는 건 뭐든지 할 수 있어!

오하이오주 클리블랜드에서 자라는 여느 아이들처럼 나도 고향을 뜨고 싶어 했다.

고등학생 시절 친구들과 함께 미래의 탈출 계획을 종종 모의하곤 했다. 세상 밖으로 멀리 나가 견문을 넓혀야지. 샌프란시스코나 보스턴 같은 그럴싸한 도시에 있는 대학교로 진학해야지. 진정한 세상은 다른 도시, 다른 동네에 있었고, 우리는 여기가 아닌 어디든 다른 곳에서 삶을 꾸리고 싶었다.

클리블랜드 토박이인 내게 제철소는 늘 풍경의 일부였다. 그것은 로키 산맥이나 아이오와의 옥수수밭처럼 붙박이고 배경이며 당연한 것이었다. 어린 시절 여름날 오후에 차를 타고 녹슨 공장 건물을 지나가던 일이 지금도 기억에 생생하다. 아빠는 공과금을 내거나 소포를 부치거나 웨스트사이드마켓에서 장을 보거나 할 때 나를 곧잘 데리고 갔고, 그럴 때면 제철소 용광로에서 내뿜는 주황빛 불꽃을 가까이에서 바라보았다.

아빠와 함께한 이런 오후의 매 순간을 나는 사랑했다. 상기된 얼굴처럼 붉은색의 스테이션왜건 조수석에 앉아 있으면 지루한 일도 임무처럼 느껴졌다. 우리는 티미와 래시1950년대 미국 TV 드라마 〈래시〉의 두 주인공였고, 샌디와 플리퍼1960년대 미국 TV 드라마 〈플리퍼〉의 두 주인공였으며 배트맨과 로빈이었다. 우리는 한 거푸집에서 만든 한패인 동시에 동료였고 동지였다.

길이 꽉 막힌 어느 날 오후였다. 스테이션왜건이 제철소 방향으로 가다 서다를 반복하고 있는데, 차를 몰 자격이 없는 모든 바보 같은 운전자들을 향해 아빠가 가운뎃손가락을 들어 올렸다.

"합류하는 법 좀 배워라, 이 병신 같은 놈아." 아빠는 경적을 길게 울리면서 욕설을 내뱉었다.

나는 짐짓 못 들은 척했다. 지나가는 차들을 향해 고함을 지르는 사내는 내가 평소에 알던 아빠가 아니었다. 아빠는 웬만하면 내 변덕을 다 받아주는 조용하고 온화한 사람이었지만 교통 체증에는 이성을 잃곤 했다. 그럴 때는 아빠의 몸 안에 다른 사람이 사는 것 같았다. 아빠의 살갗 밑에 경멸로 가득 찬 영혼이 깃든 듯 보였고, 그 영혼은 아주 작은 불의에도 밖으로 뛰쳐나가려고 했다.

아빠가 가운뎃손가락을 허공에 대고 흔들 때마다 나는 민망했지만, 의자에 몸을 파묻고 사라지고 싶은 충동과 싸웠다. 내가 사라진다면 아빠와 한패가 아닐 것이므로 나는 스스로 편안함을 느낄 수 있는 유일한 행동을 했다. 아빠를 따라해 다른 운전자들을 매섭게 노려보는 것이었다. 그러나 우리의 분노에도 불구하고 교통 체증은 나아지지 않았다. 아빠가 한숨을 쉬며 라디오를 켜자 AM 방송이 지직거리며 나왔다. 민주당 정치인들이 저지르는 온갖 잘못에 대해 러시 림보Rush Limbaugh. 미국의 보수 성향 라디오 진행자가 떠들고 있었다. 세상일을 알기에 어린 나이였지만 림보의 에너지에 마음이 끌렸다. 성령 충만한 설교자처럼 그에게는 확신과 카리스마가 느껴졌고, 무슨 말인지 잘 모르면서도 무작정 그의 말을 믿고 싶었다.

림보가 전달하려는 메시지의 본질을 어렴풋이 알 것 같았다. 공화당을 지지하는 건 좋은 일이고 민주당을 지지하는 건 나쁜 일이라는 것이었다. 우리 가족은 그 속에 엄청난 양의 신앙심을 버무리긴 했지만, 얼마간은 림보와 같은 생각을 공유했다. 우리가 공화당을 지지하는 것은 하느님이 그것을 원하시기 때문이었다. 사탄은 민주당 지지자들을 타락시켜 임신중단과 동성애, 그리고 그중에서도 최악으로 페미니즘의 죄악에 빠지게 했다. 지금 민주당 지지자들은 미국 사회의 모든 선과 도덕을 파괴하려 하며, 그들에 맞서는 것이 공화당 지지자로서 우리가 해야 할 일이었다.

스테이션왜건은 조금씩 앞으로 나아가면서 도심 바로 바깥에 위치한 클리블랜드 산업 단지에 가까워지고 있었다. 전에도 여러 번 아빠와 이 고속도로를 다닌 적이 있었다. 클리블랜드 시내를 도는 주요 도로 가운데 하나였는데, 북쪽으로 터미널타워와 키빌딩둘 다 클리블랜드 퍼블릭스퀘어(Public Square) 근처에 위치한 고층 건물이 희미하게 보였다. 남쪽으로 시선을 돌리면 매캐한 냄새가 종종 코를 찌르는 산업 단지가 저 아래로 내려다보였다. 어떤 날에는 생선이 썩는 것 같은 냄새가 얼핏 풍겼다. 또 어떤 날에는 고무가 타는 듯한 냄새가 났다. 그날 오후에는 썩은 달걀 같은 냄새가 진동했다.

"이 근처에만 오면 왜 이렇게 이상한 냄새가 나?" 내가 러시 림보의 장광설 너머로 물었다.

"제철소에서 나는 유황 냄새야." 아빠가 대답했다.

"어떤 게 제철소야?"

아빠는 나잇살이 붙은 손가락으로 콧수염을 어루만졌다. 어렸을 적에 나는 너무 통통해서 결혼반지가 꼼짝도 하지 않는 아빠의 약손가락을 신기한 눈으로 쳐다보았다. 금반지 주위에 살이 쪄서 굳은살이 박인 손가락에 부드럽게 팬 자국이 생겼다. 아빠는 가톨릭 교도들이 이혼을 인정하지 않는 건 참 다행스러운 일이라고 우스갯소리를 하곤 했다.

"저쪽 단지에 있는 건물들이 보이지?" 아빠가 물었다.

나는 낡고 녹슨 건물들을 내려다보았고, 그중 몇 개는 금방이라도 무너질 것 같았다. 건물들이 잊힌 도시의 잔해처럼 저 멀리까지 뻗어 있었다. 굴뚝에서 연기가 나지 않았다면 버려진 건물이라고 생각했을 것이다.

"응," 내가 대답했다. "보여."

"음," 아빠가 말했다. "저기 대부분이 제철소 공장이야."

"정말?"

"응. 참 넓지."

고속도로에서 바라보자니 제철소는 마치 검은 망토를 둘러쓴 악당처럼 불길하고 기이해 보였다. 저렇게 낡은 건물에서 좋은 게 나올 리가 없었고, 굴뚝은 나를 불안하게 했다. 나의 할머니는 하루에 담배를 두 갑씩 피웠는데, 사람들은 하나같이 할머니더러 암에 걸릴 거라고 했다. 담배처럼 작은 물건이 사람을 아프게 할 수 있다면 제철소에서 뿜어대는 썩은 달걀 냄새가 나는 화학물질은 틀림없이 사람을 이른 나이에 죽게 할 것이다.

스테이션왜건이 느릿느릿 기어가는 동안 나는 얕은 숨을 들이마신 다음 코를 손가락으로 싸쥐었다. 러시 림보는 라디오에서 큰 소리로 클린턴 부부를 맹비난하는 중이었고 나는 가슴이 뻐근해올 때까지 숨을 참았다. 코를 꽉 쥔 채 의자에서 몸을 비비 꼬면서도 기절하지 않을 정도의 적은 공기만을 재빨리 들이마셨다.

당시 내게 제철소는 할머니의 담배처럼 이해할 수 없는 과거의 것이었다. 그것은 미국을 건설한 세대와, 그들을 계승해야 할 세대를 가르는 분계선이었다. 숨을 참고 제철소를 지나는 동안 밀레니얼이라는 단어는 아직 내 어휘 사전에 들어오지 않았지만, 우리 세대가 유황 냄새 나는 클리블랜드의 산업 단지 공장 건물에 갇힌 세대보다 더 나은 미래를 보장받았다는 것은 이미 알고 있었다. 우리는 봉급만 쥐여주는 하찮은 일에 안주하지 않을 것이고, 블루칼라의 고된 일 이외에 다른 일을 하라는 격려를 어른들한테 들었다.

꿈꾸면 이룰 수 있다! 어른들은 말했다. 세상은 너의 것이다!

어린 나는 이 상투적인 문구들을 마음속 깊이 새겼다. 녹슨 건물들에서는 기회가 아닌 썩은 냄새가 났으므로 나는 아빠가 경적을 울리는 동안 고집스럽게 숨을 참았다. 꽉 막힌 길을 빠져나가는 데 얼마가 걸릴지 신경 쓰지 않았고, 내 몸이 산소를 얼마나 필요로 하는지도 신경 쓰지 않았다. 제철소의 역겨움이 몸속으로 들어오지 않도록 할 수 있는 한 오랫동안 숨을 참을 것이었다.

스물여덟 살의 나는, 그러니까 제철소에서 일하기 몇 달 전의 나는 여전히 클리블랜드 외곽에 살고 있었다. 근근이 월세를 내는 방 하나짜리 아파트에서는 동물 사체 썩는 냄새가 났다. 흉물스러운 진홍색 카펫이 깔려 있고 쥐가 출몰하는 곳이었는데 집주인은 쥐약을 놓는 것으로 이 문제를 해결했다. 그러자 벽 뒤에서 죽은 쥐들이 썩어갔고, 나는 짐을 싸서 워싱턴에 사는 절친한 친구를 보러 가기로 마음먹었다. 나와 달리 그 친구는 사춘기 시절의 방랑벽을 충실히 따랐다. 고향에서 벗어난 것이다.

속옷을 한 움큼 집어 가방에 던져 넣으면서 무엇이 잘못되었을까 생각했다. 친구와 나는 둘 다 대학에 갔다. 우리는 대학교를 졸업했고 늘어만 가는 빚을 보고도 못 본 척했다. 친구가 클리블랜드에서 벗어나는 데 성공했다 하더라도 우리는 각자의 방식으로 고군분투했다. 친구가 워싱턴에서 사회 초년생으로 겨우 먹고사는 동안 나는 페인트칠로 밥벌이를 꾸려나갔다. 친구도 나도 학자금 대출은 갚을 엄두를 못 냈고, 과연 의미 있는 삶을 살 수 있을지 회의가 들기 시작했다.

십대 시절에 사람들은 우리에게 가슴이 시키는 대로 행동하고 열정을 좇으라고 했다. 친구는 중국어를, 나는 영어를 선택했다. 고등학생일 때 영어를 별로 좋아하지 않은 내가 영어를 나의 열정으로 선택했다는 건 분명 이상한 일이다. 셰익스피어는 따분했다. 상징주의는 시간 낭비였다. 열 쪽짜리 리포트는 악마가 고안해낸 것이었고 『위대한 개츠비』는 기대에 미치지 못했다. 사실을 말하자면 나는 꽤 쓸 만한 엔지니어가 될 수 있었을 것이다. 스템STEM, 과학(S), 기술(T), 공학(E), 수학(M)의 줄임말 과목들은 쉬운 편이었는데, 바로 그게 문제였다. 미적분은 도전을 자극하지 않았고, 그것은 미국 정신에 부합하지 않았다. 미국인은 노력의 가치를 믿는 사람들이었다. 네 손으로 얻어라. 정상까지 올라가라. 맨주먹으로 자수성가하라. 산을 오르는 것 같이, 진정한 미국적 열정은 정복해야 하는 것이므로 나는 공학 대신에 영어를 선택했다. 제일 어려운 것에 통달하고 싶었다.

당시 내게 미래의 취업 전망은 걱정거리로 보이지 않았다. 대학 졸업장만 받으면 정규직은 얼마든지 구할 수 있다고 어른들은 오랫동안 자신 있게 말해왔다. 무엇을 공부하느냐는 중요하지 않았다. 졸업장은 취업으로 가는 황금 티켓이기 때문에 인문대를 나와도 문제없을 거라고 나는 생각했다. 그런데 대학교를 졸업한 직후에 세계 금융 위기가 찾아왔다. 나는 구직하지 못했고, 일자리가 줄어든 러스트벨트미국 중서부와 북동부 지역의 쇠락한 공업지대 안에서 내가 취업할 가능성은 제로에 가까웠다. 그래도 걱정하지 않았다. 어린 시절의 약속을 여전히 믿고 교수가 되겠다는 희망으로 대학원에 진학했다.

3년 동안 대학원에서 공부하며 수업을 들었다. 이자가 자꾸 불어나는 학자금 대출을 연장했고 페인트칠 아르바이트로 생계를 꾸려

나갔다. 석사 학위를 받을 때가 되자, 졸업 서류 하나가 잘못됐다는 연락을 학교로부터 받았다. 이수 과목을 모두 듣고 졸업논문까지 끝냈지만, 졸업장을 받으려면 그 서류를 수정해야 한다는 것이었다. 당시 깊은 우울증으로 고생하던 때라 그 문제는 태산처럼 큰 장애물로 느껴졌다. 내 삶은 예측하지 못한 사건들의 연속이었고, 언젠가부터 삶에 대한 통제를 잃은 상태였다. 자살 충동을 느끼곤 하는 울적한 상태는 미래에 대한 걱정으로 더욱 악화될 따름이어서 나는 그 문제를 몇 달 동안 외면했다. 무력감이 나를 사로잡았고 몇 달은 몇 년이 되었다. 나는 페인트칠을 계속했고—그것 말고는 다른 일자리를 구할 수 없었다—어느새 썩어가는 쥐의 사체가 우글거리는 아파트에서 살고 있었다.

소파는 누군가 쓰다 버린 것이었다. 부엌세간은 누군가 두고 간 것이었다. 친구 집 다락에서 꺼내 온 매트리스에는 누군가의 월경혈이 묻어 있었다. 워싱턴에 며칠만 있을 예정이었지만, 아파트에서 벗어날 기회가 생긴 게 더없이 기뻐서 서둘러 여행 가방을 작은 검은색 해치백에 던져 넣고 클리블랜드를 빠져나갔다.

주말을 보내러 친구 집에 도착한 뒤, 친구가 그곳에서 알게 됐다는 남자 둘과 동석해 위스키를 마셨다. 그들은 둘 다 잘나가는 변호사였고 나의 클리블랜드 유산에 호기심이 동하는 눈치였다.

"그러니까," 변호사 하나가 말했다. 숱 많은 갈색 머리는 젤을 적당히 발라 뒤로 넘겼다. "클리블랜드에서는 뭐가 나지?"

"무슨 말이야?" 내가 되물었다.

"메인에서는 바닷가재가 나잖아. 하와이에서는 커피가 나고. 버지니아는 땅콩. 클리블랜드는? 클리블랜드에서는 뭐가 나냐고?"

남자의 말투에는 빈정거림이 묻어 있었다. 질문이라기보다는 도발에 가까웠다. 오하이오주 클리블랜드에서 생산하는 뭔가 중요한 걸 한번 생각해봐. 나는 위스키를 홀짝거리면서 잠시 생각에 잠겼다. 뭐라 대답해야 할지 막막했다. 클리블랜드는 대체 뭘 생산할까? 우리를 중요하게 만드는 게 뭘까? 우리를 남들과 구별해주는 게 뭘까? 아무것도 떠오르지 않아서 나는 클리블랜드 사람들이 가장 잘하는 것을 했다. 농담을 한 것이다.

"클리블랜드에서 뭐가 나냐고?" 내가 말했다. "실패."

동석자들이 모두 웃었다. 나도 따라 웃었다.

"그렇게 막장 도시에서 살다니 안 된 일이야." 변호사가 말했다.

위스키 잔을 잡은 손에 힘이 들어갔다. 클리블랜드 사람들 사이에서는 무언의 규칙이 있다. 그곳에서 나고 자란 사람들은 그곳 흉을 보면서 우스갯소리를 할 수 있어도 외지인들은 함부로 입을 놀려서는 안 된다는 것이다.

"아," 내가 말했다. "거지 같아. 네가 클리블랜드에 대해 뭘 안다고 그래?"

남자는 놀란 표정을 지었지만 재미있어 하는 눈치였다.

"우리 고향엔 네가 모르는 온갖 거지 같은 것들이 다 있어." 나는 적당한 표현을 찾으려고 애쓰면서 말을 이었다. "오케스트라도 있고 미술관도 있고 호수도 있어. 지랄 같은 클리블랜드 클리닉클리블랜드에 위치한 종합병원으로 미국 4대 병원 가운데 하나로 일컬어진다도 있다고."

남자는 위스키를 한참 동안 홀짝거렸다. 내가 한 말이 농담인지 아닌지 가늠하는 게 분명했다. 사실을 말하자면 그는 아픈 곳을 건드린 셈이다. 나는 나의 도시, 고향, 유산에 대해 양가감정을 느꼈다. 클리블랜드에 꼼짝없이 갇혔다는 느낌이 들면서도 내 고향의 아름다움을 알았다. 그곳은 "호반의 실수The Mistake on the Lake"라는 별칭으로 불리는 도시다. 끈질긴 인내로 점철된 패배자의 도시다. 그곳 사람들은 고난에 직면해도 특유의 끈덕진 낙관주의를 잃지 않는다.

내가 자란 1990년대는 모든 클리블랜드 스포츠팀이 불멸의 저주를 받았던 시기다. 프로야구팀 인디언스는 월드시리즈에서 패배했다. 미식축구팀 브라운스는 가방을 싸서 볼티모어로 연고지를 옮겼다. 프로농구팀 카브스는 심지어 유명하지도 않았다. 매해 사람들은 올해는 다를 거야! 하는 똑같은 말을 반복했다. 몇십 년 동안 똑같은 말을 한다는 건 중요하지 않았다. 매해 그들은 간절한 희망을 품었다. 결국 그것은 스포츠에 불과하니까 큰일이 아닐지도 몰랐다. 클리블랜드의 문제는 비단 스포츠만이 아니긴 했지만. 그렇게 그곳 사람들은 세상을 바라보았다.

물론 패배 심리에는 단점이 있다. 앞으로 나아가는 걸 방해할 만큼 패배 심리는 정체성에 깊게 각인될 수 있다. 오랫동안 사람들은 나의 잠재력에 대해 노래했지만 나 역시 내 고향 도시의 산물이었다. 매해 나는 올해는 학위를 딸 거야! 하고 스스로에게 말했다. 그사이 3년이 훌쩍 지나갔고, 결국 예상대로 학위를 받지 못했다. 석사 학위를 딴다는 게 진실의 순간처럼 느껴졌다. 제일 어려운 것에 통달하려고 수년을 보낸 뒤였다. 학위를 취득하고도 대학에 자리를 잡지 못하면—다른 분야에서도 기반을 다지지 못했듯이—학업에 쓴 시간이 헛된 노력이었음이 입증될 터였다. 그럴 바에야 내 식대로 실패하는 게 나았다. 페인트공으로 일하는 게 더 안전한 길이었다.

제철소에서 일하기 전에는 나 역시 클리블랜드에 대해 아는 게 없다고 생각해본 적이 없었다. 나의 고향은 '실수의 도시' 그 이상이었지만, 워싱턴에서 변호사들과 이야기할 때는 그 사실을 미처 깨닫지 못했다. 나 자신이 그림의 반쪽밖에 보지 못했으므로 섣부른 방어로는 그 누구도 설득할 수 없었다. 클리블랜드의 정신을 옹호할 수 있게 된 것은 주황빛 불꽃을 음미하는 법을 터득하고 나서였다.

러스트벨트의 도시에서 주황빛 불꽃은 단순히 역한 냄새와 오염의 전조만이 아니다. 그것은 시대착오도 아니며 혁신의 부족을 증명하는 것도 아니다. 그것은 샌프란시스코나 보스턴 같은 도시의 사람들에게는 당혹스러운 존재일지 모르나 우리에게는 그 이상이다. 그것은 일자리고 세금이다. 그것은 경제성장을 가리킨다. 저 불꽃이 타오르면 클리블랜드가 잘 굴러간다는 뜻이야, 하고 철강 노동자들은 말한다. 저 불꽃은 우리 역사와 우리 정체성의 일부다. 그것은 어떤 것도 영원하도록 만들어지지 않은 세상에서 시간의 시험을 이겨내는 것이 존재한다는 사실을 끊임없이 환기한다.

제철소는 쿠야호가 강 기슭에 한 세기 넘게 서 있다. 1900년도 초반에 쿠야호가 강은 넓은 세상으로 나가는 길목이었다. 바지선들은 오대호를 가로질러 쿠야호가 강으로 흔들흔들 올라와 제철소에 원자재를 부려놓고는 완성된 강철 제품을 원하는 곳 어디로든 실어 날랐다. 20세기에 접어든 뒤 오늘날까지, 제철소는 호황과 부도를 겪고 회사 이름이 바뀌었다. 그것은 과거에 대성공을 경험한 리퍼블릭제철Republic Steel이었다. 그것은 불운의 링템코보트Ling-Temco-Vought사였다. 그것은 불황과 불경기를 헤쳐나갔다. 그것은 요동치는 가격과 수입품을 이겨냈다. 그것은 새로운 기술과 시장과 수요에 적응했다. 지금도 제철소는 철커덩거리며 돌아간다.클리블랜드 제철소의 역사는 167~172쪽에 자세히 나온다.

제철소의 테두리 안에서 사람들은 생계를 꾸리기 위해 장시간 노동을 한다. 이것은 좋은 밥벌이다. 복지 혜택도 좋고 벌이도 좋다. 노동자 한 명의 급여로 온 가족이 먹고살 수 있기에 사람들은 제철소의 빠른 속도에 맞춰 철커덩거리며 일한다. 눈 밑에는 주름이 져 있고 손톱 밑에는 때가 까맣게 껴 있으며 차고 지붕 아래에는 최고급 사양의 머스탱이 세워져 있다. 그들은 밤에도 일한다. 휴일에도 일한다. 결혼과 이혼, 생일과 졸업, 질병과 죽음을 겪으면서도 일한다. 그들은 강철이 굴러가게 한다. 생산량을 높게 유지한다. 내리 10시간, 12시간, 16시간을 일한다. 그들이 하지 않으면 누군가 할 것이다. 제철소 일자리는 탐내는 사람이 많다. 빈자리 몇 개에 수백 명, 때로는 수천 명이 몰려든다. 그들은 제철소가 제공하는 것을 원한다. 먹고살 만한 임금, 좋은 복지 혜택, 노조의 보호. 그들은 가족을 부양하기를 원한다. 그들은 아메리칸드림을, 아니 얼마 남지 않은 아메리칸드림을 원한다.

2015년 겨울, 크리스마스가 빠르게 다가오던 무렵 내 미래는 그다지 밝지 않았다. 매해 추수감사절에서 밸런타인데이까지는 페인트칠 수요가 거의 없는 기간이라 돈이 몹시 궁했다. 오랜 친구가 얼마 전에 집을 구입했다면서 방 몇 개를 칠해달라고 했을 때, 나는 급전을 벌 수 있는 기회에 반색했다.

춥고 우중충한 어느 날 아침, 나는 친구가 막 뽑은 새 픽업트럭을 지나 차고 앞까지 페인트받이 천을 끌고 갔다. 돈을 꽤 들여서 트럭

개조까지 하다니 이상한 일이었다. 마지막으로 보았을 때 친구는 거지 같은 폰티액을 담보로 잡히고 빌린 빚을 갚느라 초과근무를 하던 참이었다.

집 안으로 들어가자 친구가 나를 가볍게 포옹하고 커피를 내왔다. 푸에르토리코에서 유년시절을 보낸 사람인 양 친구는 말투가 풍요롭고 부드러웠는데, 내가 일하는 동안 우리는 이런저런 이야기를 나누었다. 서로 가족의 안부와 연애 따위를 묻고는 함께 알고 지냈던 친구들 얘기로 넘어갔다. 이윽고 일에 관한 대화로 이어졌다.

"얼마 전부터 제철소에서 일해." 친구는 자랑스러운 미소를 띠며 말했다. 둥근 뺨에 주근깨가 깨알처럼 박혀 있어서 서른 남짓한 나이임에도 앳돼 보였다. "안 그러면 이런 집에서 절대 못 살지."

"제철소라고?" 내가 석벽용 진흙받이를 손에 든 채로 되물었다. "설마. 쇳물 만드는 거기서 네가 일한다고?"

"그런 셈이지. 제강부에 있긴 한데 주로 턴디시를 청소해."

이야기를 주고받는 동안 나는 못으로 칠판을 긁어내듯이 석벽용 나이프로 벽을 긁어낸 다음, 금이 가고 구멍이 뚫린 곳을 진흙으로 발랐다.

"무슨 디시?" 내가 되물었다.

"턴디시."

친구는 당시 내가 상상할 수도 없는 장비에 대해 긴 설명을 이어나갔다. 그는 주조기니 보프니 자주 청소해야 하는 게 분명한 턴디시니 하는 것들에 대해 이야기했다.

"말도 안 돼." 친구가 말을 마치자 내가 대꾸했다.

"응, 나도 알아. 하지만 난 상관없어. 노조가 있어서 복지가 끝내주거든. 페인트칠로 얼마나 버는지 모르겠지만 너도 한번 지원해봐."

아빠 차를 타고 가면서 쳐다보았던 그 흉물스러운 건물들이 생각 났다.

턴디시가 무엇인지는 여전히 몰랐지만 그걸 청소하고 싶다는 생각은 들지 않았다.

"철강 노동자가 나한테 어울릴 것 같지 않은데." 내가 대꾸했다.

내가 천장에 금이 간 곳을 때우는 동안 친구는 몸을 돌려 식탁 위에 놓인 서류 몇 장을 뒤적거렸다.

"잠깐만." 친구가 말했다. "보여줄 게 있어."

내가 석벽용 나이프를 옆으로 치우자 친구가 푸른색의 빳빳한 급여 명세서를 건넸다. 나는 총소득이라고 쓰인 항목을 부러운 눈길로 쳐다보았다.

"설마, 정말 이렇게 많이 벌어?"

"그렇다니까." 친구가 활짝 웃으며 대답했다.

급여 명세서를 본 순간, 어린 시절 제철소에서 느꼈던 공포 같은 것은 까맣게 잊어버렸다. 친구 집 페인트칠을 끝낸 뒤 나는 이력서를 손봐서 무려 넉 달에 이르는 지원 과정에 돌입했는데, 무슨 테스트며 배경 조사가 그리도 많은지 FBI에 지원한 게 아닌가 하는 생각이 들 정도였다. 제철소에서 마침내 일자리를 제안받았을 때 볼 것도 없이 승낙했다. 생애 처음 가져보는 정규직이었지만, 이것이 나의 패배적 페르소나에 손상을 입히지는 않았다. 하향 고용된 것일 뿐 나는 여전히 교수를 꿈꾸는 영문학과 졸업생이었다. 나는 여전히 손에 넣는 게 너무도 두려운 목표를 향해 나아가는 중이었다.

이 기쁜 소식을 전하려고 친구에게 전화를 걸었다.

"어쨌건 조심해." 친구가 축하 인사를 건네고 말했다. "돈에 사로잡히면 안 돼. 그런 경우를 백 번도 넘게 봤어. 똑똑한 친구가 제철소에 와. 다르게 살 수도 있었을 테지만, 곧 돈에 익숙해지지. 새 차를 뽑고 새 집을 사. 그러다 자기도 모르게 갇히는 거야."

그런 운명을 맞이하지 않겠노라고 나는 친구에게 장담했다. 재정적 안정을 추구할 뿐이지 그 이상은 아니었다. 하지만 몇 달 후 나는 얼마 전에 받은 월급으로 뽑은 새 차를 운전하고 있었다. 아빠와 함께 다녔던 그 고속도로를 새 차로 달렸다.

주황빛 불꽃은 하늘 높이 치솟았고, 라디오에서는 진보 성향의 정치 전문가들이 도널드 트럼프를 대통령으로 뽑은 러스트벨트의 모든 산업 노동자들에 대해 이야기하고 있었다. 나는 그들 가운데 하나는 아니었지만, 여러 개의 다른 인구 집단에 속했다. 대졸에 밀레니얼 세대였고 여성이었다. 하지만 지금은 철강 노동자이기도 했다. 그들이 나의 사람들이 된 것이다. 쇠망치로 내리친 듯 미국은 쪼개졌고, 나는 보이지 않는 경계선에 걸쳐 있었다.

주황빛 불꽃을 지나 달리는 동안 나는 나와 같은 상황의 철강 노동자에게 어울릴 법한 유일한 행동을 했다. 숨을 깊이 들이마시고 손을 들어 올렸다. 그러고는 크나큰 사랑과 애정을 담아 그 빌어먹을 불꽃을 향해 가운뎃손가락을 흔들었다.

2
오리엔테이션

새벽 4시에 핸드폰 알람이 울려도 알람 소리가 내 꿈속으로 들어오는 일은 거의 없었다.

"일어나." 남자 친구가 옆에서 끙 소리를 내뱉으며 말했다. 마른 잎사귀 같은 그의 목소리는 목에 걸린 듯 했고 나는 머리를 베개에 파묻을 뿐이었다. 아직 온전히 정신이 든 상태가 아니라서, 수탉이 수화기 너머 울면서 머리를 쪼아대는 것 같았다.

토니가 침대에서 뒤척이며 내 어깨를 쿡 찌르는 바람에 잠시 깨어났다.

"알람 꺼." 토니가 말했다. "제발 좀 꺼."

꽤 오래 눈을 뜨고 있다가 '다시 울림' 버튼을 눌렀다. 아침이면 거의 매번 그렇듯이 머리가 멍하니 무거워서 따뜻한 이불 아래 돌아누워 토니의 등에 몸을 밀착시켰다. 난로처럼 열을 발산하는 그의 몸은 춥고 어두운 이른 봄 새벽에 천국같이 느껴졌다. 토니의 옆에서 눈을 뜨는 것은 더없는 즐거움이었다. 연애를 시작한 지는 1년이 되어가지만 함께 살지는 않았다. 토니는 실패한 결혼에서 회복하는 중이었고 나는 전 남자 친구와의 골치 아픈 관계에서 회복하는 중이었다. 살림을 합치는 것은 저마다의 방식으로 상처를 입은 두 사람에게는 끔찍한 과정일 것이므로, 둘 다 뒷날 후회할 일에 뛰어들고 싶은 생각은 없었다. 주로 주말에만 한 침대에서 잤지만 토니는 내가 제철소에서 일하는 첫 몇 주 동안 자기 집에서 지내도록 해주었다. 나는 알람이 울려도 못 듣고 계속 자지만 토니는 아주 작은 소리에도 잠에서 깼다.

수탉이 협탁에서 두 번째로 울어대자 토니는 나를 거의 침대에서 떨어뜨릴 만큼 어깨로 세게 밀어냈다. 알람이 울리건 말건 더 자고 싶었지만, 새로 구한 일자리가 몇 년간 이어진 궁핍을 해결해줄 것임을 나는 알았다. 안정을 추구할 수 있는 일생에 한 번뿐인 기회였으므로 따듯한 토니의 등에서 몸을 돌려 아치형의 천장 아래 깔린 폭신한 카펫 위로 발을 내딛었다. 발가락 사이로 카펫을 지그시 누르면서 잠시 서 있었다. 그 감촉이 사치스럽게 느껴진 것은 아마도 그 속에 쥐똥이 없다는 걸 알기 때문일 것이다.

나는 원체 물건을 보면서 부러움을 느끼는 사람은 아니었지만, 이따금 토니의 아파트를 보면 슬쩍 부아가 치밀곤 했다. 그는 나보다 열 살 연상이었는데, 부자는 아니어도 헌 매트리스와 중고 소파와는 한참 거리가 멀었다. 집도 그럴듯하고 오래된 컨버터블에 현찰로 구매한 새 차가 있고, 부모님이 대준 돈으로 대학교를 졸업했다.

맨 처음 토니의 어머니를 만났을 때 그녀는 그의 집을 가리키면서 황금을 찾아봐요, 하고 말했다. 물론 농담으로 한 소리였다. 토니는 중학교 교사였고, 그의 집이 유난히 크거나 비싼 것은 아니었다. 그럼에도 나는 그의 어머니가 혼자서 웃는 동안 의자에서 몸을 잔뜩 움츠렸다. 동물 사체가 썩는 듯한 냄새만 나지 않는다면 어떤 집도 내게는 대저택이나 다름없었고, 더욱이 뭔가를 바라는 사람처럼 보이고 싶은 마음은 조금도 없었다.

우리 집보다 잘사는 집에 나 자신을 맞추려고 근 1년을 애써온 지금, 마침내 나도 돈을 벌게 된 것이다. 카펫에서 발을 떼고 아침을 대충 때우기 위해 차가운 타일이 깔린 부엌으로 향했다. 토니에게 작별 인사를 하고 주황빛 불꽃을 향해 작은 해치백을 몰고 가려니 흥분으로 가슴이 울렁거렸다. 공기에서는 여전히 달걀 썩는 냄새가 났지만 아무래도 상관없었다. 유황은 운이 바뀌는 냄새였다.

아빠는 제철소가 참 넓다고 말씀하셨는데, 직접 굽은 길을 운전해 공장단지 안으로 들어갈 때까지는 그 말을 실감하지 못했다. 공장 건물들이 아득히 멀리까지 뻗어 있었다. 마치 녹의 신이 세워놓기라도 한 듯 창고들이 땅 위로 솟아 있고, 한 쌍의 푸른 불꽃이 굽은 굴뚝 아래 용광로에서 넘실거렸다. 저 높이 연기가 피어오르고 덤프트럭들이 울퉁불퉁 팬 도로를 따라 한 줄로 늘어서 있었다.

그런 트럭은 생전 처음 보는 것 같았다. 타이어는 사람 키만 했고 국방색의 차체에는 먼지가 두껍게 내려앉았다. 운전석 쪽에 작게 뚫린 네모 창문은 꼭 가늘게 뜬 눈처럼 보였고, 주유하는 동안 엔진은 그르렁거렸다. 전속력으로 달리면 세계 종말의 반대편까지 내달릴 태세였지만 제철소에 첫 출근한 날 트럭이 향한 곳은 거기가 아니었다. 공장 부지 저편에 위치한 구덩이로 광재를 실어 나르고 있었다. 나중에 알게 된 사실이지만 광재는 제철 과정에서 나오는 찌꺼기로, 트럭 짐칸에서도 지글지글 탈 만큼 뜨거워서 뒤에 하얀 증기 띠를 남겼다.

제철소 북쪽 끝 자갈밭에 차를 대고 밖으로 나와 풍경에 압도된 채 주위를 둘러보았다. 어디를 보나 잿빛밖에 없는 끔찍한 미래로 빨려 들어간 것 같다는 생각이 절로 들었다. 아스팔트도 잿빛이고 땅을 쪼아대는 비둘기도 잿빛이고 이따금 지나가는 하얀 경비 트럭도 두터운 잿빛 진흙으로 덮여 있었다. 동이 트면서 여전히 분홍빛을 띤 하늘만이 공간에 유일한 색을 부여했지만, 그 불그스름한 빛마저 침입처럼 느껴졌다.

제철소는 미답의 황무지를 마주했을 때 느끼는 공포와 경외심을 불러일으켰지만 나는 눈앞의 광경에서 시선을 거둬야 했다. 오리엔테이션이 곧 시작할 것이고 대부분의 신입 사원이 초등학교 건물처럼 생긴 작은 건물로 벌써 줄지어 들어간 뒤였다. 건물 안에는 교실 네댓 개가 있고, 모든 교실에는 화이트보드와 프로젝터 스크린, 책상 몇 줄이 놓여 있었다. 다행히 커다란 커피 통 두 개도 보였다.

커피 한 잔을 들고 배정된 교실에 앉았는데, 이미 23명의 사람들이 기다리고 있었다. 젊은 사람, 나이 든 사람, 흑인, 백인, 라티노 등 면면이 다양했다. 혼합 비율이 클리블랜드의 인구 집단을 단적으로 보여주는 듯했지만 한 가지 예외가 눈에 띄었다. 교실에 여성은 나를 포함해 세 명이 전부였다.

그중 한 명은 벌써 유명해진 모양이었다. 그 전날 세금 납부서와 보험 서류에 서명하려고 다른 신입들과 노조 강단에 모였을 때 이미 만났던 여자였다. 그녀처럼 자신감과 확신에 찬 태도로 사람을 대하는 여자들을 보면 늘 부러웠는데, 다른 신입들은 나와 같은 경탄을 느끼지 않는 눈치였다.

"안녕하세요? 멋진 아침이에요." 그녀가 팔뚝에 문신을 새긴 중년의 사내에게 인사를 건넸다.

"네, 안녕하세요, 아멜리아." 사내가 단조로운 목소리로 대답했다.

"어머, 제 이름을 기억하시네요!" 아멜리아가 긴 금발을 어깨 너머로 넘기면서 새된 목소리로 반색했다. 교실의 모든 사람이 이미 그녀를 밸리 걸valley girl. 캘리포니아 샌페르난도 밸리 일대에서 볼 수 있는, 쇼핑 따위를 즐기는 전형적인 부잣집 딸을 일컫는 말로 여기는 눈치였지만 내 생각은 달랐다. 조금만 깊이 들여다보면 아멜리아는 시골 농장에서 사는 게 어울렸을 사람이었다. 블랙베리 파이와 아침 이슬 냄새에 속하는 여자였다. 커다란 눈은 갓 일군 흙 색깔이고, 몸에 붙은 여분의 살은 그녀에게 잘 어울렸다. 제철소에서 친구를 사귈 것이 아니라 발가락을 흙 속에 파묻고 있는 게 더 나을 뻔했다.

아멜리아는 교실을 천천히 훑어보다가 야구 모자챙으로 얼굴을 가린 한 사내에게 시선을 고정시켰다.

"그쪽 이름을 모르겠네요." 아멜리아가 손을 내밀면서 말했다. "난 아멜리아예요."

"아, 네." 사내는 고개를 들지 않은 채로 퉁명스레 대꾸했다.

아멜리아는 손을 거둬들여 허벅지에 올려놓고는 다리를 쭉 뻗었다. "이름이 없어요?" 그녀가 물었다.

사내는 야구 모자를 이마 아래로 더욱 깊숙이 내려 썼다.

"네." 사내가 대꾸했다.

"그래서요?"

"그래서 뭐요?"

아멜리아는 사내의 반응에 당황하지 않는 것 같았다. 사내를 무시하고는 다른 목표물을 찾아 방을 휘둘러보다가 이윽고 나와 눈이 마주쳤다.

"이름이 뭐예요?" 그녀는 커피를 홀짝거리는 내게 물었다.

아멜리아가 내 옆으로 가까이 다가오자 모든 사람의 시선이 이쪽으로 향하는 게 느껴졌다. 거의 모든 남자들은 아멜리아를 다과회의 야생동물 정도로 여기는 듯했고—그들이 보기에 그녀는 어울리지 않는 곳에 와 있었다—그녀가 다음에 무슨 말을 할지 궁금해하는 것 같았다.

"엘리스예요." 나는 미소를 띠며 대답했다.

"전에는 무슨 일 했어요, 엘리스?"

"페인트공으로 일했어요."

"와, 멋져요." 아멜리아가 목소리 톤을 살짝 높이면서 말했다. "난 창고에서 야간 근무조로 일했는데 보수가 형편없었어요. 어린 아들이 하나 있거든요. 싱글 맘인데 입에 풀칠하는 것도 힘들었어요. 여기서 일하면 그때보다 돈을 갑절로 벌 수 있어요. 여기서 일한다니 설레지 않아요?"

"네," 내가 대답했다. "설레요."

어색한 침묵이 흘렀다. 아멜리아는 사교적이고 외향적인 사람일지는 모르지만 나처럼 숫기 없는 사람을 당해낼 재간은 없었던 모양이다.

"음," 그녀가 긴 침묵 후에 입을 열었다. "생수병 가지러 갈 건데 혹시 필요해요?"

"고맙지만 괜찮아요." 내가 커피 컵을 들어 보이면서 대답했다.

아멜리아는 미소를 짓고 교실에 있는 다른 사람들에게로 고개를 돌렸다.

"물 필요하신 분 있어요?" 그녀가 큰 소리로 물었다.

아무도 대답하지 않았다.

"왜들 이러세요?" 그녀가 재촉했다. "차갑고 신선한 물이에요. 물 필요하신 분 없어요?"

그래도 대답하는 사람이 없었다. 아멜리아는 어깨를 으쓱하더니 교실 밖으로 나갔다. 남자 몇이 그녀가 갔는지 확인하려고 목을 빼고 밖을 내다보았다.

"저런." 그중 하나가 딱히 누구에게 하는 말 같지 않게 중얼거렸다. "저 여자 저래가지고 여기서 일하겠어요?"

"그러게 말입니다." 다른 남자가 말을 받았다. "저렇게 설쳐대는 걸 공장 사람들이 못 참는다는 걸 모르는 모양이에요."

아멜리아가 상대하기에 좀 버거운 사람이긴 했지만 그렇다고 일을 못 할 것 같지는 않았다. 오히려 열심히 일하는 사람에 가까웠다. 다만 자신이 힘들게 일했다고 새살스럽게 호들갑을 떨 뿐이었다.

아멜리아가 생수병을 들고 돌아오자 오리엔테이션 담당자가 참석자들의 주의를 환기하려고 교실 앞쪽으로 걸어 나왔다. 헐렁한 청바지 차림에 머리를 짧게 깎은 젊은 노조원이었다. 흰 티셔츠는 팔뚝 근육이 드러날 만큼 몸에 달라붙었고 눈동자는 맑은 푸른색이었다. 교실에 있는 남자들에 비해 상대적으로 단신이었다. 그날 아침 고참 노조원들이 건물 주변을 어슬렁거렸는데, 그중 몇이 키 얘기로 이 담당자를 이미 상심케 한 터였다. 그들은 그를 새우라고 부르면서 픽업트럭에 타려면 디딤돌이 필요하지 않느냐고 놀려댔다.

"오늘은 안전 영상을 시청합니다." 담당자가 신입들에게 말했다.

"실은 오리엔테이션 거의 내내 안전 영상을 볼 겁니다. 아마 2주 후에는 안전 영상이라면 넌더리가 날 겁니다."

"이봐, 게이지," 나이 지긋한 노조원이 입구에 서 있다가 담당자를 불렀다. "영상을 보려면 어린이용 보조 의자가 필요하지 않겠어?"

게이지는 눈을 부라리며 고개를 저었다. 면전에서 저렇게 심한 모욕을 당하고도 침착하게 행동하는 그를 보고 나는 적잖이 놀랐다.

"신경 쓰지 마세요. 저분은 잭입니다." 게이지가 교실에 있는 신입들에게 말했다.

"보조 의자에 맞는 빨대컵도 필요하겠지?" 잭이 말했다. 잭은 제철소에서 수십 년 일한 사람답게 거칠고 단단해 보였다. 오리엔테이션에서 정식으로 맡은 일은 없는 듯했지만 앞으로도 그를 여러 번 보게 된다.

"이보세요, 영감님," 게이지가 잭을 돌아보며 대꾸했다. "미국은 퇴자협회에 가서 알츠하이머병 상담이나 받아보시지 그래요?"

신입 가운데 몇은 게이지의 응수에 키득거렸지만 나는 몸이 움찔 움츠러들었다. 불쌍한 잭을 흘깃 돌아보았지만 그런 놀림에도 불쾌한 기색이 전혀 없어 보였다. 오히려 거의 자축하듯 웃어 보이고는 교실을 나갔다.

게이지는 교실 앞쪽에서 고개를 가로저으며 오래된 데스크톱에서 영상 재생 버튼을 눌렀다. 그가 안전 영상에 대해 한 말은 과연 과장이 아니었다. 그 후 2주 동안 나는 신입들과 똑같은 교실에 모여 안전 영상을 무수히 시청하게 된다. 각각의 영상은 작업장에서 당할 수 있는 숱한 부상을 설명했다. 변칙적인 전기 볼트로 노동자를 순식간에 불길에 휩싸이게 하는 아크 플래시arc flash에 관한 영상을 시청했다. 또 경고 없이 노동자를 죽이는 유독가스에 관한 영상도 시청했다. 밀폐 공간에 유독가스가 가득 찬 상황에 대한 영상을 시청한 후에는 의식을 잃고 쓰러진 동료를 밀폐 공간에서 발견하더라도 구하러 들어가서는 안 된다는 수칙을 들었다. 그러다가 여럿이 목숨을 잃을 수 있어요, 하고 게이지가 경고했다. 유독가스에 중독된 동료를 구하러 들어가면 여러분도 같이 중독됩니다.

게이지는 이처럼 유용한 충고를 간혹 들려줄 뿐 주로 영상을 연달아 보여주기만 했다. 이따금 중년의 노조 간부가 진행 상황을 보러 왔지만, 일관되게 오락을 제공하는 것은 잭이었다. 잭은 교실 뒤쪽에 앉아 있다가 영상 사이에 이야기를 들려주었다.

"여기 제철소에서 거지 같은 일을 참 많이 봤어." 휴식 시간에 잭이 말했다. 딱히 누구에게 하는 소리 같지 않았지만 하필 내가 근처에 앉아 있는 바람에 그는 내게 시선을 고정했다. "자네 중 몇몇이 살아온 햇수보다 내가 이곳에서 일한 시간이 아마 더 길 거야. 다치는 사람을 숱하게 봤어. 제기랄, 죽어나가는 사람도 여럿 봤지. 특히 '주황 모자'일 때는 등 뒤를 조심해야 해."

숙련 노동자들은 신입을 가리켜 다양한 표현을 썼다. 그들은 우리를 풋내기니 신참이니 초짜니 하고 불렀다. 그중에 가장 많이 쓰는 표현이 '주황 모자'였다. 모든 제철소 신입들은 노란 안전모의 베테랑 노동자와 구별되기 위해 근 6개월 동안 주황 안전모를 썼다. 주황 안전모의 목적은 두 가지였다. 첫째, 색이 밝아서 공장 안에서 도드라졌다. 베테랑 노동자들은 쉽게 미숙련공을 알아보고 안전 지침을 안내했는데, 이것은 사고를 예방하는 데 도움이 되었다. 둘째,

주황 안전모는 책임자들로 하여금 아직 노조원이 아닌 직원을 식별하게 했다.

면접 과정에서 놓친 부적합자를 골라내기 위해 노조와 회사는 모든 신입에게 수습 기간을 두는 데 합의했다. 회사 입장에서 신입들은 1040시간 동안 임의 처분이 가능한 임시직이다. 그러나 이 기간을 끝낸 신입들은 주황 안전모 대신 노란 안전모를 새로 받는다. 노란 안전모는 이제 공식적으로 노조에 속했음을 뜻한다. 책임자들은 '주황 모자'를 사소한 위반에도 해고할 수 있지만, 노조의 보호를 받는 '노란 모자'를 해고하려면 관료제의 늪 속으로 뛰어들어야 한다.

"수도 없이 봤어." 잭은 매끈하게 면도한 턱을 손으로 어루만지며 말했다. "'주황 모자'가 제철소에 일하러 와. 그러고는 여기를 제집인 양 여기지. 그런 다음엔 다치는 거야. 아니면 이건 더 안 좋은 경우인데, '노란 모자'가 안전 수칙에 점점 느슨해져. 그러다 어느 날 젠장, 고꾸라지는 거야. 명심하라고, 제철소에서는 어느 때고 누구나 다 죽을 수 있어. 내 눈으로 여러 번 봤어."

나는 작은 눈가에 주름이 잡힌 잭을 바라보며 공손하게 웃어 보였다. 각진 턱에 이마에는 깊은 주름이 패어 있고, 머리가 벗어지는 것 따위는 크게 신경 쓰지 않는 사람 같았다. 언젠가 머리를 빡빡 민 모양이었다. 바꿀 수 없는 것을 한탄해봤자 소용없는 일이다.

"한번은 동료랑 크레인을 손보고 있었어." 잭이 숨을 깊이 들이마시며 말을 이었다. 교실에 우리 둘만 있는 양 그는 여전히 내게 시선을 고정했다. "평소에도 하는 일이었는데, 그날 우리가 거기서 나오기 전에 어떤 바보 같은 놈이 전원을 켠 거야. 동료는 바퀴 옆으로 허리를 숙이고 있었어. 크레인 바퀴 바로 옆에 머리가 놓인 셈이지. 그런데 그때 크레인이 움직이지 뭐야. 그 친구를 붙잡으려고 했는데 이미 늦었어. 크레인이 그 친구 머리 위로 지나가더군. 빌어먹을 멜론처럼 짓이기면서 말이야."

잭은 금세라도 눈물이 괼 것 같은 물기 어린 눈을 깜박였다. 떡 벌어진 어깨에 덩치가 크고 건장한 사내였는데, 이런 그를 어떻게 위로해야 할지 난감했다. 그가 목격한 잔혹한 죽음은 쉬운 위로를 거부했고, 그 죽음을 생각하자 두려움이 엄습했다. 제철소에 일자리를 구했다고 친구들과 가족에게 말했을 때, 모두가 한결같이 나를 회의적인 시선으로 바라보았다. 암이 걸리거나 팔다리가 잘릴지도 몰라, 그들은 경고했다. 위험한 일이야. 사람들이 일하다 죽는 곳이라고. 제철소에 그런 위험이 도사리고 있다는 건 나도 알았지만, 사람들이 하는 소리가 과장되었을 거라고 생각했다. 어찌 되었건 나는 이미 육체노동의 위험성을 알고 있었다. 페인트칠도 식은 죽 먹기가 아니었고, 5미터 사다리가 넘어가는 바람에 뼈가 몇 개 부러진 적도 있었다. 제철소 일이 그보다 더할까 싶었다. 단지 다른 위험한 일로 갈아타는 것이라고 여겼건만 잭의 이야기를 듣고 나니 생각이 달라졌다.

"그런 건 절대 못 잊는 법이야." 잭이 계속했다. "어제 일어난 일처럼 기억이 생생해, 무슨 말인지 알지? 친구가 그렇게 뭉개진 그날 밤 잠자리에 들었는데 새벽 두세 시경에 뭔가가 날 깨우더라고. 개가 미친 듯이 짖어대기에 이웃에게 그러는 것이려니 하고 돌아누워 다시 잠이 들었어."

신입 중 몇몇이 그 이야기를 듣고 있었지만 잭은 여전히 내게로 시선을 고정한 채였다. 그는 감정을 가라앉힐 양으로 커피를 젓기 시작했고, 커다랗고 굳은살이 박인 그의 손 안에서 스티로폼 컵은 골무처럼 작아 보였다.

"그런데 말이야," 그는 어렵게 숨을 쉬며 말을 이었다. "그다음 날 아침에 일어나 보니 개가 안 보이는 거야. 개가 드나드는 문이 있어서 찾으러 밖으로 나갔지. 현관 계단에서 그 녀석을 발견했어. 싸늘하게 죽어 있더군. 그 일만 생각하면 마음이 아파. 그 녀석이 짖는 걸 들었는데도 나가보질 않았어. 이웃을 보고 짖었을지도 모르지만, 내 생각엔 죽을 줄 알고 그렇게 짖었던 것 같아. 왜 일어나서 나가보질 않았는지 모르겠어. 친구가 그렇게 가고 아마 심란해서 그랬겠지. 내가 제일 아끼는 개였어. 지금까지 개를 여러 마리 키워봤지만 그중 제일 아끼는 녀석이었어. 스포츠 중계를 볼 때면 나랑 같이 의자에 앉아 있곤 했는데."

잭의 이야기에 귀를 기울이던 모든 사람이 커피를 젓는 잭을 묵묵히 지켜보았다. 우리 모두 해피엔딩을 기대했던 것 같다. 개가 죽고 난 다음에 모든 일이 잘됐다고 잭이 말해주길 원했다. 종결을 원했던 것이다. 그 모든 불행이 끝난 뒤 교훈이 있기를 원했지만, 잭은 그저 팔짱을 끼고 의자에 기대앉아 있을 뿐이었다. 말을 끝마친 게 분명해 보였기 때문에 우리는 당혹스럽게 주위를 둘러보았다. 교실 앞쪽에 앉아 있던 게이지를 비롯해 몇몇이 여기저기를 휘둘러보았지만, 나는 가만히 내 손을 내려다보았다.

"자," 게이지가 한숨을 내쉬며 말했다. "이야기 시간이 공식적으로 끝났다면 다음 영상으로 넘어갑시다. 다행히도 오늘의 마지막 영상입니다."

짧은 도입부가 화면 위로 스쳐 지나갔고 안전 영상 속 목소리가 지게차의 위험을 설명하기 시작했다. 지게차가 뒤집어지면서 그 아래 깔리기도 합니다. 지게차에 몸이 찔리는 수도 있습니다. 지게차가 철로에 빠지면 화물차에 치이기도 합니다.

영상에 집중하려고 했지만 잭에 대한 생각이 머리에서 떠나질 않았다. 그렇게 슬픈 이야기는 무엇인가를 의미해야 했지만, 잭의 침묵은 그 의미가 무엇인지 어떤 단서도 제공하지 않았다. 개는 죽었고 친구의 머리는 크레인에 뭉개졌다. 그것이 교훈이었고 이야기는 모두 하나로 합쳐졌으며, 당시 나는 그것으로 무엇을 해야 할지 몰랐다.

그날 밤 잭의 이야기를 마음속 깊은 곳으로 밀어 넣고 한참 지난 뒤, 토니와 석양을 즐기려고 이리 호 기슭의 작은 공원을 거닐었다. 하늘은 제철소에서 덤프트럭들이 옆을 지나갈 때처럼 분홍색으로 물들었지만 풍경은 훨씬 목가적이었다. 호수가 내려다보이는 풀 언덕 정상에는 나무 그네가 몇 개 서 있고 배나무에는 새싹이 막 돋아났다. 크로커스붓꽃과의 여러해살이풀. 사프란의 다른 말가 부드러운 흙을 뚫고 비죽이 나와 있고 레트리버 한 마리가 주인 다리 사이로 경중경중 뛰어다니면서 자주색 목줄을 엉키게 했다.

"나 얼마만큼 사랑해?" 언덕 정상을 한가로이 걷는 동안 내가 토니에게 물었다.

그는 이 세상에서 가장 심오한 질문을 받은 사람인 양 진지한 표정으로 나를 돌아보았다.

"1에서 10까지 수치 중에," 그가 대답했다. "2 정도 사랑하는 것 같아."

"치," 내가 대꾸했다. "그럼 사랑하지 않는 거네."

"응, 맞아." 그가 말했다. 얼굴 표정은 그대로였지만 가벼운 목소리에는 장난기가 묻어났다. "사랑하지 않아. 그냥 친절을 베푼 거지."

나는 그를 돌아보며 미소를 지었다. 훤칠한 키에 짙은 머리칼, 날씬한 몸. 나는 그가 자신이 얼마나 잘생겼는지 알게 될까 봐 내심 두려웠다. 그렇게 된다면 창백하고 통통한 폴란드계 여자 친구와 팔짱을 끼고 싶지는 않을 테니까.

토니를 만난 것은 인터넷 공간이었는데, 그 전만 해도 인터넷에서 누구를 만나리라고는 꿈에도 생각하지 못했다. 수년 동안 나는 마리화나나 알코올 중독자가 심심치 않게 출몰하는 페인트공의 세계에서 사람을 만나려고 고군분투하는 중이었고, 그러던 어느 날 친구 하나가 데이트 사이트를 이용해보라고 권했다. 나는 마지못해 동의했지만 그곳에서의 매 순간을 혐오했다. 내 눈길을 끈 첫 사내는 촉수물 포르노촉수 달린 우주 생명체 따위가 나오는 일본 성인물의 일종 영상으로 환심을 사려고 했으니, 이것은 이미 알고 있는 사실—막다른 길에 이르러 40달러를 날렸다는—을 재확인시켜 주는 것 같았다. 나는 애써 웃어넘기려고 했다. 친구들과 '촉수물 포르노 사내'에 대해 농담을 했고 온라인 데이트 실험은 또 하나의 장엄한 실패로 기록될 판이었다. 그러다 수많은 사진 속에서 토니를 발견했다. 굵은 테 안경을 쓰고 덩달아 웃고 싶게 하는 미소를 띤 모습이 단박에 내 시선을 사로잡았다.

웹사이트의 알고리즘은 일치하지 않았지만 바로 이 사람이야, 하고 나는 혼잣말을 중얼거렸다. 토니와 나는 그다지 높은 적합률은 아니었지만 상관없었다. 그 미소를 그냥 보아 넘길 수는 없었다.

토니가 호숫가를 걷다가 걸음을 멈추고 물 위에 떠 있는 새 떼를 가리켰다.

"저것 좀 봐." 그가 말했다. "바다비오리야."

새들이 까닥까닥 파도를 타고 놀았다. 암컷들은 상대적으로 수수한 반면 수컷들은 화려했다. 빨간 눈에 목이 하얬다. 작은 머리에는 검은 깃털이 풍성했고 붉은 가슴은 물속에서 불꽃처럼 보였다. 때때로 한 마리씩 먹잇감을 찾아 수면 아래로 머리를 담갔다.

토니가 걸음을 멈춘 채 새들을 바라보는 동안 나는 낙담한 채 앞서 걸었다. 나는 장미꽃 향기를 맡는 사람이 아니었다. 나는 계속 앞으로 나아가기를 선호한 반면 토니는 잠시 멈춰 서기를 좋아했다. 이것은 우리의 차이점 중에서 그나마 사소한 축에 속했다. 그는 절제를 소중히 여기는 처녀자리였고 나는 정제되지 않은 감정을 소중히 여기는 전갈자리였다. 그는 아침형 인간이지만 나는 야행성이었다. 그의 집에선 모든 것이 제자리에 있고 내 집에선 모든 것이 통제된 혼돈 상태에 놓여 있었다. 우리는 하다못해 고향과 관련해서도 달랐다. 그는 클리블랜드의 동쪽에서 평생을 보낸 반면 나는 늘 서쪽에서 살았다. 클리블랜드 사람이라면 도시의 서쪽이 제일 좋은 지역이란 걸 알지만 토니는 동쪽 구석에서 거주하기를 고집했다. 우리를 캐퓰렛줄리엣의 가명(家名)과 몬터규로미오의 가명로 부르는 게 나으리라. 물론 클리블랜드 사람이라면 스스로에게 그런 영원불멸의 이름을 부여할 생각을 하지 않겠지만 말이다.

나는 몇 걸음 앞에 선 채로 토니를 기다렸다. 석양은 이미 지평선 너머로 넘어간 뒤였고 구름은 담홍색과 주황색으로 물들어 있었다. 토니가 나를 돌아보았다.

"잠깐만." 그가 말했다.

"알았어." 내가 애써 초조함을 감추며 대답했다.

그러고 나서 구름 아래 찰랑거리는 호수를 응시했다. 바다비오리들은 어느새 스러지는 석양빛 속에서 작은 실루엣이 되어 있었다. 그렇게 물 위에서 찰랑거리더니 별안간 떼를 지어 날아올랐다. 잇달아 수면을 스치듯 날아올라 적갈색의 하늘 너머로 유유히 떠가는 모습이 내 눈에도 아름답게 보였다. 토니가 옆으로 다가와 내 손을 잡았다. 우리 사이가 차이를 극복하지 못할 것처럼 느껴질 때도 있었지만, 서로의 다른 점이 혼자서는 놓쳤을 것들을 보게 만드는 이런 순간도 종종 있었다.

토니와의 관계는 예전의 나라면 상상도 못 했을 것이었다. 제철소에서 일할 생각이 없었듯이 데이트 사이트에 가입할 생각도, 결혼을 상상하게 하는 남자와 이리 호를 오래도록 산책할 생각도 없었다. 이런 시시한 것들은 따분한 여자애한테나 어울리는 것이지, 나는 이보다 큰일을 할 운명이었다. 어렸을 적에 나는 마더 테레사 같은 수녀가 될 부름을 하느님으로부터 받았다고 믿었고, 아픈 사람들을 치료하고 가난한 사람들에게 양식을 줄 각오가 되어 있었다. 클리블랜드만 아니라면 하느님이 보내는 어디로든 갈 생각이었고, 하느님이 내게 보답으로 무언가를 주신다면 기꺼이 하느님의 명령에 따를 작정이었다. 테레사 수녀는 노벨 평화상을 받았다. 레이건 대통령은 테레사 수녀에게 미국 자유훈장을 수여했다. 나도 그녀처럼 전국적인 인정과 전 세계적인 찬사를 받기를 갈망했다. 나를 기리는 성지가 만들어지기를 원했다. 내 얼굴이 〈타임〉지 표지에 실리기를 바랐다.

원대함을 향한 이런 꿈은 나의 어린 자아가 보기에 실현 가능한 것이었다. 가톨릭 신자로 자라면서 자연스레 경이감이 커졌고, 나는 기적이나 환영, 그리고 수 세기 동안 미화된 놀라운 이야기 같은 모든 마법을 믿게 되었다.

4학년이었을 때 한번은 이런 마법을 약속하는 행운의 편지를 받은 일이 있었다.

9일 이내에 이 편지를 아홉 명에게 보내면 리지외의 성녀 데레사께서 특별한 기적을 내릴 것이다. 편지에는 이렇게 적혀 있었다.

대부분의 사람들은 이런 편지를 사기로 여기겠지만 나는 기적에 약한 아이였다. 집에 있는 컴퓨터로 편지를 타이핑해서 봉투마다 주소를 적었다. 그러고는 그걸 까맣게 잊었다. 편지 뭉치는 9일째 되는 날까지 책상에 놓여 있었고, 나는 불현듯 마감일을 떠올렸다. 마침 아빠가 퇴근하고 집에 들어오는 길이었다. 아빠가 현관에서 신발을 벗을 새도 없이 나는 아빠에게 달려갔다.

"우체국에 가야 해." 나는 편지 뭉치를 손에 든 채로 간청했다. 흰 봉투들은 빳빳하니 손가락 사이에서 완전하게 느껴졌고, 기적이 사라진다는 생각을 하자 조바심이 나서 견딜 수가 없었다.

"우체국 닫을 시간이 다 됐는데 내일 가자." 아빠는 내게 말할 때 언제나 그렇듯이 유쾌한 목소리로 말했다. 아빠는 내 마음을 상하게 할 때조차도 나를 부드럽게 대했다.

나는 상황이 급박하다는 걸 설명하려고 애를 썼다. 지금 당장 우체국에 가지 않으면 기적이 일어나지 않을 거고 하느님은 진노할 것이다. 아빠는 할 일이 산더미처럼 많았을 테지만 스테이션왜건에 나를 서둘러 태우고는 문 닫을 시간이 되기 전에 우체국으로 데려다주었다.

며칠 후 지하실에서 고래에 관한 글을 읽고 있는데 돌연 장미꽃 향기가 진동했다. 향은 강하고 신선했다. 어디서 나는지 보려고 사방을 둘러보았지만 그렇게 강한 향을 풍길 만한 게 퀴퀴한 지하실에 있을 리가 없었다. 깊이 숨을 들이마셨다. 편지는 흔히 소화小花라고도 불리는 성녀 데레사의 기적을 약속했다. 성녀 데레사는 조각상으로 표현할 때 늘 장미 다발과 함께 있었다. 아빠를 보러 위층으로 올라가자 거실에서 모닝커피를 마시는 아빠가 보였다. 나는 아빠 옆 파란색 깅엄굵은 실로 격자무늬를 넣어서 짠 면직물의 일종 소파에 털썩 주저앉고 씩 웃어 보였다.

"기적이 일어났어." 내가 들뜬 목소리로 말했다.

"그래?" 아빠가 눈을 반짝이며 물었다. "어떤 기적이 일어났는데?"

나는 아빠를 잠시 빤히 쳐다보았다. 아빠의 미소에는 아빠가 이미 답을 알고 있다고 여길 만한 무언가가 있었지만 나는 깊게 생각하지 않았다. 그는 나의 아빠였고, 그것은 그가 모든 걸 알고 있다는 뜻이기도 해서 어떤 기적이 일어났는지 아빠가 이미 아는 것은 당연한 일이었다.

"장미꽃 향기 같은 게 났어." 내 대답에 아빠는 더욱 활짝 웃어 보였다.

"제일 좋아하는 성녀께서 기적을 일으키시다니 멋진데." 아빠는 대답하면서 눈을 찡긋해 보였지만, 나는 자명한 걸 보고도 알아채지 못했다. 대신 다른 기적이 또 일어나지 않았나 보려고 지하실로 뛰어 내려갔다.

다른 날 오리엔테이션을 받으러 제철소에 도착했을 때 유황 냄새는 거의 나지 않았다. 해가 막 솟기 시작할 무렵, 거의 모든 '주황 모자'는 이미 교실에 앉아 안전 영상이 나오기를 기다리고 있었다. 아침 6시 직전이었고 아멜리아를 제외한 모든 사람이 회사에서 제공하는 커피에도 불구하고 졸려 보였다. 제철소로 오기 전 평범한 직종에 종사한 사람들이 대부분이었다. 주중 40시간 노동이라는 표준에 익숙한 터라 제철소의 고된 일정이 아직 몸에 익지 않은 상태였다. 철강 노동자의 삶에서 오전 9시부터 오후 5시까지 노동이라는 것은 존재하지 않는다. 대개의 노동자가 12시간 교대 근무에 초과 근무는 의무이고 밤낮을 오가며 일한다. 어떤 이들은 오전 3시에 출근해서 오후 3시에 퇴근한다. 또 어떤 이들은 여명과 황혼을 구별하지 못할 만큼 밤교대 근무에 시달린다. 많은 미국인은 아침 6시가 이른 시간이라고 하겠지만 철강 노동자들은 아침 6시가 상대적인 개념이란 걸 잘 안다.

커피 첫 잔을 홀짝거리면서, 아멜리아가 교실을 가로지르며 이끌어내려는 대화에 귀를 기울였다.

"이름이 뭐예요?" 아멜리아가 서른 초반으로 보이는 사내에게 물었다. 연갈색 피부에 상냥한 미소를 띤 사내였는데, 그가 의자에 조용히 앉는 동안 아멜리아는 주위를 맴돌았다.

"샘입니다." 남자가 대답했다. 아멜리아의 질문을 받고 눈을 부라리지 않는 최초의 사람이라 눈길을 끌었다.

"안녕하세요, 샘." 아멜리아가 언제나처럼 머리를 넘기며 말했다. 그녀의 몸에는 남의 시선을 의식하는 뼈마디가 없기라도 한 듯 단어들이 거리낌 없이 나왔다. "전에는 무슨 일을 했어요?"

"아, 페덱스에서 일했어요." 샘이 대답했고, 그 둘은 나라면 계속 이어나가기가 힘들었을 대화를 시작했다. 아멜리아는 샘에게 불임으로 오래 고생하다 어렵게 얻은 쌍둥이 남매 아기가 있다는 사실을 곧 알아냈다. 쌍둥이는 우연이었다. 샘 부부는 희망을 포기한 와중에 뜻하지 않게 아기를 갖게 되었다. 지금 샘이 원하는 것은 제철소에서 일하며 집을 마련하는 것이었다.

나는 멀찌감치 떨어진 곳에서 아멜리아를 지켜보며 이런 정보를 알아내는 태연한 태도에 감탄했다. 외향적인 사람들을 보면 언제나 놀라웠다. 물론 그런 사람이 되고 싶다는 생각이 든 적은 없었지만. 나는 뒤쪽에 조용히 앉아 보고 듣는 편을 선호했는데, 어린 시절 인정받기를 갈망한 사람으로선 기이한 노릇이었다.

아멜리아는 샘의 가정사를 모두 파악한 뒤 가까이에 앉은 남자 쪽으로 몸을 돌렸다. 철학자에게 더 잘 어울릴 법한 커다란 갈색 눈을 가진 남자였는데 샘보다 더 겸연쩍어하기는 했어도 아멜리아의 사교적 변덕을 기꺼이 받아주는 것 같았다.

"안녕하세요?" 아멜리아가 웃으며 말했다. "이름이 뭐예요?"

"찰리예요." 남자가 대답했다. 파이프 담배에서 피어오르는 연기처럼 낮고 부드러운 목소리였다.

"아이가 있으세요?" 아멜리아가 물었다. 오리엔테이션 동안 안면을 틀 때 거의 어김없이 등장하는 주된 질문 가운데 하나였다. 예전에 무슨 일을 했어요? 아이가 있어요? 첫 번째 질문은 상관없었지만 두 번째 질문은 나를 짜증나게 했다. 아이가 없다는 대답에 상대가 실망하는 기색이 엿보였기 때문이다.

"아니요," 찰리가 대답했다. "없어요. 아직은."

"아, 아쉽네요." 아멜리아가 한숨을 쉬며 말했다. 내가 수없이 들어온 그 한숨 소리였고, 모든 사람이 아기를 가져야 한다고 믿는 사람들의 입에서 나오는 그 한숨 소리였다.

이십대 중반을 넘기자 비혼에 애도 없는 나를 사람들이 불쌍히 여긴다는 게 느껴지기 시작했다. 스물네 살이었을 때 사람들은 말했다. 아, 아기를 가질 수 있는 시간이 아직 남아 있어. 스물아홉 살이 된 지금, 사람들은 말하기 시작했다. 아, 이제 서둘러야지. 시간이 얼마 안 남았어. 적어도 당분간은 아이를 갖지 않겠다고 의식적으로 결정했다는 사실은 중요하지 않았다. 열여덟 살에 나는 양극성 기분장애 진단을 받았고, 내 아이에게 그 유전자를 물려줘도 괜찮을지 확신하지 못했다. 또 내가 어떤 엄마가 될지 의구심이 들었다.

진단을 받은 이후로 내 삶은 추락과 재앙의 연속 같았다. 울증이 찾아올 때는 행동이 굼떠지면서 자살 충동에 사로잡혔다. 조증이 찾아올 때는 충동적이고 비이성적으로 변했다. 그중에서도 최악인 것은, 발병하면 대개 조증과 울증이 동시에 발현한다는 것이다. 역설적이게도 이 두 극단은 이른바 혼합 상태mixed state, 조 상태와 울 상태의 증상이 혼합하여 나타나는 비전형적 조울증의 상태로 공존하기도 한다.

조증의 최고치와 울증의 최저치가 서로 상쇄하기를 바랐지만 이런 논리가 정신에는 적용되지 않는다. 극단은 서로 증폭할 따름이다. 조증은 몸을 일으켜 움직이려는 강한 욕구를 일으키는 반면, 울증은 소파에 올라가는 것조차 불가능하게 한다. 슬픔에 압도되어 손가락 하나 까닥하지 못하게 되고, 오싹하도록 무기력감이 찾아온다. 시간이 지날수록 점점 짜증이 치솟다가 어느 순간 임계점을 넘는다. 조증이 찾아오고 충동에 사로잡힌다. 사랑하는 사람이나 친구에게 소리를 지르거나, 소파를 박차고 일어나 전자 제품점에 가서 월세 낼 돈으로 프로 수준의 DSLR 카메라를 온갖 부속품까지 죄다 사버린다. 그런 걸 구입할 형편이 당연히 안 되지만—사진작가가 될 생각도 없다—그런 건 하등 중요하지 않다. 로버트 메이플소프금기에 도전하는 도발적인 사진으로 유명한 미국의 사진작가의 생일이 내 생일보다 이틀 앞서기 때문에, 그것은 곧 그의 영혼이 내 육체 안에서 다시 태어났다는 것을 뜻하기 때문에 나는 제2의 메이플소프가 될 운명이다. 카메라를 사 들고 집에 들어와 소파에 앉은 뒤에는 사진 한장 찍을 수 없을 만큼 기분이 우울하다는 사실을 깨닫는다. 슬픔으로 옴짝달싹 못 하게 되지만 여전히 오싹한 기운은 남아 있고, 이렇게 주기가 다시 시작한다.

의사들은 혼합 상태의 양극성 장애가 제일 위험한 형태 가운데 하나라고 말한다. 울증은 자살 충동을 일으키고 조증은 충동을 더 한다. 혼합 상태의 양극성 장애를 가진 사람이 자살을 결심하면 실행할 가능성이 훨씬 높다. 이런 발병 시기 중간에는 속수무책으로 변덕에 휘둘린다. 미사일에 묶인 채 고요한 도시로 날아가는 걸 무기력하게 지켜볼 따름이다. 그러다가도 허공에 대고 재잘거리는 귀뚜라미가 된다. 줄에 매달린 꼭두각시였다가 꼭두각시의 목소리를 내는 술 취한 복화술사로 변하고 그다음 순간에는—이상하게도—꼭두각시놀음을 창가에서 지켜보는 관음증 환자가 된다. 한마디로 아이를 키울 수 있을지 스스로 회의하게 하는 그런 질병이었다.

아멜리아가 샘, 찰리와 이야기하는 동안 나는 이 생각 저 생각을 오갔다. 게이즈는 교실 앞쪽에서 데스크톱을 서툴게 만지고 있었다. 그날 틀어야 할 첫 번째 안전 영상을 찾지 못해 애를 먹는 듯 보였다. 졸린 표정으로 앉아 있던 모든 '주황 모자'에게 이제야 커피 기운이 도는 모양이었다. 모두들 아까보다 생기가 나는 듯했고 교실 곳곳에서 대화 소리가 들렸다. 나는 대화에 낄 만큼 정신이 들지 않아서 희끗희끗한 갈색 머리의 남자와 그 옆의 청년이 나누는 대화를 멍하니 들었다.

"거참, 어느 부로 갈지." 나이 들어 보이는 남자가 말했다. 큰 키에 몸이 삐쩍 말랐는데, 말하는 모양이 누구보다 많이 안다고 자부하는 사람 같았다. "제선부는 안 갔으면 좋겠는데. 내 친구가 그러는데 거기가 최악이랍니다."

청년은 상대보다 수줍음을 더 타는 듯했다. 손바닥으로 검은 머리칼을 쓰다듬는 것이 남의 눈을 의식하는 일종의 틱처럼 보였다.

"실은 전 어디로 갈지 알아요." 청년이 말했다. "철도부래요."

"와." 연장자가 숨을 크게 내쉬었다. 어조로 보건대 그는 '철도부'라는 말에서 즉각적으로 존경심을 느낀 모양이었다. "철도부라고요? 거기로 배정되는 직원이 몇 명 안 된다던데."

나를 비롯해 신입 대부분은 제철소에서 어떤 일을 맡게 될지 아직 몰랐다. 공장의 규모는 엄청났고—120만 평에 이르렀다—교실에 있는 24명의 신입들은 이 넓은 공간에 여러 부서로 나뉘어 배치될 것이다. 부서별로 각각의 공정을 책임졌고, 신입 모두 어디로 배정될지 몹시 궁금해했다. 자신의 운명을 아는 신입은 몇 안 됐는데, 이들은 모두 크로우CROW로도 알려진 클리블랜드 공장 철도Cleveland Works Railroad. 공장 부지 곳곳을 잇는 철로로 길이가 100킬로미터에 달한다로 배정될 예정이었다. 이들은 다른 신입에 비해 더 다양한 신체검사를 받은 뒤였고, 철도 노동자만을 위한 별도 오리엔테이션을 곧 받게 될 것이었다.

크로우는 제철소를 소유한 회사가 운영하며, 주된 업무는 원자재와 철강 제품을 제철소의 다양한 부서로 수송하는 것이다. 크로우 직원은 철강 노동자로 인식되는 동시에 전미철도노동조합 소속이기도 하다. 제철소의 다른 직원들보다 연금이 많은 한편 훈련 프로그램의 강도도 훨씬 높다. 제철소 부지 안에 복잡하게 깔린 철도망을 암기해야 하는 것은 물론이고 목숨을 잃지 않고 달리는 기차에 오르내리는 법을 익혀야 한다. 철도 노동자는 추가적인 연금 혜택을 누릴지는 몰라도 제철소에서 제일 위험하고 육체적으로 고된 일 가운데 하나를 수행한다.

"거기 장난이 아니랍니다." 연장자가 말했다. "최근에 죽은 사람도 철도 노동자였대요."

청년의 얼굴에 근심 어린 표정이 어렸다.

"정말요?" 청년이 말을 받았다. "확실해요?"

"그렇다니까, 철도 노동자가 분명해요." 연장자가 대답했다. 청년의 불안이 커지는 것에는 아랑곳하지 않는 눈치였다. "내 친구한테서 얼마 전에 들은 소리예요. 눈보라가 야단스레 몰아쳤다는데, 사고 당한 직원이 화물열차 앞쪽에 타고 갔나 봐요. 눈 오는 한데를 뚫고 간 셈인데, 그거야 뭐 이상할 게 없죠. 철도부 직원들이 때로 하는 일이니까. 기차가 달리는 중인데도 이렇게 좁은 승강구로 올라타 기차 앞쪽에 매달려서 간답니다. 원래 그렇게들 해요. 아마 젊은이도 거기 가면 그런 일을 하게 될 거요."

이야기가 이어질수록 연장자의 목소리는 생기를 띠었고 교실의 다른 사람들도 대화에 관심을 보이기 시작했다. 그사이 청년은 애써 불안을 감추고 있었다.

"어쨌든," 연장자가 말을 이었다. "그 직원이 기차 앞쪽에 타고 가는데 눈보라가 무섭게 휘몰아쳤대요. 여기 날씨가 순식간에 돌변한다는 건 말 안 해도 알죠."

연장자가 잠시 말을 끊고 늘어난 청중을 돌아보았다. 그러더니 긴장감을 높이려는 듯 숨을 깊게 쉬고 상반신을 앞으로 숙였다.

"정말이지 눈이 펑펑 쏟아졌어요." 그가 다시 입을 열었다. "눈앞의 손바닥도 안 보일 만큼 퍼붓는 그런 눈보라 말이에요. 기차라는 게 원래 커다란 철 덩어리잖아요. 철은 또 얼마나 빨리 얼어버리는지. 그 친구가 그만 빙판 같은 기차에서 미끄러진 거예요. 철로로 떨어진 순간, 기차가 그 위로 그냥 지나갔대요. 몸통 가운데로 두 동강 났다더군요."

연장자는 몸을 의자에 다시 기댔고 짧은 침묵이 교실에 내려앉았다.

"저도 기억납니다." 게이지가 교실 앞쪽에서 말했다.

마침내 첫 번째 영상을 찾아 상영 준비를 끝낸 뒤였지만, 다른 사람들처럼 대화에 귀를 기울이고 있었던 모양이다.

"그날 저도 제철소에 있었어요." 게이지가 말을 이었다. "회사에서 그 직원을 몇 시간 동안 철로에 방치해서 모두 화가 났죠. 회사에서 사람이 나와 사고 경위를 조사하기를 우리 모두 기다렸어요. 인명 사고가 나면 당연히 조사를 해야죠. 그런데 조사를 마치기까지 시간이 얼마나 오래 걸렸는지 몰라요. 그사이 사고를 당한 직원은 눈 속에 한참 방치돼 있었고요."

나는 잭이 들려준 친구 이야기를 다시금 떠올렸다. 끔찍하고 무섭기로는 열차 사고와 다를 바 없지만, 그래도 크레인 사고는 잭이 젊었을 때 일어난 일이었다. 내가 태어났다 하더라도 어린아이였을 것이고, 그 이후로 많은 것이 변했다. 지금은 예전보다 더 안전하다고들 한다. 우리에게는 오샤Occupational Safety and Health Administration, 노동안전 위생국가 있다. 안전 영상도 의무적으로 시청해야 한다. 안전사고는 우리 세대가 아니라 잭의 세대에 일어나는 일인 줄 알았는데, 철도 사고 이야기는 내 생각이 틀렸음을 알려주었다. 그 사고는 게이지가 제철소에서 일할 때 일어났고, 그는 머리가 허옇게 센 노인이 아니었다. 서른이 겨우 될까 말까 해 보였다.

"사고가 언제 일어났나요?" 내가 물었다.

"2013년이었을 거예요." 게이지가 대답했다.

"그럼, 3년 전이란 말이에요?" 내가 놀라움을 감추지 못하고 되물었다.

"네, 3년 전이 맞아요." 그가 대답했다. "그 직원 때문에 마음이 아팠던 게 기억나요. 꽤 젊은 친구였죠. 제철소에서 오래 일하지도 않았어요. 가족도 있고 처도 있고 그랬을 텐데."

교실의 모든 '주황 모자'들은 침묵을 지켰다. 아멜리아도 말이 없었다. 죽음에 대한 이야기는 흥미를 끌었지만, 그것은 병적인 호기심 때문이 아니었다. 우리는 모두 제철소에서 일자리를 구한 사실에 환호했었다. 잭팟이 터진 것이다. 노조가 있는 일자리였고 돈도 많이 벌 것이다. 곧이어 작업장에서 부상을 입을 수 있는 수많은 경우에 대한 안전 영상을 연어어 시청하기 시작했고, 영상 속 내레이터들은 부상만 언급한 것이 아니었다. 그들은 죽음을 이야기했다. 감전돼 죽고, 깔려 죽고, 추락해 죽는 사람들에 대해 말했다. 우리는 영상을 보며 두려움을 느끼기 시작했고, 그것과 저만치 거리를 유지하려고 했다. 그저 영상일 뿐이라고 스스로를 위로했다. 영상의 의도는 우리를 겁먹게 해서 기계를 향한 건강한 경원심을 갖게 하는 것이었다.

그럼에도 우리는 불안했다. 작업장에서 사고사를 당할 가능성이 얼마나 될까 궁금했던 우리에게 철도 사고 이야기는 암울한 답을 제시한 셈이었다. 철도 직원의 죽음은 시간으로나 거리로나 멀지 않았고 영상 속 얼굴 없는 내레이터가 말해준 것이 아니었다. 우리 도시, 우리 제철소에서 일어난 죽음이었고, 그것도 불과 3년 전에 일어난 일이었다. 애써 외면했던 온갖 두려움이 일시에 몰려들었고 모든 불길한 내용에 마음이 쓰였다. 그것은 호기심도 불경도 아니었고, 기이한 방식의 마조히즘도 아니었다. 우리 모두는 이 특정한 개인의 운명을 결정한 것이 무엇인지 알아내려고 애를 썼다. 이 사내가 왜 죽었는지 안다면 우리 자신의 미래도 같은 결론에 이를 것인지 예견할 수 있을지도 몰랐다.

철도부에 배정된 청년이 교실 저편에서 입을 다문 채 불안하게 앉아 있었다. 그가 눈을 크게 뜨고 손을 뚫어지게 내려다보는데, 열차 사고 이야기가 미래의 철도 직원에게 격려가 되는 달가운 이야기가 아니란 사실을 연장자가 이제야 깨달은 모양이었다.

"이봐요." 연장자가 말했다. "그 친구에게 일어난 일로 너무 걱정하지 말아요. 겁 같은 거 집어먹지 말라고요. 그쪽은 젊고 건강하잖아요. 충분히 해낼 거예요. 스물다섯 살도 안 돼 보이는데. 맞죠?"

"스물한 살이에요." 청년이 대답했다.

"젠장. 스물한 살에 벌써 제철소에서 일자리를 구했다고? 대운이

텄네. 스물세 살이 되기도 전에 집을 살 거요. 그 친구에게 일어난 일은 생각도 말아요. 알다시피 그냥 운이 나빴을 뿐이니까."

그때는 미처 몰랐지만, 그 연장자 말이 맞았다. 제철소에서는 열차에 깔려 죽은 사내에 대해 너무 오래 생각해서는 안 된다. 그렇게 하지 않으면 몸을 옴짝달싹 못 하게 된다. 그저 묵묵히 앞으로 나아가야 한다. 번듯한 밥벌이를 위해 계속 노력해야 한다. 집을 마련하기 위해 계속 저축해야 한다. 어리석은 일을 피하려거든 민첩해야 한다. 발을 헛딛지 않으려면 침착해야 하고 죽음을 부르는 악운을 피하려거든 주위를 늘 살펴야 한다. 그렇다, 악운은 언제든 찾아올 수 있다. 미리 파악할 수 없는 사고가 있게 마련이다. 이해할 수 없는 운명도 있는 법이다. 미래는 매우 불확실한 것이라 어떤 운명을 맞이하게 될지 늘 예견한다는 것은 불가능하다.

자라면서 돈에 쪼들릴 때가 종종 있었지만 엄마는 돈을 요령껏 쓰는 법을 아는 분이었다. 어린 내가 제대로 알 수는 없었지만 엄마는 살림을 꾸리며 자신만의 마법을 부렸다. 매해 엄마가 자로 잰 듯이 예산을 짠 덕분에 언니와 나는 피아노 레슨을 받고 가톨릭 학교에 다닐 수 있었다. 엄마가 시간제 치위생사였고 아빠가 전당포에서 소매 관리자로 일했다는 걸 생각하면 결코 쉬운 일은 아니었다. 엄마는 한 푼이라도 허투루 쓰는 법이 없었지만 엄마의 역할은 가계부 그 이상이었다. 엄마는 규율을 잡는 사람이고 비서이자 요리사였다. 언니와 내가 집안일을 하는지 감시하는 감독관이었다. 간질병에 걸린 개에게 매일 페노바르비탈 약을 주는 일도 엄마 몫이었다. 아침에 식구들을 깨우는 것도, 도시락을 싸는 것도 엄마 일이었다.

엄마는 집안을 돌아가게 하는 기어였지만, 또 그렇다고 엄격하기만 한 것은 아니었다.

어렸을 때 한번은 내가 항상 들고 다니던 꾀죄죄한 노란 담요 때문에 엄마가 일요일 미사를 빼먹은 일이 있었다. 다 해진 그 담요는 내 몸의 일부나 다름없었고, 나는 담요를 빠는 것도 못하게 할 정도였다. 그날 아침 집에서 나가는데 담요가 문고리에 걸렸다. 노란 담요 한가운데가 북 찢어졌고 내 가슴도 갈래갈래 찢어졌다. 옆집에서 들으면 다리가 부러진 줄 알 만큼 내가 큰 소리로 울자 엄마는 무릎을 꿇고 앉아 눈물을 닦아주었다.

"엄마가 고쳐줄게, 실로 꿰매면 돼."

그날 엄마와 나는 성당에 가지 않고 집에 머물렀는데, 전에는 거의 없던 일이었다. 나는 지하실에서 엄마가 담요를 다 꿰매기를 기다렸다. 엄마는 몇 가닥으로 겹친 실로 담요에 난 구멍을 꿰매면서 더 이상 풀어지지 않게 단단히 여몄고, 나는 바느질이 끝날 때까지 소파에 앉아 만화를 보았다. 꿰맨 자국이 영원히 남겠지만 엄마는 바느질 솜씨가 좋았다. 아빠와 더불어 엄마는 큰 구멍도 바늘로 깁고 고칠 수 있는 세상을 창조한 것이다. 그곳은 우체국에 늦지 않게 도착하면 기적이 일어날 수 있는 세상이었고, 그로써 나는 불가능도 가능으로 바꿀 수 있다고 믿게 되었다.

담요 사건 이후로 몇 년이 지나 아홉 살쯤 되었을 때 엄마 옆에 앉아 일요일 미사를 드리고 있었다. 아빠와 언니도 함께 있었고, 모두 연단에서 설교하는 신부님 말씀에 귀를 기울이고 있었다. 평소처럼 내 정신은 다른 데에 가 있었다. 성당 오른편 감실에 세워진 마리아상에 온통 정신이 팔려 있었던 것이다. 마리아상은 티 하나 없는 피부에 손을 펼친 채였다. 작은 발은 지구 모형 위에서 균형을 잡고 있었다. 나는 조용히 기도를 올렸다.

"성모마리아님, 제가 수녀가 될 운명이라면 미사가 끝나기 전에 신호를 내려주세요."

아홉 살에 불과했지만 나는 내 운명을 확실히 알아야 했다. 증거를 원했다. 수녀가 되고 싶은 욕망은 치기 어린 명예욕에 기반하고 있었지만 한편으로는 매우 영적인 소망이기도 했다. 나는 말로 표현할 수 없는 무엇인가가 차오르는 걸 느꼈다. 이 무엇인가는 한 무더기의 구슬이 일시에 유리 탁자 위로 쏟아져 내리는 것 같았고, 들불이 새 생명을 위해 늙은 나무를 태우는 것 같았다. 조용하지만 긴박했고, 속삭임 같지만 강렬했다. 그것을 무엇이라 이름 붙일 수는 없었지만, 그 힘에 걸맞은 소명으로는 종교적 삶밖에 없을 것 같았다. 돌아보건대 그것을 영적인 허기라 부를 수 있으리라.

설교는 오래 이어졌고 나는 성모상을 뚫어지게 쳐다보았다. 진흙상이 살아나 위대한 일을 할 운명이라고 말해주길 원했지만, 눈이 빠지게 쳐다보아도 성모상은 움직일 기미가 없었다.

"제발, 제발, 제발," 나는 기도했다. "제게 신호를 주세요."

성모마리아의 침묵이 두려웠다. 신호를 받지 못하면 그것은 내가 선택받지 못했다는 뜻이었다. 결국 나는 남들과 같아질 것이다. 어른들이 세상을 살아가는 모습을 지켜보았다. 그들은 삶에 무엇인가를 빼앗긴 듯 무거운 체념의 태도로 매일을 살았다. 그들은 그저 톱니바퀴의 톱니가 아니었다. 톱니바퀴에서 아예 떨어져 나온 톱니였다. 자신이 필요한 존재라는 사실을 더 이상 믿지 않는 듯 보였고, 나는 그들과 같은 운명을 맞이할 마음이 전혀 없었다.

신부님이 신자들 앞에 서서 팔을 뻗었다. 나는 움찔했다.

"미사를 마칩니다." 신부님이 말했다. "이제 평화롭게 집으로 돌아가셔서 주님을 사랑하고 섬기십시오."

오르간 연주자가 마지막 찬송가를 연주하기 시작했다.

"제발, 성모마리아님, 제발요."

몇몇 신자는 소지품을 챙겨 뒷문으로 살짝 빠져나갔다.

"제발요."

오르간 연주가 끝나는 것에 맞춰 부모님은 몸을 돌리고 일어섰다. 눈가에 눈물이 고였지만 애써 참았다. 성모님은 침묵을 통해 말씀하신 거였다. 넌 스스로가 생각하는 것만큼 중요한 아이가 아니란다. 부모님이 입구를 향해 걸어갔고 나는 그 뒤를 따랐다. 스스로 평범한 아이라고 체념하려는 순간, 등 뒤에서 여자 목소리가 들렸다.

"그래, 잘 가거라."

나는 주위를 돌아보았다. 긴 의자들은 텅 비어 있었다. 부모님과 언니를 빼면 복도도 비어 있었다. 목소리가 들릴 만한 곳에 다른 여자는 없었다. 엄마의 팔을 잡아당겼다.

"엄마도 들었어?" 내가 물었다.

"뭘 들어?"

"여자 목소리."

"여자 누구?"

"아니야, 됐어."

나는 성모상을 돌아보았다. 성모마리아가 말을 한 게 틀림없었다. 그래, 잘 가거라, 하고 성모님은 말했다. 내게 보내는 신호가 분명했다. 나는 미소를 지었다. 어쩌면 내가 내내 옳았을지도 모른다. 나는 위대하고 불가능한 일을 하도록 점지된 존재였고, 내 안에서 샘솟는 아름다움은 진짜였던 것이다.

그러나 흥분은 오래가지 못했다. 아홉 살이지만 나는 회의적이었다. 목소리를 들은 직후부터 의문이 들었다. 메아리인지도 모른다. 대화를 얼핏 들은 것일지도 모른다. 대체 '그래, 잘 가거라'라는 메시지가 어디 있단 말인가? 예수의 어머니라는 분이 좀 더 근사한 말을 생각해낼 수 없었을까? 첫 번째 신호를 확인해줄 두 번째 신호가 절실했다. 돌다리도 두들겨보고 건너는 법이니까.

"성모님," 그날 아침 나는 성당에서 걸어 나가며 기도했다. "말씀하신 게 성모마리아님이 맞다면 오늘 멧비둘기를 보게 해주세요."

멧비둘기는 최선의 해결책으로 보였다. 일단 구체적이었다. 또한 내가 기대할 수 있는 수준이었다. 하루 사이에 신호를 두 개나 달라는 건 과해 보여서, 세상이 뒤집어질 만한 걸 요구할 수는 없었다. 멧비둘기는 가능성이 낮지만 불가능은 아니었다.

그 특별한 일요일에 우리는 1년에 한 번 가는 가족 여행을 떠날 예정이었다. 아빠가 주립 공원으로 차를 모는 동안 나는 온통 멧비둘기 생각뿐이었다. 하늘을 올려다보고 전선을 살폈다. 날갯짓 소리가 들릴 때마다 움찔했지만 개똥지빠귀와 집비둘기였다. 마침내 호텔에 도착했을 때 나는 배낭을 움켜쥐고 차에서 달려 나갔다. 덤불숲을 뒤지며 멧비둘기를 찾았다.

"뭘 찾는 거니?" 엄마가 물었다.

"아무것도 아니야." 내가 대답했다.

"이제 그만 와. 시간이 많지 않아."

마지못해 엄마를 따라 호텔로 들어가다가 입구에 딱 멈춰 섰다.

로비 한가운데에 커다란 새장이 놓여 있었다. 광이 나는 황동 봉이 천장을 보며 굽어 있었다. 새장 안에서는 황백색의 새 몇 마리가 구구거리고 있었다.

나는 투숙 절차를 밟고 있는 엄마한테 달려갔다.

"엄마, 엄마아아아."

"잠깐만, 엘리스."

"안 돼. 엄마, 물어볼 게 있어. 제발."

"뭐?"

"저 새 이름이 뭐야?"

엄마는 새장 쪽을 돌아보았다.

"잘은 모르겠는데." 엄마가 대답했다. "꼭 구슬피 우는mourning 멧비둘기 같네."

나는 새장으로 돌아가 새들을 바라보았다. 새들이 짧게 잘린 날개를 퍼덕이며 얇은 나뭇가지 사이를 가볍게 날아다녔다. 몇 마리는 씨앗을 찾아 바닥을 쪼아댔다. 미소가 절로 떠올랐고 가슴은 쿵쾅거렸다. 주체할 수 없는 흥분으로 가방을 꽉 움켜잡았다.

모닝morning 멧비둘기야, 나는 속으로 생각했다.

모닝 멧비둘기가 아니라 구슬피 우는 멧비둘기라는 것을 깨닫는 데는 몇 년이 걸렸다저자는 구슬피 운다는 뜻의 mourning과 아침을 뜻하는 morning을 헷갈렸다. 그 완벽한 여름날 오후에 나는 나의 조용한 위대함을 굳게 믿었다.

3
철강 노동자의 자격

어린 시절 내게 가톨릭은 기적과 신비의 원천만은 아니었다. 방정식에는 반대 항이 있게 마련이다. 선은 악과 더불어 존재하고 사탄은 늘 우리의 영혼에 목말라 한다. 사탄은 수단과 방법을 가리지 않고 우리를 지옥에 떨어뜨리려고 한다. 우리를 속이고 기만한다. 우리를 고문하고 괴롭히고 소유하려고 한다. 수녀가 되고 싶은 욕망은 나 자신은 물론 타인을 위한 구원의 문제였다. 그것은 특히 현대에 들어 중요해진 선악의 서사시적 싸움에서 울려 퍼지는 함성이었다. 그러나 무엇보다도 나의 미래는, 남들은 굳이 겪지 않아도 될 고난으로 점철될 것이라는 불길한 예감이 들었다. 악마가 언제나 내 뒤에 바짝 붙어 있는 느낌이었고, 나는 하느님과 사탄이 벌이는 천상의 줄다리기에서 다 해진 동아줄이 될 운명이었다.

열한 살 무렵 모두 잠든 어느 날 밤에 늦게까지 잠을 이루지 못하고 몸을 뒤척였다. 언니는 옆 침대에서 이불을 덮은 채 자고 있었고 부모님은 복도 건너 안방에 들어간 뒤였다. 겨울바람이 집의 한쪽 면을 때리고 벽난로는 지하실에서 웅웅거렸다. 그 외에 사방은 이상하리만치 고요했고 나는 머릿속이 복잡해지는 걸 어쩌지 못했다. 침대 옆 작은 등불을 켠 다음 화장대에 쌓인 한 무더기의 책을 뒤적였다. 좋아하지만 때론 다 이해하지 못한, 도서관에서 빌려온 애거사 크리스티의 소설들이 있었고 말과 돌고래에 관한 책들도 있었다. 시간이 좀 걸리긴 했지만 이윽고 성경을 찾았다. 이불 밑으로 기어들어가 「요한묵시록」을 펴고 읽기 시작했다.

다가올 종말을 예언한다는 「요한묵시록」이 늘 궁금했지만 어떤 내용이 나올지 겁이 났다. 이미 내가 진실이라고 믿고 있는 것—종말은 살아생전에 닥칠 것이고 임신중단은 몹쓸 짓이다—을 확인시켜줄까 봐 두려웠다.

어린 시절 내내 부모님은 유아 살해를 인정하는 모든 문명은 하느님에 의해 일순간 멸망할 것이라고 수시로 말했다. 마야인들은 아기를 이교도 신에게 바쳤고, 그래서 하느님은 그들을 지구상에서 몰아냈다. 소돔과 고모라는 영아 살해를 묵인했기 때문에 하느님은 그 도시들을 불로써 벌주었다. 히틀러의 제3제국은 강제수용소에서 아이들을 죽였기 때문에 하느님은 그들에게 패배를 안겼다.

70년이야, 하고 부모님은 되뇌곤 했다. 하느님이 복수를 행하기까지 걸리는 최대 시간이었다. 하느님은 나치에 했듯이 때로 이 궂은 일을 더 빨리 끝내지만, 결코 변하지 않는 게 하나 있었다. 불경을 저지르는 문명은 70년 이내에 반드시 멸망한다는 것이다.

부모님에 따르면 미국의 시계는 벌써 째깍거리고 있었다. 카운트다운은 로 대 웨이드 사건 판결이 나온 1973년에 시작되었다^{1973년 미국 연방대법원은 로 대 웨이드 사건에서 여성의 임신중단이 헌법적 기본권에 의해 보호되는 권리라고 최초로 판단했다.} 햇수를 세어보니 미국은 나의 57번째 생일 즈음—혹은 그보다 앞서서—에 멸망할 것이다.

나는 미국이 세계 제일의 나라라고 배우면서 자랐다. 미국은 인류의 정점이자 자유의 옹호자였고 미국의 멸망은 모든 것의 종말이었다. 선과 교양과 민주주의 역시 사라질 것이다. 미국이 무너진다면 그 공백을 메울 만한 것은 남지 않을 것이다. 내 작은 머리로 미국은 모든 중요한 것이었다. 미국의 파멸은 종말이었다.

「요한묵시록」을 읽는 동안 속이 뒤집힐 것 같았다. 창백한 말은 가는 곳마다 죽음을 불렀다. 용은 세상을 향해 쉬익쉬익 소리를 내며 꼬리로 별들을 쳐서 땅으로 내던졌다. 싸움이 하늘과 땅에서 들끓었고 사람들은 온갖 끔찍한 죽음을 맞이했다. 한 대목에서는 괴수가 바다에서 올라왔다.

"뿔이 열이고 머리가 일곱이었으며, 열 개의 뿔에는 모두 작은 관을 쓰고 있었고" 성경에는 이렇게 쓰여 있었다.

상징주의를 아직 모를 때여서 나는 공포에 질렸다. 괴수의 무시무시한 모습을 상상했다. 형상은 뱀의 것이지만 빠르고 사납기로는 사자에 못지않았다. 눈동자는 초록이고 일곱 개의 목은 매듭으로 비틀어졌다.

"그의 머리 가운데 하나가 상처를 입어 죽은 것 같았지만 그 치명적인 상처가 나았습니다. 그러자 온 땅이 놀라워하며 그 짐승을 따랐습니다" 하고 성경은 끔찍한 괴수를 묘사했다.

상처가 기적적으로 치유되었다는 대목이 제일 무서웠다. 기적은 하느님의 영역이어야 하는데 괴수는 사탄의 편이었다. 사탄의 기적은 속임수에 불과했으므로 선을 가장한 악에 사람들이 속지 않을까 하는 생각이 들자 겁이 났다. 나 자신도 부지불식간에 사탄의 꾐에 넘어가지 않을까 두려웠다. 어쨌건 악은 이미 내 주위에 있었다. 사탄에 홀린 미국인이 수백만이었다. 부모님은 그들을 민주당 지지자들이라고 했고, 그들은 "세상의 끝"을 향해 맹목적으로 내달리는 중이었다.

나는 부모님과 라디오를 통해 얻은 얼마 안 되는 지식을 활용해 이 민주당 지지자들을 이해하려고 노력했다. 민주당 지지자들은 선과 악을 상대적 개념으로 여기는 듯싶었다. 그들은 온갖 부도덕한 행동을 용인하는 뉴에이지 사상을 실천했다. 루시퍼하늘에서 떨어진 대천사. 사탄의 우두머리가 추락하기 전에 그랬듯이 모든 인간은 하느님과 동등하다고 믿었다. 세계사회주의를 실천함으로써—그것이 무엇이든지 간에—미국의 민주주의를 파괴하려고 했다. 또한 나프타북미 자유무역협정로—그것이 무엇이든지 간에—우리 경제를 파괴하려고 했다. 그들은 마약을 했다. 요가를 했다. 혐오스러운 것이라고 배운 동성애자들의 권리를 지지했다. 여성의 천부적 신성함을 훼손하는 페미니즘을 믿었다. 무엇보다도 그들은 임신중단을 옹호했다. 그럼으로써 우리 같은 사람들에게 종말론적 분노를 일으켰다.

「요한묵시록」을 끝까지 다 읽자 두려워서 잠이 오지 않았다. 괴수 때문에 걱정이 되어 견딜 수가 없었다. 이튿날 오후에 집에 있는 컴퓨터로 인터넷에 접속해 「요한묵시록」을 검색했다. 90년대 중반이었지만 이미 인터넷에는 수녀를 꿈꾸는 가톨릭 신자 여자애가 겁먹기에 충분할 만큼 종말론과 관련된 문헌이 넘쳐났다. 미국이 최후를 맞는 순간 내 몸이 뭉개지지 않으리라는 확신을 찾아 나는 여러 사이트를 돌아다녔다. 미국은 천둥 같은 소리를 내며 몰락할 것이고 민주당 지지자들의 울부짖음은 더 큰 소리로 울려 퍼질 것이다.

어린 시절 지옥 불을 두려워하며 몇 시간을 보냈지만, 나의 광폭한 상상도 제철소의 쇳물과 숨이 막힐 듯한 용광로의 열기 앞에서는 별 도움이 되지 못했다. 강철을 만드는 데 필요한 힘은 상상을 초월했다. 중장비를 소개한 안전 영상으로는, 터보 엔진의 코르벳쉐보레의 스포츠카 100대보다 마력이 좋은 열간압연기의 섬뜩하게 우르릉대는 소리를 제대로 담아내지 못했다. 거대한 크레인들은 늘 머리 위에서 덜커덩 소리를 냈다. 지게차들은 모퉁이마다 윙윙 지나갔고 화물차들은 철로를 따라 맹렬하지만 조용히 지나갔다.

오리엔테이션이 끝나갈 무렵 노조 간부 두엇이 '주황 모자'들에게 공장 견학을 시켜주려고 왔을 때 비로소 제철소의 힘을 실감할 수 있었다. 우리는 밴 여러 대에 나눠 탄 다음 먼지 나는 길을 달려, 아직 어디가 어디인지 분간할 수 없는 창고와 용광로 사이를 지나갔다. 아멜리아는 조수석에 앉고 샘과 찰리는 뒷좌석에 앉았다. 나는 중간 열 창가 쪽에 앉아서 주변 풍경을 막힘없이 볼 수 있었다.

북쪽으로 오래전에 허물어뜨린 다리의 잔해 더미가 보였다. 한때 다리를 지탱했던 콘크리트 기둥들은 마치 철거 인력이 부상 입은 채 줄지어 서 있는 늙은 기사들에게 자비를 베푼 듯 온전했다. 지금 남아 있는 기사들의 모습이 꼭 제철소 경계를 지키는 보초병처럼 보였다. 금이 간 기사들의 배에는 낙서가 어지럽게 그려져 있었고, 마맛 자국이 남은 옆구리에서는 콘크리트 덩이가 뭉텅 떨어져 나갔다. 거대한 몸통은 구부정한 게 풀이 죽어 보였고 머리에는 영원히 주황빛 불꽃을 가리키는 철근 뭉치가 엉켜 있었다.

밴이 제철소 한복판을 향해 달리는데 아멜리아가 다른 '주황 모자'들에게 말을 걸기 위해 조수석에서 고개를 돌렸다. 밴에 탄 다른 사람들처럼 아멜리아도 철강 노동자 사이에서 초록이로 통하는 옷을 입고 있었다. 작업복은 담녹색 재킷과 바지였고 둘 다 내열성과 난연성이 좋은 재질이었다. 이 초록 작업복은 굉장히 두껍고 따가웠는데 아멜리아는 입을 뗄 채비를 하면서 재킷 소매 부위를 긁었다.

"우리 대부분이 열연부로 배정된대요." 그녀가 말했다. 누구나 마음속에 품고 있는 의문을 넌지시 떠보는 것이다. 오리엔테이션이 거의 끝나가지만 우리는 아직 어느 부서로 갈지 몰랐다.

"난 다르게 들었어요." 다른 신입이 뒷좌석에서 소리쳤다. 아멜리아가 틀렸다는 걸 증명해 보이고 싶어 하는 듯했다. "제강부로 가는 사람이 많다는데요."

아멜리아는 고개를 저으며 어깨를 으쓱해 보였다.

"제강부는 정말 가기 싫어요." 그녀가 말했다.

"제선부보다는 낫잖아요." 아까 그 신입이 말을 받았다.

나도 그새 알게 된 사실인데, 부서 간에는 비공식적 위계가 있었다. 제선부가 최악이고 제강부와 열연부가 그 뒤를 바짝 쫓았다. 품질관리부와 설비관리부는 그리 나쁘지 않았고 운송부도 괜찮은 편이었다. 정수처리부에서 일하는 건 더없이 행복했다. 전력관리부는 반대였다. 전기와 기계 관리만을 담당하는 부서가 몇 개 더 있지만 그곳에서 일하려면 정비사이든지 전기기술자여야 했다.

"제선부보다는 제강부가 낫겠죠." 아멜리아가 동의했다. "그래도 마감부만큼 좋은 데가 있겠어요?"

마감부라는 말이 나오자 차 안이 일순 조용해졌다. 그곳은 제철소의 샹그릴라1933년 영국 작가 제임스 힐턴이 발표한 소설 『잃어버린 지평선』에 나오는 숨겨진 낙원의 이름였다. 모든 사람이 가기를 희망하는 곳이었다. 마감부에는 쇳물이 없었다. 유독가스도 없었다. 깨끗하고 상대적으로 안전한 그곳을 고참들은 컨트리클럽이라고 불렀다.

아멜리아는 노조 간부를 돌아보았는데 그는 미로처럼 놓인 세미트레일러 사이로 밴을 몰고 있었다.

"마감부가 사람들 말처럼 정말 그렇게 좋아요?" 그녀가 물었다.

운전자는 삼십대 초반의 사내로, 신입들을 실어 나를 때가 아니면 마감부에서 안전 지킴이로 일했다. 모든 부서는 이처럼 노조에서 선출한 안전 지킴이 한 명씩을 두게 되어 있었다. 그들은 때로 미심쩍은 환경에서 위험한 일을 하라는 사측의 요구로부터 노동자들을 보호했다. 회사가 노동자들을 위해 여름에는 충분한 물을, 겨울에는 난방시설을 갖추도록 하는 것도 안전 지킴이들의 일이었다. 그들은 또한 노동자들에게 개인 보호 장비를 제공하고, 기존의 안전 수칙이 더 이상 유효하지 않을 때 새로운 수칙을 제안했다.

차에 탄 사람들이 모두 주황 안전모와 보안경을 만지작거리는 동안 안전 지킴이는 아멜리아의 질문을 받고 잠시 생각하는 듯했다. 제철소의 어느 건물이건 실내로 들어갈 때면 안전모와 보안경을 써야 했는데 우리 모두 아직 그것들에 익숙하지 않은 터였다. 어떤 이들은 허벅지 위에 안전모를 어색하게 올려놓았고, 또 어떤 이들은 좌석 아래로 집어넣으려고 했다. 벌써 보안경을 쓴 사람도 두엇 있었다. 몇몇은 보안경을 주머니에 넣은 채였고 또 몇몇은 머리 위로 올려 썼다. 몇 주 동안 이 안전모와 보안경은 우리 몸의 연장이 될 것이다. 힘들이지 않고 안전모를 겨드랑이 아래에 턱, 끼는 법을 배울 것이고 두 번 생각할 것 없이 능숙한 손길로 보안경을 쓰고 벗게 될 것이다. 하지만 차 안에서 우리는 딱할 만큼 미숙해 보였다.

"나중에 알게 되겠지만 부서마다 일장일단이 있어요." 안전 지킴이는 긴 침묵 끝에 말했다. 내게는 꼭 핑계처럼 들렸다. 오리엔테이션 내내 잭은 마감부에 대해 말했다. 제선부는 지옥이나 다름없어. 그에 비해 마감부는 천국이지. 모두들 거기로 가고 싶어 해. 그보다 나은 부서는 없어.

창문 밖 여기저기로 시선을 돌리다가 원기둥 두 개가 지붕 위로 나란히 솟은, 으스스한 놀이공원처럼 생긴 건물이 눈에 들어왔다. 원기둥은 둘 다—롤러코스터의 첫 경사처럼—가파르게 올라가다가 급하게 꺾여 밑으로 내려갔고, 푸른 불꽃 한 쌍은 불꽃놀이처럼 가까이에서 춤을 추었다. 두 개의 굴뚝에서 타오르는 불꽃은 어릴 때 보았던 주황빛 불꽃과는 비슷한 데가 전혀 없었다. 주황빛 불꽃이 성난 듯이 하늘을 향해 치솟았다면, 눈앞의 푸른 불꽃은 바람을 타고 부드럽게 하늘거렸다.

"오늘 제선공장은 가지 않지만," 안전 지킴이는 모퉁이를 돌던 중에 이 불길한 건물을 가리키며 말했다. "멀리서 볼 겁니다."

우리가 비교적 편안한 밴에 앉아 구경하는 동안, 안전 지킴이는 제철 공정에서 제선부의 역할을 설명했다. "제선공장에서는 철광석으로 철을 만듭니다." 모두 들을 수 있게 고개를 살짝 돌린 채 그가 말했다.

오리엔테이션 내내 나는 제철 공정을 자세히 알 수 있다는 사실에 들떠 있었다. 그 화학적 반응이 알고 싶었다. 물리적 반응도 궁금했다. 관심이 온통 내게 쏠리는 게 두려웠지만 그걸 극복할 만큼 호기심은 컸다.

"철을 정확히 어떻게 얻나요?" 내가 물었다.

안전 지킴이는 철로 앞에 차를 멈추고 나를 흘끗 돌아보았다. 그가 의아한 표정을 짓는 걸 보면서 괜한 질문을 했나 싶은 생각이 들었다.

"용광로에 여러 원료를 넣어요." 그가 대답했다. "그럼 철이 나와요."

더 상세한 정보가 필요해서 질문을 또 던졌다. "어떤 원료를 넣나요?"

안전 지킴이는 어깨를 으쓱하더니 차를 다시 출발시켰다. "작은 광석 덩이들을 넣어요. 당연히 코크스점결탄, 아스팔트, 석유 등 탄소가 주성분인 물질을 가열하여 휘발 성분을 없앤, 구멍이 많은 고체 탄소 연료도 넣죠."

"거기에서 철이 어떻게 만들어지나요?"

"그걸 다 용광로에 넣고 녹이면 철이 만들어져요."

내가 원한 답이 아니었지만 묻기를 그만두었다. 제철소의 중요한 진실 하나를 본의 아니게 알아낸 것이다. 대개의 철강 노동자들은 철강이 어떻게 만들어지는지 몰랐다. 적어도 자세히는 몰랐다. 모두 자신이 맡은 몇 단계는 알았지만 세부적인 공정은 잘 설명하지 못했다.

그러나 안전 지킴이는 전반적으로 맞는 말을 했다. 철을 만들려면 철광석과 석회석 덩이에 코크스를 섞어 용광로에서 한데 녹인다. 코크스는 엄청난 열을 발산하면서 이산화탄소와 반응해 일산화탄소를 만든다. 그런 다음 일산화탄소는 산화철과 결합해 철을 만든다. 하지만 뜨거운 열기를 토해내는 이 주황색 쇳물은 아직 강철이 아니다. 불순물이 가득하고 탄소 함유량은 여전히 높다. 강철을 만들려면 이 쇳물을, 얼핏 보면 바퀴 위에 눕힌 탄산음료병 같은 화물차 안으로 흘려보낸다. 화물차는 클리블랜드 제철소에 여러 개

있는, 노동자들 사이에서는 제강공장으로 통하는 순산소 제강로, 즉 보프Basic Oxygen Furnace로 쇳물을 실어 나른다.

공장 견학은 공식적으로 제강부에서 시작되었다. 밴이 서서히 속도를 줄여 적갈색의 커다란 건물 옆에 멈춰 서자, 우리 모두 흑연 알갱이로 덮인 주차장에 내렸다. 흑연은 제강공장 어디든 있었다. 난간에도 창틀에도 쌓여 햇빛에 언뜻언뜻 빛났다. 주차장을 지나면서 보니 흑연 입자가 공기에도 떠 있었다. 건물에서 빠져나온 이 미세한 입자들은 땅에 쌓여 검은 눈처럼 반짝거렸다.

제철소에는 제강공장이 두 군데—제1제강과 제2제강—있는데 기본적으로 하는 일은 같았다. 두 곳 모두 쇳물로 강철을 만드는데, 공장 건물이 쿠야호가 강둑에 서로 마주보고 서 있다. 안전 지킴이가 우리를 데리고 간 곳은 오른쪽 강둑에 위치한 제1제강공장이었다. 이곳은 철강업계에서 연소탑으로 부르는, 제철소를 상징하는 주황빛 불꽃의 본거지이기도 했다. 이 불꽃은 제강로에서 올라오는 유독가스를 태워 이산화탄소와 수증기로 변환한 뒤 공기 중으로 내보낸다.

안전 지킴이는 높다란 굴뚝을 가리켰다. "불꽃이 저기로 나옵니다."

그날은 불꽃이 보이지 않았지만 밑에서 올려다보면 장관을 이룰 것 같았다. 굴뚝은 여러 층 높이였다. 굴뚝 꼭대기를 보려면 고개를 한껏 뒤로 젖혀야 했다.

안전 지킴이는 잠시 멈춰 서서 불꽃의 원천을 감탄할 시간을 준 다음 제1제강공장의 큰 부분을 차지하는 건물로 우리를 데리고 갔다. 우리는 논리에 저항하듯 복잡하게 얽힌 계단과 보행로를 한 줄로 지나갔다. 층도 많고 막다른 길도 많았다. 왜 있는지 모를 계단이 보이고 뜬금없이 입구가 나왔다. 노련한 직원들은 쇳물통을 실은 크레인 밑을 피해 보행로로 다녔지만, 아직 여기에 익숙지 않은 사람에게 이 기이한 미로는 위험천만한 공간이었다.

이윽고 한 보행로를 따라가자 제1제강공장의 제강로 두 개가 내려다보이는 전망대가 나왔다. 제강로는 거대한 유리병 두 개가 서 있는 것처럼 보였다. 물론 철강 노동자들은 제강로를 유리병이라고 부르지 않았다. 그들에게 제강로는 도가니로 불렸다.

"아, 잘됐군요, 시간에 딱 맞춰 왔어요." 안전 지킴이는 전망대로 우리를 데리고 가면서 말했다. 전망대는 드레스룸 만한 크기라서 서로들 몸을 부딪치며 간신히 자리를 잡았다.

키가 큰 '주황 모자'들은 키 작은 동료들이 제강로를 볼 수 있게 뒤쪽에 섰고, 다들 누군가와 몸이 닿을 때마다 무안해하며 사과했다. 모두 전망대 안에 들어서자 전류가 흐르듯 긴장감이 감돌았다. 낯선 이들과 어깨를 맞대고 서 있자니 불편할 수밖에 없는 노릇이었고, 나는 뒤쪽 벽 옆에 끼인 채 서 있었다.

"이제 곧 열을 가할 겁니다." 안전 지킴이는 주의를 환기하려고 도가니 하나를 손가락으로 가리키며 말했다. 도가니는 벌겋게 달아오른 내부를 내보이며 앞으로 기울어졌고, 크레인은 큰 상자 모양의 장치를 고리에 매단 채 도가니 쪽으로 다가왔다.

크레인은 예상한 것과 전혀 달랐다. 오리엔테이션 동안 크레인을 상상하며 클리블랜드 도심 건설 현장에서 본 것과 비슷하리라고 생각했다. 아득하게 높다란 기둥에 긴 케이블이 매어져 있을 거라고 상상했는데, 눈앞에 어른거리는 괴물을 보자 이 크레인들은—갠트리크레인 혹은 브리지크레인으로 불리는—전연 다르다는 것을 금세 알아차렸다.

갠트리크레인의 작동 원리를 이해하려면 쇼핑센터의 인형 뽑기 기계를 떠올리면 된다. 아이들이 기계 안에 가득 쌓인 봉제 동물 인형 위로 작은 갈고리를 조종한다. 갈고리는 두 방향으로 움직인다. 좌우로 움직이거나 앞뒤로 움직일 수 있다. 아이는 원하는 곳에 갈고리를 위치시키고 버튼을 누른다. 갈고리는 아래로 내려간 다음 기쁘게도 상품을 움켜쥔다. 갠트리크레인이 움직이는 원리는 이와 유사하다. 상품이 엄청나게 크고 조종 장치 앞에 앉은 사람이 땅에 발을 안전하게 붙이지 않았다는 점이 다르지만. 크레인 기사들은 동체에 붙은 작은 조종석에 앉아 크레인을 모는데, 저 기사처럼 시뻘겋게 달아오른 제강로 앞에 있지 않아 참 다행이다 싶은 생각이 들었다.

"크레인이 곧 고철을 도가니에 부을 겁니다." 안전 지킴이는 큰 소리로 말했지만, 부릉부릉 울리면서 때로 요란스레 철커덕거리는 크레인 모터 소리에 묻혀 잘 들리지 않았다.

상자 모양의 장치가 천천히 앞으로 기울면서 내용물을 제강로로 붓는 모습을 우리는 침묵 속에 지켜보았다. 지글지글 끓는 고철이 우레 같은 소리를 내며 안으로 쏟아지자 유독성의 증기가 자욱하게 피어올랐다.

"모든 강철의 열기는 고철 더미에서 시작됩니다." 안전 지킴이가 설명했지만, 나는 그 이유를 물을 정도로 눈치 없는 사람이 아니었다. "단 몇 분 안에 무슨 일이 일어날지 몰라요. 언제나 고철을 도가니에 잠시 그대로 둬야 합니다. 물기를 말려야 하니까요. 그렇지 않으면 폭발할 수도 있어요."

"폭발이라고요?" 전망대 저쪽 끝에서 샘이 근심 어린 목소리로 물었다.

"네." 안전 지킴이가 대답했다. "쇳물을 물에 부으면 폭발합니다."

제철소의 십계명 가운데 하나는, 물을 쇳물에 부을 수는 있어도 쇳물을 물에 부어서는 안 된다는 것이다. 물은 금속의 열기로 인해 순식간에 증기로 바뀌고, 증기의 갑작스러운 압력은 금속의 폭발을 초래한다.

내심 폭발하지 않을까 걱정하는 '주황 모자'가 있었을지 모르지만 아무도 내색하지 않았다. 모두 무심한 듯 침착하게 행동했고 나도 똑같이 보이려고 애를 썼다. 제철소에서 일한 지 며칠 안 됐지만 이곳에서는 두려움에 빠지면 안 된다는 걸 곧 깨달았다. 어쨌든 일을 해야 했다. 강철을 생산해야 했다. 뭔가에 두려움을 느끼더라도 마음을 다스려 앞으로 나아가야 했다. 두려움을 받아들이고 잘 다독여 그것을 자신감 비슷한 감정으로 바꿔야 했다.

크레인 기사가 상자 모양의 장치를 용광로에서 녹인 쇳물이 그득한 커다란 양동이—레이들로 알려진—로 바꿔 다는 동안 전망대의 모든 사람이 숨을 죽이고 지켜보았다. 레이들 안에서 철렁거리는 쇳물은 정면으로 쳐다보면 눈이 상할 만큼 환히 빛났다.

크레인은 조심스럽게 움직이며 제강로 한복판 앞으로 레이들을 갖다 놓았고, 레이들을 천천히 기울여 쇳물을 고철 위로 부을 때는 숨이 멎을 것만 같았다. 쇳물이 쏟아질 때 제강로에서 올라오는 마른 열기가 멀리서도 느껴졌다. 사탄이 왜 불과 동일시되는지 오랫동안 이해한 줄 알았다. 불은 타올랐다. 불은 육신을 재로 만들었다. 불은 쇠스랑을 든 악마처럼 구덩이에서 날름거렸지만, 저 제강로를 볼 때까지는 지옥을 제대로 본 것이 아니었다. 도가니에서 뿜어져 나오는 밝은 주황색 가스는 빠르게 움직이며 고통받는 육체와 뒤틀린 영혼의 환영을 만들어냈다. 절반쯤 껍질이 벗겨진 얼굴들이 쇳물 위로 떠올랐다가 일순간에 사라졌다. 악마의 꼬리가 수면을 때렸고 괴물들은 숨을 쉬려고 수면 위로 올라왔다.

넋을 놓고 눈앞의 광경을 보느라 폭발에 대한 두려움을 까맣게 잊고 있었다. 크레인이 무사히 일을 마친 뒤에도 정신없이 도가니를 쳐다보다가 안전 지킴이의 목소리를 듣고서야 퍼뜩 정신을 차렸다.

"자, 이제 끝났습니다." 안전 지킴이가 말했다. "나머지 과정은 별로 흥미로운 부분이 없어요."

그다음 몇 분에 걸쳐 고철과 쇳물의 혼합물을 산소와 함께 태워 탄소 함유량을 줄인 뒤, 용제로 불리는 다양한 화학물질을 넣어 황이나 인 따위의 불순물을 제거한다. 크레인 작업이 끝나고 순산소 제강로에서 마법이 일어나는 것은 바로 이때지만, 도가니 깊숙한 곳에서 반응이 일어나는 터라 바깥에서는 이 과정을 볼 수가 없다.

안전 지킴이는 전망대에서 우리를 데리고 나와 공장 견학을 계속했다. 내가 다른 '주황 모자'들을 따라 흑연 가루로 덮인 입구를 지나는 사이, 제강로 안의 휘몰아치는 불지옥은 쇳물을 서서히 강철로 바꾸어놓았다.

소음이 모든 것을 압도했다. 기어들은 우르릉거렸다. 기계들은 철컹철컹 굉음을 내며 돌아가고 크레인들은 머리 위에서 끽끽거렸다. 시뻘겋게 달아오른 강철 슬래브가 압연기로 들어올 때마다 쿵쿵 공기를 때렸고, 뒤이어 우레 같은 소리가 울렸다. 뜨거운 슬래브에서 증기가 쉭쉭 올라오고 멀리서 폭포 같은 소리가 밀려왔다. 이렇게 귀청을 긁어대는 소리는 난생 처음이었다.

우리는 강철 노정의 다음 단계이자 공장 견학의 다음 목적지인 열간압연기를 마주하고 있었다.

강철은 대략 길이 9미터, 폭 90센티미터, 두께 20센티미터의 두꺼운 슬래브 형태로 열연공장에 들어온다. 이 거대한 금속덩이는 가공하지 않은 미완성품이라—판매를 위해서는—잘 휘는 강판으로 길게 늘여야 한다.

제철소 용어가 흔히 그렇듯이 판이라는 단어는 강판의 크기를 제대로 묘사하지 못한다. 실제로는 레이들레이들(ladle)은 '국자'를 뜻한다이 높다란 쇳물통을 가리키고 스푼spoon이 악마에게 어울릴 법한 기다란 삼지창을 가리키듯이 제철소에서 생산하는 강판은 크기가 어마어마하다. 제일 긴 강판은 몇 킬로미터에 이른다. 무게로는 말 40마리, 코끼리 세 마리, SUV 차량 일곱 대 이상에 달한다. 강판 하나에 엄청난 양의 금속이 들어가는데, 이 강판으로 수많은 전자레인지 문과 식기세척기 옆판을 만든다. 강판은 난간이 되고 브래킷이 된다. 파이프와 자동차, 잔디 깎는 기계가 될 수도 있지만, 그러기에 앞서 두꺼운 슬래브는 열간압연기로 눌러서 얇은 강판으로 늘여야 한다.

나를 비롯한 '주황 모자'들은 열연공장의 입구 쪽에 반원 모양으로 옹송그린 채 서 있었다. 동굴 같은 내부 공간에는 텅 빈 듯 으스스한 기운이 감돌았다. 여기서는 연단이라고 부르는, 2층 높이의 작은 컨테이너 박스들이 일렬로 늘어선 채 열간압연기를 내려다보았다. 모든 연단에는 직원들이 기계를 지켜볼 수 있는 창문이 벽면에 가득했고, 압연기를 조작하는 장치는 대개 연단 안에 있었다. 직원들은 연단에 머무르면서 비교적 안전하게 근무할 수 있었고, 그 탓에 밖에서는 사람이 한 명도 보이지 않았다. 모두 위쪽 연단에 있어서 '주황 모자'들만 1층에서 압연기를 쳐다보았다. 살아 있는 거대한 금속 생명체처럼 지상에서 움직이는 거라곤 기계들뿐이었다.

짐작하건대 열연공장은 제강공장보다 더 나을 게 없어 보였다. 바닥은 마찬가지로 흑연 천지였고 불빛은 어두침침했다. 높이 올린 컨베이어벨트 옆에서는 작은 불들이 타올랐고 도처에서 기름 냄새가 진동했다.

근처에 서 있던 안전 지킴이가 앞으로 걸어 나와 무엇인가를 큰 소리로 말하기 시작했다. 입술이 움직이는 게 보였지만 소음 때문에 아무 소리도 들리지 않았다. 열간압연기가 무슨 일을 하는지 설명하는 듯했지만, 한마디도 알아들을 수 없었다. 안전 지킴이 말이 들렸더라면 클리블랜드 제철소에 압연기가 많다는 사실을 알게 되었을 것이다. 가장 기본적인 용어로 압연기는, 회전하는 두 개의 원기둥 사이에 강철을 넣어 압축하는 설비를 일컫는다. 압연기마다 목적이 다르지만—열간압연기Hot Mill는 고온의 강철을 길게 늘이는 한편 연속압연기Tandem Mill는 상온의 강철을 길게 늘이고 조질압연기Temper Mill는 강철을 굴려서 단단하게 한다—모든 압연기에는 거대한 밀대 모양으로 생긴, 금속 분쇄기처럼 강철을 우그러뜨리는 회전하는 한 쌍의 원기둥이 있다.

열연공장의 직원들은 제강공장에서 오는 화물차에서 강철 슬래브를 내린다. 그런 다음 섭씨 1260도가량이 될 때까지 슬래브를 용광로에서 재가열한다. 강철이 빨갛게 달구어질 만큼 높은 온도지만 강철을 녹일 만큼 고열은 아니다. 슬래브는 형태를 유지하되 유연성이 훨씬 좋아진다. 벌겋게 달아오른 슬래브는 컨베이어벨트를 타고 내려가면서 각각 1만 마력의 모터가 달린 여러 쌍의 산업용 롤러에 눌린다. 강철은 열간압연기의 롤러들이 내리누르는 압력을 받아 길고 얇은 강판으로 늘어나는데, 이것은 결코 쉬운 일이 아니다. 슬래브는 보통 길이가 9미터, 두께가 20센티미터쯤 된다. 몇 분 만에 9미터가 900미터가 되고, 20센티미터가 몇 밀리미터가 된다.

안전 지킴이는 열간압연기에 관한 설명을 이어갔지만 나는 시뻘겋게 달아오른 강철 슬래브가 철커덩철커덩 컨베이어벨트를 타고 내려가는 모습을 지켜보았다. 강철 슬래브는 쿵 소리를 내며 밀대 안으로 빨려 들어갔다. 큰 소리에 몸이 움찔했다. 그 과정에는 강철이 고문을 받기라도 하듯 어떤 격렬함이 있었지만 나는 강철이 길고 얇게 늘어나는 모습을 홀린 듯 바라보았다. 그것은 파스타 기계에 집어넣은 플레이도우미술 및 공예를 위한 어린이용 점토 상품명처럼 보였지만 어쨌건 그 플레이도우를 어딘가로 가져가야만 했다. 압연기 끝에 쌓아놓을 수도 없는 노릇이니 수백 미터의 강판을 옮기려면 일단 응축을 해야 한다. 그래서 압연기는 강판을 코일로 만든다.

오리엔테이션 동안 가장 많이 들은 단어가 코일이었다. 잭은 코일을 조심하라고 일렀다. 코일에 깔리지 않게 조심하라고 했다. 그 단어를 들을 때마다 고리가 달리거나 주름이 잡힌 아름다운 게 떠올랐다. 금속으로 만든 나선이나 소용돌이, 혹은 커다란 활 따위를 연상했지만 완전히 헛짚은 생각이었다.

강판은 열간압연기 한쪽 끝에서 지름 60센티미터 가량의 가로로 놓인 감개에 감긴다. 감개는 엄청난 속도와 압력으로 돌면서 강판을 구부러뜨려 실타래처럼 감는다. 몇 초 만에 수백 미터의 강판은 운반하기 쉬운 1.5미터나 1.8미터 높이의 원기둥으로 바뀐다. 감개에서 풀린 원기둥의 지름 한복판에는 폭 60센티미터의 구멍이 생긴다. 제철소 용어로 이 원기둥을 코일이라 부르고 구멍을 눈이라 부른다. 크레인은 코일의 눈 안으로 고리를 집어넣어 코일을 바닥에서 들어올리고, 이로써 수십 톤의 강판을 비교적 쉽게 다루고 운반하는 게 가능해진다.

열간압연기에서 슬래브가 몇 개 더 코일로 바뀌는 모습을 지켜본 다음, 안전 지킴이는 신입들을 데리고 밝은 햇살이 비치는 밖으로 나왔다. 침침한 공장 불빛에 적응한 뒤라 햇살이 유난히 눈부셨다. 우리는 안전모를 벗고 겨드랑이 아래에 어색하게 낀 채 밴에 올라탔다.

열연공장에서 생산된 코일 중에 일부는 곧장 판매되기도 하지만, 대부분은 가공 처리를 위해 다른 부서로 옮겨져야 한다.

안전 지킴이는 차 키를 꽂고 시동을 걸었다. "다음 목적지는 마감부입니다."

마감부는 고참들이 말한 그대로였다. 컨트리클럽. 실버타운. 빌어먹을 천국. 불빛은 더 밝았다. 공기는 더 깨끗했다. 노란 크레인 몸체마저도 더 노랗게 보였다.

안전 지킴이는 뭔가를 설명하기 시작했지만 나는 귀담아듣지 않았다. 바닥에서 눈을 뗄 수가 없었다. 바닥은 회백색이었고, 가장 안전한 길임을 암시하는 듯 옥색으로 칠해진 일련의 통로가 눈에 두드러졌다. 흑연도 불도 없었다. 모든 것이 반짝이는 것 같았다. 노란 난간에는 먼지가 쌓여 있지 않고 입구도 시커멓게 때가 타 있지 않왔다. 기름방울도, 녹의 흔적도 찾을 수 없고 암청색의 기계들도 흠이 없어 보였다.

"안전 지킴이가 뭐라고 했어요?" 나는 감탄하면서 바라보던 시선을 바닥에서 거둔 뒤 찰리에게 속삭였다. 찰리는 새 작업복을 입고도 편안해 보이는 유일한 '주황 모자'였다. 안전모도 근사해 보였다.

"우리가 용융아연도금 라인에 있대요." 찰리가 대답했다.

나는 고맙다는 표시로 고개를 끄덕여 보이고는 여전히 무언가를 설명하는 안전 지킴이를 돌아보았다.

"용융 라인으로 들어온 강판은 피클 라인Pickle Line과 연속압연기를 거쳐 온 것들입니다." 그가 손을 내뻗으며 말했다. 피클 머시기와 연속 머시기가 멀리 있다는 뜻인 듯싶었다.

다른 '주황 모자'들을 돌아보니 하나같이 안전 지킴이의 말을 알아들었다는 듯이 고개를 끄덕이고 있었다. 나도 똑같이 하려고 했지만 갈피를 잡기가 힘들었다.

"마감부로 들어오는 코일은 모두 피클 라인에서 시작됩니다." 안전 지킴이의 말에 나는 제조 과정에 관한 설명을 들으려고 귀를 쫑긋 세웠다.

안전 지킴이의 설명에 따르면, 피클 라인의 노동자들은 각각의 코일을 펴서 흐르는 염산에 집어넣어 열연 작업 중 강판 표면에 묻은 불순물을 제거한다. 그런 다음 강판 코일은 연속압연기를 통과하면서 여러 쌍의 밀대에 눌려 더욱 길게 늘어난다. 연속압연기를 거친 강판은 어디든 갈 수 있다. 강판 중 일부는 곧장 고객에게 판매된다. 일부는 조질압연기를 거쳐 강도와 균질성을 향상시키고, 또 다른 일부는 녹을 방지하기 위해 아연을 도금한다. 어느 길을 가든 강판

들은 결국 형광등 아래 환히 빛나는 코일로 다시 감긴다. 이렇게 마감된 코일은 화물차와 세미트레일러에 실려 전국 각지의 구매자들에게 배송된다.

"용융 라인은 가장 최근에 생긴 설비입니다." 안전 지킴이는 옥색의 통로로 우리를 이끌면서 말했다. "돈이 되거든요."

나중에 안 사실이지만, 아연도금강판은 다른 형태의 강판보다 값을 더 많이 받고, 그 결과 마감부 직원들은 종종 두둑한 보너스를 챙긴다. 안 그래도 천국인 부서에 금상첨화라 하겠으니, 나는 나지막하게 기도를 드렸다.

"제발, 마감부로 가게 해주세요."

안전 지킴이가 출구로 우리를 이끄는 동안 나는 이 주문을 되뇌었다. 멀리서 노란 안전모를 쓴 직원이 세제를 가득 실은 잠보니Zamboni. 스케이트 링크용 정빙기로 유명한 회사 상표명 기계에 시동을 걸었다. 이 작은 기계는 깨끗한 바닥을 지그재그로 조용히 쓸면서 우리가 남긴 발자국을 말끔히 지웠다.

오리엔테이션이 끝날 무렵 드디어 잭에게 집중 조명이 쏟아지는 순간이 찾아왔다. 회사는 안전 교육의 연장으로 모든 신입에게 실무 훈련을 받도록 했고, 그 책임자가 잭이었다.

붐 리프트boom lift 책임자로서 잭은 나를 비롯한 소규모의 '주황 모자'를 제철소 남쪽에 있는 대형 창고로 데리고 갔다. 창고는 저택 몇 채가 들어갈 만큼 컸고, 문이 열린 화물 적재장에서 시원한 바람이 불어왔다. 그 휑한 공간에 있자니 먼지 뭉치가 바닥으로 천천히 굴러오는 것 같은 느낌이 들었다.

천장에 드리워진 얇은 방수포가 내부 공간을 둘로 나누었는데, 저걸 설치한 사람이 내가 아니어서 다행이다 싶었다. 천장은 못해도 4층 높이였고 방수포는 군데군데 찢겨 있었다. 희미한 형광등 불빛은 창고 전체에 으스스한 그림자를 드리웠다. 공포 영화의 한 장면을 연상시키니, 당장이라도 연쇄 살인마가 피 묻은 큰 칼을 휘두르며 방수포를 찢고 나올 것만 같았다.

잭은 신입들을 데리고 방수포에 난 큰 구멍을 지나 '잊힌 부품의 땅'처럼 보이는 공간에 멈춰 섰다. 누군가 공구를 쓰다 말고 사라진 것처럼 버려진 탁자에 공구들이 어지럽게 놓여 있었다. 바닥에는 큰 기계 부품이 여기저기 흩어져 있었다. 원하는 이 없는 샤프트_{회전} _{운동이나 직선 왕복운동으로 동력을 전달하는 막대 모양의 기계 부품}와 분쇄할 게 없는 기어가 팽개쳐져 있었다. 꼬인 케이블이며 녹이 슨 볼트가 보이고 기름에 전 장갑도 이따금 발에 걸렸다. 잭이 엉킨 안전벨트 더미를 뒤적이는 동안 나는 다른 '주황 모자'들과 기다렸다. 마침내 잭이 안전벨트 하나를 풀어 손에 들고는 전문가다운 자세로 우리를 돌아보았다.

"안전벨트는 이렇게 맵니다." 잭은 밝은 청색의 장치를 다리와 어깨에 직접 두르면서 말했다.

"너무 헐렁하게 매면 안 돼요." 그가 설명했다.

"얼마만큼이 너무 헐렁한 거죠?" '주황 모자' 중 하나가 물었다.

"몸이 빠지면 너무 헐렁한 거죠."

나는 잭에게서 안전벨트를 받아 몸에다 최대한 꽉 맸다.

오전 내내 잭은 '주황 모자'를 한 명씩 붐 리프트에 태워 같이 올라갔고, 나는 처음 몇 사람이 리프트에 타는 모습을 지켜보았다. 리프트는 관절처럼 꺾이는 긴 팔이 달린 트럭 모양의 장비였다. 리프트는 팔 끝에 달린 바구니 안에 선 채로 조종했다. 바구니 안에서 리프트를 차량처럼 조종하는 게 가능했다. 급회전하거나 후진할 수도 있고, 그 외에 붐 리프트가 하도록 설계된 모든 일을 할 수 있었다. 레버를 바르게 사용하면 굴절식 팔은 하늘 높이 올라가 사다리 없이도 높은 곳에 손이 닿도록 해주었다. 정비사들과 전기기술자들은 붐 리프트를 이용해 위험한 곳에서도 비교적 안전하게 일할 수 있는데, 그들이 주로 하는 일은 크레인 수리였다. 잭이 이 수업을 진행하는 이유이기도 했다. 잭은 크레인수리부에서 정비사로 일했다.

마침내 내 차례가 되었을 때 잭은 전원 스위치를 보여주면서 붐리프트가 고장 났는지 확인하는 법을 설명했다. 그런 다음 잭과 나는 바구니에 올라타 안전벨트를 난간에 채웠다.

"이것들이 위로 올라가는 조종 장치야." 그가 말했다. "자, 한번해봐요."

잭이 알려준 레버들을 밀자 굴절식 팔이 움직이기 시작했다. 작은 바구니가 허공으로 올라갔다. 6미터, 9미터, 12미터, 더 높이 올라갔다.

"최대한 높이 올라가봐." 잭이 말했다.

바구니가 흔들리기 시작했고 발아래 세상이 점점 작아졌다. 어디서 멈춰야 할지 몰랐지만 추락하면 치명상을 입을 만큼 높았다. 이론적으로는 안전벨트가 땅으로 추락하는 것을 막아줄 테지만 그걸 시험해보고 싶은 마음은 없었다.

"이 레버 보이지?" 잭이 물었다.

"네." 나는 아래로 내려가는 레버이기를 마음속으로 빌었다.

"앞으로 기울어지게 하는 레버야." 잭은 설명했다. 대체 왜 바구니를 앞으로 기울이려는 사람이 있는지 이해할 수가 없었다. "한번 해봐요. 할 수 있는 한 많이 기울여봐."

레버를 밀자 바구니가 덜컹거렸고, 잭은 내 얼굴에 떠오른 불안의 표정을 보았던 게 틀림없었다.

"걱정하지 마. 정상이니까." 그가 말했다.

확신이 서지 않았지만 어쨌건 레버를 계속 밀었다. 바구니는 앞으로 기울기 시작했고 나는 거의 곧바로 어지러움을 느꼈다. 옆으로 떨어질 것 같아서 이제 그만해도 될지 보려고 잭을 돌아보았다.

"더 더!" 잭은 미친 사람처럼 웃으며 말했다. 두 눈은 흥분으로 커졌고 입술은 광인의 큰 웃음으로 일그러졌다.

"더 더! 철강 노동자가 될 자격을 갖췄다는 걸 보여줘!"

잭은 혼자 낄낄거렸다. 기울어진 바구니가 그를 미치게 만든 게 아닐까 싶었지만, 떨어질까 봐 너무 두려운 나머지 다른 데에 신경을 쓸 겨를이 없었다. 나는 어렸을 때부터 고소공포증이 있었다. 페인트공으로 일할 때도 180센티미터보다 높은 사다리에 올라가는 데에 수년이 걸렸다. 지붕 위를 걷는 것은 안 하겠다고 거절했고, 몇 미터 위로 올라갈 때면 심장이 거칠게 뛰었다.

바구니를 앞으로 기울이면서 천장을 올려다보았다. 작은 무리의 '주황 모자'들이 지상에서 나를 지켜본다는 걸 알았지만, 아래로 시선을 던져 그들을 보면 더 겁이 날 것 같았다. 그날 '주황 모자'들과 이야기하며 알게 된 사실인데, 잭은 모든 신입에게 똑같이 시켰다. 마치 신성한 입회 권리라도 되듯 예외 없이 모든 신입에게 바구니를 최대한 기울이라고 했다. 잭은 우리가 제철소에서 일할 자격을 갖췄는지 확인하고 싶었던 것이다.

사실을 말하자면 나는 나 자신이 철강 노동자로서 자격을 갖췄는지 확신하지 못했다. 잭이 분명히 그럴 것처럼 내 피는 쇳물이 되지 못했고 뼈에 녹이 끼지도 않았다. 평생을 클리블랜드에서 살았지만 곁눈질하듯 제철소에 대해 배웠다. 책과 잡지에서 러스트벨트를 다룬 글을 읽었다. 전문가들과 경제학 교수들이 러스트벨트에 대해 하는 소리를 들었고, 러스트벨트가 만인이 원하는 깔끔한 비유의 집합체라는 사실을 믿게 되었다.

"더 더!" 잭은 외쳤다. "멈추면 안 돼!"

나는 레버를 계속 밀었고 바구니는 계속 앞으로 기울어졌다. 때는 바야흐로 2016년 봄이었고, 도널드 트럼프는 대통령 자리를 향해 오르고 있었다. 몇 달 후에 기자들은 러스트벨트를 보면서 머리를 긁적일 것이다. 그들은 무슨 일이 일어났는지 설명하려고 자신들의 최고의 비유를 뒤질 것이고, 나는 잭이 오리엔테이션 첫날에 들려준 이야기를 떠올릴 것이다. 그 이야기에 교훈이 없다는 내 생각은 틀렸다. 잭은 크레인 바퀴에서 친구를 구해낼 만큼 민첩하지도 않고 개를 구하려고 밖으로 나가지도 않았지만, 이 두 사건으로 인한 죄책감은 꾸미거나 희석할 가치가 없는 것이었다. 가끔은 상황을 그대로 내버려둬야 할 때가 있다.

바구니는 급경사로 기울었지만 잭은 그저 껄껄 웃을 뿐이었다.

"더 더!" 잭은 소리쳤다.

나는 말랑하다느니 소심하다느니 하는 소리를 듣고 싶지 않아서 —잭은 아무래도 그렇게 말할 듯싶었다—바구니를 더욱 기울였다. 토할 것 같아도 계속 기울일 것이다. 꿈꿔온 직업이 아니더라도 강철을 만드는 법을 터득할 것이고, 워싱턴의 그 우쭐거리던 변호사들에게 무슨 답을 할지 결국 알아내리라. 오늘 그 변호사들이 와서 클리블랜드에서 무엇이 나냐고 물으면 뭐라 대꾸할지 알 것 같았다. 강철이었다. 강철은 클리블랜드에서 난다. 수백만 톤의 강철. 그것은 매력적이지 않다. 이국적이지도 않다. 더럽고 뜨겁고 시끄럽지만 누군가는 해야 할 일이다. 우리는 가전제품 산업을 먹여 살리고 자동차 산업에 부품을 공급한다. 뼈대와 내장과 하복부가 될 온갖 형태의 강철을 만든다. 우리는 고강도강을 생산한다. 트립강. 복합조직강. 고강도 저합금강. 압력에도 부서지지 않는 강철을 만든다. 우리가 만드는 것은 화려하지 않지만 안전을 보장한다. 우리가 만드는 것은 세련되지 않지만 이동을 보장한다.

"더는 못 하겠어요." 나는 작동을 멈추면서 잭에게 소리쳤다.

심장은 미친 듯이 뛰고 땀으로 흥건한 손은 바구니 옆을 필사적으로 붙잡고 있었다. 반면에 잭은 극도로 침착해 보였다. 땀을 흘리지도, 숨소리가 거칠지도 않고 공포에 질린 표정도 없었다. 공원에 소풍 왔다고 해도 될 것 같았다.

"처음치고는 제법이야." 그가 씩 웃으며 말했다. "이제 내려가지."

그날 오후 '주황 모자'들과 교실 의자에 앉아 있는데 중년의 노조 간부가 종이 몇 장을 펼쳐 들었다. 교실에 정적이 감돌았고 모두 긴장한 듯 보였다. 진실의 순간이 온 것이다. 노조 간부가 곧 부서 배치를 발표할 것이다.

"앤더슨," 노조 간부가 입을 뗐다.

이름이 앤더슨인 남자가 손을 들었다.

"열연부." 노조 간부가 말했다.

그러고는 명단을 계속 읽어 내려갔다.

"클라크. 제강부."

"콜린스. 열연부."

"에번스. 제강부."

이름이 호명된 사람들을 힐끗 보았다. 열연부에 배치된 사람들은 감정을 드러내지 않았지만, 제강부 소속이 될 사람들은 몹시 근심 어린 표정이었다.

제발, 나는 마음속으로 되뇌었다. 제강부는 피하게 해주세요. 제발요.

노조 간부가 아멜리아를 호명하자 아멜리아가 손을 번쩍 들었다.

"여기요. 준비 완료예요." 그녀가 답했다.

"열연부." 노조 간부는 무감정한 목소리로 말했고 아멜리아의 얼굴에는 실망의 표정이 떠올랐다. 나처럼 그녀도 컨트리클럽의 밝은 빛을 바랐던 모양이다.

"에드워즈." 노조 간부는 계속했다. "열연부."

"피네건. 열연부."

"골드바흐." 드디어 노조 간부가 내 이름을 불렀다.

"네." 내가 답했다.

남자는 종이에서 고개를 들지 않았다. 그저 판결문을 읽을 뿐이었다.

"마감부."

4
제철소라는 세계

어렸을 때 내가 믿은 게 하나 있다면, 아빠는 정상의 범주에 속할 만한 사람이 아니라는 것이었다.

이십대에 아빠는 재즈 드러머가 되겠다는 꿈을 안고 인디아나대학교 블루밍턴캠퍼스에 들어갔다. 그 후 스위스의 음악학교에서 짧게 수학했고 엘피음반도 몇 개 발표했다. 잠시 뉴욕의 바퀴벌레가 득실거리는 아파트에서 배고픈 음악가로 살았다. 존 쿠거가 멜런캠프라는 예명으로 활동하기 전에 그를 가르쳤고, 무명 시절의 멀리사 에서리지를 가르쳤다. 클리블랜드 재즈 오케스트라에서 짧게 활동하기도 했지만 성공을 향한 꿈은 내가 태어났을 무렵 거의 사라졌다. 내가 어렸을 때 아빠는 전당포 관리자로 일했다.

당시 나는 이런 얄궂은 운명이 가져왔을 실망을 이해하지 못했다. 미완의 야망이니 실패한 꿈이니 하는 것을 보지 못했다. 내게 전당포는 세상을 배우는 매혹적인 곳이었다. 그곳은 보물 창고였다.

때로 일요일 오후에 아빠를 따라 전당포에 가서 일을 도왔는데, 그곳에서 보고 만질 수 있는 모든 것이 신기했다. 바닥에는 주화 바구니가 있고 의자 위에는 장신구 쟁반이 놓여 있었다. 서류 뭉치가 천장까지 쌓였고 야구 카드가 책상에 줄지어 깔려 있었다. 스포츠 팀의 우승기가 의자 등받이에 걸쳐져 있고 보석 알이 탁자에 흩어 져 있었다. 어디를 돌아보나 감정해야 할 귀중품이 있었다. 화장실 마저 놀라웠다. 그곳 변기는 1페니 동전들로 만들어진 것이었다.

아빠는 장신구와 원석, 비니 베이비스Beanie Babies. 미국의 봉제 인형 상 품명 인형도 수완 좋게 사들였지만 전문 분야는 미국의 옛 주화였다. 주화는 내가 제일 아끼는 물품이기도 했다. 주화에서는 흙과 금속 냄새가 났고, 대부분은 내가 태어나기 전에 주조된 것이었다.

초등학교에 다니던 어느 날 아침, 아빠가 그날 하루 같이 일하자 며 나를 전당포에 데리고 갔다. 내가 말끔히 치워진 작은 책상에 털 썩 앉자 아빠가 내 앞에 니켈5센트짜리 동전 바구니를 갖다 놓았다. 나 는 지시를 들을 필요도 없이 곧바로 일을 시작했다. 무슨 일을 해야 할지 훤히 알았다.

이 니켈들은 그냥 니켈이 아니었다. 버펄로 니켈1913년에서 1938년 사 이에 주조된 5센트 주화. 앞면에는 인디언 머리가. 뒷면에는 버펄로가 새겨져 있다이었는 데, 내가 찾는 건 1937 D였다. 그때 주조한 주화 일부에는 결점이 있 었다. 보통 다리가 넷인 버펄로가 1937 D 주화 일부에선 다리가 셋 으로 찍혀 있었다. 아빠는 그 주화들이 꽤 비싸다고 알려주었다. 다 리 셋인 버펄로 니켈을 찾는 게 잔디밭에서 바늘을 찾는 격이라는 사실을 모른 채 나는 주화를 하나하나 헤치며 살폈다. 번번이 금맥 을 찾지 못하고 전당포 문을 나선다는 것은 중요하지 않았다. 보물 은 오로지 찾기 힘들기 때문에 가치가 있는 법이다.

"이거 맞아?" 모건 달러1878년에서 1904년 사이에 주조되었다가 1921년에 다시 주조된 1달러 주화를 책상에서 감정하고 있는 아빠에게로 걸어가며 내가 물었다.

니켈이 유독 닳아 있어서 아빠는 그것을 현미경에 올려놓고 유심히 살폈다. 주화를 더 잘 보려고 아빠가 안경을 벗자 내 눈과 꼭 같이 생긴 작고 오목한 눈이 드러났다.

"아니," 아빠 말에 나는 낙담했다. "그때 주조된 게 아니야."

나는 한숨을 쉬며 책상으로 돌아갔다. 추려야 할 주화가 아직 수백 개도 넘게 남아 있어서, 나는 주화를 한 줌 집어 골라내기 시작했다. AM 라디오방송이 흘러나왔고 남자의 목소리에 머리가 지끈거릴 지경이었다.

"인디언스가 출발이 좋아요." 남자가 말했다. "올해는 잘될 거 같아요. 그래도 구원투수진은 보완이 필요합니다."

스포츠 라디오방송이 싫었지만—남자들은 언제나 과도하게 생기가 넘치고 저돌적이었다—다른 채널로 돌려달라고 하고 싶지도 않았다. 아빠를 동경했기 때문에 아빠처럼 되고 싶었다. 그것이 남자들이 인디언스를 두고 흥분해서 떠드는 소리를 들어야 한다는 걸 의미한다면, 그렇게 하면 그만이었다.

점심때가 되자 아빠와 나는 일손을 쉬었다. 나는 모건 달러로 뒤덮인 아빠의 책상으로 느릿느릿 걸어갔다.

"하나 집어봐도 돼?" 내가 이미 손을 주화 하나에 놓은 채로 물었다.

"그럼," 아빠가 답했다. 아빠는 의자에 앉은 채로 샌드위치를 먹었다. "되고말고."

주화는 손가락 사이에서 차갑게 느껴졌고, 나는 날짜를 읽고 깜짝 놀랐다. 1881년. 100년도 더 된 주화라니, 나는 경외심을 느끼며 주화를 살폈다. 날개를 활짝 펼친 독수리가 주화 뒷면을 장식하고 있었지만 내 관심은 앞면의 기묘한 초상에 쏠렸다. 주화 속 인물은 길고 곧은 코에 곱슬머리였다. 내가 아는 대통령 중에 이런 얼굴은 없는 것 같았다.

"이 사람 누구야?" 내가 물었다.

"자유의 여신." 아빠가 뺨에 겨자를 묻힌 채 대답했다.

나는 코를 찡긋했다. "정말? 여자처럼 안 보이는데."

"그렇지," 아빠가 웃으며 주화를 넘겨다보았다. "좀 그래 보이긴 하지."

"머리에 잎사귀는 왜 꽂고 있어?" 나는 여신의 곱슬머리에 한데 엮인 잎사귀 왕관을 바라보면서 물었다.

"그게 아마 월계수지." 아빠가 답했다. "평화의 상징이야."

나는 한숨을 길게 내쉬었다. 물론 그것들은 월계수였다. 언니의 이름이 로럴월계수라는 뜻이었고, 언니는 모든 걸 나보다 잘하는 것처럼 보였다. 이름도 나보다 예뻤다. 언니와는 5년 터울이었는데 가끔 언니의 그림자 속에서 산다고 느낄 때가 있었다. 내가 유난히 경쟁심이 강한 건 그래서였다. 로럴이 올 A를 받으면 나는 올 A+를 받아야 했다. 언니가 악기를 연주하면 나는 그보다 더 잘해야 했다. 언니가 노래를 부르면 나는 더 높은 음까지 올라가야 했다. 내가 악착같이 노력해서 언니가 이미 성취한 모든 것을 능가했을 때도 선생님들과 친척들은 내 노력을 폄하하곤 했다.

아, 그들은 말했다. 역시 로럴 동생이구나!

언니를 따라잡으려고 최선을 다했지만, 가끔은 날 선 말을 참거나 고집을 꺾는 게 잘 안 됐다. 반면에 로럴은 별 노력 없이도 완벽해 보였다. 언니가 친구들과 농구를 하려고 외출할 때는 기분이 좋았다. 아빠와 단둘이 있으면서 오후 내내 보물을 찾을 수 있는 기회가 생겼기 때문이다.

나는 모건 달러를 내려다보면서 월계수 잎사귀를 무시하려고 했다. 여신의 은빛 뺨은 부드럽게 닳아 있었고 얼굴에 곰보 자국이 몇 개 나 있었다. 머리 위에는 내가 모르는 언어로 세 개의 단어가 쓰여 있었다. 에 플루리부스 우눔E Pluribus Unum. 라틴어로 "여럿으로 이루어진 하나"라는 뜻으로 미국의 전통적인 모토다. 그것은 주화의 신비로움을 한결 더 했다.

상상하길 좋아하는 아이에게 모건 달러는 이상한 마법의 힘을 가지고 있었다. 주화는 그것을 만진 모든 사람과 나를 연결해주었다. 한 번도 만난 적이 없는 수백 명, 혹은 수천 명의 사람들이 이 작은 금속 조각을 통해 시간과 공간을 초월해 한데 묶여 있었다. 손바닥에서 주화를 뒤집으며 한때 그것을 주머니에 넣고 다녔을 모든 옛사람들을 상상해보려고 했다. 그들은 100년 후에 그 주화가 어디에 있을까 하는 생각은 한 번도 하지 않은 채 살았을 것이다. 그 주화로 설탕이나 말을 샀을지 모른다. 밀가루나 뮤직박스를 샀을지도 모른다.

클리블랜드 외곽에 있는 그 작은 전당포에서 내 손에 놓인 은화는 수집품 그 이상이었다. 그것은 살아 있는 역사의 일부분이었다. 먼 미래의 언젠가 그 주화는 아직 태어나지도 않은 누군가의 손을 거쳐갈 것이다. 그것은 여러 세대의 미국인들을 만나게 될 것이고, 그들은 곱슬머리의 기묘하게 생긴 여자의 얼굴을 내려다보면서 그녀의 정체를 궁금해할 것이다. 나는 마지막으로 한 번 더 손바닥에서 모건 달러를 뒤집었다. 내게 이 주화는 크고 중요한 교차로처럼 느껴졌다. 현재의 우리와 미래의 우리 사이에 놓인 교차로였다.

마감부로 출근하는 첫 날, 길을 잃은 기분이었다. 제철소에 혼자 있기는 처음이었다. 경비 사무실에서는 아무도 나를 제지하지 않았다. 차를 주차할 때 내게 무언가를 묻는 사람도 없었다. 이야기를 들려줄 잭도 그곳에 없었고 나는 출근 보고를 하러 어디로 가야 할지 까마득히 잊은 채였다.

광활한 제철소에 압도당한 채 잠시 주차장에서 머뭇거렸다. 강철 코일을 가득 실은 세미트레일러들이 길가를 천천히 지나갔고 창고들은 끝없이 펼쳐져 있었다. 흰색의 높은 탑이 용융아연도금 라인 위로 우뚝 솟아 있고 용광로의 푸른 불꽃은 멀리서 타올랐다. 지게차가 트럭들 사이를 빠져나와 빠르게 지나가는 모습을 지켜보면서 오리엔테이션 때 보았던 안전 영상을 떠올렸다. 지게차에 몸이 찔리는 수도 있습니다. 지게차에 깔리기도 합니다. 아직 이 공간에 마음의 준비가 되어 있지 않았다. 주황 안전모가 철강 노동자임을 알려주고 있었지만, 나는 철강 노동자가 아니었다. 위험을 어떻게 다루어야 할지 몰랐다. 내 몸의 안전을 지킬 수 있을지 확신하지 못했다.

주차장에서 조금 더 기다렸다. 샘과 찰리가 마감부로 배치되었으니 그들이 나타나 제철소로 안내해주기를 바랐다. 앞서는 것 말고 따라가기를 원했는데, 이 둘은 나보다 자신감이 있어 보였다. 나는 이미 제철소에 주눅이 들어 있었다. 보통은 육체적으로 힘든 환경에 있는 걸 좋아했다. 완주는 아니지만 애팔래치아 트레일메인주 중부에서 조지아주 북부까지 3500km에 걸쳐 애팔래치아 산맥을 따라 있는 하이킹용 좁은 길을 하이킹했다. 로프 없이 절벽을 재빨리 올라갔다. 망설임 없이 거친 말 등에 올라탔지만, 뼈를 으스러뜨리는 제철소 기계 앞에서는 나 자신이 작고 약하게만 느껴졌다.

얼마 후 샘과 찰리를 만나리라는 희망을 포기했다. 그들이 나타날 기미가 보이지 않기에 걷기 시작했다. 어디로 가야 할지 기억을 더듬는 동안 골프 카트 몇 대가 윙 하고 지나갔다. 카트마다 '노란 모자'들이 가득 타고 있었지만—대부분이 하루 일을 시작하거나 끝내는 사람들이었다—두려운 나머지 길을 물어볼 엄두가 나지 않았다. 어떤 이들은 나를 의심스러운 눈초리로 쳐다보았고, 또 어떤 이들은 괘념치 않고 콧노래를 불렀다. 나는 고개를 숙이려고 했다. 내가 길을 잃었다는 걸 누군가 눈치채는 게 싫었다.

"여봐요!" 한 남자가 등 뒤에서 소리쳤지만 나는 여전히 보도를 뚫어지게 쳐다보았다. 다른 사람에게 하는 소리인 줄 알았다. "여봐요, 거기. '주황 모자'."

고개를 드니 골프 카트 한 대가 등 뒤로 천천히 따라오고 있었다.

"태워줄까요?" 남자는 조수석에 앉아 있었고, 허연 턱수염이 났는데도 눈빛은 아이처럼 반짝였다.

"네." 내가 답했다.

나는 도시락 가방을 손에 꽉 쥐고 골프 카트 뒷자리에 올라탔다.

"어디로 가요?" 운전자가 물었다. 숱이 적은 갈색 머리에 어깨가 살짝 굽은 중년의 남자였다.

"수송부 책임자를 찾아가는 길이에요. 이름이 제러미라고 하던데요."

"아." 조수석의 남자는 운전자를 힐끗 돌아보며 말했다. "제러미. 멋진 경험을 하겠군요."

"왜요?" 나는 갑자기 걱정이 되어 물었다. "혹시 고약한 사람인가요?"

"아니요," 운전자는 속도를 높이며 답했다. "제러미는 뭐…… 그냥 제러미예요."

골프 카트는 두어 번 움푹 팬 구멍을 덜컹거리며 지나간 뒤 길가를 따라 달렸다. 나중에 알고 보니 제철소의 골프 카트와 관련된 에티켓에는 두 가지 주요 수칙이 있었다. 첫째, 절대 골프 카트라고 부르지 말 것. 버기라고 부를 것. 둘째, 남이 "소유한" 버기는 함부로 손대지 말 것. 대부분의 경우 버기는 제철소의 특정 업무와 연결되어 있다. 그래서 A건물의 포장 담당들에게는 저희끼리 쓰는 버기가 있고, 그들 이외의 다른 사람이 그 버기를 사용하면 호된 대가를 치르게 된다. 그 버기는 어쨌거나 그들 소유의 것이다. 대부분의 철강 노동자들은 주차장에서 걸어가는 동료를 보면 흔쾌히 태워주지만, 버기가 사라진 걸 알면 블러드하운드후각이 예민해서 주로 추적이나 수색할 때 이용하는 개로 돌변한다. 보통은 퇴근할 때 자기 버기에 자물쇠를 채워놓고 간다. 배터리를 숨기거나 타이어를 빼놓기도 한다.

"그나저나 이름이 뭐예요?" 조수석의 남자가 물었다. 흰머리 끝자락이 안전모 밑으로 삐죽 삐져나와 있는 그는 나를 보며 환하게 웃어 보였다. "내 이름은 루크인데, 다들 다이너모발전기, 정력가라는 뜻라고 불러요."

"다이너모요?" 내가 되물었다.

"넵."

운전자가 고개를 젓자, 다이너모가 눈을 부라렸다.

"고개 젓는 거 다 봤어." 다이너모는 운전자에게 대꾸하고 나를 다시 돌아보았다. "신경 쓰지 말아요. 한 번씩 깐깐하게 구는 친구니까."

버기는 속도를 높여 모퉁이를 돌다가 하마터면 반대편에서 오는 지게차와 부딪힐 뻔했다. 도시락 가방을 쥔 손에 힘이 들어갔지만 다이너모는 조금 전의 위기 상황을 전혀 의식하지 못하는 것 같았다.

"여기서 일한 지 얼마나 됐어요?" 그가 물었다.

"오리엔테이션을 막 끝냈어요." 내가 대답했다. "실은 오늘이 첫 출근일이에요."

"오, 맙소사." 그가 말했다. "그 '주황 모자'를 쓰고 있을 동안에는 수칙을 잘 지켜야 해요. 그렇게만 하면 별 탈 없을 거요. 어디서 일할지는 들었어요?"

"다이너모," 운전자가 짜증스러운 목소리로 말했다. "어디서 일할 거 같은데? 제러미를 찾아간다잖아."

"한 번 더 확인하려고 했지." 다이너모가 툴툴댔다. 그 둘은 행동하는 것이 꼭 오래된 부부 같았다. "그렇게 타박할 건 뭐람?"

두 사내의 말싸움은 나를 불편하게 했지만 애써 못 들은 척했다.

"수송부로 가라고 하네요." 내가 그들에게 말했다. 제철소 안에 다른 제철소가 여럿 있듯이 부서 안에도 다른 부서가 여럿 있었다. 수송부는 마감부 밑에 있는 부서 중 하나였다.

"봤지? 내 말이 맞잖아." 다이너모가 운전자에게 말했다. 혀를 날름 내밀 기세였다.

"자, 다 왔어요." 운전자는 창고 앞에 버기를 세우면서 말했다.

"저 문으로 들어가요. 안에 사무실이 있을 거요."

출발하는 그들에게 감사의 인사를 하고 어색하게 손을 흔들어 보였다. 그런 다음 녹이 슨 문을 열고 들어가는데 문에서 끽 소리가 났다. 제러미의 사무실은 마치 제철소에 러시아 인형 마트료시카가 필요하다고 누군가 결정을 내린 것처럼 창고 안에 지어진 작은 건물 안에 있었다. '건물 안에 있는 이 건물'에는 사무실이 여럿 있었고, 사무실은 모두 갓 뽑은 커피 향 같은 냄새가 나는 좁은 복도를 마주하고 있었다. 건물로 들어가자 샘과 찰리가 보였다.

제러미는 아직 출근 전이라 우리 셋은 복도에 서서 휴게실에 뚜껑이 열린 채 놓인 도넛 상자를 군침을 삼키며 쳐다보았다. 제철소 지도가 벽에 붙어 있기에 나는 짐짓 흥미로운 얼굴로 그것을 들여다보았다. 샘과 찰리처럼 친절한 사람과 일해서 다행이다 싶었지만, 그렇다고 그들을 잘 아는 것은 아니었다. 2주의 오리엔테이션은 친분을 쌓기에 넉넉한 시간이 아니라서 그들도 나만큼이나 어색해하는 게 느껴졌다.

"근데 말이에요." 샘은 우리 사이에 흐르는 침묵을 깨며 입을 열었다. "혹시 첫 월급 들어왔어요?"

"모르겠어요." 내가 대답했다. "계좌를 아직 확인해보지 않았어요."

"난 들어왔던데요." 찰리가 알은체를 하며 말했다. "어젯밤에 이체되었던데요."

"대박, 진짜에요?" 샘이 소리 내어 웃었다.

"네. 대박이죠."

우리가 예전 일터에서 받은 급여 얘기를 주고받는데, 마른 엉덩이에 졸린 듯한 갈색 눈동자의 키 큰 사내가 복도를 걸어왔다. 그러더니 주저하며 우리 쪽으로 다가왔다.

"새로 온 신입들이 맞죠?" 그가 말했다. "난 제러미. 여러분의 상사."

덩치가 크고 건장한 현장감독을 기대했는데 제러미는 자동차보험을 판매하면 어울릴 법한 외모였다. 악수할 때 보니 손은 부드럽고 낭창낭창했으며 방에서 최장신인 걸 즐기지 않는 사람처럼 행동거지가 부자연스러웠다.

우리는 자기소개를 한 뒤 제러미를 따라 사무실로 들어갔다. 사무실은 놀랍도록 컸다. 큰 책상이 사무실 뒤쪽에 놓여 있을 뿐, 문까지 텅 빈 넓은 공간은 채워지기를 간청하는 듯 보였다. 책상에는 서류들이 흩어져 있고 아내와 아이들 사진이 한쪽 모퉁이에 세워져 있었다.

"일손이 늘어났으니 청소를 좀 했으면 좋겠는데." 제러미가 곧장 본론으로 들어갔다. "몇 주 동안은 청소만 하면 돼요. 매일 아침 여기로 와요. 할 일을 알려줄 테니."

그날 아침 제러미는 우리더러 비질을 하라고 했다. 나는 안도의 한숨을 쉬었다. 그렇게 어렵지도 않고 안전해 보였기 때문이다. 사지를 집어삼키는 굉음의 압연기가 아니라 먼지 뭉치와 씨름하면 되었다.

"한마디 경고해둘 말이 있어요." 제러미는 문득 심각한 어조로 말했다. "여기 왔다고 사람이 변하면 안 돼. 그렇게 되는 경우를 여럿 봤어요. 모두 시작할 때는 썩 괜찮은 직원이었는데 어느새 물이 들어버려. 1년쯤 지나면 고집을 슬슬 부리면서 게을러져요. 사람이 영 딴판이 된단 말이야."

"걱정하지 마십시오." 찰리는 주황 안전모를 아기처럼 품에 안은 채 대꾸했다. "그런 일은 없을 겁니다."

"그럼요." 샘이 덧붙였다. "여기서 일하게 된 게 얼마나 다행인지 몰라요."

우리는 노력의 가치를 익히 알고 있음을 제러미에게 확인시켰다. 열심히 일해서 돈값을 할 것이고, 그렇게 안 한다는 건 상상도 할 수 없는 일이었다. 제러미는 고개를 끄덕였지만 눈빛에는 지친 기색이 엿보였다. 전에도 이런 얘기를 들었던 게 분명했다.

"자." 제러미는 책상 아래에서 노란 안전모를 꺼내며 말했다. "빗자루가 있는지 보러 갑시다."

우리는 사무실 밖으로 나가 창고를 나선 다음, 내가 다이너모와 버기를 타고 왔던 길을 가로질렀다. 제러미는 길 건너 수송부의 중심지 역할을 하는 긴 건물로 우리를 데리고 갔다.

오리엔테이션 때 와본 적 있는, 바닥이 반짝이는 용융아연도금 라인은 건물 남쪽에 있는 반면 수송부는 북쪽에 있었다. 한 건물에 입주해 있어도 이 둘은 서로 다른 부서였다. 운영 책임자도 다르고 용융아연도금 라인의 끝 지점과 수송부의 시작 지점도 명확하게 구분되었다. 먼지로 선이 그어져 있었다. 용융아연도금 라인이 티끌 하나 없이 깨끗하다면 수송부는 색이 바래고 낡아 보였다. 제러미는 이 모든 것을 바꾸기를 원했다.

처음에는 비질이 쉬워 보였지만 그것은 건물의 크기를 염두에 두지 않을 때 생각이었다. 길이가 못해도 160미터는 돼 보이고 바닥을 다 청소하려면 일주일, 아니 그 이상 걸릴 판이었다. 제러미는 빗자루가 있는 장소를 일러주고는 서둘러 사무실로 돌아갔다. 나는 샘,

찰리와 함께 일을 시작했고 우리는 스스로 약속한 모범 직원답게 부지런히 비질을 했다.

마감부 배치가 복권 당첨이라면 수송부 배치는 복권 당첨에 더해 같은 날에 마당에서 값진 보물을 찾은 것이나 다름없었다. 모든 직원이 수송부에서 일하기를 원했다. 업무는 상대적으로 수월했고 제러미는 곁에 와서 사람을 비탄에 빠뜨리는 일이 거의 없었다. 하지만 그중에서도 내 마음에 든 것은 일터가 상대적으로 안전하다는 것이었다. 짐작하건대 수송부에서 죽음을 초래할 것은 몇 가지뿐으로, 크레인과 포장 기계, 그리고 권태가 다였다.

제철소에서 근무를 시작한 첫날, 권태는 아직 나를 찾아오지 않았다. 샘, 찰리와 더불어 처음 몇 시간 동안은 쉬지도 않고 비질을 했는데, 곧 이것이 시시포스의 형벌이라는 걸 깨달았다. 바닥 한 부분을 청소하면 먼지 뭉치가 빗자루에 쓸려 허공으로 날아갔다. 다음 부분으로 넘어갈 때쯤에는 먼지가 막 청소를 끝낸 곳에 다시 내려앉았다. 완벽주의자 악마는 내 어깨에 앉아 계속해서 나를 채근했다. 나는 몇 번이고 청소를 끝낸 곳으로 되돌아가 내려앉은 먼지를 다시 쓸어냈다.

"소용없는 일이에요." 찰리는 말했다. "그렇게 다 못 쓸어내요."

"그렇다니까." 샘은 맞장구쳤다. "그냥 쭉 앞으로 갑시다. 그래도 처음 시작했을 때보단 나아 보이네."

처음에는 그들 말에 반박했지만 결국 동의하는 수밖에 없었다. 두 번 세 번을 쓸어도 먼지는 다시 내려앉았다. '주황 모자' 둘과 앞으로 나아가면서 뒤에 내려앉는 먼지를 못 본 척하려고 했지만, 완벽주의자 악마를 어깨에서 떨궈내는 게 여간 힘든 일이 아니었다. 내게는 여전히 언니보다 잘하려는 작은 여자아이의 모습이 남아 있었다. 제러미가 건물 안으로 들어와 이렇게 일 잘하는 직원은 처음이라고 칭찬해주기를 원했지만, 동료들 말이 옳다는 건 나도 아는 사실이었다. 제철소는 결코 완벽해질 수 없을 것이고 비질을 해야 할 바닥은 아직 넓기만 했다. 건물은 끝없이 뻗어 있었다. 세미트레일러들이 끊임없이 문으로 드나들면서 새로 먼지를 남겼고, 아무리 비질을 한들 차량에서 나오는 먼지를 다 제거할 수는 없었다.

동료들과 보조를 맞추려고 고개를 푹 숙인 채 가능한 한 빨리 손을 움직이며 열심히 비질을 했다. 트럭이고 뭐고 간에 주의를 기울이지 않고 일하는데 누군가 어깨에 손을 얹는 게 느껴졌다. 샘이었다. 그는 천장을 손가락으로 가리켰다. 집게로 강철 코일을 집은 크레인 한 대가 머리 위로 우르릉거리며 지나갔다. 비질에 너무 몰두한 나머지 크레인 바로 밑에까지 걸어간 것이다. 고맙다는 뜻으로 샘에게 고개를 숙여 보인 다음, 제철소의 기본 수칙 가운데 하나—짐을 옮기는 크레인 밑으로 절대 걸어가지 말 것—를 지키지 않은 나 자신을 저주했다.

처음 몇 주 동안 크레인 주변으로 다니는 것은 마치 길을 건너는 법을 다시 배우는 것과 비슷했다. 세미트레일러와 지게차가 언제든 곁을 지나갔기 때문에 길을 건널 때는 좌우를 돌아봐야 하는 것은 물론이고 고개를 위로 들어 크레인이 있는지도 살펴야 했다. 크레인들은 늘 강철을 옮기는 터라 수송부에서 가장 지속적인 위협 가운데 하나였다.

대부분의 크레인 기사들이 안전을 지키려고 최선을 다하지만 위급한 상황은 생기게 마련이다. 케이블이 별 이유 없이 끊어지기도 하고 강판 코일이 굉음을 내며 지상으로 굴러떨어지기도 한다. 간혹 가다 크레인이 망나니처럼 제 마음대로 움직이기도 한다. 때로 전원이 나가기도 하는데 이것은 치명적인 결과를 초래한다. 이론적으로는 전원이 나가면 크레인이 멈출 것 같지만 반대의 경우가 발생할수 있다. 크레인의 브레이크 시스템이 그다지 효율적이지 않은 데다이 거대한 기계를 멈추는 것은 주로 플러킹, 다시 말해 크레인을 반대 방향으로 움직여서 현 궤도를 중단시키는 기술을 통해서다. 무동력 상태에서는 크레인 기사들이 플러킹을 할 수가 없다. 전원이나가는 순간 크레인이 움직이고 있다면 크레인은 추동력으로 말미암아 곧장 벽을 향해 돌진한다.

나는 크레인이 강판 코일을 세미트레일러에 싣는 모습을 지켜보았다. 기사는 망설임이라곤 없이 단 한 번의 부드러운 움직임으로 허공을 가르며 18톤이 넘는 강철을 실어 날랐다. 코일은 트레일러 쪽으로 내려왔고, 이윽고 깃털로 덮인 개똥지빠귀 둥지의 새알처럼 짐칸에 자리를 잡았다. 위험하긴 하지만 크레인에는 절제된 우아함이 있었다. 형용할 수 없는 힘으로 하늘을 가로질러 별 노력 없이 무거운 짐을 옮겼고, 나는 여러 번 그 동작에 매료되곤 했다.

찰리가 다가오는 바람에 딴생각에서 깨어났다. "물 마시러 갈래요?" 건물 안이 딱히 덥지 않은데도 우리는 땀을 흘렸고 목덜미에는 시커먼 때가 묻어 있었다. 우리 셋 모두 급여에 감사한 나머지 쉬지도 않고 일을 했으니, 물을 마신다는 생각만으로도 살 것 같았다. 우리는 두말없이 빗자루를 바닥에 내려놓고 휴게실로 걸어갔다.

나는 동료들을 따라가면서 크레인이 있는지 천장을 올려다보았다.

"저기 좀 봐요." 샘이 말했다. "잭이에요."

하마터면 나를 붐 리프트에서 떨어뜨릴 뻔한 나이 든 미치광이 제철소 직원을 마주치리라 예상하며 고개를 숙였는데, 주위에는 우리 말고 아무도 없었다.

"잭이 어디 있어요?" 내가 물었다.

"저쪽이요." 샘은 건물 벽을 가리키며 답했다. "보이죠?"

잠시 시간이 걸렸지만, 샘이 무슨 말을 하는지 이내 깨달았다. 누군가 벽에다가 잭의 두상을 캐리커처로 그려놓았는데 그와 묘하게 닮아 있었다. 검정 매직펜으로 쓱쓱 그린 그림은 잭의 사각턱이며 벗겨진 머리, 작은 눈을 완벽하게 잡아냈다. 캐리커처 속 입은 충고를 하듯 벌린 채였고, 명확성을 위해 잭의 성이 초상화 밑에 쓰여 있었다. 하지만 명확성은 불필요해 보였다. 어디로 보나 잭의 얼굴이었기 때문이다.

이런 잭의 작은 초상화들을 볼 뿐, 그 후 실제로는 잭을 한 번도 보지 못한다. 잭과는 부서가 달랐는데, 그것은 우리가 마주칠 기회가 많지 않다는 뜻이었다. 제철소는 워낙 커서 다른 부서의 직원들과는 교류할 일이 거의 없었다. 조합 행사에서 예전 부서의 동료들을 만날 수도 있지만—혹은 근처의 허름한 술집에서 우연히 마주칠 수도 있지만—그게 다였다. 아멜리아와는 두 번 다시 이야기를 나누지 못했고, 게이지를 다시 본 것도 몇 년 후 어쩌다가 제1제강공장에 들렀을 때였다. 내게 급여 명세서를 보여준 옛 친구—제철소에서 일할 것을 처음으로 제안한 친구—도 차라리 달의 이면에서 일한다고 하는 게 나을 정도였다. 제2제강공장에서 일하는 그 친구와는 가끔씩 문자를 주고받는 게 고작이었다.

하지만 잭은 캐리커처가 마감부 도처에 그려져 있는 터라 내 기억에서 멀어질 틈이 없었다. 캐리커처는 문에도 벽에도 대들보에도 있었다. 강철 생산에 사용하는 몇몇 기계에도 얼굴이 그려져 있었다. 대부분은 잭의 얼굴이 낙서의 전부였다. 하지만 어떤 곳에는 터무니없이 커다란 페니스가 잭의 벌린 입 옆에 그려져 있기도 했다.

기업 세계에서 남근을 그린 낙서를 발견하면 인사과에 알려 개입을 요구할 수 있지만, 그런 종류의 사안이라면 유니언숍^{근로자가 채용}과 동시에 노조의 조합원이 되고, 노조에 가입하지 않는 경우 해고되는 규정을 지닌 노조까지 올라가지 않는다. 제철소에서 밀고자는 해코지를 당하고 파업 불참자는 먼지보다 하찮다. 노조원 형제나 자매가 벽에 그린 남근이 신경에 거슬리더라도 회사에는 결코 말하지 않는다. 개인적으로 끝장을 본다. 일대일로 문제를 해결하는 것이다. 상황이 곤란해질 경우 노조 위원이 개입할 수는 있어도 절대 상사에게 고자질하지는 않는다.

제철소에서 처신 방법을 터득하고 꽤 시간이 지난 어느 날, 나도 이런 문제와 맞닥뜨려야 했다. 고참 중 하나가 나를 꽥꽥이라고 부르기 시작한 것이다. 그는 그렇게 말할 때마다 혼자서 낄낄거렸는데 처음에는 못 들은 척 무시하려고 했다. 비열하고 불쾌하기로 악명 높은 사내라서 사람들은 그가 하는 말을 별로 귀담아듣지 않았다.

"그자가 자길 왜 꽥꽥이라고 부르는지 알겠어." 한 여자 동료가 근무시간에 내게 말했다. 그녀에게도 그 고참이 붙인 별명이 있었다. 그는 그녀를 '낚시 도구함'이라고 불렀는데, 아마도 그녀가 얼굴에 여러 개의 피어싱을 한 탓일 것이다. 귓불에 굵은 피어싱을 하고 코에는 링을 하고 있어서 표면상으로는 일리가 있는 별명이지만, 그녀는 또한 매우 매혹적이었다. 화장기 없는 맨얼굴도 참 아름다워서, 나는 그 고참이 태클을 걸고 싶은 다른 종류의 박스를 말하는 게 아닐까 하는 생각이 들곤 했다tackle box는 일반적으로 낚시 도구함을 뜻하지만 미식축구에서 두 명의 오펜시브 태클 사이의 공간을 뜻한다.

"그래?" 내가 답했다. "그자가 나를 왜 꽥꽥이라고 부르는데?"

"정말 알고 싶어?" 그녀가 물었다. 우리 대화가 들릴 거리에 직원 몇이 있어서 내가 무안해질까 봐 신경을 쓰는 눈치였다.

"응." 내가 말했다. "말해봐. 얼마나 끔찍하기에 그래?"

"자기가 걸을 때 뒤뚱거린대. 오리처럼 말이야. 그자가 한 소리야, 난 아니야. 지랄 같아, 자기가 언제 뒤뚱거린다고."

여자라면 듣고 싶은 소리는 아니었다. 오랜 시간 몸에 대한 강박 때문에 마음고생하고 식이 장애를 겪은 나로선 특히 정곡을 찌르는 말이었다. 그렇지만 무관심 이외의 다른 감정을 보일 만큼 눈치가 없지는 않았다. 나는 그저 어깨를 으쓱해 보였다.

"하." 내가 말했다. "고무 오리를 하나 갖고 와서 그자 의자에 올려놔야겠는걸."

그녀와 나는 함께 웃었고 근처에 앉아 있던 다른 동료들도 맞장구를 쳤다.

"무슨 소리야," 그중 하나가 말했다. "오리를 왕창 갖고 와서 그자 컴퓨터 옆에 늘어놔야지."

"그거 멋지겠는걸." 다른 동료가 말을 받았다.

"그러게." 내가 웃으며 말했다. "오리들 옆에 메모도 남겨놔야겠어. '꽥꽥, 이 시발 놈아.'"

우리는 오후 동안 그 별명을 가지고 우스갯소리를 했다. 제철소에서는 이런 문제를 마음에 담아두면 안 된다. 뒤뚱거린다고 놀리면 그냥 받아들여야 한다. 내 얼굴 옆에 누군가가 페니스를 그려놓았다면 입을 벌리고 웃어야 한다.

며칠 후 그 고참이 내가 일하는 작업장에 들렀다. 머리는 벗어지기 시작했고 걸음걸이는 예순을 넘긴 사람답지 않게 우쭐거렸다.

"이봐, 꽥꽥이." 그가 음흉한 미소를 띠고 말했다.

"네." 나는 우물거리며 답했다. 이 비열한 늙다리가 지껄이는 헛소리를 더는 참지 않겠다는 걸 보여주고 싶었지만, 그가 꽥꽥이라는 별명으로 나를 부른 이후에 그럴 수는 없었다. 그건 자살이었다. 그건 내가 그 별명에 신경을 쓴다는 걸 증명할 것이라서 나는 때를 기다리며 고참이 혼자 떠들도록 내버려두었다. 그는 여자들은 죄다 꽃뱀이라는 앞뒤가 맞지 않는 헛소리를 지껄이기 시작했다.

"너희 여자들은 돌봐주기를 바라잖아." 그가 내게 말했다. "너희 여자들은 머릿속에 돈 생각밖에 없지."

너희 여자들은, 너희 여자들은. 그가 마침내 숨을 쉬려고 말을 멈췄을 때 나는 눈을 부릅뜨고 가운뎃손가락을 들어 보였다.

"워, 워, 워." 그는 놀라서 몇 발짝 뒤로 물러서며 말했다. "지금 나한테 한 거야?"

"네."

"내 면전에 대고?"

"네. 어쩔 건데요? 울기라도 하게요?"

제철소에서 존중을 얻는 것은 정교한 기술이었다. 타박상을 입어도 눈물을 보여서는 안 되고, 그렇다고 너무 수동적으로 보여서도 안 된다. 어떤 남자 못지않게 강하다는 걸 보여줘야 한다. 그렇지 않으면 언제나 손쉬운 먹잇감이 된다.

내가 중지를 들어 보인 후 고참은 자리를 떴고, 그날 이후로 나를 피했다. 그는 더 이상 내 앞에서 대놓고 모욕할 만큼 뻔뻔하게 굴지 않았지만, 그걸로 문제가 해결된 것은 아니었다. 그는 여전히 등 뒤에서 나를 꽥꽥이라고 불렀다. 기껏해야 그것은 사회적 수평 이동처럼 보였다.

내가 기억하는 한 나의 삶은 남성과의 관계에서 내게 어울리는 자리를 찾으려는 투쟁 같았다. 어떻게 해야 까다롭게 보이지 않으면서 내 길을 갈 수 있을지 나는 몰랐다. 어떻게 해야 불안해 보이지 않으면서 나 자신을 표현할 수 있을지 몰랐다. 어떻게 해야 나쁜 년으로 보이지 않으면서 단호할 수 있을지 몰랐다. 어렸을 때부터 남자아이들은 나를 혼란스럽게 했다. 남자아이들은 최고로 좋은 장난감을 가지고 있었다. 게임도 최고로 좋은 것이었다. 남자아이들의 동작은 편안하고 자신감에 넘쳤으며 나는 그 아이들처럼 되고 싶었다. 1학년 때는 남자아이들과 학교 책상 아래에서 스타워즈 놀이를 하면서 장난감 광선검으로 서로의 몸을 베고 검에 찔렸을 때는 바닥에 쓰러지기도 했다. 4학년이 되자 모든 것이 바뀌었다. 세상은 남자아이와 여자아이로 나뉘었고, 너 나 할 것 없이 모두 '널 좋아하는 애가 누구야? 너한테 뽀뽀한 애가 누구야? 점심시간에 너한테 연애편지 쓴 애가 누구야?' 따위의 바보 같은 질문에 몰두했다.

이상한 소문이 복도에 돌았다. 아이들은 섹스 얘기를 하며 킥킥거렸다. 그거에 대한 농담을 했다. 아이들이 내가 알아들을 수 없는 지식에 휩싸여서 나는 잠자코 듣고만 있었다. 피임을 알게 된 건 교실에서 인기 있는 여자아이들이 하는 소리를 듣고서였는데, 그 아이들은 스위트타르트미국의 사탕 상품명를 '피임약'인 양 말했다. 항문 성교는 점심시간에 도는 믿을 수 없는 이야기를 통해 알게 되었다. 자위는 『가톨릭교회 교리서』에서 배웠다. 콘돔은 광고를 보고 알았다. 자기 확신에 찬 어느 6학년 아이는 내게 정상 체위를 설명해주었고 할아버지의 〈플레이보이〉는 젖가슴에 대한 걸 알려주었다.

나는 부모님에게 이런 걸 물어볼 만큼 눈치가 없지는 않았다. 부모님은 언니와 나를, 죄악으로 여겨질 수 있는 언론에 노출시키지 않으려고 무던히도 애를 썼다. 우리 집에서 죄악은 또한 성을 의미했다. 로럴과 내가 비눗방울 속에서 살았던 것도 아니건만, 부모님은 우리에게 〈진품명품Antique Roadshow〉이나 〈닥터 퀸Dr. Quinn, Medicine Woman〉미국 서부 개척 시대의 작은 마을 콜로라도스프링스를 배경으로, 이곳에 여의사인 닥터 퀸이 부임하면서 일어나는 이야기를 그린 드라마 같은 프로그램을 보게 했다. 〈심슨 가족〉은 〈더 골든 걸스The Golden Girls〉플로리다주 마이애미의 한 주택에서 같이 사는 네 명의 은퇴한 여성들의 우정과 사랑을 그린 시트콤와 더불어 시청 금지였다. 둘 다 너무 선정적이라는 이유에서였다. 〈사인필드Seinfeld〉는 볼 수 있었는데 그것은 오로지 아빠가 그 프로그램을 좋아했기 때문이었다. 너바나는 사탄의 음악이었다. MTV는 사탄의 대변인이었고 메탈리카의 음악을 들으면 사탄의 주문에 걸린 사람이었다.

하지만 부모님이 우리를 끔찍하게 보호한들 결국 그것은 중요하지 않았다. 열 살이 되었을 때 나는 이미 상상할 수 있는 가장 끔찍한 죄악 가운데 하나를 저지르고 말았다. 컴퓨터 수업 시간에 한 남자아이와 게임 〈오리건 트레일〉을 하면서 성적인 죄를 범한 것이다.

남자아이와 나는 선생님이 짝으로 정했는데, 선생님은 일탈의 위험을 줄이고자 남자아이를 여자아이와 짝짓곤 했다. 선생님이 플로피디스크를 나눠주는 동안 남자아이와 나는 오래된 애플 컴퓨터 앞에 조용히 앉아 있었다. 선생님은 디스크 중앙에 있는 신성한 구멍을 조심하라고 했다.

"이 구멍을 만지면," 선생님은 말했다. "디스크가 망가져요. 이 구멍을 만지는 사람은 교장실로 보낼 거예요."

남자아이는 평온한 얼굴로 디스크를 컴퓨터에 밀어 넣었다. 〈오리건 트레일〉이 화면에 떴고 우리는 보스턴의 은행가를 선택했다. 마차가 트레일을 따라 천천히 가는데 남자아이가 내 무릎에 손을 얹었다. 남자아이의 손가락 끝이 몸에 닿자 기분 좋은 짜릿함이 척추를 타고 올라왔다. 선생님은 교실 반대편을 오갔고, 마차는 강가에 멈춰 섰다.

"강을 건널까요?" 컴퓨터는 물었다.

"네."

남자아이는 허벅지 위쪽으로 손을 조금씩 움직였고 나는 꼼짝도 할 수 없었다. 무릎에서 그렇게 기분 좋게 느껴졌던 그 아이의 손가락은 이제 내 팬티의 고무줄을 더듬고 있었다. 더 이상 나아가지 않기를 바랐지만 그 아이를 어떻게 멈춰야 할지 몰랐다. 이런 상황에 대해 경고해준 사람이 아무도 없었기 때문에 나는 당시 내가 알고 있는 유일한 방법으로 문제를 해결하려고 했다. 〈오리건 트레일〉에서 사냥하기를 선택한 것이다. 사냥이 그 게임의 핵심이란 건 누구나 아는 사실이라서, 나는 이렇게 하면 남자아이의 관심을 내 팬티에서 게임으로 돌릴 수 있지 않을까 생각했다. 나는 화면에서 뛰어다니는 흰 동물들을 향해 총을 겨눴다. 버펄로 한 마리가 총에 맞자 작은 방울이 되어 바닥에 쓰러졌다. 사슴에게도 총을 쐈지만 빗나갔다.

"너도 할래?" 나는 키보드를 남자아이 앞으로 밀면서 물었다.

"아니," 남자아이가 대답했다.

그러고는 내 팬티 속으로 손가락을 집어넣고 어색하게 놀렸다. 토끼 한 마리가 화면에서 뛰어다녔지만 정신이 너무 사나워서 놓치고 말았다. 남자아이가 그만두기를 원했으므로 나는 아이를 돌아보고 고개를 저었다.

"하지 마." 나는 속삭였다.

남자아이는 그저 미소를 지을 뿐이었다. 나는 키보드를 내 앞으로 끌고 와 멍하니 사슴 무리를 쳐다보았다. 남자아이를 멈추지 못하면, 내가 병원에서 주사를 맞기 전에 그렇게 하듯이 내 몸을 꼭 껴안을 것이다. 그러면 불편한 순간이 지나갈 것이다.

버펄로가 시야에 들어오자 한 방에 맞혔다. 남자아이의 인정을 기대하며 돌아봤지만, 남자아이는 컴퓨터를 보고 있지 않았다. 눈이 내게로 고정되어 있었다. 남자아이의 시선에는 나를 두렵게 하는 무엇인가가 있었다. 텅 빈 눈동자는 걸신들린 듯 거칠어 보였다. 당시에는 그 눈빛의 의미를 몰랐지만, 나이가 들면서 그게 어떤 눈빛인지 알게 되었다. 후일에 나는 남자들의 눈에서 그 표정을 읽었다. 술집의 남자들. 거리 모퉁이의 남자들. 일터의 남자들. 그것은 오로지 자신의 욕망을 해소해줄 빈 공간으로 나를 판단하는 남자의 눈빛이었다.

컴퓨터는 사냥 시간이 끝났음을 알렸다. 늘 그렇듯이 나는 다 옮기지도 못할 만큼 많은 짐승을 죽였다. 작은 마차는 트레일을 따라 여행을 계속했고 선생님은 우리 자리를 지나갔다. 남자아이는 놀랍도록 잽싸게 손을 뺐다. 그러더니 키보드를 제 앞으로 끌고 가 짐짓 열중한 표정으로 화면을 응시했다. 그때까지 나는 팬티 속 남자아이의 손의 무게를 제대로 인식하지 못하고 있었다. 불편하긴 했지만 그게 얼마나 잘못된 행동인지는 미처 깨닫지 못했다. 남자아이의 급작스러운 태도 변화는 우리가 무슨 짓을 했건 그걸로 인해 곤란한 상황에 처할 수 있다는 사실을 분명히 했다. 곤경에 처하는 건 싫었다. 말 잘 듣는 학생인 게 뿌듯했었는데, 뭔지 모를 규칙을 어긴 것 같아 죄책감이 들었다.

"아무한테도 얘기하지 마." 남자아이는 컴퓨터 수업이 끝나고 속삭였다.

남자아이의 강요 때문에 죄책감이 더 굳어졌다. 나는 방조죄라는 게 있다는 걸 알았다. 누군가 잘못을 저지르는 걸 보면 그걸 못하게 해야 한다. 그렇게 하지 않는 것은 잘못을 저지르는 것만큼 나쁜 일이다.

몇 주 후 가족과 함께 고해성사를 하러 성당에 갔다. 부모님은 로럴과 내 뒤로 줄을 서서 기다렸다. 우리 차례가 되면 한 사람씩 작은 나무 부스로 들어가 신부님에게 우리가 저지른 모든 죄와 결점을 고백할 것이다.

고해성사를 드리는 것은 우리 가족에게는 일상적인 일이었다. 우리는 고해성사를 꽤 자주 했는데, 이것은 모든 가톨릭 신자에게 권장 사항이었다. 모든 신자는 하느님에게 좀 더 가까이 다가가는 방법으로 죄를 고할 것을 독려받지만, 고해가 절대적으로 필요한 몇몇 경우가 있었다. 가톨릭 교리에 따르면 죄에는 두 가지 유형이 있다.

대죄와 소죄가 그것이다. 소죄는 작은 실수고 사소한 비행인 반면, 대죄는 지옥 불에 떨어질 만큼 큰 죄다. 하느님이 미사 중에 소죄는 용서해주실 수 있지만 대죄는 다르다. 그런 큰 죄는 신부님에게 반드시 고해야 하고, 그렇지 않을 경우 영혼이 더럽혀진다. 대죄를 명부에 올린 채 죽으면 영원토록 사탄과 지내게 될 것이다.

나는 고해 차례를 기다리는 동안 성당 입구에서 받은 노란 종이를 뚫어지게 쳐다보았다. 십계명에 위배되는 많은 경우를 나열한 양심 성찰이었다. 양심 성찰은 신자들이 자신들의 죄를 쉽게 떠올리도록 돕기 위한 것인데, 내 시선은 제6계에서 떠나질 않았다. 간음하지 말라.

내가 다니던 가톨릭계 초등학교에서는 간음만이 제6계에 위배되는 것은 아니라고 가르쳤다. 제6계는 혼외정사를 비롯해 성과 관련된 모든 죄를 망라했다. 성교를 해야지만 제6계를 어기는 것이 아니었다. 순수한 키스 이상의 모든 것은 하느님을 거역하는 죄악으로 여겨졌다.

다른 사람과 음란한 행동을 한 적은 없는가? 노란 종이는 비웃었다. 부적절한 신체적 접촉을 한 적은 없는가?

제6계에 위배되는 죄는 대죄로 간주되었고, 그 생각을 하니 손에 땀이 찼다. 컴퓨터 시간에 남자아이와 있었던 일을 아무에게도 말하지 않았지만, 팬티 아래 속살이 성과 관련된 신체 부위라는 사실은 알았다. 그 남자아이와 내가 혼외정사에 따르는 잘못을 저질렀다는 것은 너무도 분명한 사실이었으므로, 나는 우리가 제6계를 어겼다고 결론 내렸다.

앞에 서 있던 언니가 고해소로 들어갔다. 다음으로 내 차례가 되자 당황하기 시작했다. 남자아이와의 일을 신부님에게 말하고 싶지 않았지만, 선택의 여지가 거의 없다는 것 또한 알았다. 죄를 단 하나라도 의식적으로 신부님에게 숨긴다면 고해는 모조리 무효가 된다. 하느님은 용서를 거부하실 것이고, 대죄는 영혼에 검은 흔적으로 남을 것이다. 영벌을 피하려면 신부님에게 〈오리건 트레일〉에 대해 말해야 한다.

이윽고 내 차례가 되자 토할 것 같았다. 머리가 벗어진 중년의 신부님 앞에 앉았다. 신부님과 더불어 십자성호를 그었다.

"신부님, 용서해주세요." 나는 평소처럼 말했다. "죄를 지었습니다."

내가 죄를 고하는 동안 신부님은 무릎을 내려다보았다. 아이가 저지를 법한 흔한 잘못을 나열했다. 언니와 싸운 것. 부모님 말을 듣지 않은 것. 기도를 많이 드리지 않은 것. 떠올릴 수 있는 모든 죄를 고하고 잠시 말을 멈췄다.

"그리고," 나는 이내 말했다. "컴퓨터 시간에 남자아이와 음란한 행동을 했습니다."

단어를 내뱉듯이 재빨리 말했다. 신부님은 여전히 무릎을 내려다보고 있었다.

"이 모든 죄를 저지른 것을 뉘우칩니다."

신부님은 잠시 침묵을 지켰다. 신부님이 몸을 뒤척이자 나무 의자가 삐걱 소리를 냈다.

"매우 솔직한 고백이었어요." 신부님이 마침내 입을 열었다. "속죄를 위해 주기도문, 성모송, 영광송을 바치세요. 이제 참회의 기도를 드립시다."

학교에서 배운 참회의 기도를 암송하자 신부님은 축복을 내려주었다. 고해소에서 나온 다음 무릎을 꿇고 속죄의 기도를 드렸지만 혼란스럽기는 마찬가지였다.

'낚시 도구함'을 처음 보았을 때 나는 여전히 신부님에게 죄를 고하는 온순한 여자아이 같았다. 물병을 가지러 수송부 사이로 걸어가는데 욕설을 퍼붓는 그녀의 목소리가 들렸다.

"이런 엿 같은 일이나 하라고 저 병신들이 날 여기로 보냈다니 믿을 수가 없어." 그녀는 높다란 한 쌍의 롤러 위에 놓인 코일 옆을 돌아가며 혼잣말처럼 뇌까렸다. 머리 절반은 싹 밀고 나머지 절반은 파란색으로 물들여 어깨 밑으로 무성하게 늘어뜨린 채였다. 나보다 몇 살 어려 보였지만, 행동에는 내가 한 번도 가져보지 못한 자신감이 넘쳤다.

"이 거지 같은 일 정말 싫어." 그녀는 고개를 저으면서 다시 투덜거렸다.

'낚시 도구함'은 옆 건물인 조질압연공장에서 주로 일하지만, 상사가 수송부로 보내 절단 업무를 맡긴 터였다. 강판 코일에서 하자가 있는 끝부분을 끊어내는 일이었는데, 그러려면 코일을 롤러에서 푼 다음에 결함 부분을 절단기로 잘라내야 했다.

나는 분노가 내게로 떨어질까 싶어 그 옆을 살금살금 지나면서 곁눈으로 여자를 살폈다. 그녀의 거친 입과 찡그린 인상에 주눅이 들었지만, 나이 많은 크레인 기사 하나는 팔짱을 낀 채로 어슬렁거리며 그녀에게 다가갔다. 부스스한 흰머리에 사시인 사내는 동물원의 동물을 구경하듯 그녀를 쳐다보았다.

"아이쿠, 입 한번 거네." 크레인 기사는 웃으며 말했다.

"꺼져요." '낚시 도구함'은 코일을 천천히 풀면서 날카롭게 대꾸했다.

사내는 고개를 뒤로 젖히고 웃었다. "앞으로 조심해야겠어." 그가 집게손가락을 좌우로 흔들며 말했다.

'낚시 도구함'은 사내를 노려보았다. "꺼지래도요."

사내는 혼자 낄낄 웃더니 자리를 떴고, 나는 눈에 띄지 않은 것에 안도의 한숨을 쉬며 재빨리 '낚시 도구함' 옆을 지나 물병을 가지러 휴게소로 걸어갔다.

제강 장비를 갖춘 주요 건물들 안에는 세 가지 유형의 작은 휴게실—오두막, 부스, 연단으로 불리는—이 있다. 주요 건물들은 규모가 어마어마해서 여름과 겨울에 냉난방을 하는 것이 불가능하다. 오두막과 부스, 연단은 노동자들이 의자에 앉아 혹서나 혹한을 피할 수 있는 작은 공간을 제공한다.

연단은 세 개 중에 가장 큰 휴게실로, 내가 열간압연공장을 견학하는 동안 몇 군데서 본 적이 있다. 2층 구조물의 연단에는 기계의 일정 부분을 조종하는 손잡이들과 버튼들이 빼곡하고, 보통 그 안에 화장실과 전자레인지, 냉장고 따위가 갖춰져 있다. 연단은 압연기가 있는 공간에 주로 있기 때문에 수송부에는 한 곳도 없다. 하지만 연단과 비슷한 부스는 수송부에 몇 군데 있다. 부스에도 마찬가지로 기계를 조종하는 손잡이와 버튼이 있지만 크기가 현저히 작다. 화장실은 거의 없고 모두 단층이다. 반면에 오두막에는 중요한 장비가 한 대도 없다. 단지 노동자들이 휴식을 취하면서 애로를 토로하고 제철소에서 일어나는 일에 대해 잡담을 늘어놓는 곳이다.

'낚시 도구함'을 스치듯 지나 내가 찾아간 오두막은 수송부에서 매우 큰 축에 속했고 사교 활동의 중추 역할을 하는 곳이기도 했다. 이 '사교의 장 오두막'은 냉장고 두 대와 모조 마호가니로 만든 회의용 탁자 하나가 들어갈 만큼 넓었다. 탁자와 그 주변에 놓인 의자들은 아무리 닦아도 매번 물수건에 시커먼 먼지가 묻어났다. 더께가 하도 구석구석 앉아 있어서 결국은 닦아낼 생각을 포기하게 된다. 모조 마호가니의 어두운 색은 때를 감추기에 안성맞춤이고, 더러는 모르는 게 약일 때가 있다.

오두막에 들어가자 샘과 찰리는 벌써 냉장고를 뒤지는 참이었고 탁자에 앉아 있던 직원 몇은 생기를 띠기 시작했다.

"오늘은 '주황 모자'들더러 뭘 하래?" 고참 하나가 물었다. 큰 키에 어깨가 넓고 미소가 매력적인 사내였는데 모두들 그를 대부라고 불렀다.

"청소하라던데요." 샘이 답했다.

대부는 한쪽 눈썹을 치켜올렸다. "청소라고? 밴더bander, 강판 코일을 금속 띠로 묶는 일을 하는 직원을 일컫는다로 훈련을 받아야 하는데. 그래야 돈을 더 벌지."

"잘 모르겠어요." 샘은 어깨를 으쓱하며 대꾸했다. "한동안 청소만 할 것 같아요."

대부는 나를 비롯한 '주황 모자'들을 평가하듯 의자에 상체를 기대며 이쪽을 바라보았다. "이런, 일을 열심히 했나 봐. 온통 시커멓잖아."

"네," 찰리가 답했다. "코를 풀었더니 시커먼 먼지가 나오던데요."

"뭐라고?" 다른 고참이 의자에서 몸을 일으키며 끼어들었다. 예전에 그가 수송부 사이를 다니는 걸 본 적이 있는데, 그때 인상이 퉁명스럽고 무뚝뚝할 것 같았다. 〈납골당의 미스터리Tales of the Crypt〉1980년대부터 90년대까지 미국에서 방영된 공포 시리즈물에 나오는 납골당 지기와 닮은 데가 있었는데, 나중에 알고 보니 이 고참만큼 조언과 지도를 잘해주는 사람도 없었다.

"일하기 전에 방진 마스크 안 받았어?" 그가 물었다.

"안 받았는데요." 샘이 대답했다.

고참은 넌더리가 난다는 듯 툴툴거렸다.

"이런, 역시 제러미아. 이렇게 아둔한 상사를 믿으면 안 돼. 일을 시킬 때만 최고의 친구지, 결정적 순간에 자네들 안전 따위는 신경도 안 쓴다니까."

고참은 서류 캐비닛을 뒤지더니 방진 마스크 상자를 찾아냈다. 노조 안에서 작은 일이 빈번하게 일어나지만 모두 나쁜 일만은 아니다. 노조원들은 서로를 돌봐주었다. 개인적으로 사이가 안 좋은 사람들도 위험이 근처에 있으면 서로 알렸다. 상사로 인해 곤란한 일이 생기면 동료 노조원들이 뒤에서 연대했다. 거기엔 가족 같은 느낌이 있었다. 휴일에는 파티를 열었다. 아프거나 부상당한 동료들을 위해 모금 활동을 벌였다. 토요일 오전에는 아침 식사를, 독립기념일에는 야외 파티를 준비했다.

"받아." 고참은 방진 마스크를 건네며 말했다. "더 필요하면 주위 사람들보고 달라고 해. 꿍쳐놓은 게 몇 개씩 있을 거야."

우리가 고맙다고 인사한 뒤 물병 몇 개를 들고 빗자루가 있는 곳으로 돌아가려고 하자 대부가 우리를 멈춰 세웠다.

"거기 서," 그는 큰 소리로 말했다. "어디들 가는 거야?"

나는 샘과 찰리를 힐끗 돌아보았다. 둘 다 멍한 표정이었다.

"다시 일하러 가려고요." 내가 대답했다.

대부는 고개를 가로저으며 웃었다. "제대로 쉬지도 않았잖아. 이리 와 앉아. 천천히 물도 좀 마시고. 더위 먹고 싶어?"

잠시 동안 아무도 움직이지 않았다. 샘과 찰리는 대부의 말을 따라도 될지 허락을 구하듯 서로 쳐다보았다. 우리 셋은 모두 전에 휴식이 엄격하게 감시되는 곳에서 일한 데다 꾸물거리지 말라는 소리를 수시로 들었다. 돈을 그렇게 많이 받으면서 빈둥거리는 게 찔렸지만 대부는 고집을 꺾지 않았다.

우리가 마호가니 탁자에 둘러앉자 그가 말했다. "자네들은 축복받은 거야. 컨트리클럽에서 시작했잖아. 나 젊었을 때는 마감부를 꿈꾸기도 전에 다들 코크스공장에서 버텨야 했어."

나는 생수병 뚜껑을 열었다. "코크스공장이요?"

"그래." 그는 한숨을 쉬었다. "그때는 코크스를 여기서 만들었거든. 장난 아니었어. 코크스공장에 비하면 용광로는 회전목마나 다름없지."

수송부의 많은 고참들은 30~40년씩 강철을 만들었고, 더 좋은 부서로 갈 자격을 얻으려고 지금은 없어진 코크스공장에서 일해야 했다. "지옥"도 거기엔 안 맞는 말이야, 그들은 코크스공장을 떠올리며 말하곤 했는데 결코 과장이 아니었다. 위험천만한 가마. 조악하게 만들어진 계단. 망나니 같은 불꽃. 얼굴에도 폐에도 쌓이는 코크스 가루. 그들은 코크스 덩이를 연신 삽으로 퍼내거나 아니면 신발바닥이 녹아내릴 만큼 뜨겁고 높다란 가마 꼭대기를 걸어야 했다. 당시엔 그 일을 몇 시간 동안 하기가 힘들었다. 맨정신으로 일터에 나왔다가 취해서들 돌아갔다. 매춘부들은 제철소 근처를 어슬렁거리면서 더럽고 절망적인 사내들이 코크스 구덩이에서 기어나와 자신의 품에 안기기를 기다렸다. 전과자들과 떠돌이들이 누구도 맡지 않으려는 그 일을 하려고 버스에 가득 실려 왔고, 언쟁은 언제나 주먹과 각목으로 해결되었다.

물론 지금은 상황이 다르다. 동료를 폭행하면 그 자리에서 해고되기도 하고 회사 차원에서 안전을 중시한다. 안전 교육. 안전 감사. 개인 보호 장비로 가득 찬 캐비닛. 생산이라는 명목 아래 직원의 목숨을 위태롭게 한 회사는 엄청난 벌금을 내야 하고, 이제 클리블랜드에는 코크스 구덩이 사이로 힘겹게 걸어가는 사람이 한 사람도 없다. 1990년에 대기오염방지법이 수정되고 얼마 지나지 않아 1992년에 코크스공장은 문을 닫았다. 생산 시설을 환경기준에 맞추려면 비용이 너무 많이 들어서 회사는 코크스를 타 지역에서 구해오기로 결정했다. 그러나 이 모든 변화에도 불구하고 제철소는 여전히 위험했다. 내가 제철소에서 일한 몇 해 동안 자상과 타박상과 산 화상_{산성의 유독성 화학물질이 피부에 닿아서 입은 화상}은 빈번하게 일어났다. 어떤 노동자는 연속압연기 바닥으로 추락해 하마터면 목숨을 잃을 뻔했다. 화재가 발생해 노동자 몇 명이 크레인 안에 갇히기도 했다. 그들은 붐 리프트로 구조된 뒤 연기 흡입으로 병원에 실려 가야 했다. 젊은 정비사 하나는 파이프 구멍으로 추락해 강철을 만드는 데 사용되는 용기로 떨어졌다. 발목과 무릎, 골반이 골절되었다. 조금 일찍 추락했다면 쇳물에 빠졌을 것이다. 조금 늦게 추락했다면 용기 옆면을 맞고 튕겨 나가 20여 미터를 더 추락한 뒤 목숨을 잃었을 것이다. 고참들이 좀 더 힘든 시기에 시작했다는 것은 사실이지만 우리 모두에게는 지금도 충분히 고된 시간이었다.

대부가 코크스공장 얘기를 늘어놓는 동안 나는 재빨리 물을 마셨다. 문득 대부는 하던 말을 멈추고 휴게실 모퉁이를 쳐다보았다.

"허허." 그가 말을 이었다. "상사가 발작을 하는군."

상사라는 말에 가슴이 철렁 내려앉았다. 나와 다른 '주황 모자'들이 쉬고 있는 모습을 제러미에게 보이고 싶지 않았다. 일전에 우리에게 했던 경고—게을러지지 말 것—를 확신시키는 꼴이 될 것이다. 실망하는 눈빛과 마주칠 것을 예상하며 주위를 돌아보았지만, 제러미는 어디에도 없었다.

"상사 누구요?" 내가 물었다.

대부는 낄낄거렸다. 그러더니 팩스가 종이 몇 장을 토해내고 있는 휴게실 모퉁이로 걸어갔다.

"상사가 제러미인 줄 알았어?" 그가 되물었다. 그런 다음 막 인쇄된 종이를 집어 들고 팩스를 몇 번 두들겼다. "이게 상사야."

그러고 보니 팩스에는 상사라는 글자가 매직펜으로 쓰여 있었다. 나중에 안 사실이지만 제러미는 직원들이 일하는 건물로 거의 오지 않고 팩스로 지시 사항을 보냈다. 대부는 제러미가 보낸 팩스를 들여다보지도 않았다. 종이를 구겨 쓰레기통에 던져버렸다. 많은 고참들이 그렇듯이 대부 역시 궂은일을 팩스에 맡긴 채 펜대나 굴리는 얌전한 샌님의 말을 따를 생각이 없었다. 제러미는 여느 직원들처럼 동료로서 존중을 얻어야 했지만 그 일을 잘해내는 것 같지는 않았다. 직원 대부분은 말 그대로 코크스 구덩이를 기어 다녔던 사람들이다. 지금도 언제 목숨을 앗아갈지 모르는 크레인 아래를 걸어 다닌다. 그들은 부상과 사고의 위험을 무릅쓰지만 상사는 너무 두려운 나머지—혹은 너무 고상한 나머지—직접 컨트리클럽에 와서 지시를 내리지 않는다. 염병할 제러미, 하고 그들은 말했다. 그들 눈에는 겁쟁이 상사였고, 제러미 눈에는 고집불통 직원들이었다. 팩스는 그들 사이의 어딘가에 위치한 채, 바닥에서 일하는 사람들에게는 아무 의미도 없는 깔끔한 메모를 뽑아냈다.

나와 다른 '주황 모자'들이 바닥을 다 쓰는 데는 거의 일주일이 걸렸는데, 그 후에 제러미는 우리에게 새로운 지시를 내렸다.

"43동 건물의 철둑을 청소해주면 좋겠어." 어느 날 아침 우리가 사무실에 모였을 때 그가 말했다. 우리가 아직 신입이라 제러미는 숙련공들에게 하는 것과 달리 자세히 안내해주었다. 메모로 지시를 받지는 않았지만 그것도 그렇게 먼 일은 아닐 터였다.

"철둑 아래에 목재며 쇠붙이들이 있는데 그걸 치워줘." 제러미는 말을 이었다.

제러미가 말하는 철둑이란 수송부 건물 중 하나를 가로지르는, 아래로 깊이 꺼진 구역을 가리킨다. 이 철둑으로 철로가 지나가고, 그로써 화물차들이 건물 안으로 들어온다. 화물차가 건물 안으로 들어오면 크레인이 강판 코일을 화물차에 가득 실어 구매자들에게 보낸다.

"너무 무리하지는 마." 제러미는 말했다. "회색 덤프스터트럭이 싣고 이동하도록 고안된 대형 철제 쓰레기통는 지게차로 들어 올려. 그다음엔 지게차를 철둑을 따라 몰고 가면서 덤프스터 안에 쓰레기를 넣으면 돼."

좋은 충고였다. 철둑은 100미터도 넘게 뻗어 있어서 지게차를 이용하면 일이 훨씬 수월해질 것이다. 계획은 간단했다. 우리 중 둘은 철둑 아래로 내려가 쓰레기를 위로 집어던진다. 그러면 철둑가를 따라 지게차를 모는 세 번째 사람이 쓰레기를 덤프스터에 넣는다.

우리는 제러미에게 잘할 수 있다고 말한 뒤 찰리를 지게차 운전자로 정했다. 찰리가 덤프스터를 찾으러 간 사이에 샘과 나는 철도 직원들에게 철로가 닫혔음을 알리기 위해 철둑 입구에 파란불을 켜놓았다. 제철소에서 파란불은 위험한 지역에서 일하는 사람이 있다는 뜻이다. 노동자가 철둑에 서 있거나 혹은 크레인이 수리 중일 수도 있고 이례적으로 관리 작업이 진행될 수도 있다. 파란불에는 방해하지 않는다.

이윽고 찰리가 지게차로 덤프스터를 가지고 돌아왔을 때, 곧장 철둑 안으로 지게차를 모는 걸 보고 나는 깜짝 놀랐다. 제러미가 그날 아침 말했던 게 떠올랐다. 그는 철둑 안이 아니라 철둑을 따라 지게차를 몰라고 얘기했다.

뭐라고 말을 해야 하는데, 나는 생각했다.

하지만 곧바로 다시 생각했다. 찰리는 전에 철물점에서 일했으니 지게차를 본 경험이 꽤 많을 터였다. 지게차에 대해 나보다 더 많이 알 것이고 샘도 지게차를 철둑 안으로 모는 것에 별로 걱정하지 않는 눈치였다. 나는 그저 단어에 신경을 너무 많이 쓰는 완벽주의자 영문학과 졸업생일 뿐이었다. 더욱이 철둑 안의 철로는 지면과 높이가 같았다. 바퀴가 철로에 걸치더라도 지게차가 철로 안에 빠질 일은 없었다.

우리 셋은 3미터가량의 구역을 치웠고, 곧이어 찰리는 몇 미터씩 지게차를 몰고 왔다. 그다음 3미터 구역을 치우고, 또 그다음 구역을 치웠다. 철둑을 따라 천천히 걸으면서 부주의하게 내던져진 목재와 쇠붙이 따위를 집어 올렸다. 조금씩 앞으로 진행하면서 나는 철로가 더 이상 땅과 평평하지 않다는 사실을 알아챘다. 3미터 구역을 치울 때마다 철로는 점점 높아지는 듯 보였다.

뭐라고 말을 해야 되는데, 나는 잠시 생각했다.

그러고는 한 번 더 생각했다. 이 둘도 철로가 점점 높아지는 걸 의식할 것이고, 쓸데없이 별거 아닌 문제로 걱정하는 여자의 조언이 그들에게 필요할 것 같지도 않았다.

찰리는 지게차를 계속 몰았고 우리는 쓰레기를 덤프스터에 집어던졌다. 또 다른 3미터 구역을 치운 뒤에 찰리는 액셀을 밟았다.

"젠장." 그가 열린 창문으로 내뱉었다.

타이어가 땅에서 헛돌 뿐 지게차는 꿈쩍도 하지 않았다. 찰리는 다시 액셀을 밟았다. 여전히 움직이지 않았다. 맙소사, 지게차가 철로에 빠진 것이다.

"젠장, 젠장, 젠장." 찰리는 지게차에서 내리며 뇌까렸다.

"걱정하지 마. 빠져나올 수 있어." 낙천주의자 샘은 찰리를 위로했다.

다 함께 지게차를 밀었다. 바퀴 밑에 합판을 밀어 넣었다. 앞뒤로 흔들었다. 1시간 가까이 지게차를 꺼내려고 했지만 그 빌어먹을 것은 요지부동이었다. 남은 선택은 하나였다. 고참들에게 상황을 설명하는 것이었다. 처음에 고참들은 성가셔하는 듯 보였다. 금쪽같은 휴식 시간을 방해받았으니 눈알을 부라리며 짜증을 냈다. 하지만 몇 분이 지나자 그들은 웃기 시작했다. 어떻게 해야 할지 그들은 바로 알았다. 지게차를 끌어낼 수 있는 큰 덤프트럭을 부른 것이다.

"철둑 안으로 지게차를 몰고 온다는 이 끝내주는 생각은 대체 누가 한 거야?" 사고 이후에 한 고참이 내게 말했다. 그러더니 나를 위아래로 훑어보았다. 이 멋진 생각이 누구의 머리에서 나왔는지 알 것 같다는 투였다.

다른 사내가 나를 옆으로 불러냈다.

"작은 실수니까 신경 쓰지 마." 그가 말했다. "이 사고로 문제가 생기진 않겠지만 교훈으로 새겨둬. 다음번엔 생각을 하라고. 머리를 쓰란 말이야."

그러고도 남자 몇이 내게 다음번엔 좀 더 똑똑하게 굴라는 똑같은 말을 했다.

샘과 찰리는 이런 종류의 훈계를 듣지 않았다. 다른 노동자들은 그들에게 농담을 할 뿐이었다.

"이 멋진 제철 세계에 온 걸 환영하네!"

"수많은 실수의 시작일 뿐이야!"

"다음 주엔 이 일을 떠올리면서 웃을 거야!"

나도 농담에 끼려고 하면 고참들은 잠시 입을 다물었다. 한결같이 책망하는 시선으로 나를 쳐다보았다. 나는 농담을 하면 안 되는 것이었다. 사고를 친 무리의 여성이므로 사고의 책임은 내게 있었다.

제철소에 여성 노동자가 있기는 했지만 확실히 소수집단이었다. 몇몇 남자들은 여전히 여성 노동자들을 회사가 채워야 하는 할당량으로 보았다. 기껏해야 그들은 여성 노동자들을 상징적 존재로 여겼고, 많은 경우 우리의 판단을 신뢰하지 않았다. 우리가 아이디어나 의견을 내면 이 남자들은 언제나 우리가 말한 내용을 확인하려고 다른 남자에게 물어보았다. 툭하면 맨스플레인을 하려고 했고 1950년대에서 곧장 나온 듯한 말을 생각 없이 내뱉었다.

어떤 남자는 내게 매니큐어를 바르라고 했다. 어떤 남자는 내게 요리를 배우기 전까지는 남편감을 찾지 못할 거라고 했고 어떤 남자는 내가 아이가 없다고 하자 당혹스러워했다. 젊은 여성 노동자에게 집적거리는 남자들도 있었다. 어떤 남자들은 성희롱이니 성폭행이니 하는 걸로 고소당할지 모른다고 하면서 여성 노동자들을 훈련시키려고 하지 않았다.

어느 날 오후 물병을 가지러 '사교의 장 오두막'으로 걸어가는데 '낚시 도구함'을 괴롭혔던 그 크레인 기사가 내 어깨를 팔로 꼭 껴안았다. 사시인 그의 눈이 왼쪽을 향했고 나는 신체 접촉이 불쾌했다.

"이런 일을 하기엔 너무 예쁜데." 그의 말에 온몸이 긴장했다. "자길 돌봐줄 남자를 찾아야 하지 않겠어."

전부는 아니지만 제철소의 적지 않은 남자들이 이렇게 시대착오적 견해를 가지고 있었다. 나는 그들의 태도가 의식적이거나 악의적이지 않다고 스스로에게 말했지만—대체로 맞는 말이었다—근저에 깔린 성차별은 무시하기가 힘들었다. 그것은 실재하는 영향을 끼치는 듯했다.

"혹시 아멜리아 소식 들었어?" 제철소에서 일한 지 몇 달쯤 지난 어느 날 샘이 내게 물었다.

"아니," 내가 답했다. "무슨 일 있어?"

우리 둘 다 오리엔테이션 이후로 이 활기 넘치는 싱글 맘을 보지 못했지만, 항설이라는 말이 실감나게 소문이 계곡의 들불처럼 번졌다.

"잘렸대." 샘이 말했다.

나는 믿을 수 없어서 고개를 저었다. "정말? 어떻게 된 일이야?"

"열간압연공장에서 열처리를 담당했는데," 샘이 설명했다. "안면 보호 가리개를 안 쓰고 일하다가 상사한테 걸린 모양이야."

"고작 그걸로?" 내가 물었다. "잘리기엔 너무 황당한 이유 아니야?"

"전에도 그런 일이 몇 번 있었나 봐. 아멜리아가 무례하게 굴다가 잘렸다나 봐."

"하, 기가 막혀." 내 말에 샘은 동의한다는 뜻으로 고개를 끄덕였다.

아멜리아의 운명을 듣고 머리가 복잡해졌다. 다른 '주황 모자'들이 이처럼 사소한 수칙을 어기는 걸 여러 번 보았지만—모두 남자였다—대부분 큰 문제없이 지나갔다. 어떤 '주황 모자'는 근무시간보다 일찍 퇴근하다가 걸렸지만 아무런 처벌도 받지 않았다. 어떤 '주황 모자'는 피크닉 테이블에서 낮잠을 늘어지게 자다 걸렸다. 화가 치민 마감부의 상사가 그를 깨웠지만 그 '주황 모자'는 일자리를 잃지 않았다.

아멜리아 소식을 듣고서 나는 오리엔테이션 때 신입들이 한 이야기를 떠올렸다. 저렇게 설쳐대는 걸 공장 사람들이 못 참을걸요.

아멜리아가 열간압연공장의 상사들—대부분이 남자였다—에게 찍히지 않았을까 싶었다. 그들이 남자 직원들에게 하는 것과 달리 아멜리아를 몰아붙이지 않았을까 싶었다. 아멜리아가 부당한 대우를 받았다면 호락호락 당하고만 있지는 않았을 것이다. 항설에 따르면 아멜리아가 무례하게 굴었다고 했다. 그녀는 단지 제 생각을 소신 있게 말한 것일지도 모른다. 혹은 그저 실없는 소리를 한 것일지도 모른다. 어쩌면 그녀는 제철소에 맞는 여성이 아니었을지도 모른다.

내가 아멜리아와 다른 점이 있다면 실은 나는 제철소에 맞는 여성이라는 것이다. 칭찬이 아니다. 남자들이 지게차 사고로 나를 비난할 때, 나는 내 생각이 아니었다고 그들 모두에게 항변하고 싶었다. 선로가 지면에서 점점 높아진다는 것을 알아챈 사람은 나였다. 그때 현명한 사람은 나였는데 그들은 내 성별만 보고 지레짐작했을 뿐이다. 그렇지만 나는 아무 말도 하지 못했다. 제철소의 많은 남자들이 자신을 성차별주의자라고 비난하는 여자에게 우호적이지 않을 것임을 알았기 때문이다. 내 입장을 정중하게 이성적으로 설명했을지라도 일이 잘 풀렸을 것 같지는 않다. 잘해야 눈 흘김을 받았을 것이다. 최악의 경우에는 따돌림을 당했을 것이다. 고참들과 얼굴 붉히는 일을 피하려거든 다른 두 명의 '주황 모자' 대신에 비난을 받아야 했다. 그 사건 이후에 나는 남자들이 생각하는 것보다 낫다는 걸 증명하기 위해 더 열심히 일하겠다고 결심했다. 나중에 안 일이지만 제철소에 맞는 여성은 많이 따지지 않는 여성이었다.

다행히도 제철소에서 강요하는 1950년대적 요구는 근무시간과 함께 끝났다. 토니와 나의 관계는 제철소의 많은 남자들이 선호하는 것보다 훨씬 평등했다. 토니는 교사였고 나는 철강 노동자였다. 토니는 요리를 했고 나는 설거지를 했다. 쇼핑을 하러 가서는 내가 팔짱을 끼고 초조하게 기다리는 동안 토니가 물건을 골랐다. 그는 말랑말랑하니 부드러운 영화를 좋아한 반면 나는 화끈한 영화를 좋아했다. 우리 둘 중에 결정을 내리고 위험을 무릅쓰는 사람은 나였다. 제철소에서 받는 급여로 이제 나는 가장이 될 수도 있었다.

운 나쁘게 지게차 사고를 당한 날 나는 밤을 함께 보내려고 토니의 집으로 갔다. 토니의 개가 발밑에서 코를 쿵쿵대는 동안 우리는 식탁에서 도미노 게임을 몇 판 했다. 언제나처럼 내가 지고 있었다.

"다른 게임 하고 싶어." 내가 미소를 지으며 말했다.

"응," 그가 장난기 어린 얼굴로 눈을 치뜨며 대꾸했다. "지는 동안에는 이 게임이 싫다고 하지. 그러다가 이기면 최고의 게임이라 할 거고."

"하지만 내가 이기는 적이 없잖아. 그러니까 우리 다른 게임 하자."

우리가 늘 주고받는 농담이었다. 나는 게임에서 지면 씩씩대다가 이기면 게임을 그만두자고 했는데, 어린 시절 언니를 이기려는 경쟁심의 흔적임에 틀림없다. 그럼에도 토니와 나는 이것을 웃어넘기는 방식을 찾았다.

나는 식탁에 도미노 하나를 내려놓고서 맥주를 한 모금 마셨다.

"트럼프가 다른 예비선거에서도 이겼다는 거 들었어?" 내가 물었다.

정치 얘기를 하면 종종 싸움으로 끝나곤 해서 웬만하면 정치 얘기는 안 했다. 생각이 달랐기 때문이 아니었다. 오히려 그 반대였다. 우리는 둘 다 자신을 진보적이라고 여겼고, 공화당을 지지하는 가톨릭 집안에서 자랐다. 전국 선거에서는 민주당 후보자들을 지지하는 편이었지만 지역 선거에서는 공화당 후보자들에게 마음이 끌리곤 했다. 여러모로 우리는 미국 정치에서 오욕의 단어, 곧 중도라는 말로 묘사될 수 있었다. 하지만 무슨 이유에서인지 정치 얘기를 하다 보면 곧잘 싸움으로 번졌는데, 동의한 대의에 관해서 의견이 갈렸기 때문이다.

"응, 들었어." 토니는 자기 차례가 되어 도미노를 내려놓으면서 말했다. "두고 봐, 트럼프가 후보로 지명될 테니."

"지금도 믿을 수가 없어. 내 말은, 도널드 트럼프잖아. 설마 대통령은 안 되겠지."

"응, 하지만 계속 이기고 있잖아."

나는 내 도미노들을 죽 훑어보면서 다음 도미노를 어디에 놓을지 생각했다. 내가 보기에 트럼프의 대통령 출마는 자신의 브랜드를 강화하기 위한 홍보 쇼에 지나지 않았다. 그가 그렇게 별난 이야기를 지껄이는 것은 오로지 사람들 입에 오르내리기 위해서였고, 그렇게 사람들 입에 오르내리는 것은 오로지 상품과 호텔을 더 많이 팔기 위해서였다. 트럼프가 대통령 선거에서 승리할 리는 없었다. 어쨌건 그가 지금 벌이는 일은 겉치레 쇼에 불과했다.

"잘 모르겠어." 내가 말했다. "자기 말이 맞을지도 모르지. 후보로 지명될 수는 있어도 11월 선거에서 이길 리는 없어."

"그럴까." 토니가 대꾸했다. "여기까지 오리라고 누가 예견이나 했어. 깜짝 놀랄 일이 벌어질지도 몰라."

"설마." 나는 고개를 저으며 말했다.

패가 다 떨어지자 나는 도미노 더미에서 하나를 집어 들었다. 반면에 토니는 점수가 높은 수를 둘 채비를 하고 있었다.

"후보로 지명되더라도 분명 질 거야." 내가 말했다.

"두고 보면 알겠지. 내 생각에 트럼프가 당선되는 건 우리 나라에 끔찍한 일이야. 환경에 어떤 짓을 할지 정말 걱정돼."

토니가 가장 염려하는 문제가 하나 있다면 그것은 환경 정책이었다. 쟁점 하나만 보고 투표할 사람은 아니지만 그는 동식물과 관련된 문제에 특히 민감했다. 분리배출도 아주 꼼꼼하게 했다. 비닐봉지라면 질색을 했다. 온갖 종류의 동물 단체에 기부금을 냈고 쓰레기를 줄일 수 있는 새로운 방법을 늘 강구했다. 나 또한 자연을 아끼는 사람이라 제철소에서 일하는 것에 양가감정을 느꼈다. 본질적으로 환경에 유해한 제조업에 종사하며 생계를 꾸리게 되었으니 어떤 책임을 져야 할까 고민이 되었다.

오리엔테이션 동안 회사는 지역 생태계를 보호하고 향상하기 위해 최선의 노력을 다한다고 설명했다. 우리는 회사의 환경 정책을 깔끔하게 요약한 약자를 암기해야 했고 EPA미국환경보호청의 다양한 규제를 지키려는 회사의 자구책에 대해 설명을 들었다. 풍력발전소의 높다란 풍차 옆에 바다거북들이 평화롭게 노니는 모습을 그린 포스터가 마감부 여기저기에 붙어 있었다. 한 포스터에 따르면 브라질 해안에서 벌이는 우리 회사의 채굴 사업은 지역 바다거북의 개체 수에 전혀 영향을 주지 않았다. 또 다른 포스터에 따르면 강철은 재생에너지 구성에서 없어서는 안 될 요소였다. 포스터는 나를 안심시켰다. 출근하고 며칠 만에 나는 제철소에서 일하는 것으로 인한 일말의 죄책감을 버렸다. 환경을 돌보는 건 회사의 책임이고 회사는 그 책임을 다하고 있었다.

도미노 게임을 몇 판 더 하고 나서 토니와 나는 심야 드라마 〈스타트렉〉을 시청하고 잠자리에 들었다. 그다음 날 아침 '사교의 장 오두막'으로 들어가 근무시간이 시작되기를 기다렸다. 샘과 찰리는 벌써 출근해 다음에 해야 할 청소 일을 계획하고 있었다. 다른 노동자 몇이 탁자에 앉아 커피를 마시면서 신문을 읽고 있었다.

"일은 어때요?" 한 여자가 내게 물었다. 그녀는 문 근처 책상에 앉아 있었다. 금발의 단발은 부스스했고 목소리는 담배 피우는 사람처럼 거칠었다.

"할 만해요." 내가 대답했다. "지금까지 청소만 했어요."

"너무 열심히 일하지 말아요. 커피도 마시고 그래요. 저쪽에 커피 내려놨어요."

나는 휴게실 모퉁이에 다 낡은 커피포트가 놓인 작은 탁자로 걸어갔다. 커피포트는 칠이 벗겨지고 시커멓게 그을렸지만 커피를 마다할 내가 아니었다. 커피를 한 잔 따른 다음 탁자에 흩어져 있는 빈 물병 두어 개를 그러모았다. 빈 물병은 어디에나 있었다. 상수도관이 오래되고 부식된 탓에 제철소에서는 수돗물을 마실 수 없었다. 화학물질이 부유하는 수돗물은 식수로 적합하지 않으므로 회사에서는 물병을 무한으로 대주었다.

'사교의 장 오두막' 바깥에 있는 파란 쓰레기통에 빈 물병들을 내다버렸다. 쓰레기통은 언제나 플라스틱 물병으로 가득 차 있어서 분리수거함일 거라고 생각했다.

"뭐하러 맨날 밖에까지 나가서 쓰레기를 버려요?" 내가 돌아오자 책상에 앉아 있던 여자가 물었다.

"플라스틱이잖아요. 분리수거함에 넣은 건데요."

여자는 웃었다. 다른 노동자 몇도 따라 웃었다.

"그거 분리수거함 아니에요." 누군가 말했다.

"그럼 플라스틱은 어디에 버려요?" 내가 물었다.

"그냥 쓰레기로 버려요. 다른 것들이랑 같이요."

나는 탁자에 앉아 커피를 홀짝거렸고 다른 노동자들은 다시 신문으로 눈길을 돌렸다. 그 후 몇 주 동안 눈에 띄는 물병은 모조리 모으려고 했다. 물병을 가방에 넣어 집으로 가져가서 재활용 쓰레기로 버렸다. 그러나 물병을 아무리 많이 모아도 하룻밤 사이에 수백 병이 또 쌓이는 것 같았다. 결국 재활용 원정을 포기했다. 힘도 들고 짜증도 나고 무의미해 보였다. 남들이 하듯이 나도 물병을 쓰레기통에 버리기 시작했지만, 대신 토니가 이 사실을 모르게 했다. 토니가 알았으면 무척 당혹스러워했을 것이다.

다른 노동자들과 '사교의 장 오두막'에 앉아 있는 동안 샘과 찰리가 그날의 계획을 알려주었다. 수송부 창고 하나에 페인트칠을 해야 했는데 서두를 까닭이 없었다. 일을 일찍 마치면 제러미가 또 다른 일을 맡길 것이다. 카페인을 충분히 섭취하고 제 페이스를 유지하는 편이 나았다.

우리 셋이 두 번째 커피를 아껴 마시고 있을 때 책상에 앉아 있던 여자가 일어나 휴게실에서 나갔다. 마호가니 탁자에 둘러앉아 있던 노동자들이 일제히 신문에서 고개를 들었다.

"이봐, '주황 모자'들," 그중 하나가 말했다. "여기선 사람을 조심해야 돼." 그러더니 여자가 앉아 있던 책상을 향해 머리를 끄덕였다. "누구라고 꼬집어 말하진 않겠지만 함부로 사람을 믿으면 안 돼."

다른 노동자들도 동의한다는 뜻으로 뭐라고들 중얼거렸다.

노동자들은 일반적으로 동지애로 뭉쳐 있지만, 이 가족 같은 제철소 내에서도 얼마간의 기능 장애는 있다. 그 고참 말이 옳다. 사람을 다 믿어서는 안 되고, 어떤 노조원들은 망설임 없이 동료의 등에 칼을 꽂기도 한다. 어떤 동료들은 상사에게 일러바친다. 어떤 동료들은 승진을 위해 아부를 마다하지 않는다. 어떤 동료들은 제철소를 불행한 곳으로 만드는 데 열중하는 듯 보인다. 책상에 앉아 있던 여자는 밀고자라는 소문이 돌았다.

"암, 그렇고말고," 다른 고참이 입을 열었다. "저 쌍판은 언제고 자네들을 팔아먹을걸."

"쌍판이요?" 내가 되물었다.

"응, 저 여자 별명이야."

"아," 내가 항의했다. "너무 심해요. 그렇게 부르지 마세요."

미처 생각할 새도 없이 말이 튀어나왔다. 여자의 별명을 말한 남자는 나의 아빠뻘이었다. 내가 여자를 옹호했다고 그가 얘기를 하고 다닐 수도 있는 일이다. 어쨌거나 나는 아직 무언의 제철소 규칙을 체화하지 못한 신참에 불과했다. 신참은 문제를 지적하거나 직접 확인하려고 들면 안 된다.

꽥꽥이라고 부르는 게 싫다고 말해서도 안 되고, 여자라서 오해받는다고 항의해서도 안 되고, 여자 동료를 경멸적인 별명으로 불렀다고 나이 든 남자에게 따져서도 안 된다. 제철소에서는 문제를 감췄다가 그것과 전혀 무관한 방식으로 드러내도록 해야 한다.

꽥꽥이라고 부르는 사내가 있으면 다른 이유로 가운뎃손가락을 들어 그 사내를 쫓아낸다. 여자라서 오해를 받으면 스스로를 증명하기 위해 더욱 열심히 일한다. 일시적으로는 문제가 해결된 것 같지만 그 사내는 여전히 등 뒤에서 나를 꽥꽥이라고 부르고, 사람들은 여전히 나를 생각이 짧은 덜떨어진 여자로 여긴다. 문제는 여전히 존재한다. 다만 다른 형태를 띨 뿐이다.

내가 그 나이 든 노동자에게 여자를 쌍판이라고 부르지 말라고 했을 때, 그는 나를 비난하거나 반대하지 않았다. 오히려 후회하는 듯한 표정을 지으며 어깨를 으쓱해 보였다.

"아," 그가 말했다. "물론 멋진 별명은 아니지. 그래도 저 여자를 믿지 마."

남자는 재빨리 주제를 바꿔 탁자에 앉은 다른 '노란 모자'들과 노조 문제를 이야기하기 시작했다. 적어도 그 순간만큼은 남자가 내 항의를 받고 그 단어를 쓰지 않았지만, 아빠뻘의 남자에게 따지게끔 나를 자극한 그 신뢰감은 오래가지 못했다. 결국 제러미의 충고에는 취할 점이 있었다. 제철소 문화는 나를 변화시켰고, 이 사실을 깨달은 것은 '주황 모자' 시절에 내가 나서서 변호해주었던 그 여자와 문제가 생기고 난 뒤였다.

제철소에서 일하면서 그녀와 교류할 일은 거의 없었다. 로커 룸에서 마주칠 때면 서로 우호적으로 대했지만 그렇다고 친구는 아니었다. 그녀를 한순간도 믿은 적이 없지만 그렇다고 적도 아니었다. 노조에 가입한 지 1년이 지난 어느 날 동료 직원에게서 황당한 소문을 들었다. 쌍판으로 불리는 그 여자—악명 높은 밀고자—가 나를 자신의 밀고자로 욕하고 다닌다는 것이었다. 그녀가 화장실에서 담배를 피웠다고 누군가가 상사에게 일러바친 모양이었다. 무슨 이유에서인지 그녀는 나를 밀고자로 지목했다. 어처구니가 없었다. 대체 왜 한때 자신을 옹호해주었던 나를 밀고자로 생각한 것일까?

소문을 들은 그다음 날, 로커 룸에 와보니 누군가 내 로커의 자물쇠를 뜯고 소지품을 몽땅 쓸어 갔다. 제철소에서 자물쇠를 뜯는 것은 최고의 금기 사항이었다. 노조는 회사의 동의 없이 자물쇠를 뜯지 않았고 그 반대도 마찬가지였다. 자물쇠를—어떤 자물쇠든— 뜯는 노동자는 곧장 인사과에 회부할 수 있었다. 그것은 안전의 문제였다. 기계를 점검할 때면 언제나 노동자들은 기계의 전원 차단 장치에 개인 자물쇠를 채워놓았다. 전원 차단 스위치와 밸브에 자물쇠를 채움으로써 위험한 상황이 발생했을 때 전원이 켜지는 것을 방지했다. 개인 자물쇠를 뜯고 기계를 재작동하면 누군가 목숨을 잃을 수도 있었다. 따라서 노조와 회사가 오랜 절차를 거쳐 안전사고의 위험이 없음을 분명히 하지 않는 한, 자물쇠를 뜯는 행위는—로커 룸에서도—엄격하게 금지되었다. 그런데 쌍판으로 불리는 그 여자는 시시때때로 배신자의 절단기를 휘두른다고 했다. 내가 신참일 때 그녀는 내가 쓸 로커를 마련해준다면서 문 두 짝에 채워진 자물쇠를 뜯어냈다. 내 로커의 자물쇠가 뜯겨나간 지금, 나는 그녀가 내게 앙심을 품고 똑같은 짓을 저질렀을 것이라고 생각했다.

다행히도 로커에는 가져갈 만한 게 별로 없었다. 옷가지 몇 벌, 작업화, 세면도구, 드라이기가 전부였다. 소지품을 잃어버린 건 그다지 마음이 쓰이지 않았지만 절도라는 위법행위는 달랐다. 제철소에서 로커는 유일하게 이용할 수 있는 사적 공간이었다. 노동자 개인의 작은 연장이었다. 그 공간을 더럽히는 것은 매우 난폭한 행위였다.

그 여자가 내 로커를 털었다는 걸 알았지만 나는 상사에게 일러바칠 만큼 분별력이 없지 않았다. 대신 누군가가—아마도 경비원이—로커 자물쇠를 뜯은 뒤 회사에서 받은 작업화를 가져갔다고 노조 위원에게 알렸다. 그는 새 작업화를 주겠다고 했고, 그게 다였다. 일러바치지 않는다. 명료하다. 하지만 신뢰할 만한 친구인 노조원 몇몇에게는 의견을 구했다.

"그 여자한테 가서 말할까 봐. 크게 오해한 것 같다고 설명해야겠어." 내가 말했다.

"안 돼." 모두 한 목소리로 충고했다. "무슨 일이 있어도 그 여자랑 얘기하지 마. 네가 죄인처럼 있다 오면 다행이게. 최악의 경우엔 대판 싸워서 인사과로 불려갈걸."

그들의 충고를 새겨들었다. 분노를 마음속에 가둔 채 곪도록 내버려두었다. 이따금씩 나는 의견을 구했던 그 노조원들에게 그 일에 대해 툴툴거렸다.

"그 빌어먹을 로커를 따다니 믿을 수가 없어." 그들은 내게 말했다.

"그러게." 내가 콧잔등을 찡긋거리며 대꾸했다. "염병할 쌍판 같으니."

때로 제철소는 내게 그렇게 영향을 주었다. 조심하지 않으면 그 속으로 빨려 들어갈지도 모른다.

5

교통사고

제철소에서 일하고 첫 몇 주 동안 토니의 집에서 자다가, 나의 작은 아파트로 돌아가 혼자 힘으로 일어나는 운을 시험해보기로 했다. 따듯한 이불 아래 몸을 웅크리고 깊은 단잠에 빠지려는데 서늘한 봄바람이 열린 창문으로 불어왔다. 이튿날 알람이 울렸지만 전혀 듣지 못했다. 마침내 몸을 뒤척여 시계를 보니 어느새 6시 15분 전이었다.

심장이 철렁 내려앉았다. 근무시간은 6시에 시작하지만 제철소 기준으로는 지각이었다. 주차장에서 수송부까지는 짧게 잡아도 10분은 걸리고, 로커 룸에 들러 작업복으로 갈아입고 안전모도 꺼내야 한다. 6시 정각에 자리를 지키려면 늦어도 5시 반에는 제철소에 도착해야 한다. 게이지는 오리엔테이션 동안 같은 말을 여러 번 반복했다. 엉터리로 일하지 마세요. 특히 그는 늦지 말라고 당부했다. 직원들이 지각하는 걸 회사는 싫어합니다, 하고 그는 말했다. 그런 '주황 모자'는 바로 해고입니다.

후다닥 옷을 입고 양치한 다음에 작은 고물 해치백에 올라탔다.

해는 벌써 뜨기 시작했고 도로에는 차가 많지 않았다. 시내 거리를 내달리면서 시계를 힐끗 보았다. 보통 아파트에서 제철소까지는 몇 분밖에 걸리지 않으니 근무 시작 시간에 도착하면 해고는 면할 것이다. 작업복도 안 입고 일할 준비가 돼 있는 거냐고 제러미가 싫은 소리를 할지도 모르지만 기회가 영영 박탈되지는 않을 것이다. 차가 감당할 수 있는 선에서 액셀을 세게 밟으며 일이 잘 풀리기만을 기원했다.

이 일을 잃을 순 없어, 고속도로를 달리며 생각했다. 마치 저주를 풀기라도 하듯 같은 말을 되뇌었다. 이 일을 잃을 순 없어.

여기엔 돈 말고도 많은 게 걸려 있었다. 철강 노동자라는 직업은 내 생애 처음으로 갖는 정규직이었고, 정규직을 얻기까지 이렇게 오래 걸린 것은 꼭 금융 위기 때문만은 아니었다. 수년간 나는 양극성 장애가 종국에는 내 경력에 걸림돌이 되지 않을까 걱정했다.

십대 시절 양극성 장애 진단을 받은 이후로 이 병이 남긴 조각들을 끊임없이 치우는 기분이었다. 대학생일 때 변덕스러운 심리 상태로 학업을 제대로 수행할 수 없는 지경이 되자 이 실패를 만회할 나름의 방법을 강구했다. 졸업 연장을 신청하고 불완전 이수 학점_{미국} 대학교에서 학생이 불가피한 상황 때문에 하나의 교육과정에 필요한 모든 학업을 완수하지 않았을 때 받는 학점. 학기 내에 마치지 못한 과제는 정해진 기간 안에 제출해야 한다을 받은 것이다. 교수들은 나를 꽤 책임감 있는 학생으로 알고 있어서 병이 발병하면 기꺼이 편의를 봐주었다. 또한 내가 학업에 집중하지 못하는 것이 게을러서도, 미루는 버릇이 있어서도 아니라는 걸 알았고, 그런 교수들의 융통성 덕분에 우수한 성적으로 대학을 졸업할 수 있었다.

대학원에서도 똑같은 양상이 반복되었다. 혼합 상태는 주기적으로 발병했지만 교수들은 나의 잠재력을 보았다. 예외를 두었다. 마감 시간이 지나도 과제물을 받아주고 내게 친절하게 대했지만 결국 사달이 나고 말았다. 대학원 졸업반에 막 들어갔을 때 최악의 양극성 장애가 발병한 것이다. 그 익숙한 조증과 울증의 혼합 상태에 나는 완전히 압도당했고 극도의 망상에 시달렸다. 내 손으로 부모님을 죽였다는 느낌을 떨칠 수가 없어서 부모님이 여전히 살아 있는지 확인하려고 밤늦게 본가 앞을 지나간 적도 여러 번이었다. 마귀가 들렸다고 신부님에게 고한 뒤 성수를 뿌려달라고, 마귀를 쫓아달라고 애원했다. 사람들이 "예술을 경험하는" 걸 돕겠다며 동네 버거킹 매장을 수천 달러어치의 붉은 천으로 장식하고 싶다는 해괴망측한 이메일을 논문 지도 교수에게 보내기도 했다.

나 자신이 사라지는 걸 지켜보는 것 같습니다, 나는 그런 이메일 가운데 하나에 썼다.

친구들은 나를 버렸다. 부모님은 어떻게 해야 할지 난감해했다. 입원을 1년에 몇 번이나 했지만 내 상태는 약물에 반응하지 않았다. 급기야 의사들은 전기충격요법을 쓰기에 이르렀다. 그 치료를 받는 동안에는 일을 할 수도, 학교에 갈 수도 없었다. 치료에 필요한 강한 진정제는 정신을 혼미하게 했고, 부작용으로 사고력과 기억력은 온전하지 못했다. 페인트칠과 독서는커녕 장도 보러 가지 못할 지경이었다.

일거리도 수입도 없는 상태에서 그간 모은 얼마 안되는 돈은 순식간에 사라졌다. 기름값을 대는 것조차 힘들었지만 경제적 파산을 모면한 것은 기적 같은 상황 덕분이었다. 당시 나는 엄마의 의료보험에 피부양자로 등록된 탓에 빚을 지지 않고 치료를 받을 수 있었다. 그러나 스물여섯 살 생일이 멀지 않았으니 전기충격요법을 받는 도중에 보험 적용 연령을 넘길 것이다. 언제나처럼 엄마는 행동을 개시했다. 엄마는 나를 도와 수고스러운 사회보장 장애보험 신청서를 작성하게 했고 신청서가 계류 중이란 걸 활용해, 딸아이가 본인 명의로 보험에 가입할 형편이 아니라는 설명을 곁들여 회사에 보험 연장을 신청했다. 한참을 싸운 끝에 회사는 한발 물러섰다. 장애보험 신청이 처리되는 동안 일시적으로 보험 적용을 연장하는 데 동의했다.

사회보장국의 연락을 기다리면서 충격요법과 약물 치료를 이어나갔다. 의사들이 심리 치료를 받을 것을 계속 권유했고 예전에 심리 치료로 큰 효과를 보지 못했음에도 남은 돈을 그러모아 상담 예약을 잡았다. 심리 치료사는 금테 안경을 쓰고 갈색 머리에 윤이 흐르는 중년의 여성이었다. 촉박하게 예약을 잡을 수 있는 유일한 치료사였는데 내가 말하는 문제에 불편해하는 눈치였다. 그래도 몇 주는 더 찾아갔다. 다른 걸 하겠다고 목소리를 높일 상태가 아니었다.

돈에 쪼들려서 스트레스를 받는다고 상담 중에 종종 이야기했다. 치료사는 고개를 끄덕이며 공책에 무언가를 적었지만, 내가 더 긴박한 문제를 안고 상담실을 찾았을 때는 달랐다. 나는 동료 페인트공과 그다지 현명하지 않은 결정을 내렸다고 말했다. 일을 쉬는 동안 그 남자가 두어 번 술을 사준 적이 있는데 혹시 임신한 게 아닐까 걱정이 된다고 했다. 치료사는 펜을 내려놓은 다음 눈을 치뜨고는 나를 쳐다보았다.

"플랜비^{사후피임약 약품명}를 왜 안 샀는데요?" 치료사는 경멸이 묻어

나는 말투로 물었다.

치료사의 말투에 정신이 번쩍 들었다. 이 상황은 지금까지 수없이 겪었던 일을 상징적으로 보여주는 것이었다. 위험한 행동은 양극성 장애의 전형적 특징이지만 사람들은 보통 그것을 성격 결함으로 여겼다. 그렇게 불안정한 상태에서 술을 마시지 말았어야 했다는 건 나도 인정하지만 내 병은 판단력에도 영향을 미쳤다. 미쳐 날뛰는 생각과 강박감에 시달렸고, 이런 광란의 상태를 누그러뜨리는 빠른 길은 술이었다. 나는 또한 깊은 우울증으로도 고생을 해서 소량의 도파민으로 기분을 고양시키는 섹스를 갈구했다. 개인적 과실과 정신 질환이 어디에서 시작하고 끝나는지 구분하기란 늘 어려운 일이지만, 원나이트스탠드가 내게 흔한 일은 아니었다. 남자들이 옆에 있으면 어색하고 내 몸에 대해 극도로 자신감이 없었는데, 그 말은 곧 사귀지 않는 남자와는 거의 잠자리를 갖지 않는다는 뜻이었다. 그렇지만 병으로 인한 최악의 충동은 나를 스스로도 더 이상 알아보지 못하는 낯선 사람으로 바꿔놓았다.

"그러니까," 치료사가 말했다. "이런 문제를 예방하기 위해 왜 아무것도 안 했는데요?"

나는 그녀를 잠시 빤히 쳐다보았다. 치료사는 내가 푸드스탬프저소득층에게 제공되는 식비 지원 제도를 받는다는 걸 알았고 사회보장 장애보험 신청이 계류 중이란 것도 알았다. 나의 재정 상태에 대해 길게 설명했는데도 이 중산층의 전문직 여성은 가난이라는 단어를 듣고 그것을 중산층 기준으로 정의한 모양이었다. 어쩌면 그녀는 내가 모아놓은 돈을 야금야금 써버렸다고 생각했을지도 모른다. 어쩌면 내가 예산을 살짝 초과한 줄 알았거나, 혹은 내가 우아한 삶을 포기해야 하는 걸로 생각했을지도 모른다. 그것은 나의 현실이 아니었다. 그날 치료비를 내고 나면 통장에 남는 돈은 32달러가 전부였다. 수입이라곤 한 푼도 없었고 다음 달 월세 지불일이 오면 어떻게 해야 할지 까마득했다. 플랜비가 45달러라는 건 나도 아는 사실이었는데, 그것은 곧 이 약은 내가 살 수 없는 사치품이라는 뜻이었다.

그때 나는 판단력이 명료하지 않은 상태라서 가족계획협회를 통하면 그 약을 할인가로 구매할 수 있다는 걸 생각할 수 없었다. 신용 대출을 받을 수도 없고 부모님에게 피임 비용을 대달라고 할 수도 없었다. 부모님은 가톨릭 신자였고 플랜비는 성당에서 엄격히 금하는 약이었다. 조울증으로 휘청거릴지라도 나는 여전히 그들의 딸이었다. 부모님이 반대하는 짓을 하고 싶지 않았고 그들의 깊은 신앙을 무시하는 방식으로 돈을 쓰고 싶지 않았다. 불가능한 선택을 강요받는 기분이었다. 병이 호전되리라는 희망으로 치료사에게 돈을 지불하든지, 아니면 원치 않는 임신을 피하기 위해 피임약을 구매하든지 둘 중 하나였다.

"자, 얘기해봐요." 치료사는 펜을 무릎에 탁탁 치며 다그쳤다.

"내 말 안 들었어요?" 내가 물었다. "플랜비를 살 돈이 없어요. 돈이 없다고요. 찢어지게 가난하다고!"

치료사는 메모장에 무엇인가를 쓰더니 제 자리에 앉아 나를 빤히 쳐다보았다. 남은 상담 시간 동안 두서없이 이야기를 하다가 더이상 심리 치료에 돈을 낭비하지 않겠다고 마음속으로 결심했다. 다행히도 임신은 아니었다. 입양과 임신중단과 기를 수 없는 아이라는 불가능한 선택지 사이에서 고민하지 않아도 되었다. 몇 주 후 장애보험 신청이 받아들여졌고, 맨 처음 받은 보충적 보장 소득미국 정

141

부가 저소득 고령자 및 장애인에게 지급하는 생활 보조금 수표는 생명줄과도 같았다. 그 수표는 아파트와 보험을 유지할 수 있음을 뜻했다. 차에 넣을 기름과 식탁에 오를 음식을 뜻했다. 그 수표는 나의 독립과 자존심이었다. 그것은 내가 앞으로 나아가는 것을 가능하게 해주었다.

최악의 상황이 지나가자 대학원에 다시 등록하고 논문을 마쳤다. 전기충격요법의 여파로 머리는 여전히 멍했고 아침이면 침대에서 일어나는 게 힘들었다. 논문은 썩 좋지 않았지만 통과하는 데는 무리가 없었다. 논문 심사도 성공적으로 마친 어느 날, 대학에서 졸업 서류 하나가 잘못되었다는 연락이 왔다. 작은 문제예요, 하고 대학 직원은 나를 안심시켰지만 나는 이미 너무 많은 걸 겪은 뒤였다. 그 서류는 기진맥진한 내가 넘기에 너무 높은 태산처럼 느껴져서 나는 애써 그 문제를 모른 척했다.

그러고 나서 다시 페인트공 생활로 돌아갔고, 그것은 교직과 똑같은 안전망을 제공했다. 나는 항상 작은 영세업체에서 일했다. 업체 대표들은 나의 직업윤리가 엄격하다는 걸 알았고 양극성 장애로 인해 내가 평소와 다르게 행동할 수 있다는 것도 알았다. 그들은 내게 필요한 공간을 주는 데에 망설임이 없었다. 얼마든지 병가를 내고 결근을 연장할 수 있었다. 회복하는 데 아무리 오랜 시간이 걸려도 일자리는 언제나 나를 기다렸다.

정규직이 그렇게 호락호락하지 않을 것임을 나는 마음 한편으로 알았다. 다른 곳에서 실패의 위험을 무릅쓰는 것보다 페인트공으로 사는 게 더 쉽게 느껴진 까닭에 나는 남몰래 떨어지기를 바라면서 몇 년 간 내키지 않는 지원서를 취업 시장에 냈다. 경기 침체는 나의 노력을 어김없이 꺾었고 면접을 본 회사는 나를 무시하거나 내가 그

일에 적합하지 않다고 알려왔다. 그러는 사이에 몇 년이 지나갔고 애써 준비한 석사 학위는 끝내 받지 못했다. 양극성 장애로 나는 두려움에 떤 나머지 무관심해졌다. 발병할 때마다 증상이 점점 심해져 내 힘으로 꾸리고 싶었던 삶이 망가지지 않을까 두려웠다. 한옆으로 비켜서 있는 게 더 안전했다. 내가 될 수 있었을 다른 모든 모습을 갈망하는 게 더 안전했다. 그런 식으로 나는 통제 불가능으로 보이는 이 변덕스러운 병에 어떤 것도 잃지 않을 수 있었다.

밝아오는 여명 속에 제철소를 향해 달리는 지금, 양극성 장애를 걱정할 틈 같은 건 없었다. 병을 앓으면서도 정규직 일을 잘 수행할 수 있는지 확인할 기회를 얻기도 전에, 이 고질적 지각병으로 해고 위험에 처한 것이다. 그래서 액셀을 더욱 세게 밟았다. 속도를 조금만 더 낸다면 몇 분의 여유를 두고 도착할지도 모른다.

한 번 더 시계를 보았다. 또다시 보았다. 그렇게 시계를 줄곧 확인하다가 그만 도로를 보는 것을 깜박했다. 계기판 위 환히 빛나는 초록색 숫자에서 시선을 거두는데 출구 램프를 지나치기 직전이었다. 되돌아간다면 분명 늦을 것이다.

찰나의 순간에 램프로 빠져야겠다고 결심했다. 브레이크를 힘껏 밟고 두 개 차로를 가로질렀다. 거의 동시에 타이어에서 끽 소리가 나기 시작했다. 풀과 자갈 위를 덜커덩 달리면서 차를 통제할 수 없음을 느꼈다. 차 후미가 미끄러지는 느낌에 운전대를 한쪽으로 세게 틀었다. 차를 급히 꺾은 것만큼 순식간에 차가 기울었다. 해치백은 고속도로를 가로질러 돌기 시작했고 브레이크는 그 움직임을 멈추는 데 아무 소용도 없었다.

해치백이 한 바퀴 더 돌자 반대편 차로에서 오는 헤드라이트가 보였다.

멈출 수가 없어, 나는 운전대를 꽉 붙잡고 생각했다.

한 바퀴를 더 돌자 이번에는 두 쌍의 헤드라이트가 스쳐 지나갔다. 모든 것이 슬로모션으로 움직이는 가운데, 고속도로를 가르는 콘크리트 중앙 분리벽이 시야에 들어왔다. 나는 곧장 그곳을 향하고 있었다.

하필 모든 것이 잘 풀리는 이때에, 나는 생각했다.

콘크리트 분리벽은 점점 가까워지고 있었다. 돌 하나, 틈 하나, 구멍 하나까지 명확히 구분할 수 있었다. 빙글 도는 차 안에서 무중력 상태인 듯 느껴졌다. 정신은 놀랍도록 또렷했다. 출근한 지 며칠 안된 어느 날이 생각났다.

조심해, 나이 든 직원이 내게 말했다. 까딱하다가는 기계가 자네를 집어삼킬지도 몰라.

그 남자 직원은 전연 다른 기계를 말하는 것이었지만 지금 그 경고는 예언처럼 다가왔다. 나는 배신하는 기계에 갇힌 채 곧 집어삼켜질 것이었다. 분리벽이 코앞으로 다가오자 나는 두 눈을 질끈 감고 운전대를 쥔 손에 힘을 꽉 주었다. 해치백이 콘크리트에 부딪혔고 빙빙 돌던 모든 것이 멈췄다.

충격으로 혼이 빠진 채 해치백에 앉아 숨을 골랐다. 안경은 어디로 날아갔는지 도저히 찾을 수가 없었다. 안경 없이는 장님이나 다름없었지만 어쨌건 몸을 살펴보려고 했다. 피가 나는 데는 없는 것 같았다. 어디 부러진 데가 있는지는 알 수 없었다. 떨리는 손으로 가방을 더듬어 핸드폰을 꺼냈다. 구급차를 부르지 않았다. 경찰에도 연락하지 않았다. 가족에게도 전화하지 않았다. 대신 노조 간사에게 전화해 교통사고가 났음을 알렸다.

"이 일을 잃을 순 없어요." 나는 눈물을 흘리며 말했다.

그는 그런 일은 없을 거라고 나를 안심시킨 뒤 구급차를 불렀는지 물었다.

"아니요." 내가 답했다. "근데 구급차 불빛이 보여요."

다행히 지나가던 차에서 911에 신고를 한 모양이었다. 경찰차가 내 차 뒤범퍼 옆에 멈춰 섰고 곧 구급차가 도착했다.

"병원에 가야 할 것 같아요?" 구급대원이 물었다.

"모르겠어요." 아드레날린 분비로 여전히 몸을 떨면서 내가 대답했다. "안경이 어디 있는지 못 찾겠어요."

정신이 혼미해서 결정을 내릴 수 없었다. 지침을 내려줄 사람이 옆에 있어야 할 것 같아 부모님에게 전화를 걸었다. 아무도 받지 않았다. 엄마는 벌써 출근을 했을 것이고 아빠는 아직 일어나지 않은 듯했다. 구급대원이 안경을 찾아 차 안 구석구석을 더듬는 동안 나는 토니에게 전화를 걸었다. 신호음이 몇 번 울리자 토니가 받았다.

"사고가 났어." 목소리가 살짝 떨렸다.

나는 사고가 난 경위를 우물거리며 설명했다. 빙글 도는 차. 콘크리트 분리벽.

"과속했어?" 토니가 물었다.

"응."

"경찰은 불렀어?"

"아니," 내가 답했다. "근데 누가 불러줬어. 구급차가 왔어. 구급대원들이 응급실에 갈 건지 물어봐."

145

구급대원은 내게 오더니 안경을 못 찾겠다는 뜻으로 빈손을 보였다.

"다친 데는 없어?" 토니가 물었다.

"모르겠어."

"병원에 가야 할 거 같아?"

"모르겠어. 어떻게 해?"

잠시 전화기 너머에 침묵이 흘렀다. 토니를 사랑하긴 하지만 토니는 결정을 내리는 데 능숙하지 못했다. 보통은 그게 문제가 되지는 않았다. 주로 내가 빠르고 과감하게 결정을 내렸고, 토니가 두 가지 선택지 사이에서 마음을 정하지 못할 때는 내가 토니에게 지시를 내렸다. 몸을 떨며 차 안에 앉아 있는 지금, 나는 토니가 그다음 행동을 알려주기를 바랐다.

"나도 어떻게 해야 할지 모르겠어." 이윽고 토니가 말했다. "네 생각에 필요하겠다 싶으면 가."

차 앞을 서성이는 구급대원을 쳐다보았다. 토니의 대답에 가슴이 쩌릿하게 아파왔다. 정작 필요할 때 그는 도움이 되지 못했다. 그래서 나는 최대한 정신을 가다듬고 결정을 내렸다.

"알았어. 병원에 갈게." 내가 말했다.

"내가 병원으로 갈까?" 토니가 물었다.

"모르겠어."

다시 전화기 너머가 조용했다. 내가 한 번 더 결정을 내려주길 토니가 원한다는 걸 알 수 있었지만, 다른 건 몰라도 이것만큼은 내가 할 수 없었다.

"음," 토니가 긴 침묵 끝에 대답했다. "몇 시간은 학교에 있어야 할 것 같아. 임시 교사를 찾아보고 병원으로 갈게."

나는 토니가 달려오기를 간절히 원했지만 그렇게 말할 요령이 없었다. 서로 작별 인사를 한 뒤 나는 토니에게 다시 전화를 하겠다고 했다. 구급대원은 구급차까지 나를 부축했고, 우리는 몇 분 후 병원에 도착했다.

간호사는 빈 침대로 나를 데리고 가더니 과로한 사람 특유의 빠른 말투로 지시 사항을 전달했다. 재무상담 부서의 여직원은 보험 정보를 물은 다음에 서류 몇 장을 건네고 갔다. 이내 나는 혼자 남겨졌다. 의사를 기다리는 동안 진찰실 한쪽 벽에 걸린 시계를 올려다보았다. 시계는 꽤 컸지만 시간을 읽을 수 없었다. 안경 없이 바라보는 세상은 뿌옇고 흐릿했다. 얼굴은 희미하고 사물은 겹쳐 보였다. 날카로운 선반 모서리와 그 옆에 걸린 혈압계는 하나로 뭉쳐 보였다. 초록색 산소통은 옆에 놓인 베이지색 의자 팔걸이와 한데 섞여 보였고 보험 서류의 글자들은 회색으로 번진 얼룩 같았다.

간호사들은 침대 옆을 오갔지만 나의 존재를 아예 모르는 듯했고, 나는 마치 아무리 비명을 질러도 소리가 나오지 않는 꿈속에 갇힌 기분이었다. 생애 최악의 교통사고를 당했지만 병원으로 나를 보러 오는 사람은 아무도 없었다. 설상가상으로 안경까지 없어서 벽에 걸린 시계조차 보지 못했다. 흰색의 얇은 담요를 무릎까지 끌어올리고 울기 시작했다.

양극성 장애로 생각이 옮아갔다. 그렇게 생각할 만한 합당한 이유가 없는데도 나의 외로움은 병 때문이라는 느낌을 떨칠 수가 없었다. 사고를 초래한 것은 양극성 장애가 아니었다. 부모님이 전화를 받지 않은 것도 양극성 장애 때문이 아니었다. 토니가 병원에 오지 못한 것도, 안경이 날아간 것도 양극성 장애 때문이 아니었다. 나는 습관적으로 양극성 장애를 외로움과 동일시했다. 병과 여러 해를 싸우고 난 뒤, 마치 최악의 시기에 사람들이 나를 볼 때처럼 비통함을 맛보았다. 친구들은 당혹스러워했다. 부모님은 화를 냈다. 연인들은 미친년이라고 불렀다. 증상의 결과로 종종 고립감을 느꼈던 것인데 나도 모르는 새 모든 형태의 고립감을 병 탓으로 돌리게끔 스스로 학습했다.

병원 침대에 앉아 우는 동안, 유독 어떤 두려움을 떨칠 수 없었다. 양극성 장애로 인해 결국 토니가 나를 떠나지 않을까 두려웠다. 이 병은 본래 주기적이었다. 증상이 발현했다 사라지기를 반복했고, 발병 사이에는 언제 그랬냐는 듯이 멀쩡한 시기가 찾아왔다. 어떤 증상도 나타나지 않고 몇 달, 혹은 몇 년이 지나가기도 했다. 그 기간 동안 나는 효율적이고 생산적이었다. 누구 못지않게 목표를 향해 매진하고 타인과의 관계도 잘 형성할 수 있었다.

그렇게 증상이 없는 시기에 토니와 연애를 시작한 터라 양극성 장애가 있는 사람과 관계를 맺는 게 어떤 의미인지 토니가 과연 이해할까 확신이 서지 않았다. 토니가 사는 근교인 윌러비 시내를 걷던 어느 날, 토니에게 병이 있다고 털어놓았다. 시내의 상점들은 예전에 현대식으로 탈바꿈했다. 클라이펠드 레스토랑에서 아침을 먹고 커피 한 잔을 손에 든 채 이 가게 저 가게 돌아다니는 것은 우리의 토요일 의식이었다.

도심의 작은 골동품 가게로 걸어가는 동안 신경 줄이 팽팽히 땅겼다. 연애를 시작한 지 몇 주가 지난 터였고 진지한 관계로 나아가는 중이었다. 여자 친구라는 단어가 힘을 얻기 전에 짐을 펼쳐 보여야 하는, 모든 관계에서 내가 가장 두려워하는 순간이었다.

"말할 게 있어." 나는 고백할 준비를 하면서 입을 열었다.

"뭔데?" 토니가 물었다. 토니는 커피를 한 모금 마시며 빵집 창가에 놓인 컵케이크를 황홀하게 바라보았다.

"날 좋아하는 마음이 변할 수도 있어."

최대한 진지하게 말하려고 했지만 컵케이크에 승기를 뺏기고 말았다. 토니는 초콜릿 크림과 나선형 모양의 캐러멜 장식을 보고 군침을 삼켰다. 원래 뭔가에 탐닉하는 사람은 아니지만 담배와 단것을 유독 좋아했다.

"뭐길래 널 좋아하는 마음이 변할 수 있다는 거야?" 눈길은 여전히 빵집에 둔 채로 그가 물었다.

그가 내게 온전히 집중하게 하려면 판돈을 올려야 한다. "자기가 알아야 하는 건강상의 문제야." 내가 더 단호하게 말했다.

토니는 당혹스러운 시선으로 나를 돌아보았다. 내 정수리는 그의 턱에 닿을까 말까 했는데 불현듯 그의 존재 앞에서 내가 너무 작게 느껴졌다. 품에 안기면 내 머리가 그의 어깨에 딱 맞았지만, 지금은 그의 시선이 내게 내리쬐는 스포트라이트 같았다.

"무슨 건강상의 문제?" 그가 되물었다.

나는 커피 컵 홀더를 엄지손가락 끝으로 만지작거리면서 모서리 한쪽이 해질 때까지 긁어댔다.

"양극성 장애가 있어."

토니의 반응을 확인하러 얼굴을 살폈는데 내가 읽은 것은 안도의 표정뿐이었다. 그는 암이나 간염, 포진 같은 신체적 질병을 예상했다가 정신 문제라는 걸 알고는 다행으로 여기는 눈치였다.

"아," 그가 말했다. 우리는 몸을 돌려 거리를 다시 걷기 시작했다. "우울증 같은 거야?"

"아니," 나는 천천히 답했다. "우울증과는 달라. 양극성 장애야. 어떤 때는 울증이 나타났다가 어떤 때는 조증이 나타나."

"'조증'은 어떤 걸 말하는 거야?"

나는 커피 한 모금을 길게 마시면서 차 몇 대가 거리를 달리는 모습을 바라보았다. 윌러비에는 꼭 과거로 돌아간 것 같은 편안함이 깃들어 있었다. 2층 벽돌 건물들에는 아치 모양의 창문과 정교한 프리즈건축물의 외면에 붙인 띠 모양의 장식물가 있었다. 몇몇 상점 위에는 조잡한 천이 걸렸고 입구는 몰딩으로 장식되어 있었다. SUV 차량은 물론 말과 마차도 잘 어울릴 법한 장소였다.

"조증은 여러 가지 형태로 나타날 수 있어." 내가 말했다. 우리는 여전히 앞을 바라본 채 인도를 걸었다. "때론 그렇게 심하지 않아. 흥분 상태가 지속되거나 잠을 덜 자는 정도. 때론 그보다 심해. 망상이나 환각에 빠지기도 해."

"어떤 환각?" 그가 되물었다.

크레이프 가게를 지나자 슈거 파우더 냄새가 풍겨왔다.

"실재하지 않은 소리가 들려." 내가 설명했다. "시야 끝자락에 그림자가 보이기도 해."

토니는 나를 돌아보았다. 안도가 두려움으로 바뀐 표정이었다. "목소리가 들린다고?"

"목소리가 들린 건 몇 번뿐이야." 그 얘기를 한 걸 후회하면서 내가 말했다. 토니가 겁에 질리는 게 느껴졌고, 나는 그가 도망치지 않기를 바랐다. "환각은 발병할 때만 일어나. 그때도 그건 아주 드문 일이야."

"얼마나 자주 발병하는데?"

나는 어깨를 으쓱해 보이고 커피를 한 모금 마셨다. "말하기 곤란해. 몇 달일 수도 있고 몇 년일 수도 있어."

"하지만 지금은 괜찮잖아?" 그가 물었다.

"지금은 괜찮은데 언제 어떻게 될지는 아무도 몰라."

우리는 길을 내려오는 다른 연인들을 피해 잠시 침묵 속에 걸었다. 토니는 숨을 깊이 들이마셨다가 훅 내뱉었다.

"너도 알겠지만 나도 이혼하고 많이 우울했어." 그가 입을 열었다. "세상이 무너지는 기분이었어. 일하고 담배 피우는 거 말고는 아무것도 하기 싫었지. 평생 그 기분에서 벗어나지 못할 줄 알았어. 의사도 보러 갔는데 무슨 약을 처방해주더군. 약은 별 효과가 없었지만 말이야. 그러던 어느 날 소파에서 일어나 결혼 후 한 번도 해보지 않은 것들을 하기로 결심했지. 하이킹을 하고 해변에도 갔어. 오래된 친구들에게도 다시 연락을 했고. 힘들었지만 묵묵히 그 길을 헤쳐 나왔어."

무슨 말을 해야 할지 몰라 커피 컵 홀더를 계속 만지작거리며 걸었다. 곧 쓰레기와 보물로 가득 찬 골동품 가게에 이르렀다. 가게 안에 들어가자 기분이 좋아졌다. 우리는 현관에서 하던 양극성 장애 이야기는 잠시 접고 눈앞에 펼쳐진 진귀한 물건들로 관심을 돌렸다.

벽마다 오래된 그림이며 영화 포스터, 맥주 간판이 걸려 있었다. 입구 근처 선반에는 타자기가 일렬로 놓여 있고 가게 한복판에는 중고 보석함 몇 개가 진열되어 있었다. 아빠가 일하던 전당포가 생각났다. 그곳에는 발굴되기만을 기다리는 보석들이 가득했다.

토니와 나는 선반을 훑어보다 1990년대에 쓰던 것과 비슷하게 생긴 오래된 전화기를 발견했다.

"어릴 때 쓰던 물건이 골동품 가게에 있으면 늙고 있는 거야." 토니가 말했다.

나는 가만히 미소를 지었다. 그가 무슨 말을 하려는지 이해했다. 다리를 놓으려고 그는 한때 자신이 경험했던 우울증을 활용한 것이다. 공감하고 이해함을 보여주고 싶었던 것이다. 이제 내 병을 받아들였다는 걸 보여주려고 주제를 바꾸고 있었다. 내 병으로 우리 사이가 바뀔 건 없음을 넌지시 비치며 그는 마치 아무 일도 없었다는 듯이 토요일 아침 일상을 이어나갔다.

그가 겁을 집어먹고 도망가지 않은 건 다행스러운 일이지만, 내 말의 무게를 얼마나 이해했는지는 의문이었다. 당시 상황에 크게 영향을 받은 그의 우울증은 혼합 상태의 조울증과는 달랐고, 그는 더욱이 약물에 의존하기보다는 의지력으로 우울증을 극복했다. 그가 양극성 장애를 비정상적인 뇌 구조와 화학반응으로 인한 신체적 질병이 아니라 단순히 정신적 질병으로만 보는 게 아닐까 걱정되었다. 또한 앞으로 내가 굳센 의지로 병을 이겨내리라고 기대할 것 같아 두려웠다. 우리가 어떻게 끝날지 훤히 보이는 듯했다. 더 이상 망상을 통제할 수 없는 날이 오면 토니는 나를 나약하고 고집만 센 사람으로 여기리라. 나의 증상을 결점으로 보고 결국엔 좌절감에 두 손을 들 것이다. 그러고는 한바탕 소동 끝에 나를 떠날 것이다.

토니와 나는 골동품 가게에서 신기한 물건을 계속 살펴보았고, 두 번 다시 내 정신 건강에 대한 이야기를 꺼내지 않았다. 우리 사이가 더욱 깊어지는 가운데 양극성 장애는 감추고 싶은 비밀로 남왔다. 교통사고를 당해 병원 침대에 앉아 있는 지금, 나는 그 비밀이 결국 우리를 갈라놓을까 봐 두려웠다. 다음 발병이 다가오고 있었다. 증상은 어김없이 찾아왔고—정확히 언제인지는 알 수 없었지만—일분일초가 지나갈 때마다 그 순간에 점점 다가가고 있었다.

이윽고 의사가 검사실로 들어왔을 때 나는 운 티를 내지 않으려고 노력했다. 그녀는 검사를 신속히 마치더니 어디 부러진 데는 없다고 말했다. 목을 살짝 삐었지만 안마나 지압으로 고칠 수 없는 것은 아니었다. 의사는 처방전을 써주면서 이제 퇴원해도 좋다고 했다. 말은 참 쉬웠다. 나는 눈물을 삼키고 옷을 입었다. 그런 다음 대기실을 안내하는 표지판이 보이지 않아 복도를 더듬거리며 걸어갔다. 몇 번이나 방향을 잘못 들었는데, 마침내 어느 친절한 간호조무사가 나를 불쌍히 여긴 모양이었다. 그가 나를 부축해 출구로 데려가 택시를 불러주자 전보다 더 외로워졌다. 택시 기사는 친절한 사람이었지만 쥐가 들끓는 좁은 아파트로 가는 게 그렇게 좋을 수가 없었다. 적어도 아파트 안에서는 남의 눈에 띄지 않게 외로울 수 있으니까.

신발을 벗어던지고 곧장 침대로 향했다. 병원을 나서기 전에 간호사가 준 진통제를 먹은 데다 이미 충분히 피곤하고 몽롱했다. 깜박 잠이 들었을 때 전화벨이 울렸다. 토니였다.

"응." 나는 베개에서 고개도 들지 않은 채 전화를 받았다.

"지금 집으로 가는 길이야. 그래도 막 학교를 나섰으니까 시간이 좀 걸릴 거야."

그날 아침 토니는 학교에 도착해 동료 교사와 이야기를 나누었다. 동료 교사는 사고 얘기를 전해 듣고 깜짝 놀랐다고 했다. 그러더니 음, 여자 친구를 보러 가야겠네요, 하고 말했다.

　토니가 결정을 내리기 위해선 약간의 자극이면 충분했는데, 그에게 그런 조언을 해준 동료 교사가 한없이 고마웠다. 그러나 토니가 곧 도착한다니 새로운 걱정이 고개를 쳐들었다. 집이 엉망이었다. 빨랫감은 하나 가득이고 싱크대에는 설거지거리가 수북하고 욕실 바닥은 박박 문질러야 할 만큼 더러웠다. 사람 사는 집처럼 치우기까지 내게 남은 시간은 45분뿐이라 나는 침대에서 몸을 일으켜 설거지를 시작했다. 몸이 천근만근이었지만 진홍색 카펫을 진공청소기로 밀고 욕실 바닥을 닦았다. 침대보도 갈았다. 현관과 부엌에 놓은 쥐덫을 벽장 속 책 더미 밑으로 치웠다.

　토니가 나를 한 면으로만 봤으면 했다. 내가 잘 지내고 있다고 생각하길 바랐고 아파트 상태는 다만 큰 등식의 일부일 뿐이었다. 새로 빤 침대보와 반질반질 깨끗한 바닥은 내가 토니에게 숨기고 있는 것을 상징했다. 토니가 나의 양극성 장애의 냄새를 들이마시게 할 순 없었다. 레몬 향이 나는 상쾌한 살균제로 가난의 흔적을 감출 수 있다면 내 병도 그렇게 할 수 있을 것이었다.

　청소를 막 끝냈을 때 토니가 문을 두드렸다. 토니는 근심 어린 표정을 지으며 안으로 들어왔다.

　"좀 어때?" 토니는 내 어깨에 손을 얹으며 물었다.

　"괜찮아," 내가 답했다. "조금 어지러울 뿐이야."

　"의사는 뭐래?"

　"기본적으론 괜찮대. 며칠은 몸 여기저기가 아프겠지만 걱정할 건 아니래."

　"이리 와." 그는 나를 가까이 끌어당기면서 말했다.

그의 품에 안겨 가슴에 머리를 기댔다. 따뜻한 체온이 내게로 전해졌고 심장 뛰는 소리가 약하게 들렸다. 티셔츠에서 세제 냄새가 났다. 등 근육을 손가락으로 만지면서 그 순간의 모든 달콤함을 빨아들였다. 그의 품에서 나는 안전했다. 돌봄을 받는 기분이었다. 눈을 감고 깊게 숨을 들이마셨다. 내 입에서 빠져나가는 작은 한숨 소리가 듣기 좋았다. 그가 내 옆에 머물면서 그 소리를 들으므로.

이윽고 소파에 앉았을 때 나는 쾌활해 보이려고 최선을 다했다. 병원에서 나를 비탄에 젖게 한 눈물의 흔적은 조금도 보이지 않았다. 마음속 깊이 나는 토니가 밝은 걸 좋아한다고 믿었다. 토니는 늙은 고양이 두 마리와 스카우트라는 이름의 제법 나이가 든 개 한 마리를 키웠는데, 염세적인 고양이들보다 기운이 넘치는 핏불테리어를 더 좋아했다. 두 고양이는 나이가 들면서 더 까다로워졌다. 카펫에 토하고 아무 데서나 용변을 보고 오후 내내 침대 밑에서 가르릉 울기만 했다. 더 중요한 건, 고양이들은 더 이상 토니에게 애정을 보이지 않았다. 그에 반해 개는 달랐다. 혀로 핥고 함께 놀았다. 소파에 몸을 말고 나란히 앉았다.

토니는 그 개를 위해서라면 못할 게 없어 보였다. 개의 반달연골이 파열되었을 때 토니는 수술에 수천 달러를 썼다. 1년 후에는 반대편 무릎 연골이 파열되었다. 이번 수술엔 돈이 더 많이 들어갔는데 토니는 망설임 없이 수술비를 댔다. 반면에 토니는 고양이들한테는 실망했다. 고양이들이 야옹거리며 쉬익 소리를 내면 토니는 그저 눈을 치켜뜰 따름이었다. 내가 보기에 토니는 쉽게 사랑할 수 있는 동물을 좋아하는 듯했다. 오후에 학교에서 돌아오면 문 앞으로 달려와 꼬리를 흔드는 개에게는 성의를 다했지만, 당장에 뿌듯함을 느끼게 해주지 않는 동물에게는 큰 열의를 보이지 않았다.

사고가 난 날, 나를 보러 왔을 때 토니는 내가 보여주고 싶은 것만을 보았다. 나는 잘 지내는 사람처럼 보였다. 집은 깔끔하게 정리되어 있었고 눈물이 흘렀던 자리에는 지친 미소가 자리 잡았다.

"재미있는 것 좀 할까?" 내가 물었다. "게임 할까? 아니면 점심 먹으러 나갈까?"

나는 개가 된 듯 꾸밀 수 있었다. 활기차고 사랑과 애정이 넘쳐 보이게 할 수 있었다. 토니가 몇 시간 동안 스스로를 뿌듯하게 여길 수 있도록 기꺼이 슬픔을 감출 수 있었다. 그러고 나서 그가 떠나면 질병 앞에서 모든 것을 잃을까 봐 두려워하는 여자로 무너져 내릴 것이다. 쥐들은 어둠 속에 빵 부스러기를 찾아 싱크대 밑에서 나올 것이고 나는 필사적으로 악마를 못 본 척 외면할 것이다. 더 이상 미소를 지을 수 없을 만큼 분별도, 지각도 할 수 없는 날이 오리라는 걸 안다. 그러면 등을 활처럼 구부린 채 발톱을 세우는, 역겹고 굶주린 존재가 될 것이다. 토하고 쉬익 소리를 낼 것이다. 가까이 오는 모든 사람에게 성을 낼 것이다. 나는 개가 아니므로. 결단코.

6
제철소, 신성한 땅

사고 이후 곧바로 일터에 복귀했고, 겁에 질린 내 전화를 받은 노조 간사의 말이 옳았다는 걸 알았다. 인사과에서 결근 사유에 대해 한마디 하긴 했지만 일자리를 잃지는 않았다. 의사가 아니라 간호사가 응급실 서류에 서명을 했는데 회사로서는 그 서류를 인정할 수 없다고 했다. 시간을 명시한 경찰 보고서를 제출하고 나서야 인사과의 여직원은 결근을 인정해주었다. 그 사고는 특히 '주황 모자'일 때 결근이 용납되지 않는다는 사실을 다시 한번 일깨워주었다.

문제가 일단락되자 제러미는 이제 바닥을 쓸거나 철둑을 청소하지 않아도 된다고 말했다. 내게는 제철과 좀 더 연관된 일을 훈련받으라고 한 반면, 샘과 찰리에게는 비질과 덤프스터 운반 일을 계속하게 했다. 그들에게는 무기한으로 청소 일이 맡겨졌다. 내가 그 둘보다는 연공서열에서 앞서는 모양이었다.

대부분의 유니언숍이 그렇듯이 제철소에서 연공서열은 입사일에 기초했다. 하지만 한날에 입사했다면—샘과 찰리와 나처럼—연공서열은 복불복이었다. 회사가 직원들의 연공서열을 어떻게 정하는지는 아무도 몰랐지만 모두 저마다의 이론이 있었다. 관련 요소가 생일이라는 둥 사회보장번호라는 둥 엄마의 별자리라는 둥 별소리가 다 있었다. 그것이 무엇이건 간에 나는 운이 좋아 다른 두 명의 '주황 모자'보다 서열이 위였다. 그 둘은 청소팀에서 빠져나가는 나를 부러운 눈으로 쳐다보았지만 자신들의 운명을 담담히 받아들였다. 제철소에서 연공서열은 신성한 것이었다. 모두들 이의 없이 자기 자리를 맞이했다.

훈련 첫날에 수송부 한복판에 있는 작은 오두막으로 가서 다이너모를 찾으라는 지시를 받았다. 버기를 처음 타던 날 만난 그 별난 중년의 남자가 기억났고 오두막도 어렵지 않게 찾았다. 다이너모가 잡지 책장을 넘기는 동안 나는 문가에 어색하게 서 있었다. 내 존재를 모르는 것 같아 헛기침을 두어 번 하고 자기 소개를 하려고 했다.

"뭐야?" 다이너모는 놀란 얼굴로 물었다. 그러더니 표지에 선홍색 개조 자동차 사진이 실린 잡지를 들어 보였다. "모형 차 잡지 읽고 있는 거 안 보여?" 그가 말했다.

"아," 나는 뭐라고 대답해야 할지 몰라 머뭇거렸다. "제러미가 선배를 찾아가라고 해서요. 선배한테 훈련을 받으라고요."

"알았어." 그는 고개를 끄덕이고 다시 잡지로 눈길을 돌렸다.

나는 지시를 기다리며 문틀에 기댔다. "지금 뭘 할까요?"

"아냐, 아냐." 다이너모는 말했다. "지금 쉬는 중이야. 이리 와 앉아."

그런 다음 오두막 반대편에 있는 빈 의자를 가리켰다. 오두막은 두 사람이 겨우 들어갈 정도로 좁아서 의자가 있는 쪽으로 가려면 사이를 비집고 지나가야 했다. 무릎이 서로 스쳤고, 내가 그의 옆을 지나갈 때는 그가 내 도시락 가방을 피해 몸을 돌려야 했다. 이윽고 내가 의자에 앉자 다이너모가 모형 차 잡지를 건넸다. 잡지를 어찌해야 좋을지 몰라 책장을 뒤적이며 짐짓 흥미로운 척했다.

"이런 모형 차들이 좋아." 그는 설명했다. "이놈들은 언제나 좋아. 어렸을 때부터 모형 차를 조립했거든. 친구들이 비웃어도 개의치 않았어."

다이너모는 나를 보고 웃었다. 앞니는 다 닳았고 흰머리는 쭈뼛 서 있었지만, 회색 눈동자는 밝고 정직해 보였다. 그는 40년 넘게 강철을 만들어온 노동자였다. 자기가 한 농담에 자기가 먼저 웃고, 종종 주변을 의식하지 않을 만큼 생각에 몰두하는 사람이었다. 어떤 환경에서는 이런 특성이 소중할 수도 있겠으나 제철소에서는 극히 위험했다. 다이너모가 코일을 실은 크레인 밑에서 배회하는 것을 나는 여러 번 목격했다. 크레인이 경고 사이렌을 울리면 다이너모는 마치 꿈에서 깨어난 듯 위를 올려다보곤 했다.

나는 모형 차 잡지에 실린 사진을 보며 작은 트럭과 컨버터블을 조립한 솜씨에 감탄했다. 초파리들이 얼굴 주변을 날아다녔다. 바닥에 떨어진 부스러기에 꾄 게 분명했다.

"모형 차만 조립하는 게 아니야." 다이너모는 한마디 한마디에 더욱 생기를 띠며 말을 이었다. "진짜 차도 개조해."

"정말요?" 내가 되물었다.

다이너모가 갑자기 친근감을 보이는 바람에 내심 놀랐지만 어떤 동지애건 반가웠다. 때로 제철소에서의 시간은 천천히 흘렀고, 12시간의 근무시간 동안 대화를 나눌 사람이 있다는 건 언제나 반가운 일이었다.

"지금은 내 차 보닛에 불꽃을 그리고 있어." 다이너모가 말했다. "자주색 불꽃인데, 튀어나와 보이게 테두리를 검은색으로 칠했어. 반짝이가 들어간 스프레이 페인트가 있더라고. 한쪽에 그걸 뿌려서 불꽃 전체를 반짝이게 만들었지. 아직 완성은 못 했지만 정말 끝내 줘."

"멋지겠어요." 말로는 이렇게 대꾸했지만 불꽃 그림으로 뒤덮인 차를 몰 생각은 없었다. "무슨 차예요?"

다이너모는 어깨를 으쓱해 보였다. "닷지 미니밴이야."

웃음이 나오려는 걸 가까스로 참았다.

"그거 흥미로운 선택인데요."

"맞아, 아내가 스포츠카를 어떻게 사냐고 해서 미니밴에 작업하는 거야. 상관없어. 미니밴에도 얼마나 많은 걸 할 수 있는데."

그 미니밴이 어떻게 보일지, 다이너모가 얼마나 행인들의 비웃음을 살지 겨우 짐작만 갈 뿐이었다. 개집에 있는 다리 세 개뿐인 개를 보면서 느끼듯이 잠시 그가 안됐다는 생각이 들었다. 다리 하나가 없는 걸 모르는 눈치니 꼬리를 흔들고 헐떡이는 개의 열정에 더욱 마음이 쓰인다.

"제가 할 일이 정말 없어요?" 나는 재차 물었다.

"없어." 그가 답했다. "아직은."

어색한 침묵이 흘렀다. 다이너모는 그저 미소를 지어 보일 뿐이었다.

"미니밴 본체에만 손을 대는 게 아니야." 그가 말을 이었다. "엔진에도 손을 대. 작년에 성능을 높였지. 500마력이나 돼. 코르벳보다 힘이 좋을걸."

다이너모는 내가 인정해주길 기다리듯 잠시 머뭇거렸다.

"500마력이면 엄청 센 거예요?" 내가 물었다.

다이너모는 고개를 갸웃 기울였다. "차에 대해 잘 모르나 봐, 그치?"

"워셔액을 어디에 넣는지 정도는 알아요."

"흠," 그는 의자에 몸을 기대며 말했다. "기본적인 걸 알려줄까?"

그러고 나서 다이너모는 도저히 기본이라 할 수 없는 마력에 대한 설명을 이어나갔다. 호스니 피스톤이니 밸브니 온갖 걸 설명했지만 무슨 말인지 도통 알아들을 수 없었다.

사람들이 다이너모에 대해 수군거리는 소리를 들은 적이 있었다. 회사에 큰 문제를 일으킨 뒤 마감부로 발령받았다고 했다. 오랫동안 용광로 소속이었는데, 장입차라는 카트처럼 생긴 긴 장비를 몰면서 코크스와 석회석을 용광로에 집어넣는 일을 했다. 장입차를 몰 때 기사들은 석회석을 이만큼 넣는다, 코크스를 이만큼 넣는다 같은 컴퓨터 화면에 뜨는 미리 결정된 처방을 따른다. 그것에 맞춰 장입차를 채운 다음 용광로로 보낸다.

이따금 용광로 책임자는 장입차 기사에게 무선을 쳐서 코크스를 추가하라고 주문한다. 여분의 코크스는 완전 반응을 보장하지만—코크스의 탄소는 산화철에서 산소를 제거한다—반응속도를 떨어뜨리기도 한다. 이것은 곧 선철을 만드는 데 오래 걸린다는 뜻이고, 그리하여 장입차 기사가 휴식을 취할 수 있다는 뜻이다. 코크스를 추가해도 선철의 질이 떨어지지는 않아서 다이너모는 좋은 수를 생각해낸다. 매 작업마다 철 더미에 코크스를 추가하는 것이다. 오랫동안 남의 눈에 띄지 않고 이렇게 해오다가 결국 그가 수백만 달러

어치의 코크스를 용광로에 낭비했다는 소문이 돌았다. 왜 그런 짓을 했느냐는 회사의 추궁 앞에 그는 조금의 속임수도 보이지 않았다. 그저 인사과 직원들을 물끄러미 바라보았다. 어쩌면 밝은 눈동자에 놀란 표정이 떠올랐을지도 모른다. 제대로 쉬고 싶었을 뿐입니다, 하고 그는 대답했다. 그 이후의 일은 노조가 처리했다. 노조는 회사와 합의를 보았다. 다이너모는 해고를 면했지만 용광로로 돌아갈 수는 없었다. 마감부로 강제 발령을 받은 뒤 수송부에 자리를 잡았다.

"그러니까," 다이너모는 이해하기 어려운 엔진 강의를 마무리하며 덧붙였다. "그게 마력의 작동 원리야. 이제 이해하겠지?"

"아, 네. 그런 것 같아요."

또다시 긴 침묵이 흘렀다. 나를 빤히 쳐다보는 그의 시선 속에서 내가 그의 말을 이해했음을 증명해 보이길 원한다는 게 느껴졌다.

"선배," 내가 주제를 바꾸려고 애쓰면서 입을 열었다. "차에 대해 많이 아시나 봐요. 박서엔진도 잘 아세요? 좋은 엔진인가요?"

교통사고로 큰 부상을 입지는 않았지만, 내 작은 해치백은 살아남지 못했다. 완전히 박살나는 바람에 새 차를 찾는 참이었다. 토니와 대리점 여러 군데를 다니면서 시승을 해본 끝에 박서엔진이 달린 차를 사기로 거의 마음을 정한 터였다.

"박서엔진?" 다이너모가 되물었다. "그건 좀 달라. 작동 원리를 설명해줄까?"

"아니요, 괜찮아요." 정작 원했던 짧은 확인은 듣지 못하고 내가 서둘러 대답했다. 실린더니 회전력이니 하는 얘기라면 이제 질색이어서 한 번 더 대화의 방향을 바꾸려고 시도했다.

"이 모형 차들 얘기 좀 해주세요."

다이너모는 숨을 길게 마시고 미소를 지었다. "음," 그가 운을 뗐다. "대부분의 사람들은 부품이 다 들어 있는 세트를 구입하지. 그저 지시를 따라 남들과 똑같은 차를 조립하는 거야. 그거 재미없잖아. 지시를 따르는 건 누구나 할 수 있는 일이니까 난 언제나 좀 색다른 걸 하려고 해. 모형 차 몇 개는 맨손으로 만들었고 조립용품일 경우도 나름으로 수정을 가해. 그렇게 해서 지금껏 한 번도 본 적이 없는 차를 만들지."

다이너모는 핸드폰을 꺼내 직접 만든 모형 차 사진 몇 장을 보여주면서 모형 차를 만드는 정교한 과정을 설명했다. 페인트 섞기와 좌석을 만드는 일을 묘사했다. 작은 엔진에 연결된 호스들에 대해 말했다. 수정 작업에는 상당한 창의력이 필요했고 결과물은 놀라웠다. 몇몇 차는 모형 차 마니아를 대상으로 한 박람회에 전시되었고 그중 하나는 내 손에 들린 것 같은 잡지에 소개되기도 했다.

동료 중에는 창의적인 사람이 많은데, 이것은 꽤 흥미로운 사실이었다. 어떤 남자는 스테인드글라스 창문을 만들고 어떤 여자는 동물 뼈로 장신구를 세공했다. 어떤 이들은 가족이 쓸 가구를 만들고 오두막을 지었으며, 어떤 크레인 기사는 은식기를 재활용해 정교한 조각품을 만들었다. 한번은 그가 내게 작품 사진을 보여준 적이 있는데 할 말을 잃을 정도였다. 버터나이프는 독수리 날개가 되고 숟가락은 악어 비늘이 되었다. 모든 작품이 미술학교의 복도를 장식할 만큼 컸고 완벽한 비율에 구도를 잡은 것도 전문가의 솜씨였다. 작품들을 어느 화랑에서 본들 전혀 이상하지 않을 듯했고 크레인 기사의 재능은 은식기로 끝나지 않았다. 그는 조형물을 만들지 않을 때는 흔들 목마를 조각했다.

어느 조용한 오후에 나는 '사교의 장 오두막'에서 크레인 기사가 찍은 흔들 목마 사진을 넘겨보며 점심을 먹었다. 놀랍도록 정교하고 색도 아름다웠다. 말 하나하나가 기발하면서도 실물 같았다. 미술 박람회에 내놓으면 상당한 가격에 팔릴 듯싶었다.

"이것들을 왜 안 파세요?" 샌드위치를 한 입 베어 먹기 전에 내가 크레인 기사에게 물었다.

"잘 모르겠어." 기사가 대꾸했다. 그는 바이올린 활을 놀리듯 포크질을 하며 캐서롤오븐에 넣어서 천천히 익혀 조리하는 음식을 조금씩 먹었다. "애착이 커서 팔 수 있을까 싶어."

나는 고개를 끄덕였다. 콧등에 톱밥을 잔뜩 묻힌 채 흔들 목마를 조심스레 사포로 문지르는 그의 모습이 눈에 선했다. 말 하나를 완성하려면 몇 달은 걸릴 것이었다.

"실은," 남자가 말을 이었다. "한 번 흔들 목마를 판 적이 있어. 아주 오래전 일이긴 해. 여기서 일하던 친구 하나가 딸에게 주고 싶다며 목마를 만들어달라고 부탁을 하는 거야. 원래는 그런 일을 안 하는데 크리스마스 시즌인 데다 그 친구가 흔들 목마를 정말 마음에 들어 했거든. 그래서 특별히 그 친구에게 목마를 만들어줬지. 딸에게 선물할 생각에 들떠 있었는데, 결국 그 친구는 딸에게 목마를 주지 못했어."

내가 바지에 묻은 피넛버터 덩이를 문질러 닦는 동안 남자는 잠시 말을 멈추고 그릇에 담긴 면을 물끄러미 내려다보았다.

"어쩌다 못 줬는데요?" 내가 물었다.

크레인 기사는 나를 돌아보고 고개를 저었다.

"크리스마스 직전에 죽었거든." 그가 답했다.

"정말요? 어떡하다가요?"

"분명히 아는 사람은 아무도 없어." 그는 포크를 탁자에 내려놓으며 말했다. "광재 구덩이에서 발견했을 때는 이미 숨이 끊어진 뒤였어. 구덩이 위로 통로가 있는데, 거기서 미끄러졌을 거라고들 해. 발밑의 철판이 꺼졌거나 발을 헛디뎠겠지. 제때 발견했더라면 살 수도 있었을 텐데 광재가 원체 뜨거워. 산 채로 몸이 익었을 거야."

나는 샌드위치를 탁자에 내려놓고 오리엔테이션 동안에 보았던, 뜨거운 김이 나는 광재를 싣고 구덩이로 달려가던 그 무시무시한 트럭들을 떠올렸다. 트럭에 실린 광재는 굳을 만큼 식긴 했지만 사람들이 모르는 뜨거운 열을 여전히 그 속에 품고 있다. 광재는 오븐이나 끓는 냄비처럼 뜨거운 게 아니다. 용광로처럼 뜨거워서 사람의 목숨을 앗아갈 수 있다.

"끔찍한 일이에요." 나는 크레인 기사에게 말했다.

"응," 남자는 동의했다. "정말 끔찍하지. 누구에게나 일어날 수 있는 일이야. 하지만 왜 하필 그 친구였냐고? 딸도 있는데. 흔들 목마도 사났는데 말이야."

다른 고참 두엇도 이야기를 듣고 있었다. 모두들 그 사건에 대한 나름의 기억을 한마디씩 거들었고, 나는 흔들 목마 사진을 다시 내려다보았다. 둥그렇게 휜 목과 공중에 뜬 발굽을 유심히 들여다보았다. 걷다 말고 중간에 얼어붙은 듯 보였다.

내게 겁을 주려고 고참들이 이런 이야기를 들려주는 것일까 종종 궁금했다. 고참들의 이야기는 분명 그런 효과가 있었지만, 그 속에 공연히 나를 긇려주려는 시도 이상의 동기가 있음을 느끼기 시작했다. 그런 이야기들은 일종의 추모였다. 제철소에서 죽음은 기이하기 짝이 없는 장소들에서 추모되었다. '사교의 장 오두막' 한쪽 모퉁이의 게시판에는 직원들의 부고 기사가 가득 꽂혀 있었다. 장례식 안내문은 입구와 식탁에도 놓여 있고, 세상을 뜬 동료의 유가족을 위한 모금 활동도 심심치 않게 열렸다. 사망 원인이 심장마비인지 노환인지 암인지는 중요하지 않았다. 직원들은 죽은 모든 동료를 가족처럼 열정적으로 기억했다. 끔찍한 이야기를 충격요법으로 사용한 것이 아니었다. 그 이야기들은 밥벌이를 위해 제 목숨을 내놓은 모든 사람을 기억하는 하나의 방식이었다. 더 중요하게, 그 이야기들은 누구에게나 일어날 수 있는, 내게도 일어날 수 있는 일이라는 냉엄한 진실을 말하는 한 방식이었다.

아빠 차를 타고 제철소를 지나던 어린아이였을 때 나는 역겨움만을 보았다. 화통과 불길한 주황빛 불꽃을 보았다. 제철소는 쇠락하고 망해가는 산업의 잔해에 지나지 않았고, 수많은 공장 건물을 뒤덮은 녹은 그에 걸맞은 그늘처럼 보였다. 그때 나는 제철소가 신성한 땅이란 걸 몰랐다. 그곳은 기념비고 기념물이었다. 어떤 이에게 그곳은 죽음을 맞이하는 곳이었다. 많은 이에게 그곳은 정체성이었다. 그들은 클리블랜드의 산업 단지에서 생을 보냈다. 오두막의 전 기념비로 아침을 짓고, 스티로폼 용기로 추수감사절 저녁을 먹고, 하루 일이 끝나면 길가의 허름한 술집에서 술잔을 기울였다. 꽤 많은 고참들이 정년 이후에도 일을 계속했다. 말로는 돈 때문에 일한다지만 나는 그들의 말을 곧이곧대로 듣지 않는다. 철강 노동자는 그들의 정체성이고 제철은 그들이 누구보다 잘하는 것이다. 제철소는 남들이 보는 녹 이상의 것이므로, 그 모든 것을 뒤로하는 건 종교를 잃는 일과 다름없다. 그곳은 살아 있는 역사의 일부고, 그 경계선 안에서 우리 모두는 자신보다 더 큰 무엇과 연결되어 있다.

'철강의 도시Steel City'로 알려진 곳은 피츠버그지만 클리블랜드는 한때 스스로의 힘으로 철강의 수도 역할을 했다. 오늘날의 제철소 역사는 서로 다른 두 회사가 쿠야호가 강 기슭에서 사업을 시작한 20세기 초반으로 거슬러 올라간다. 1913년에 코리건매키니제철은 동쪽 강기슭에 공장을 지었다. 그다음 해에 오티스철강은 서쪽 강 기슭에 공장을 세웠다. 훗날 이 두 회사는 합병한다. 그러나 수십 년 동안 동쪽과 서쪽의 공장은 두 개의 분리된 독립체로 자체의 진화를 거듭했고, 각자 나름의 방식으로 철강 산업에 기여했다.

서쪽 공장의 유산은 터 파기 공사를 시작하기 한참 전에 시작되었다. 1800년대 후반에 클리블랜드 출신의 사업가 찰스 오거스터스 오티스는 미국의 제철 방식을 혁신적으로 바꿀 결심을 한다. 당시 상업용 강철은 주로 거센 바람을 거대한 쇳물통에 직접 주입하는 베서머 제강법으로 생산되었다. 이 방법을 이용해 금속의 온도를 고온으로 유지하면서 선철을 제련해 강철을 얻었다. 베서머법이 효율적이긴 했지만 치명적인 결점 또한 있었다. 완제품에서 종종 소량의 질소와 인이 발견된 것이다. 질소와 인은 강철을 깨지기 쉽게 만들었고, 그런 강철은 쉽게 부서지고 갈라졌다.

유럽에서 선진 제철 개념을 연구한 오티스는 이리 호 기슭에 자리를 잡고 당시 누구도 하지 않은 일을 시도했다. 그는 평로平爐를 만들어 뜨거운 공기와 연료로 데운 얕은 노에서 선철을 제련했다. 평로법은 베서머법보다 시간이 더 오래 걸렸지만, 금속의 뜨거운 표면에서 불순물을 제거하는 용제를 추가해 질소와 인을 통제했다.

그 과정 속에서 생긴 광재는 쉽게 퍼낼 수 있기 때문에 강철에 남은 질소와 인의 양을 베서머법보다 더 줄일 수 있었다.

오티스는 평로 제강법을 개발하지 않았지만—19세기 중반에 카를 빌헬름 지멘스가 고안했다—상업적 가능성을 증명한 최초의 사람이었다. 양질의 믿을 수 있는 제품이 평로에서 생산되었고, 오래지 않아 클리블랜드에서 시작한 오티스의 사업은 철강업 전반의 트렌드를 이끌었다. 다른 철강업체들이 뒤를 따랐고 20세기 상반기 동안 평로법은 미국에서 가장 선호되는 제강법이었다.

오티스는 호숫가에 세운 공장이 성공을 거두자 사업을 확장했다. 1914년에 클리블랜드 쿠야호가 강 서쪽에 제철소를 지은 것이다. 오티스의 기발함으로 탄생한 그 제철소 가운데 일부는 100년이 넘도록 철거덩거리며 돌아갔다. 오티스의 평로는 오래전에 순산소 제강로로 교체되었지만, 쿠야호가 강가의 제철소는 여전히 러스트벨트의 살아 숨 쉬는 도전 정신을 일깨운다.

동쪽 강기슭에 자리 잡은 제철소는—미국의 철강 발전사에서 차지하는 중요성으로 말하자면 서쪽 공장에 결코 뒤지지 않는다—다른 종류의 역사를 자랑했다. 오티스철강이 서쪽 기슭에 공장을 짓기 1년 전에 코리건매키니사는 동쪽 기슭에서 사업을 시작했다. 20세기 초반에 코리건매키니사는 빌릿어떤 형태로 압연하기 전에 거푸집에 부어서 굳힌 강철 덩어리이나 시트바주철 덩어리를 가열하여 압연 처리한 얇은 강철판 같은 온갖 종류의 조야한 상품을 생산했지만, 1927년에 사업을 확장해 오늘날에 사용하는 것과 같은 압연기를 공장에 설치했다. 이 회사는 근 20년 동안 사업을 이어나갔다. 그러다가 1935년에 리퍼블릭제철에 매각되었다. 리퍼블릭제철은 동쪽 공장에 대규모 투자를 한 데 이어, 미국 전역에 공장이 있음에도 재빨리 본사를 클리블랜드로 옮길 계획을 세웠다. 본사 이전은 1936년에 이루어졌다. 그러고 나서 그 이듬해에 미국 역사에서 가장 큰 노동쟁의 가운데 하나에 직면하게 된다.

1937년 봄에 철강 산업계에는 파업의 분위기가 무르익어가고 있었다. 2년 전에 와그너법상원 의원 와그너가 입안한 법으로 노동자의 단결권과 단체교섭권 및 단체협약을 인정하고 부당노동행위를 금지했다이 통과되어 전미노동관계위원회National Labor Relations Board가 신설된 터였다. 1937년 2월에 제너럴모터스는 자동차 산업 노동자들이 조직한 전미자동차노조United Automobile Workers를 인정했다. 당시 미국 철강업계의 대표는 흔히 빅 스틸Big Steel로 불린 US스틸이었다. US스틸은 노조 결성으로 분위기가 바뀌고 있음을 간파하고는 파업을 피하기 위해 철강노동자조직위원회Steel Workers Organizing Committee와 재빨리 협상을 체결했다. 그러나 모든 제철회사가 빅 스틸의 선례를 따른 것은 아니었다. 네 개 회사의 연합체—베들레헴제철, 인랜드제철, 리퍼블릭제철, 영스타운시트앤튜브사로 이루어진 연합체로, 리틀 스틸Little Steel로 불린다—는 노조를 결성할 노동자의 권리를 인정하지 않았다. 이 움직임을 주도한 곳이 리퍼블릭제철이었다. 리퍼블릭제철은 폭력을 휘둘러서 노조 동조자들을 위협했고, 소문에 따르면 톰 거들러 회장은 노조를 인정할 바에야 제철소를 농지로 바꿔버리겠다고 으름장을 놓았다. 1937년 5월에 대립은 최고조에 이르렀고 노동자들은 리퍼블릭제철을 비롯한 리틀 스틸의 다른 세 회사에 대항해 동맹파업을 벌였다.

파업 노동자들이 피켓라인파업 이탈자를 감시하기 위한 감시선에 앉아 있는 동안 리퍼블릭제철은 오하이오에 있는 공장들을 계속 가동하려고 했다. 회사는 생산 물자를—파업 불참자들과 함께—오하이오 동쪽에 있는 공장들로 공수했다. 파업 노동자들이 공장으로 물자를 실어 나르는 기차를 막자 폭력과 기물 파손이 뒤따랐다. 클리블랜드 제철소에서 사망자는 한 명뿐이었지만—피켓라인에 있던 남성 노동자가 지나가는 차에 치였다—시위대들은 오하이오의 파업에 자극을 받아 시카고의 리퍼블릭제철소로 행진해갔다. 당시 시카고 제철소는 가동 중이었고 경찰의 삼엄한 경호를 받았다. 긴장이 빠르게 고조되더니 결국 소요 사태가 벌어졌다. 시위대는 곤봉으로 얻어맞았다. 총에 맞은 사람들도 있었다. 훗날 메모리얼데이 대학살Memorial Day Massacre로 기록될 이 소요로 10명이 죽고 100명 가까운 사람들이 부상당했으며 그중 10명은 영구적 장애를 입었다. 후일에 검시관들은 사망자 중 일부가 등 뒤로 총을 맞았다는 사실을 밝혀냈다.

몇 주 후 오하이오의 영스타운에서도 이와 유사한 끔찍한 장면이 연출되었다. 파업 노동자들의 아내들과 아이들이 남편과 아버지를 따라 피켓라인에 섰다. 몇몇 여성 참가자와 경찰 사이에 날 선 말이 반복해서 오갔고, 급기야 경찰은 군중을 향해 최루탄을 쏘았다. 여자들과 아이들은 최루가스로 고통스러워했다. 남자들이 떼 지어 경찰에게 달려들면서 상황은 최악으로 치달았다. 최루탄은 총탄으로 바뀌었고, 적어도 한 명이 목에 총상을 입고 사망했다.

상황이 다 끝나고 보니 1937년의 리틀스틸파업으로 16명이 목숨을 잃고, 수백 명이 부상을 입었다. 영스타운에서 폭력 사태가 발생한 지 근 한 달이 지나서야 노동자들은 일터로 돌아갔다. 성취한 게 아무것도 없어 보였다. 리틀 스틸은 노조의 협상권을 인정하지 않았다. 어떤 협상도 체결되지 못했다. 어떤 요구도 관철되지 못했다. 리틀 스틸 회사들이 노조와의 협상을 승인한 것은 1942년 뉴욕과 펜실베이니아, 오하이오에서 파업의 물결이 거세게 인 뒤였다.

이렇게 힘들게 얻은—또 그만큼 힘들게 잃은—긴 투쟁의 역사를 거치는 동안, 제철소가 그 테두리 안에서 일하는 노동자들에게 거의 신성한 무엇을 대변한다는 것은 놀라운 일이 아니다. 그곳은 일터를 지키다가 목숨을 잃은 사람들을 기억하는 기념비다. 그곳은 더 나은 임금과 더 안전한 노동환경을 쟁취하기 위해 싸우다 목숨을 잃고 부상을 입은 사람들을 기리는 성지다. 그곳은 이 나라를 건설한 희생과 독창성을 보여주는 증거지만 많은 이에게 잊힌 이야기이기도 하다.

1942년에 제이앤엘J&L사는 쿠야호가 강 서쪽 기슭의 오티스철강을 인수했다. 1968년에 제이앤엘의 지분은 훗날 엘티브이사LTV Corporation로 사명을 변경하는 링템코보트사에 대량 매각되었다. 1984년에 엘티브이 소유의 제이앤엘은 리퍼블릭제철과 합병했다. 다시 말해 동쪽과 서쪽의 공장이 하나가 된 것이다. 1986년에 엘티브이는 파산을 선언하지만, 클리블랜드 공장은 제한된 규모로 철강 생산을 이어나갔다. 2000년에 엘티브이는 또다시 파산을 선언했다. 2001년에 클리블랜드 제철소는 남은 노동자들을 해고했다.

이것은 많은 이들이 기억하는 이야기다. 그들은 엘티브이의 몰락을 기억한다. 산업지로서 클리블랜드의 명성이 서서히 빛이 바랬던 것을 기억한다. 일자리와 자본을 외국에 빼앗긴 러스트벨트를 기억한다.

엘티브이가 파산한 것은 내가 고등학생일 때였고, 여러 해 동안 그 오래된 제철소는 영영 끝장난 줄 알았다. 철강은 클리블랜드를 영원히 등졌다. 적어도 대체적으로는 그랬다. 철강 산업이 짐을 싸서 중국으로 떠났다는 소리를 여러 번 들었다. 대학교에 다닐 때 주황빛 불꽃이 여전히 그 오래된 제철소 굴뚝에서 치솟는 것을 보았지만, 클리블랜드가 시장 경쟁력을 갖출 수 있을까 의구심이 들었다. 오히려 제철소의 불꽃은 러스트벨트를 특징짓는 일종의 침체를 상징했다. 우리는 혁신하지 못했다. 앞으로 나아가지 못했다. 빠르게 성장하는 기술 산업을 따라가지 못했다. 클리블랜드는 슬픈 이야기 위에 지어진 도시였다. 적어도 난 그렇게 생각했다. 그때는 클리블랜드가 재기의 도시이기도 하다는 걸 몰랐다.

윌버 로스Wilbur Ross는 트럼프 정부에서 상무부 장관으로 임명되기 한참 전에 엘티브이의 자산을 매입해 인터내셔널스틸그룹이라는 이름으로 클리블랜드의 동쪽 공장을 재가동했다. 몇 년 후 서쪽 공장의 일부가 다시 문을 열었다. 2005년에 제철소는 미탈제철로 또 한 번 주인이 바뀌었다. 미탈제철은 결국 세계 최대 규모의 철강 기업인 아르셀로미탈제철이 되었다. 그 후로 클리블랜드 제철소는 세계 금융 위기를 비롯해 힘든 시기를 여러 차례 겪었지만 지금도 기계를 가동하고 있다. 이곳은 자동차 산업에 필요한 혁신적인 고강도강을 생산하는 것은 물론이고 미국의 어떤 제철소보다 철강을 빠르고 효율적으로 생산하는 것으로 명성이 높다. 우리는 패배했을지 모르나 가장 잘하는 것을 해왔다. 우리는 조용히 앞으로 계속해서 나아갔다.

다이너모가 여전히 모형 차에 대해 이야기하고 있을 때 크레인 한 대가 강판 코일들을 오두막 바깥의 공터에 내려놓기 시작했다. 공터에 줄지어 깔린 긴 팰릿화물을 쌓는 틀 위에는 얇은 판지 조각이 놓여 있고 근처에는 검은 플라스틱 고리가 한 무더기 쌓여 있었다. 다이너모와 나는 커다란 두 짝의 창문을 통해 밖을 살필 수 있어서 크레인이 코일 하나하나를 천천히 체계적으로 내려놓는 모습을 지켜보았다. 제철소에서 일한 지 얼마 안 되었을 때는 크레인 때문에 깜짝 놀라기도 했지만, 그 후 빠르게 적응해나갔다. 이제는 눈을 감고도 크레인의 움직임을 파악할 수 있을 정도였다. 코일을 들어 올릴 때는 철커덕거리는 소리가 났다. 크레인이 빨리 움직일 때는 끼익 소리와 함께 윙윙거렸고 멈출 때는 끄응 신음 소리를 냈다.

"좋아," 다이너모는 모형 차 얘기를 중도에 끊고 문득 말했다. "이제 일할 시간이야."

크레인이 바닥에 내려놓은 코일들은 용융아연도금 라인에서 아연 도금을 마치고 막 이곳으로 옮겨진 것들이었다. 판매를 위해 이 완성된 코일들을 포장하는 것이 다이너모의 일—이제는 나의 일이기도 한—이었다. 하지만 제철소에서는 포장이라는 단어를 쓰지 않았다. 코일이 풀어지는 걸 막기 위해 각각의 코일을 얇은 금속 띠—밴드로 통하는—로 묶어야 해서 우리는 그 작업을 밴딩이라고 불렀다. 다이너모와 나는 코일을 묶는 일을 했으므로 우리 둘은 제철소에서 '밴더'로 통했다. 제철소의 많은 비공식적 직명에는 같은 원리가 적용되었다. 맡은 일이 무엇이든 일 다음에 'er 무엇을 하는 사람'을 붙이는 식이었다. 재고 일을 하면 스토커stocker, 잡는 일을 하면 캐처catcher, 압연 일을 하면 롤러roller였다.

다이너모와 나는 오두막 창문으로 밖을 내다보면서 크레인이 마지막 코일을 바닥에 내려놓을 때까지 기다렸다. 코일 여덟 개가 몇 미터 간격을 두고 똑바로 놓였다. 코일을 놓는 방식에는 두 가지가 있다. 코일의 눈이 하늘을 향하게 하거나 또는 똑바로 놓는 것. 눈이 하늘을 향한 코일은 어떻게 보면 탁자에 평평하게 놓인 세탁기 같았다. 그런 코일은 평평한 면이 바닥에 닿았고 지름 한가운데에 있는 구멍—감개에 코일을 말면서 생긴 눈—은 천장을 향했다. 그리하여 눈이 하늘을 향한다고 부르게 되었다. 반면에 똑바로 놓인 코일은 마치 누군가 탁자에 올려놓고 돌리려는 듯 둥근 모서리로 균형을 잡은 세탁기 같아 보였다. 하지만 20톤의 코일은 작은 세탁기보다 훨씬 안정적이고 대개 폭이 1.2미터에서 1.5미터이므로 흔들림 없이 똑바로 놓일 수 있다. 다이너모와 내 앞에 줄지어 놓인 여덟 개의 코일은 모두 이런 방식으로, 즉 눈이 우리 쪽을 향하고 있었다.

"좋아." 크레인이 윙 소리를 내며 멀어져가자 다이너모가 말했다. "밖으로 나가지."

다이너모는 내게 케블라미국 듀폰사에서 개발한 고탄성률의 고강력 섬유만큼 강하면서도 부드럽고 탄성이 좋은 장갑 한 켤레를 건넸고 우리는 오두막 바깥으로 나갔다. 다이너모는 첫 번째 코일로 다가간 다음 우리가 해야 할 일을 시범으로 보였다. 아주 간단했다. 코일은 큰 원기둥 모양인데, 운송 도중에 흠이 생기지 않도록 이 원기둥의 바깥 모서리를 보호해야 했다. 이 일을 위해 다이너모는 코일 모서리를 따라 길고 얇은 판지를 쌌다. 그리고 나서 눈이 있는 양쪽 면에 플라스틱 고리를 끼웠다. 이 고리들은 마찬가지로 코일 내부가 손상되는 것을 막았다. 판지와 플라스틱 고리 작업을 마무리한 다음에는 코일을 밴드로 묶을 차례였다. 눈 쪽으로 밴드 두 개를 통과시켜서 하나는 코일 오른쪽을, 다른 하나는 코일 왼쪽을 묶었다. 밴드를 제자리에 위치시키고 다이너모는 공기호스에 연결된 금속 공구를 내게 건넸다.

"래칫한쪽 방향으로만 회전을 하고 반대 방향으로는 회전하지 못하는 톱니바퀴으로 밴드를 당겨." 그가 지시했다. "그럼 내가 조일 테니."

내 손에 들린 공구는 밴드를 잡아 팽팽하게 당기는 둥근 부속물이 달려 있다는 게 다를 뿐, 얼핏 보면 오리너구리 주둥이 같아 보였다. 다이너모는 거미 입처럼 생긴 다른 공구를 손에 들었다. 내 오리너구리가 밴드를 최대한 멀리 당기면 다이너모의 거미가 철제 조임쇠를 밴드에 부착했다. 조임쇠는 밴드를 고정시키고 밴드는 코일을 단단히 말았다. 다이너모와 나는 일렬로 놓인 코일 여덟 개에 이 작업을 반복했는데, 실제 해보니 생각만큼 쉽지 않았다.

"판지 작업부터 해봐." 다이너모는 작업장 끄트머리의 긴 팰릿을 가리키며 말했다.

판지 한 장을 들어 올렸지만 길이가 6미터가량 되는 것이 다루기가 여간 힘든 것이 아니었다. 판지를 놓치지 않게 꽉 잡고 기름이 묻은 바닥 위로 끌고 갔다.

"U자가 되게 위로 들어봐." 다이너모가 말했다.

판지 양끝을 잡고 팔을 최대한 높이 들었지만 U자의 바닥을 계속 발로 밟았다.

"더 높이 들어." 다이너모가 말했지만 나는 키가 그만큼 크지 않았다. "테이프 건 챙기는 거 잊지 말아."

다이너모는 내 손에 테이프 건을 쥐여주고 코일로 함께 걸어갔다.

코일을 판지로 싸려면 코일 옆에 U의 바닥이 오도록 발로 지탱한 채로 나머지 판지를 코일 모서리를 따라 꼭 맞게 둘러야 했다. 판지를 바싹 당겼으면 테이프 건으로 판지를 고정한 다음, 옆의 코일로 이동했다. 균형 잡는 게 꽤나 어려웠고 처음 하는 일이라 서툴기만 했다. 코일은 내 키보다 컸고, 결국 판지를 놓쳐 기름 웅덩이로 떨어뜨리고 말았다.

"이제 저 판지는 너무 미끄러워서 테이프가 안 붙어." 다이너모가 설명했다. "새 걸로 가지고 와."

바닥에 떨어진 판지를 옆으로 치우고 새 판지를 가지고 왔다. 이번에는 테이프 건이 손에서 날아가 바닥에 달깡 소리를 내며 떨어졌다. 판지가 이번에도 기름 웅덩이에 빠지는 바람에 또다시 새 판지를 가지러 갔다.

마침내 다이너모가 나섰다. 그의 도움을 받고서야 판지를 코일 모서리에 고정할 수 있었다. 그러고 나서 다이너모가 줄지어 놓인 코일을 밴드로 묶는 모습을 지켜보았다.

모든 코일이 똑같았다. 판지, 플라스틱 고리, 밴드. 래칫. 조임쇠. 그리고 반복.

또다시 반복. 그리고 또 반복.

철강 노동자가 대부분 그렇듯이 밴더는 같은 일을 반복해 수행했다. 우리는 일에 대한 기억이 지문에 새겨질 때까지 같은 동작을 반복했다. 며칠 일하고 나자 자면서도 코일을 묶을 수 있을 만큼 능숙해졌지만, 첫날 아침에는 다이너모가 앞장서 일을 처리했다.

눈앞의 일을 다 마친 다음 우리는 오두막으로 돌아가 기다렸다. 크레인이 코일들을 집어 올려 래퍼Wrapper로 불리는 노동자에게 가지고 갔고, 그는 각각의 코일을 플라스틱으로 쌌다.

오두막에 들어간 지 몇 분이 지나자 다이너모는 초조해지는 듯했다. 일어섰다 앉았다 다시 일어서기를 반복했다. 그러더니 손바닥으로 초파리 몇 마리를 잡고 코일의 공정을 보여주는 컴퓨터 화면을 만지작거렸다.

"다음 회차까지 시간이 한참 남았어." 그가 말했다. "잠깐 나갔다 와도 될까?"

"아, 네, 그럼요." 새로 맡은 밴더 일이 아직 편안하지는 않았지만 어쨌건 대답은 그렇게 했다.

"그래," 그가 말했다. "여기 좀 있어. 빈 캔 좀 주우러 가야겠어."

"빈 캔이요?"

"응. 근처에 엄청 많거든."

다이너모는 오두막을 빠른 걸음으로 나가서 알루미늄 캔을 찾아 바닥을 살폈다. 그는 고물 청소부였던 것이다. 낡은 팰릿을 집으로 가지고 가 땔감으로 썼고, 버려진 캔을 줍다가 몇 번이고 아찔한 상황에 처하기도 했다. 이렇게 주운 깡통을 고철상에 판다는 게 내 눈에는 신기해 보였다. 철강 노동자 가운데 돈에 쪼들리는 사람은 없었다. 그럼에도 고물을 모으는 다이너모의 행동은 이상하게 신선했다. 나는 이미 물병을 분리배출하기를 포기한 참인데, 제철소 쓰레기를 부지런히 모아 재사용하고 새 용도를 찾는 사람을 본다는 게 참 기분이 좋았다.

다이너모가 밖에 나간 사이 나는 핸드폰을 꺼내 뉴스를 보는 데 집중했다. 당시 클리블랜드가 들썩일 만한 일이 하나 있었다. 우리 도시에서 공화당 전당대회가 개최될 예정이라 마지막 준비 작업이 한창이었다. 기자들과 정치인들이 곧 패배자의 도시로 몰려들 것이고, 리얼리티쇼 스타이자 억만장자인 도널드 트럼프가 공화당 대통령 후보로 지명될 것이 확실해 보였다.

전당대회가 열리기 몇 달 전부터 고향 도시가 눈앞에서 변해가는 광경을 이미 지켜본 터였다. 퍼블릭스퀘어를 새로 단장하는 데 5000만 달러가 투입되었다. 도시 곳곳에 호화 호텔들이 생겨났고, 한때 지역 기업과 대학을 광고했던 게시판에는 국가 안보 슬로건이 내걸렸다. 수상한 자가 보이면 신고하십시오. 사람들은 전당대회를 구경할 곳으로 어디가 좋을지 건물들을 가늠했고 경찰 병력은 나날이 증가했다.

공포가 우리의 작은 도시를 휩쓰는 듯했고, 전국적 행사를 치르는 데 경계만 수반된 것은 아니었다. 온 나라가 긴장했고 트럼프는 그 불길을 더욱 부채질했다. 당신의 여자를 겁탈하고 일자리를 빼앗는 이민자들을 경계하라. 모두를 파멸시킬 소수집단을 경계하라. 단숨에 당신을 죽일 이슬람교도들을 경계하라. 세계주의자들, 페미니스트들, 사회주의자들, 민주당 지지자들을 경계하라.

트럼프는 러스트벨트의 불안을 간파하고 그곳 사람들에게 비난할 몇몇 대상을 제시한 셈이었다. 그러나 실제로 우리가 느끼는 불안의 원인은 우리 스스로 믿는 것보다 훨씬 파악하기 힘든 것이었다.

클리블랜드 제철소는 가동 중이긴 했지만 2000년대 초반에 이미 큰 타격을 입었다. 엘티브이가 남은 노동자를 해고한 지 몇 년이 지나 지역의 한 부동산 개발업자가 쿠야호가 강 서쪽의 15만여 평에 이르는 땅을 재개발할 계획을 세웠다. 서쪽 제철소의 제2마감부가 있던 자리에 기업형 매장과 레스토랑 체인점을 갖춘 야외 쇼핑몰

설립이 추진되었다. 타깃종합 유통업체, 대형 매장을 운영한다과 치폴레멕시코식 패스트푸드점, 홈디포가 입점할 것이다. 종국에는 월마트마저 들어설 것이다.

이 계획은 클리블랜드라는 작은 땅을 일자리와 상업으로 활성화하려는 의도였지만, 초기에 분노 섞인 반대와 맞닥뜨렸다. 중국산 제품을 판매하는 대형 상점들이 이미 상처 입고 허우적거리는 경제에 소금을 뿌렸다. 우리는 고임금의 공장 정규직을 소매상과 식당 점원이라는 저임금의 비정규직과 맞바꾸었다. 우리는 생계 수단을 중국으로 떠나보냈고, 이제는 월마트에서 파는 싸구려 중국제 이외에 다른 건 살 형편이 안 되었다. 공동체 구성원 중 일부는 제철소 공장 부지에 지어진 복합 쇼핑몰의 암울한 상징을 알아보았지만 그들의 작은 외침은 멀리 나아가지 못했다. 어찌 되었건 쇼핑센터는 문을 열었다. 그곳은 자체의 추동력으로 굴러갔다. 주차장과 스트립몰strip mall, 보도를 앞에 두고 상점이 일렬로 늘어선 쇼핑센터이 생겼다. 살 것은 넘쳐나지만 구매자는 없는 냉엄한 기업의 풍경이었다.

화장품 가게와 음반 가게의 화려한 간판 뒤로 제철소의 거대한 용광로와 적갈색 창고가 어른거렸다. 제철소는 철커덩거리며 돌아갔다. 그것은 증기를 허공에 뿜어댔다. 입에서 철강을 뱉어냈다. 제철소는 기업형 체인점의 차갑고 말끔한 외관 너머에서 위협적으로 보이긴 했지만 적어도 살아 있는 것처럼 느껴졌다. 제철소의 테두리 안에 머무르는 사람들은 가짜 미소를 흘리거나, 기업처럼 거짓된 관심을 보이지 않았다. 그들은 뜨거운 가스를 빼내고 압연강재를 옮기고 용융아연 통을 저었다. 제철소의 치명적인 이빨에 끼지 않기를 바라면서 운이 나빴던 동료들을 기억했다. 예전에 한 사내가 흔들 목마를 샀지만 광재 구덩이에서 죽은 채로 발견되었다.

　나는 어느새 쇼핑센터를 철강 노동자의 시각으로 바라보고 있었다. 제철소 가장자리를 따라 세워진 기업형 매장들은 이렇게 비웃는 듯했다. 너희들은 잊힌 존재야. 한물간 존재들이라고. 그사이 차갑고 말끔한 워싱턴의 정치인 무리는 지속적으로 변화를 약속했지만 그 변화는 오로지 다른 사람들을 위한 것이었다. 정치인들은 월마트와 홈디포가 들어선 상자 같은 건물들과 다를 게 없어 보였다. 그들은 우리가 힘없는 자들이라는, 버림받은 자들이라는 사실을 다시 한번 상기할 뿐이었다. 말로는 우리의 이익이 최우선이라고 하지만 그들은 제철소의 삶이 어떤 것인지 전혀 알지 못했다.

　문제는 세계화와 자동화만이 아니었다. 그것은 현실 변화에 무관심해 보이는 몇몇 정치인을 넘어서는 문제였다. 제철소에서 일하면 마치 그곳에 소유된 듯한 느낌이 든다. 병가가 부족하다는 건 열이 나는데도 근무를 이어간다는 뜻이다. 유급휴가가 없다는 건 딸의 생일 파티나 아들의 졸업식에 참석하지 못한다는 뜻이다. 특히 신입에게는 휴가가 거의 없고 하루 휴가를 요구하기도 힘들다. 하지만 최악은 이것이 아니다. 제철소에서 일한 지 몇 달 되지 않았지만, 회사를 운영하는 돈 많고 영향력 있는 사람들이 우리더러 제철소에서 일하는 걸 감사히 여기라고 말하는 것 같다는 생각이 벌써 들었다. 놀라운 일이었다. 당장에 우리 대신 다른 사람을 쓸 수 있다는 책임자들의 말을 들으며 우리는 그것을 느꼈다. 처벌할 사람을 찾아 CCTV 화면을 살피는 인사과 직원들을 보며 우리는 그것을 느꼈다. 어떻게든 우리를 구슬려 이익배당금을 주지 않으려는 회사 사람들의 행태를 목격하며 우리는 그것을 느꼈다.

노조 계약서에 따르면 클리블랜드 철강 노동자들은 회사의 순익에 기초해 분기별로 상여금을 받도록 되어 있다. 하지만 회사는 분기마다 복잡한 회계를 내보였다. 월스트리트의 투자자들에게는 어마어마한 이윤을 안기고 우리를 돌아보면서는 나눠줄 배당금이 없다고 했다. 철강 노동자들은 번번이 빈손으로 돌아왔다. 우리가 불평하면 회사 사람들은 눈을 부라렸다. 월급을 충분히 받고 있잖아, 하고 그들은 말했다. 틀린 말은 아니었다. 우리는 월급을 충분히 받았지만 그것은 목숨을 걸고 버는 돈이었다. 회사가 잘나가면 우리도 잘나가야 한다.

회사 오너가 부족한 게 없는 사람이라는 건 제철소 안에서 다 아는 사실이었다. 그는 이미 세계 유수의 갑부 가운데 하나였다. 순자산이 몇십억 달러 규모였고 부를 과시하는 데 주저함이 없었다. 딸이 결혼할 때 베르사유궁전에서 만찬을 베풀고 에펠탑에서 폭죽을 쏘는 등 일주일 내내 이어진 축하연에 6000만 달러를 썼다. 2000명 남짓의 클리블랜드 철강 노동자에게 결혼식 비용을 고루 나눠주었다면 노동자 한 명당 3만 달러가량의 상여금이 돌아갔을 것이다. 하지만 회사 오너에게 그런 희생을 바라거나 기대하는 철강 노동자는 내가 아는 사람 중에는 없다. 우리는 마음속 깊이 자본주의자이고, 지위가 높은 사람이 더 많은 돈을 가져가는 것이 마땅했다. 그들은 더 많이 투자했고 그만큼 책임도 더 컸다. 우리는 그저 부스러기 이상을 받는다고 느끼길 원했을 뿐이며 사다리 꼭대기의 사람들에게 손익 이상의 존재로 존중받기를 바랐을 뿐이다.

제철소에서 일을 시작했을 무렵 회사는 노조와 새로운 협상을 벌이는 중이었는데, 협상은 순탄하지 못했다. 노동자의 건강보험 등급을 낮추고 신입의 퇴직금을 줄이려는 행태 속에서 이윤에 대한 회사의 관심은 더욱 노골적으로 드러났다. 노조는 어렵게 쟁취한 혜택, 곧 먹이사슬의 최상위층이 노동자를 살아 숨 쉬는 생명체로 본다면 당연히 존중했을 권리를 지키기 위해 전력을 다했다. 다행히 노조는 임금 인상을 포기하는 대신 복지 혜택의 상당 부분을 지키는 데 성공했지만, 노동자를 보는 회사의 태도는 계약이 체결된 이후에도 오랫동안 여운을 남겼다. 쟤들이 케이크 먹게 내버려둬, 하고 그들은 말하는 듯했고, 우리는 기꺼이 그 모욕을 감수해야 했다.

물론 이렇게 느끼는 것은 철강 노동자와 자동차 노동자, 광부 들만이 아니다. 문제는 러스트벨트에만 국한되지 않는다. 그래서 수많은 우리는, 우리가 그렇게 중요한 존재가 아니라고 교묘하게 말하는 미국 기업을 위해 평생을 바쳐 일한다. 우리는 무력감을 느끼고 우리가 비난할 대상은 그 어디에도 없다. 기업 문화는 뒷골목의 마약 밀거래 세계만큼 분명하지 않고, 임금격차에 수갑을 채울 수도 없는 노릇이다. 우리를 쓰러뜨리는 진정한 적은 파악하기가 쉽지 않아서 트럼프는 비난할 몇 개의 목표를 제시했다. 그것은 이민자들이고 민주당 지지자들이며 이슬람교도들이다. 그것은 '흑인의 목숨은 중요하다Black Lives Matter'는 시위다. 그것은 힐러리 클린턴이다. 그것은 이름과 얼굴을 가진 적이다.

사람들은 트럼프의 메시지에 열광했다.

"트럼프가 체제를 전복하기를 원한다." 그들은 말했다. "트럼프가 모든 걸 무너뜨리길 원한다. 벽을 세워라! '부패한 힐러리'를 감옥으로 보내라!"

아빠는 이렇게 말하는 사람 가운데 하나였다. 아빠는 오바마가 미국에서 태어나지 않았다고 믿었다. 정치에 몸담은 많은 사람들, 특히 민주당원들은 미국을 파괴하려는 큰 음모의 일부이고, 기자들은 그 음모의 공범으로 여겼다. 여전히 보수 성향의 라디오 토크쇼와 폭스 뉴스를 청취했고 우리는 추수감사절과 크리스마스에 모여 정치 얘기는 일절 하지 않았다. 한때 나도 아빠와 같은 생각을 공유했지만 지금은 정치 얘기를 하다 보면 어김없이 싸움으로 번졌다. 아빠의 생각은 정치와 이념에만 뿌리내린 것이 아니었다. 그것은 어떤 공포 주위를 맴돌았는데, 그 공포는 내가 열다섯 살에 가장 강렬하게 경험한 것이기도 했다.

가톨릭계 여자고등학교 2학년일 때였다. 3교시 프랑스어 수업 시간이었는데, 9월 가을바람이 교실 가장자리의 깨진 창문을 넘어 불어왔다. 내 옆으로 여학생 몇 명이 조용히 공부를 하고 있었다.

Je suis, 나는 공책에 썼다. Tu es.

"여러분, 주목하세요." 교장 선생님의 목소리가 스피커에서 들렸다.

교실에 있는 모든 사람이 나무 십자가 옆의 목제 스피커를 올려다보았다.

"비행기 두 대가 세계무역센터로 돌진했다는 소식을 알립니다." 교장 선생님은 말했다. "또 다른 한 대는 펜타곤에 충돌했습니다. 모두 교실에 앉아 있으세요. 다른 소식이 들어오는 대로 알려드리겠습니다."

여학생 대부분이 잠시 하던 일을 멈췄다. 그러고는 곧 다시 공부를 했다. Il/elle est. 나는 공책에 썼다. Nous sommes. Vous êtes. 교장이 방송한 내용을 제대로 이해할 수가 없었다. 세계무역센터. 펜타곤. 조종사들이 건물을 보지 못했을까? 기체에 뭔가 이상이 있었을까? 누군가 의도적으로 미국을 공격하리라는 생각은 전혀 떠오르지 않았다. 누군가 우리를 공격할 수 있다는 생각도 전혀 떠오르지 않았다. 우리는 전쟁 중이 아니었다. 우리는 목표물이 아니었다. 무엇보다도 우리가 그렇게 약할 수는 없었다.

"펜타곤?" 여학생 하나가 교실 저편에서 말했다. "설마, 심각한 건 아니겠지?"

선생님을 졸라댄 끝에 우리는 뉴스 시청을 허락받았다. 비행기들이 무역센터 건물로 돌진하는 장면을 뚫어지게 쳐다보았고, 이윽고 그 규모가 실감이 났다. 그것은 공격이고 침입이었으며 미국의 힘과 안전에 대해 배운 모든 것을 무너뜨리는 것이었다.

책상에 앉아 화면을 바라보는데 어린 시절의 종말론적 두려움이 되살아나는 게 느껴졌다. 어쩌면 종말의 시작일지 몰랐다. 어쩌면 종말의 글귀가 벽에 쓰여 있을지도 몰랐다. 그날 늦게 인터넷에 접속해 종말을 예언하는 다양한 웹사이트를 찾아보았다. 세계무역센터에서 피어오르는 연기 너머로 사탄의 얼굴이 보였다. 「요한묵시록」에 이 사건을 예언하는 구절이 있다고 했다. 세계무역센터는 바빌론이고, 바빌론은 천벌을 받을 것이다. 로 대 웨이드 사건 판결이 나온 지 70년이 지나 신은 미국을 멸망시킬 것이다.

마음 깊은 곳에서는 세상의 종말이 임박하지 않았다는 걸 알았다. 나의 비합리성을 알 만큼은 합리적이었지만, 일어나지 않을 일에 사로잡히는 걸 어쩌지 못했다. 세상의 종말이 불현듯 닥칠 것이라는 신부님의 말씀을 오랫동안 들어온 터였다. 수많은 사람이 준비 없이 종말을 맞을 것이고 지옥에 떨어질 것이다. 방심하지 않기 위해 내가 할 수 있는 건 단 하나였다. 최악을 두려워해야 했으므로 세상의 종말이 임박했다고 오랜 시간 동안 스스로를 납득시키는 것이었다.

후에 부시가 아프가니스탄을 공격하기로 결정했을 때 나는 안도했다. 이라크를 공격하기로 결정했을 때는 그를 지지했다. 오래 청취한 라디오 토크쇼는 가톨릭교회와 같은 교훈을 가르쳤다. 두렵지 않은 게 두려웠다. 부시의 정책에 동의하지 않는 민주당 지지자들이 두려웠다. 불시에 우리를 공격할 수 있는 테러리스트들이 두려웠다. 두려움을 키우지 않는다면 악귀가 언제 나를 놀라게 할지 몰랐다. 그래서 나는 부시를 지지했다. 부시가 누구든 공격하길 원했다. 복수심에 불타 자기방어를 과하게 하는 것 같아도 상관없었다. 그것은 나약함을 느끼지 않아도 된다는 것을 의미했기 때문이다.

몇 년이 지나 아빠와 정치 문제로 언쟁을 벌이면서 아빠의 약점 중 얼마나 많은 것이 그의 믿음으로 치환되었을까 문득 궁금해졌다. 아빠는 알코올중독자 부모 밑에서 컸다. 할머니는 제때 양극성 장애 치료를 받지 못했고 그것을 술로 해결하려고 했다. 멍한 상태로 아이를 방임할 때가 많아서 아빠는 아기였을 때 거의 울지 않았다. 더러운 기저귀를 찬 채 요람에 몇 시간이고 앉아 있었지만 큰 소리 한 번 내지 않았다. 울어봤자 소용없다는 걸 이미 깨달은 뒤라서 도움을 요청하기를 그만둔 것이다.

청년 시절의 아빠는 성공을 거두리라는 희망을 품은, 재능 있는 드러머였다. 하지만 재주 좋은 사람들이 수백만 달러를 버는 동안 아빠는 전당포에서 일했다. 성인이 되고 나서는 재산의 작은 변화에도 휘청이는 중하위 계층의 삶을 살았다. 그러던 중 세계 금융 위기가 닥치기 직전에 직장을 그만두고 사업을 시작했다. 미국의 옛 화

폐에 정통한 터라 온라인으로 주화를 사고팔아 돈을 벌 심산이었다. 진취적 기상이 승할 것으로 믿었지만 사업은 경기 침체와 더불어 망하고 말았다. 사업 실패로 인한 빚이 퇴직연금을 갉아먹을 때마다 아빠의 미래는 그만큼 암울해져갔다.

사업이 실패한 뒤 아빠는 총과 탄약을 사 모으기 시작했다. 4리터들이 물병과 1년치 동결건조식품을 쟁였다. 오바마가 대통령에 재임할 시절이었고 아빠는 종말이 곧 닥칠 것이라고 믿었다. 식구 중 누구도 아빠의 급작스러운 비이성적 행동을 이해하지 못했다. 경기가 안 좋긴 했어도 세상의 종말로 보이지는 않았다. 그러나 돌이켜보면 근간을 이루는 원인은 명백해 보인다. 아빠는 이미 너무 많은 것을 잃었기 때문에 더 잃는 게 두려웠던 것이다. 평생 취약하기만 했던 당신의 삶을 분노에 찬 극우적 정치 성향으로 가렸던 것이고 총을 소유함으로써 통제의 환상을 품었던 것이다. 아빠는 당신의 두려움에 신빙성을 제공하는 트럼프 같은 사람을 기다리고 있었다. 이민자들은 국경에 와 있었고 이슬람교도들은 현관에 당도했으며 힐러리 클린턴은 민주주의를 옥죄고 있었다. 또 다른 재앙이 이미 우리 앞에 당도했다고 트럼프가 말했을 때 아빠는 너무 두려운 나머지 그 메시지를 외면할 수 없었다.

고물을 찾아 나선 지 1시간쯤 후에 다이너모는 찌그러뜨린 알루미늄 캔으로 가득 찬 가방을 들고 오두막으로 돌아왔다. 약탈품에 뿌듯해하는 눈치였는데, 그는 가방을 의자 아래에 밀어 넣었다. 아직 다음 회차 코일을 묶을 준비가 되어 있지 않아 다이너모는 모형차 잡지를 집어 들었다. 몇 장 훑어보더니 나를 돌아보았다.

"어렸을 때 말이야," 그는 말했다. "직접 만든 모형 차를 모두 모아놨어. 몇백 개도 넘었지. 그걸 다 선반에 올려놓았어. 정말 아끼던 것들이야."

"멋진데요." 내가 대꾸했다.

"그럼," 그가 부드러운 잡지 책장을 매만지며 동의했다. "정말 멋졌어. 하지만 지금은 하나도 없어."

"하나도 없다고요?"

"응, 없어. 고등학교 때 친구들을 집에 데리고 왔는데—다들 맥주를 마시고 있었지—그중 몇이 내 방에 몰래 들어가 야구 방망이로 다 부숴버렸어. 하나도 남김없이 말이야. 그러고는 저희들끼리 낄낄거리더군. 나더러 철 좀 들라면서."

나는 의자에서 몸을 뒤척였고 다이너모는 제 손을 내려다보았다. 이렇게 개인적인 이야기를 허물없이 털어놓으니 어찌해야 할지를 몰랐다.

"끔찍해요." 이윽고 내가 대꾸했다.

"응," 그가 말했다. "지금은 보지 않는 친구들이야."

"그나마 잘된 일이에요."

다이너모는 한숨을 쉬었다. "그렇지."

잠시 침묵 속에 앉아 있으면서 어린 시절의 다이너모를 상상했다. 살짝 술에 취한 어린 십대 소년이 부서진 작은 차 조각 사이에 무릎을 꿇고 앉았다. 철 좀 들어라, 새꺄. 친구들은 이렇게 말하고는 맥주를 들이켜며 낄낄거렸을 것이다. 철 좀 들어라, 새꺄, 하고 그들은, 다이너모가 집으로 데리고 온 그 친구들은 분명 말했을 것이다. 바닥에는 차들이 부서진 채 산산조각 나 있었다. 그것은 십대 소년이 만든 모든 것이었다. 그가 사랑한 모든 것이었다. 엔진과 휠 캡, 보닛은 손바닥에 올려놓을 만큼 아주 작은 것들이었다.

다이너모는 나를 바라보며 일그러진 미소를 지었다.

"그런데 말이야." 그가 입을 열었다. "그 친구들 중 여럿이 죽었어. 약을 했거든. 과다 복용한 게지. 지들이 당한 거야."

돌연 복수심을 드러내는 그의 모습에 나는 깜짝 놀랐다. 어쩌면 그럴 필요가 없었을지도 모른다. 그는 이해가 안 되는 일을 이해하려고 애쓰는 중이었다. 모형 차들을 만드는 데 온갖 정성을 다 쏟았건만—그 작은 타이어와 엔진을 맞추느라 몇 시간이나 진땀을 흘리면서—믿었던 친구들이 그렇게 힘들게 만든 차들을 박살낸 것이다.

이 이야기를 듣고 며칠이 지나 수송부 외곽에 있는 작은 오두막에서 샘, 찰리와 점심을 먹었다. 우리는 얼음처럼 차가운 물을 한 모금 마시고 샌드위치를 베어 먹었다.

"밴딩 일은 할 만해?" 찰리가 내게 물었다.

"응." 내가 답했다. "일은 아주 쉬워."

샘은 감자칩 봉지를 뜯고 의자에 기대앉았다. "다이너모랑 일하는 건 어때? 좀 특이한 사람 같던데."

"아." 나는 웃음을 지었다. "특이하지."

"정말 특이하던데." 찰리가 말했다. "두어 번 대화를 나눈 적이 있어. 자기를 열 받게 한 사람들 얘기를 하더라고. 그러더니 끝에 가서는 그 사람들이 교통사고가 나서 다 죽었다는 거야."

찰리의 이야기에 정신이 번쩍 들어서 하마터면 손에 들고 있는 물병을 쏟을 뻔했다.

"맙소사." 내가 말했다. "나한테도 비슷한 얘기를 했어."

"그 선배와는 얽히지 않는 게 좋겠어." 찰리가 웃으며 말했다. "까 닥하다가는 죽겠는걸."

나는 물병 뚜껑을 열고 다이너모가 모형 차를 이야기하면서 내비 친 순수함과 경외감을 떠올렸다.

"잘 모르겠어." 내가 말했다. "악의가 있는 사람은 아니야. 내가 좋아하는 선배야. 그 선배를 보면 클리블랜드가 생각나. 그러니까 내 말은, 조금 이상한 방식이긴 하지만 다이너모는 클리블랜드야."

찰리와 샘은 샌드위치를 씹으면서 잠자코 있었다. 터무니없는 생 각이라고 할까 봐 걱정이 되었다.

"한 번도 그 선배를 그렇게 생각해본 적이 없는데." 찰리가 침묵 을 깨고 말했다. "어떻게 설명해야 할지는 모르겠지만 무슨 말인지 알 것 같아."

나 역시 어떻게 설명해야 할지 몰랐으므로 몇 주 동안 그 생각을 떠올리지 않았다. 그러던 어느 날 다이너모가 오래 작업한 닷지 미 니밴 옆에 차를 세우게 되었는데, 순간 무엇인가가 분명해지는 기분 이었다.

미니밴을 설명하는 다이너모를 딱하게 여겼던 것은 잘못된 생각 이었다. 그의 미니밴은 작품이었다. 굽이치는 불꽃은 어두운 라일락 색이었다. 전략적으로 군데군데 칠한 검은 그림자는 딱 알맞은 깊이 감을 주었고 모든 불꽃이 금속 외형에 부드럽게 떠 있는 것처럼 보 였다. 자주색 불꽃을 완벽하게 강조하게끔 옅은 녹색이 차체 전체에 솜씨 좋게 섞여 있었다. 반짝이는 스프레이 페인트도 섬세하게 아 른거리는 것이 어떤 신성한 천상의 불길을 떠올리게 했다.

세상에, 나는 생각했다. 언제라도 저 미니밴을 타고 다닐 수 있겠어.

다른 직원들과 대화를 하면서 다이너모의 재정 상황에 대해서도 얼마간 알게 되었다. 다이너모가 예전에 아내의 말을 빌려 미니밴보다 비싼 차를 살 형편이 안 된다고 했을 때 나는 당황스러웠다. 제철소의 고참에게 스포츠카는 손에 넣을 수 없는 차가 아니었다. 머스탱과 카마로가 주차장 곳곳에 세워져 있고 온갖 장비를 갖춘 할리데이비슨을 심심치 않게 볼 수 있었다. 차고에 고전적인 코르벳과 구식 지프스터가 동시에 있는 고참들도 있었다. 그렇다면 다이너모는 어떻게 된 일인가? 돈을 대부분 남에게 쓴다는 소문이 있었다. 성인이 된 자녀와 사위, 며느리, 먼 친척이 공납금을 납부할 수 있게 도움을 주었다. 생활비가 필요한 사람이 있으면 언제든 도움의 손길을 내밀었다. 가진 돈이 없는 사람들에게 용기를 주었고 자신이 남긴 모든 것에 늘 만족해했다.

다이너모를 보면 클리블랜드가 생각난다고 샘과 찰리에게 말했을 때 그의 이야기에서 복수심과 관련된 부분을 염두에 둔 것은 아니었다. 마음속 깊이 다이너모가 그 이상이란 걸 알았다. 그는 끔찍한 실패로 자신이 무너져 내리는 걸 지켜볼 사람이 아니었다. 그는 계속 만들었다. 또 계속 베풀었다. 또 계속 모형 차를 만들면서 앞으로 나아갔다. 더 중요하게 그는 공갈꾼 몇이 열정을 앗아가도록 내버려두지 않았다. 그것이 바로 그를 클리블랜드로 만들었다. 그것이 바로 러스트벨트에서의 삶과 노동이 의미하는 바였고 트럼프가 우리에 대해 잘못 생각하는 바였다. 트럼프는 우리의 회복력을 보는 대신 우리를 찌부러뜨려 최악의 면을 도드라지게 했다. 그는 산업 노동자를 몰락한 자로 여겼고 몰락이 우리의 유일한 정체성이라고 우리 스스로 믿게 했다. 그는 우리의 불안을 감출 수 있는 희생양과 분노의 대상을 제공했고, 그로써 그가 더 큰 권력을 탐하는 또 한 명의 부유한 권력자에 불과하다는 사실을 우리가 못 보게 했다. 그는 우리에게 복수심을 불어넣었고 우리의 분노를 부추겼다. 그는 우리 마음속의 선을 훼손했다. 그것은 곧 우리가 지키기 위해 싸우는 그 모든 것의 섬세한 아름다움을 그가 전혀 이해하지 못한다는 뜻이었다.

7

'솥' 지킴이

어린 시절 성당에 다니면서 나는 성경의 비유에 익숙했다. 예수그리스도는 양이었다. 성모마리아는 별이었다. 인간은 금속이고 하느님은 용광로였다.

"그는 은 제련사와 정련사처럼 앉아 레위의 자손들을 깨끗하게 하고 그들을 금과 은처럼 정련하여⋯⋯" 「말라키서」는 말했다.

"하느님, 당신께서 저희를 시험하시고 은을 단련하듯 저희를 단련하셨습니다." 「시편」은 말했다.

"나의 손을 너에게 돌려 잿물로 씻어내듯 너의 쇠 찌꺼기를 걸러내고 너의 불순물을 모두 없애버리리라." 하느님은 「이사야서」에서 말했다.

그때는 진보주의자들이 미국의 찌꺼기라는 걸 조금도 의심하지 않았다. 그 추잡한 진보주의자들은 무기를 소지할 권리를 빼앗아서 우리의 자유를 제한하려고 했고, 피임약을 복용하고 임신중단을 하면서 저희들이 신인 양 행동했다. 진보주의자들은 우리에게 과도한 세금을 매기려고 했고, 근면한 미국인들에게 사회에 빌붙는 게

으르고 기만적인 복지의 여왕들을 먹여 살리라고 강요했다. 그들은 경제 이론 중에서 유일하게 효과가 있는 낙수 이론을 믿지 않았다. 우리 시대 최고의 대통령 가운데 하나인 로널드 레이건 얘기만 나오면 코웃음을 쳤다. 자본주의를 끝장내기를 원했고 기독교도는 불운하고 순진한 바보에 불과하다고 생각했다.

어렸을 때 나의 믿음은 미국이 하느님 아래—하느님을 강조하면서—하나의 나라가 되어야 한다는 것이었지만, 진보주의자들은 미국 탄생에 큰 몫을 담당한 종교적 전통에 대한 언급은 모조리 지우기를 원했다. 나는 스스로를 예수의 병사이자 믿음의 투사로 여겼는데, 이것은 내가 미국의 자유와 민주주의의 옹호자라는 뜻이기도 했다. 이 두 개의 개념은 함께 갔고, 사탄에 맞서는 것은 민주당에 맞서는 것만큼이나 중요했다.

정치적, 종교적 믿음이 깊어질수록 수녀가 되겠다는 어린 시절의 꿈은 더욱 확고해졌다. 아홉 살 때 성모마리아로부터 받은 계시에 여전히 애착이 갔고, 고등학교 3학년 중반에 이르렀을 때는 수녀원에 전화를 걸기에 이르렀다. 졸업하면 열일곱 살이 될 것이고, 대학교에 가서 시간을 낭비하고 싶지 않았다. 열여덟 살 생일을 맞이하기 전에 수련수녀가 되고 싶었지만, 수녀원장들은 한결같이 똑같은 말을 했다. 대학에 가세요. 학위를 따세요. 이 길이 정말로 원하는 길인지 생각해보세요.

나는 마지못해 그들의 충고를 따랐다. 신앙을 교육과정에 통합했다는 가톨릭 대학 몇 곳에 지원했는데, 그중에 유독 한 곳이 눈에 띄었다. 오하이오 남부의 작은 대학인 스튜번빌 프랜시스칸대학교였다. 가톨릭 신자에게 그곳은 신성함의 표준으로 여겨졌다. 신앙

수련회와 청소년 캠프를 위해 각지에서 사람들이 몰려왔고, 소문에 의하면 총장 신부가 성인이라고 했다. 나는 합격 통지를 받고 망설임 없이 등록했다. 내게 대학 생활은 수녀가 되는 첫 걸음이었다. 훗날 나는 수녀복을 입고 신의 이름으로 세상의 찌꺼기를 씻어낼 것이다.

지금 내가 바라보고 있는 것은 전연 다른 종류의 찌꺼기였다. 나는 용융아연도금 라인의 높은 작업대에 동료 노동자와 함께 서 있었다. 오리엔테이션 동안에 둘러보았던 그 티 하나 없이 깨끗한 지역이었다. 작업대는 용융아연 통에서 몇 미터 위에 떠 있었고 근처의 기계들은 귀가 먹먹할 만큼 큰 소음을 내며 돌아갔다.

"저기 보이죠?" 남자는 아연 통을 가리키며 소음 때문에 큰 소리로 말했다. "저게 찌꺼기예요."

다이너모와 훈련을 마친 지 몇 주 지난 뒤였고, 내 옆에 서 있는 이 젊은 남자는 나의 새로운 교관이었다. 이름이 마이크인 그는 삼십대 초반으로 보였다. 마이크는 제철소에서 몇 년 일하지 않았지만 입사 이후 거의 내내 용융아연 통을 관리하는 일을 했다. 지금은 그 일을 내게 알려주고 있었다.

대개의 경우 제철소 사람들은 아연 통을 '솥'이라고 불렀는데, 물론 '솥'이라는 단어는 아연 통을 제대로 표현하기에는 역부족이었다. 아연 통은 작은 수영장만 하고—그 안에 빠진 사람을 집어삼킬 만큼 크다—면도날같이 날카로운 강철판은 사람을 두 동강 낼 만큼 빠른 속도로 한가운데서 솟아올랐다. 하지만 익사와 절단이 유일한 위험은 아니었다. 섭씨 450도를 유지하는 아연은 사람을 산 채로 익힐 정도로 뜨거웠다.

마이크와 훈련을 시작하기 며칠 전, 아연 통에 빠지면 어떻게 되느냐고 대부에게 물었다.

"예수님이 자넬 사랑하신다면 말이야." 그가 답했다. "거기서 죽도록 내버려두실 거야."

대부는 다른 제철소에서 아연 통에 빠진 사내의 이야기를 들려주었다. 3도 화상이 문제가 아니었다. 아연 통에 빠졌을 때 액체 금속을 들이마시는 바람에 폐 조직이 단단해진 것이다. 의사들도 폐에서 액체 금속을 제거할 수 없었다. 사내는 살아남았지만 차라리 죽는 게 나았다.

"그런 일이 일어나면 결코 예전으로 돌아갈 수 없어." 대부가 말했다. "그렇지만 너무 걱정하지 마. 안전벨트가 있거든. 떨어지더라도 안전벨트가 지켜줄 거야."

하지만 '솥'에 가서 보니 안전벨트는 없었다. 아니 더 정확히 말하면 안전벨트는 있었다. 하지만 내가 안전벨트에 대해 묻자 마이크는 코웃음을 쳤다.

"벨트를 안 매는 게 좋을 걸요." 그가 대답했다. "추락하면 저 벨트 때문에 아연 통 속에서 위아래로 움직일 거예요. 그냥 빠져서 깨끗하게 죽는 게 낫지."

아연 통을 내려다보자니 꼭 끓는 물통 위에 매달린 개구리가 된 기분이었다. 물론 '솥'은 부글부글 끓지 않았다. 오히려 은빛의 아연은 비현실적으로 보일 만큼 매끄러웠다. 장생불사의 영약을 찾으려다 실패한 연금술사의 실험물이나 혹은 악당의 묘약이라고 해도 될 듯싶었고, 아연 통과 나를 분리하는 거라곤 허브 정원에 있어도 믿음이 갈 성싶지 않은 울타리 같은 작은 방벽이 전부였다. 아연에서 코를 찌르는 악취가 나지 않았더라면 두려움에 정신을 못 차렸을지도 모른다. 더러운 겨드랑이 땀내와 퇴비를 섞은 듯한 냄새가 어찌나 지독한지 다른 걸 생각할 겨를이 없었다.

"저기 찌꺼기 보이죠?" 마이크는 다시 말했다. 운동을 즐기는지 근육질의 어깨는 넓게 벌어졌지만 그런 걸 과시할 사람처럼 보이지는 않았다.

'솥'을 자세히 들여다보니 작은 은색 덩어리들이 가장자리를 따라 떠다니는 게 보였다. 일부는 아연 표면에 섬처럼 떠 있고 일부는 한데 뭉쳐져 흡사 악어 비늘 같은 이랑을 이루었다.

"네." 내가 대답했다. "보여요."

"할 일이 저거예요." 마이크는 여전히 소음 때문에 큰 소리로 외쳤다. "30분마다 '솥'에서 저 찌꺼기를 걷어내야 해요."

나는 고개를 끄덕였고 마이크는 몇 미터 떨어진 연단으로 가자고 손짓했다. 연단 안으로 들어서자 팔뚝에 소름이 돋을 정도로 에어컨 바람이 찼지만 더위를 피하니 살 것 같았다. 의자에 앉은 고참 하나가 우리를 보고 손을 흔들었다. 고참은 다양한 컴퓨터 화면이 놓인 긴 탁자 앞에 앉아 있었는데, 컴퓨터들은 모두 '솥'이 내다보이는 큰 창문 아래 놓여 있었다. 컴퓨터 화면은 온갖 종류의 정보를 삑소리를 내면서 알려주었다. 막대표니 도표니 계산표니 하는 것들이 보였다. 컴퓨터 하나는 아연 통 속에서 움직이는 강철의 실시간 화면을 보여주었고 다른 하나는 핵반응의 제어반과 비슷해 보였다.

"이 분은 우리의 에스오티SOT예요." 마이크는 고참을 가리키며 말했다. "용융아연도금 라인을 통제하는 분이죠."

에스오티, 즉 선임조작기술자Senior Operating Technician는 노조원 중에 최고 직위로 여겨졌다. 대부분의 라인과 공장은 근무조마다 에스오티를 한 명씩 두었고, 그들은 제철 공정과 관련된 모든 장비를 통제했다.

에스오티는 우리에게 재빨리 인사를 한 다음 컴퓨터 화면으로 시선을 돌렸고 마이크와 나는 보호 장비를 벗었다. '솥' 근처에서 일할 때면 언제나 작업복과 안전모 이외에도 안면 보호 가리개와 알루미늄 장갑, 가려운 초록색 점프슈트를 착용해야 했다. 안면 보호 가리개는 아연이 눈에 튀는 것을 막아주고 알루미늄 장갑은 손에 화상을 입는 것을 방지하며, 초록색 점프슈트는 몸에 불이 붙는 것을 막는다. 이 모든 걸 착용하면 땀이 등줄기를 타고 주르르 흘러내릴 만큼 더워서, 마이크와 나는 가까운 냉장고에서 물병을 하나씩 꺼내 들고 연단 모퉁이의 의자에 가서 앉았다.

"일은 그렇게 어렵지 않아요." 마이크는 내게 말했다. "찌꺼기만 제거하면 돼요."

물병을 절반쯤 비우고 나도 모르게 입가를 손등으로 닦았다. "찌꺼기는 어디서 나오는 거예요?" 제철 공정과 원리가 늘 궁금했으므로 내가 물었다.

마이크는 어깨를 으쓱하고 의자에 기대앉았다. "나도 잘 몰라요. 그냥 생겨요."

"강철에서 날리는 거야." 에스오티가 잠시 컴퓨터 화면에서 시선을 떼고 대신 말을 받았다. 친근한 미소에 머리가 벗어진 사내였는데, 관심을 보이는 사람에게 공정을 설명하게 되어 진심으로 기뻐하는 것 같았다.

"강철에서 날린다고요?" 내가 되물었다.

"저기 큰 상자 보이지?" 에스오티는 아연 표면 바로 위에 떠 있는 기계장치를 가리키며 말했다. "공기 분사기라는 거야. 아연이 고루 도금되도록 강철에서 여분의 아연을 날려 보내는 장치야. 그렇게 날린 여분의 아연은 공중에서 딱딱해진 다음 찌꺼기가 돼."

그가 설명하는 내용을 더 잘 보려고 의자에서 일어섰지만 강철이 너무 빨리 움직이는 통에 공기 분사기가 어떻게 작동하는지 보이지 않았다. 내가 상상하기에 찌꺼기는 물컵 위에 떠 있는 얼음덩이 같은 것이었다. 찌꺼기는 액체 아연과 같은 물질이지만 찬 공기 속에서 형태가 달라졌다.

"찌꺼기는 용융아연에 떨어진 다음 왜 다시 녹지 않아요?" 내가 에스오티에게 물었다.

그는 잠시 말이 없었다. 그런 질문은 처음인 모양이었다.

"화학반응까지는 잘 모르겠지만," 그가 이윽고 대답했다. "'솥'의 온도와 관계가 있을 거야. 찌꺼기를 녹일 만큼 뜨겁지 않은 거지."

내 뒤에서 마이크는 물을 다 마시고는 빈 물병을 구겨 쓰레기통에 던졌다. 껌 하나를 까서 입에 넣은 채였는데, 껌을 질근질근 씹다보니 깊은 갈색 눈동자 아래 튀어나온 광대뼈가 더욱 불거져 보였다.

"분명한 사실은 찌꺼기가 강철에 부딪치지 않게 조심해야 한다는 거예요." 마이크가 말했다.

"그렇지," 에스오티가 말을 받았다. "수천 달러어치 강철을 망쳐서 곤란해지면 안 되잖아. 특히 '주황 모자'일 때는 더욱 그렇지."

나중에 알고 보니 찌꺼기는 얼음덩이보다 페인트 통에 든 자갈에 가까웠다. 아연 도금 중에 찌꺼기가 강철에 붙으면 강철 표면에 얼룩과 흠집을 남긴다. 찌꺼기와 부딪힌 강철은 어떻게 손을 쓸 수가 없다. 팔 수도 없고 고칠 수도 없다.

마이크 옆 의자에 다시 앉는데 갑자기 짊어지게 된 막중한 책임에 걱정이 앞섰다. 수송부의 고참들에게 용융아연도금 라인에 관한 소문을 이미 들은 터였다. 거기 책임자들은 모조리 개자식들이야, 하고 고참들은 한목소리로 말했다. '주황 모자'일 때 조심해. 그 자식들은 인정사정없이 자른다고. 용융아연도금 라인의 책임자들은 제러미보다 업무 과정에 더 많이 관여했다. 그들은 팩스로 지시 사항을 전달하지 않았고, 그것은 그 나름으로 저주였다. 책임자들은 부하 직원들의 업무를 알았다. 부하 직원들의 습관도 알았다. 부하 직원들에게 잔소리를 해대고 그들이 일을 그르칠 때마다 흡사 매처럼 굴었다. 그 에스오티의 경고는 예언처럼 다가왔다. 마지막 공정에서 수톤의 강철을 망친 걸로 잘리고 싶은 생각은 추호도 없었다. 물병을 다 비웠을 즈음에는 나 자신이 저주스러웠다. 이렇게 상황을 꼬이게 만든 장본인이 나였기 때문이다.

몇 주 전에 나는 다양한 부서에 지원하는 여러 개의 입찰에 이름을 적어냈다. 이 "입찰"은 회사 내 직종 지원을 위한 것이다. 1년 중 산발적으로 입찰 공고가 떴고, 입찰에 참여한 노동자들은 제철소 내의 여러 부서로 이동할 수 있었다. 현 직종이 마음에 들지 않으면 다른 부서에 응찰하는 게 가능하다. 연속압연공장이 싫으면 피클 라인 입찰에 이름을 적어낼 수 있다. 크레인 모는 일이 지긋지긋하면 롤숍압연기의 롤을 비롯해 압연에 필요한 각종 설비의 관리와 보수를 담당하는 부서 입찰에 참여하면 된다. 입찰은 순전히 연공서열에 따르기 때문에 입찰을 따내리라는 보장은 없다. 응찰한 직원 중에 연공서열이 가장 앞서는 사람이 첫 번째 몫을 따낸다. 그 직원이 마음을 바꾸면 그다음으로 연공서열이 앞서는 직원이 자리를 따내고, 계속 이런 식이다.

대부분 원하지 않는 직종에서 벗어나려고 입찰제를 이용하지만, 내가 용융아연도금 라인의 입찰에 참여한 것은 수송부가 싫어서가 아니었다. 오히려 코일을 묶는 일은 꿈의 직종이었다. 안전하고 편안하고 들볶일 일도 없지만, 수송부에 남으리라는 보장은 없었다. 신입들은 입찰 없이 근무를 시작했다. 나는 수송부에 배정되기는 했지만 영구적인, 즉 낙찰된 수송부 직원으로 통하지는 않았다. 입찰을 통해 특정 부서로 가기 전까지 내 자리는 얼마간 예측 불허의 것이었다. 마감부 내의 다른 자리로 발령 날 수도 있고—연속압연공장이나 피클 라인, 혹은 크레인으로 보내질 수도 있다—더욱이 예고 없이 발령 통보를 받을 수도 있다. 낙찰된 직원은 경우가 다르다. 회사는 낙찰된 직원을 마음대로 돌릴 수 없다. 더 중요하게, 입찰을 통해 자리를 따낸 직원은 대개의 경우 근무 일정이 정해져 있다. 근무시간을 예상하고 휴가를 활용하는 게 가능하다. 낙찰되지 않은 나로서는 누릴 수 없는 사치였다.

내 근무 일정은 주마다 극적으로 달랐는데, 밴더 훈련을 끝낸 다음에 특히 더했다. 다른 직원의 대타로 활용되기 시작한 것이다. 다른 직원의 휴가를 때웠고 누군가 병가를 내면 추가 근무를 요구받았다. 일주일에 50시간 이상 일하는 건 드문 일이 아니었고, 하루 12시간인 근무시간은 언제나 낮과 밤이 섞여 있었다. 주초에는 이틀 낮을 일하고 주중에는 이틀 밤, 주말에는 하루 낮을 일하는 식이라 낮밤이 뒤바뀌는 것에서 회복할 시간이 거의 없었다. 출근인지 퇴근인지 헷갈릴 정도였고, 일하고 잠자는 것 말고는 할 수 있는 게 없었다.

일관성이 절실한 나머지 입찰이란 입찰에는 모조리 내 이름을 적어냈다. 승산이 거의 없다는 걸 알았다. 연공서열에서 제일 밑이나 다름없었기 때문에 용융아연도금 라인에서 낙찰 자격이 된다는 연락이 왔을 때는 적잖이 놀랐다.

마감부의 한 관리자가 전화로 낙찰 제안을 했을 때 나는 기쁜 마음으로 받아들였다. 오리엔테이션을 하면서 둘러본 용융아연도금 라인이 생각났다. 깨끗한 바닥과 새로 칠한 통로가 마음에 들었고 일관된 근무 일정을 생각하니 더없이 좋았다. 단 하나의 경고는, 그 제안을 받아들이면 '솥'에서 근무를 시작해야 한다는 것이었다.

"정말 힘든 일입니다." 관리자는 전화기 너머에서 말했다. 전화를 받은 것은 근무시간 중이었다. 그날은 다른 직원의 휴가를 때울 일이 없어서 샘, 찰리와 함께 청소를 하도록 일정이 짜여 있었다. 창고 통로에 페인트칠을 하는 도중에 연락을 받은 터라 창고 밖으로 나가 관리자에게 전화를 걸었다.

"괜찮아요." 나는 말했다. "전에도 힘든 일을 해봤어요."

"육체적으로 힘들다는 말입니다." 남자는 경고를 했다. 남자가 조심스럽게 단어를 선택하고 있다는 걸 알 수 있었다.

"상관없어요." 내가 재차 말했다. "페인트공으로 일해서 육체노동은 익숙해요."

남자는 잠시 침묵했다. 안전모 밑으로 땀이 흘러내렸다. 별안간 여름 날씨로 바뀌어서 공기가 습하고 후텁지근했다. 내가 서 있는 곳은 버기와 세미트레일러가 많이 다니지 않는 후미진 곳이었다. 근처에 녹이 슨 창고 몇 개가 희미하게 떠 있는 것이 마치 버려진 마당 같아 보였다. 금이 간 보도 틈새로 잡초들이 삐죽 솟아 있었다. 몇 미터 떨어진 곳에 빈 덤프스터가 있었지만 길가에는 쓰레기가 어지럽게 널려 있었다. 오래된 테이크아웃 용기들과 물병들, 한쪽이 부서진 팰릿들이 버려져 있었다.

"제가 하려는 말은 여자 직원들이 '솥'에서 일하는 걸 그다지 좋아하지 않는다는 겁니다." 관리자가 말했다. "거기서 오래 일하는 여자 직원은 거의 없어요."

나는 발끈했다. 일관된 근무 일정을 찾아 응찰했건만, 관리자는 지금 내게 그 자리를 수락할 또 하나의 이유를 제공한 셈이었다. 여자는 그 자리에 적합하지 않다는 말인데, 나는 그가 틀렸음을 증명하고 싶었다.

"거기로 가겠습니다." 나는 망설이지 않고 대답했다.

그날 동료 노조원들과 '솥'에 대해 이야기를 나누었다. 덥고 위험한 일이라는 한결같은 경고에 성급한 결정을 내린 게 아닐까 슬그머니 걱정이 되었다. 애써 그 생각을 무시했다. 철강 노동자들은 과장이 심한 데다, 남들이 말하는 것만큼 '솥'이 끔찍하지 않을 수도 있었다. 더욱이 유예 기간이 있었다. 마감부 내에서 낙찰을 받아들이면 자리 이동 여부를 결정하기까지 14일의 시간이 주어졌다. 끔찍한 소문이 사실이란 걸 알게 되면 낙찰을 포기하고 코일 밴더로 돌아가면 되는 일이었다. 하지만 낙찰에 응하기로 최종 결정을 내리면 못해도 1년은 용융아연도금 라인에 꼼짝없이 갇혀 있어야 한다.

그 1년 동안에는 다른 입찰에 참여할 자격이 주어지지 않았다. 노동력의 연속성을 유지하려는 것이 회사의 정책이고, 응찰한 직원은 그만큼 위험 부담이 컸다. 수송부의 편한 일을 포기하고 '솥'으로 가도 괜찮을지 결정할 시간이 너무 짧았다. 결정을 잘못 내리면

1년, 아니 그 이상 나 자신을 탓할지도 몰랐다. '솥'에서 12개월의 근무 기간을 끝마친다 하더라도 연공서열이 낮으니 다른 입찰을 따내리라는 보장도 없었다. 1년은 언제든 몇 년으로 늘어날 수 있었으니, 마이크가 딱 그 짝이었다.

"마이크는 '솥'에서 내빼려고 자네를 최대한 빨리 훈련시키려고 해." 훈련 첫날에 에스오티가 내게 귀띔했다. "그 친구에겐 자네가 여기서 빠져나가는 티켓이거든."

아연 라인에서 일하는 직원들 중에 마이크가 연공서열이 제일 높았다. 내가 훈련을 끝내는 순간, 그는 용탕을 젓는 일보다 나쁠 수 없는 용융아연도금 라인의 다른 자리로 옮길 수 있었다. 그날 마이크는 굶주린 눈으로 나를 쳐다보았다. 그의 시선에는 추파라든지 성적인 암시라든지 하는 게 전혀 없었다. 그는 절박했고, 나는 그의 구세주였던 것이다.

"할 만큼 했어요." 마이크는 내게 말했다. "여기서 그만 나가고 싶어요."

"'솥'에서 얼마나 일했는데요?" 내가 물었다.

"한 3년 돼요."

"3년이라고요?" 내가 되물었다. 그렇게 오랫동안 아연 통을 젓는 건 상상할 수 없는 일이었다.

"네," 마이크는 몸을 떨었다. "3년이요."

용융아연도금 라인에서 첫 근무를 하던 날, 퇴근 후 새로운 일에 대해 이야기하려고 토니에게 전화를 했다. 낮 동안의 먼지와 땀을 씻어내려고 오랫동안 샤워를 한 터라 여전히 젖은 머리로 상자 모양

선풍기 앞 바닥에 양반다리를 하고 앉았다. 쥐 때문에 더 이상 골머리를 썩지는 않았지만 여전히 쥐가 가득한 아파트에서 살았다. 쥐약덕에 집 안의 쥐들은 없어졌고 이사 가는 게 선뜻 내키지 않았다. 더 쾌적한 아파트로 가고 싶긴 했지만 돈을 모으기 전까지는 새 계약을 맺고 싶지 않았다.

"응," 전화벨이 몇 번 울린 후 토니가 전화를 받았다. "첫 근무는 어땠어?"

선풍기는 귓전에서 웅웅거렸고 나는 셔츠를 들어 찬 공기가 살갗에 닿게 했다.

"말도 마." 내가 말했다. "'솥'은 생각보다 컸는데, 용탕 바로 위 좁은 작업대에 내내 서 있었어. 무서워서 죽는 줄 알았어. 떨어지면 몸을 잡아줄 게 아무것도 없어. 용탕은 또 얼마나 뜨겁다고. 하루 종일 땀을 뚝뚝 흘렸다니까."

"맞아," 토니가 말을 받았다. "오늘 참 더웠어. 낮에 해변에 갔다 왔는데 더위 먹는 줄 알았어."

진홍색 카펫에 대자로 누워 선풍기 바람이 물처럼 몸 위로 쏟아지게 했다. 토니는 교사의 특권 가운데 하나, 곧 여름방학을 누리고 있었고 나는 더위에 대한 그의 개념이 나와 다르다는 걸 환기하고 싶었다.

"응," 내가 말했다. "근데 제철소 안은 말도 못하게 더워. '솥'은 400도가 넘어. 게다가 여름이니까 공장 안은 이미 충분히 덥잖아. 거기다 보호 장비까지 켜켜이 껴입어야 해. 점프슈트 입었지, 알루미늄 장갑 꼈지, 온종일 땀으로 흠뻑 젖었다니까. 정말이지 흠뻑 젖었어. 물을 예닐곱 병은 마셨나 봐. 그런데도 소변을 한 번도 안 봤어."

"정말 많이 마셨네." 토니는 말을 받으면서도 별 감흥이 없어 보였다. "오늘 난 햇볕에 좀 많이 탄 것 같아. 선크림을 발랐는데도 꺼풀이 벗겨졌어."

나는 카펫을 손가락으로 매만지면서 한숨을 쉬었다. 토니가 나의 새로운 일에 흥분하고 관심을 보이길 원했다. 토니가 이것저것 묻고 더 말해달라고 재촉하기를 원했지만 대화는 언제나 제철소를 비껴갔다.

"햇볕에 타면 아픈데." 나는 긴 침묵 끝에 말했다.

"알로에가 도움이 될까?" 그가 물었다.

"그럼," 내가 답했다. "알로에를 바르면 좀 낫지."

우리의 일상적 경험에는 큰 차이가 있었고 그것은 어김없이 드러났다. 하이킹을 가서 나 혼자 제철소 얘기를 떠들다 보면 토니는 물끄러미 새 떼를 바라보고 있었다. 학기 중에 토니는 학생과 교과과정을 자세히 이야기했지만 나는 내 일에 대해 피상적인 이야기만 했다. 더 길게 얘기하면 토니가 지루해하는 게 느껴졌기 때문이다. 때로 내 이야기는 시간 때우기용으로 보였는데—중요한 건 그의 일광화상이고 알로에였다—그렇다고 토니가 냉담하게 굴거나 거리를 둬서 내 감정을 상하게 한 것은 아니었다. 그는 자신과 맞지 않는 상황에서는 움츠러들었고, 용탕을 젓는 여자 친구와 대화를 나누는 것은 분명 그와 맞지 않는 것이었다. 더 중요하게, 토니는 제철소에 화가 난 것처럼 보였다. 그가 내 일에 대해 더 이상 알려고 하지 않는 것은, 이미 내 일이 우리 관계에 영향을 미치고 있기 때문이었다.

오리엔테이션을 마친 후로 그와 만날 기회가 많지 않았다. 불규칙한 근무 일정 때문에 시간이 잘 나지 않았고 그가 나의 형편없는 아파트에서, 그것도 중고 매트리스에서 밤을 보내는 게 여전히 편치 않았다. 하루 이틀 그의 집에서 묵을 기회가 생겨도 그저 텔레비전을 보다가 자고 싶은 생각밖에 들지 않았다. 토니를 위해 쾌활하려고 최대한 애를 썼지만 밤낮이 바뀌는 근무 일정은 내 몸과 마음을 똑같이 지치게 했다. 동료들처럼 빨리 회복하는 게 힘들었고 카페인을 아무리 섭취해도 피곤함은 좀처럼 가시지 않았다.

'솔'에서 근무를 시작하기 몇 주 전에는 박살난 차를 대신할 새 해치백을 찾느라 함께 있는 시간을 다 소진했다. 로맨스는 시승으로 대체되었고 저녁 데이트는 대리점을 방문하느라 뒷전으로 밀렸다. 효율과 시간 관리의 문제가 중요해졌고 토니는 새 차를 사는 데 도움을 아끼지 않았다. 그는 내게 출퇴근용으로 자신의 컨버터블을 내주었고, 나보다 더 적극적으로 새 차를 연구했다. 하기야 나는 새 차를 연구할 시간도 의향도 없었다. 나 혼자였다면 충동적으로 차를 구매했겠지만, 토니는 방아쇠를 당기기 전에 제대로 아는 게 중요하다면서 나를 이성적으로 행동하게 이끌었다. 내 일에 대해 묻는 데는 서툴렀을지 모르나 그는 엔진을 비교하거나 옵션을 알아보는 것으로 애정을 보여주는 사람이었다. 그에게 사랑은 행동으로 이루어진 것이었다. 특히 그런 행동이 꼭 필요한 일상적인 문제에서는 더욱 그랬다.

클리블랜드에 있는 모든 해치백을 시승한 끝에 토니와 나는 마음을 정하고 자동차 대리점으로 갔다. 우리는 회색과 파란색으로 장식된 로비에서 살집 좋은 판매원을 마주하고 앉았다.

내가 타일 바닥을 내려다보는 동안 토니는 판매원과 가격을 협상했다. 두 남자는 할인과 최종 가격에 대해 이야기했다. 바닥 매트니

트렁크 그물망이니 하는 것들을 놓고 줄다리기를 하는 중이었다.

"엔진오일 6회 교환권 정도는 주셔야죠." 토니가 세게 밀어붙였다.

판매원은 목 뒤로 손깍지를 끼고 크게 한숨을 쉬었다. "거참, 이 가격에 엔진오일 6회 교환권은 못 해드려요. 이미 터무니없는 조건으로 해드렸는데. 이게 제가 해드릴 수 있는 최선이에요. 잠시 두 분이서 말씀 나누시겠어요?"

그러더니 판매원은 자리에서 일어나 커피를 가지러 갔고 나는 토니와 이야기를 나누었다. 좋은 가격이라는 데 둘 다 동의했으므로—다른 대리점들에서 제안한 것보다 나았다—판매원이 돌아왔을 때 나는 승낙의 의미로 고개를 끄덕였다.

"살게요." 내가 판매원에게 말했다.

판매원은 의기양양하게 미소를 지으며 자리에 앉았다. 그러고 나서 차를 어떻게 구해오는지 설명하기 시작했다. "선의의 거짓말"을 해서 차를 다른 대리점에서 빼올 건데, 결국은 다른 판매원에게서 차를 훔쳐오겠다는 것이었다. 이 사내가 사기를 치려고 하는 판매원을 전에 만난 적이 있었다. 시승도 몇 차례 같이 했는데 좋은 사람으로 보였다. 다리를 살짝 절고 상처 입은 강아지처럼 눈가가 축축했다. 좋은 가격을 제시하지는 못했지만 그를 상대로 사기를 치고 싶지는 않았다.

거래 방식이 아무래도 마음에 걸려서 나는 이 살집 좋은 판매원이 서류를 가지러 갔을 때 토니를 돌아보았다.

"저 사람 좀 저질인 것 같아." 내가 말했다. "다른 대리점으로 갈까 봐."

꼼수를 쓰지 않는 강아지 눈을 한 판매원에게 가면 값을 더 치러야 한다는 건 아는 사실이었다.

"저 사람이 저질이라고 돈을 더 주고 차를 살 거야?" 토니가 물었다.

"응," 내가 답했다. "저질인 거 싫어."

토니는 어깨를 으쓱해 보였다. 토니와 나는 절망적인 눈으로 우리를 바라보는 살집 좋은 판매원과 헤어진 뒤 차에 올라타 시동을 걸었다.

몇 분이 안 돼 가방에서 핸드폰이 울렸다.

"좋아요," 살집 좋은 판매원이 전화기 너머에서 말했다. 통화 상태가 좋지 않아 목소리가 탁탁 튀었다. "400달러 깎고 엔진오일 교환권 6회에 트렁크 그물망을 하나 더 드릴게요."

토니에게 판매원의 말을 전하자 토니는 깜짝 놀란 표정을 지었다.

"맙소사," 그가 말했다. "엄청 좋은 조건인데."

"다시 가야 할까?" 내가 물었다.

"원하는 대로 해." 토니가 답했다. "나라면 거절하지 않겠어."

저질이든 아니든 토니가 옳았다. 최고의 조건인 게 분명하므로 강아지 눈을 한 판매원 생각을 머릿속에서 몰아냈다. 돈은 돈이고 일은 일이다.

"자기가 이렇게 협상을 잘하다니 믿을 수가 없어." 토니는 대리점으로 돌아가면서 말했다. 패배감이 그의 얼굴에 번져 있었다. "나보다 나은 것 같아."

나는 고개를 저으며 미소를 지었다. "그럴 리가." 하고 대꾸했지만 낫다는 소리가 듣기 싫지 않았다. 몸이 아닌 성격과 관련된 것이라면 남자 같다는 평이 늘 좋았다.

토니는 나를 힐끗 돌아보며 이맛살을 찌푸렸다. "협상할 때 내가 없어도 되겠어."

그가 자기 비하에 빠지는 것 같아 나는 짐짓 목소리 톤을 밝게 했다.

"거짓말과 날조지." 내가 말했다. 둘 중 하나가 우스꽝스러운 말을 할 때 쓰려고 우리가 만들어낸 표현이었는데, 이번에는 그의 자존감을 북돋으려고 그 말을 썼다. "자기 도움이 없었으면 눈에 들어온 첫 차를 제값 다 주고 샀을 거야. 우리는 팀원이야. 알지?"

토니는 팀원이라는 단어를 좋아했다. 그는 우리를 묘사하면서 늘 그 단어를 썼는데, 빨간불 앞에 멈춰 설 즈음에는 그의 긴장이 누그러지는 게 느껴졌다. 그 단어가 허공에 맴돌면서 잔뜩 찌푸린 그의 얼굴을 부드럽게 어루만졌다.

용융아연도금 라인의 낙찰을 제안하던 회사 관리자가 여자에게 적합하지 않은 자리라고 돌려 말할 때 그는 용탕으로 가는 길에 나를 내려준 셈이었고, 용융아연도금 라인의 성별 분포는 나의 목표를 더욱 공고히 할 뿐이었다. 그곳에서 일하는 40여 명 중에 여자는 나를 제외하면 단 한 명이었다. 나는 불현듯 남자 못지않다는 걸 증명하고 싶은 욕망에 사로잡혔다.

'솥'에서 일을 시작하기 전에 수송부의 고참들이 그 하나뿐인 여자 직원에 대해 말해 주었다. 이름은 조이스로, 그 라인을 관리하는 에스오티 가운데 하나였다. 여느 에스오티처럼 조이스도 책임이 막중했다. 아연 도금 공정을 관리하면서 다른 노동자들에게 업무를 지시하고 근무시간에 발생하는 모든 실수와 사고를 해결해야 했다.

책임자들은 언제나 에스오티한테 해결책을 내놓으라고 했다. 뭐가 잘못된 거야? 이번 강철은 왜 흠집이 생겼어? 문제를 왜 진작 해결하지 못했어?

에스오티들은 책임이 큰 만큼 노조원 중에서 급여를 가장 많이 받았고, 이 고보수의 자리로 올라가는 건 쉬운 일이 아니었다. 제철소 내의 승진이 대부분 그렇듯이 에스오티로의 승진은 순전히 연공서열에 따랐다. 이 직위에 올라갈 자격을 갖추기까지 수년이 걸렸지만 조이스는 걱정할 필요가 없었다. 몇십 년에 걸쳐 강철을 만들어 온 그녀는 회사에서 최고의 자리를 받을 자격이 충분했다. 적어도 그녀는 그렇게 생각했다. 조이스의 연공서열이 용융아연도금 라인의 에스오티가 될 만큼 높아졌을 때, 책임자들은 그녀를 외면했다. 마땅히 그녀의 몫이 되어야 할 자리에 경험이 적은 남자 노동자를 보내 훈련시킨 것이다. 조이스는 재빨리 노조에 연락을 취했고 노조는 그녀를 돕기 위해 나섰다. 노조 간부들은 회사에 항의했고 회사는 마침내 동의했다. 조이스는 에스오티로 훈련을 받았지만 그녀가 견뎌야 했던 싸움은 자명했다.

용융아연도금 라인에서 일을 시작하고 첫 며칠 동안 그 이야기가 계속 머릿속에 맴돌았다. 회사의 조치가 과연 우연이었을까 의구심이 들면서 그녀를 제외한 유일한 여자로서 내 자리를 새삼 의식했다.

훈련을 받은 지 이틀째 되던 날, '솥'에 일찍 도착해 연단에서 물병 하나를 꺼내 들었다. 몇 분 후 마이크가 걸어 들어와 빠르게 인사를 건넸다.

"오늘 정신없을 거예요." 그가 말했다. "일하러 나갑시다."

찌꺼기는 끊임없이 생기는 터라 우리는 안면 보호 가리개와 점프

210

슈트를 착용했다. 열기 속으로 들어가기에 앞서 마이크는 내게 경고 했다. 셔츠 칼라를 내려 가슴 곳곳에 생긴 흉터를 보여주었다.

"보이죠?" 그가 말했다. 오래된 마맛자국 같은 흉터들이 살갗 여기저기에 흩어져 있었다. "아연에서 튄 거예요." '솥 지킴이'로 일하는 3년 동안 수차례 아연이 사방으로 튀면서 초록색 점프슈트에 내려앉은 것이다.

"조심해요." 그가 말했다. "이 점프슈트가 열기로부터 보호해줄 거라고 믿으면 안 돼요. 난연성이 있는 거지 내열성은 없어요. 아연이 튀면 화상을 입어요. 점프슈트는 화염에 휩싸이는 걸 막아줄 뿐이에요."

마이크는 셔츠 칼라를 올리고 '솥'을 에워싼 작업대로 걸어갔다. 나는 빠른 걸음으로 뒤따라갔다.

강철판이 아연 통에서 돌아가며 굉음을 내는 바람에 몇 마디 이상 말하는 건 거의 불가능했다. 그래서 우리는 손짓을 크게 하며 의사소통했다. 마이크는 긴 괭이처럼 생긴 공구를 집어 들고 '솥'을 가리켰다.

내가 하는 걸 잘 봐요, 하고 그는 몸짓으로 말했다.

마이크는 똑바로 서서 마치 긴 빗자루를 들고 하듯 괭이로 용탕을 빠르면서도 부드럽게 쓸었다. 괭이에 밀린 찌꺼기가 떨어져 나온 뒤 '솥' 건너편의 수로로 떠내려갔다. 수로로 들어간 굳은 아연 덩이는 몇 미터 떨어진 곳에 서 있는 로비라는 로봇을 향해 천천히 이동했다.

단순하게 말하자면, 로비의 몸통은 아연에 담글 수 있는 마디로 연결된 팔이고 머리통은 찌꺼기를 수로에서 떠내는 체였다. 로비는 찌꺼기를 떠낼 때마다 매번 몸통을 돌려 구부러진 철근 위로 찌꺼기를 버렸다. 뜨거운 찌꺼기는 철근 위에서 굳어 어지럽게 얽힌 은색 덩이와 주름으로 남았다. 근무 막바지 무렵에 '솥 지킴이'는 지게차 집게로 철근을 집어 올려 쓰레기 처리장으로 옮겼다.

"'솥'에서 일할 때," 일전에 마이크가 말했다. "최고의 친구는 로비예요. 로비가 고장 나면 운수 사나운 날이죠. 찌꺼기를 혼자서 다 떠내야 하니까요. 한 번만 해도 치를 떨게 될 거예요. 생지옥이 따로 없어요."

마이크가 아연 통 속에서 괭이를 미는 동안 나는 로비를 쳐다보았다. '솥' 반대편에 로봇이 있었지만, 참 잘 지은 이름이라는 걸 충분히 알 수 있었다. 로비는 꼭 학교 무도회에서 남의 시선을 의식하며 춤을 추는 중학생 같았다. 팔은 찌꺼기를 떠낼 때마다 어색하게 덜커덩거렸고, 체는 얼빠진 바보처럼 보이게 했다.

로비는 경기장에서 다른 로봇들에게 줄곧 지기만 하는 그런 로봇이었고, 나는 대뜸 로비가 마음에 들었다. 몸체 하단은 내가 가장 좋아하는 색인 어두운 주황인데, 주변에서 철커덩거리며 돌아가는 밝은 파란색의 기계들과 한데 섞이지 않았다. 나처럼 로비도 완벽한 로봇들의 세계에서 쭈뼛거리는 아웃사이더로 사는 게 어떤 것인지 아는 듯했다.

마이크는 내 어깨를 톡톡 두들겨 눈앞의 일로 내 주의를 환기했다. 그런 다음에 괭이를 손가락으로 재차 가리켰다. 이번에는 나를 가리켰다.

한번 해봐요.

마이크는 수월하게 찌꺼기를 밀어내건만 그를 따라 해보니 깜짝 놀랄 만큼 일이 어려웠다. 아연은 생각보다 무거웠고 솥 가장자리를 따라 생긴 두꺼운 악어 비늘을 부수려면 엄청난 힘이 필요했다. 아연은 괭이를 계속 밑으로 끌어당겼고, 그러다 보니 강철판에 아연이 입혀지는 '솥' 한가운데로 자꾸만 찌꺼기를 밀게 되었다.

"강철판 쪽으로 밀면 안 돼요!" 마이크는 소리치며 내 손에서 괭이를 잡아채 찌꺼기를 로비 쪽으로 밀어냈다. 그는 어깨로 물결을 일으키면서 괭이를 리드미컬하게 움직여 찌꺼기를 수로로 내려 보냈다. 후에 에스오티는 마이크가 너무 늦게 개입했다고 일러주었다. 내 작업의 정확도가 떨어지는 바람에 강철판 한 장에 찌꺼기가 묻어 흠집이 생긴 것이다. 나는 당황해서 얼굴을 붉혔다. 한 장만 망쳤을 뿐이라지만 강철판 한 장은 내 차 한 대 값보다 비쌌다. 아직 훈련 중이니까 이번엔 책임을 묻지 않을 거야, 나중에 에스오티는 경고했다. 하지만 또 그러면 안 돼.

찌꺼기가 통제되자 마이크는 내게 괭이를 건네고 다시 아연을 가리켰다.

"다시 해봐요."

있는 힘을 다해 더 조심스럽게 움직였지만 찌꺼기를 '솥' 가장자리로 밀고 있으려니 팔이 빠르게 아파왔다. 괭이를 또 제어할 수 없을 것 같아 얼른 상반신을 앞으로 숙이고 작업대 가장자리에 있는 작은 벽에 몸을 기댔다. 그 자세로 있으니 하반신을 이용해 찌꺼기를 더 정확하게 치울 수 있었다.

마이크는 얼굴 위에 쓴 플라스틱 안면 보호 가리개를 들어 올리고 얼굴을 내 귀에 가까이 댔다. 작업 소음이 천둥처럼 주위를 울렸다.

"안 돼요. 그렇게 하면 안 돼요." 그는 말했다. "어깨를 써요. 그게 더 쉬워요."

그가 틀렸다고 말하고 싶었다. 그가 하듯이 어깨를 써서 아연을 밀어내는 게 불가능했지만—나는 다리에서 힘이 나왔다—강철판이 내는 소음 때문에 설명할 길이 없었다. 나는 똑바로 서서 어깨를 쓰려고 했지만 얼마 지나지 않아 다시 몸을 앞으로 숙이고 허벅지로 버티고 있었다. 간신히 '솥'에서 찌꺼기를 다 걷어내고는 잠시 쉬기 위해 마이크와 연단으로 돌아갔다.

"다음부턴 어깨를 써요." 마이크는 물을 벌컥 들이마시기 전에 말했다. "그게 더 쉬워요."

"그래요?" 내가 되물었다. "난 그게 더 어렵던데요."

"아니에요." 그가 재차 말했다. "내 말 믿어요. 사람은 어깨가 더 강해요."

계속 다리를 쓰리라는 걸 알면서도 다음부턴 찌꺼기를 다른 방식으로 걷어내겠다고 고분고분 대꾸했다. 의자에 앉아 물을 마시는데 예전에 부모님이 한 말이 생각났다. 남자와 여자는 달라. 몸도 다르고 호르몬도 달라. 왜 페미니스트들은 이 사실을 받아들이지 않고 저렇게 설치는 거지? 왜 그렇게 평등에 집착하는 거야?

이 주장은 언제나 내 발목을 낚아챘다. 이것은 직관적이고 논쟁의 여지가 없어 보였으며, 이렇게 주장할 때 아빠는 늘 의기양양하게 의자에 앉아 있었다. 이것은 페미니즘 얘기를 할 때 아빠가 꺼내는 비장의 카드였다. 남근과 질이 같다고 주장해야 할까? 나는 패배감을 맛보며 의자에 기대앉았다. 몇 년 간 페인트공으로 일하면서 내 몸이 남자와 다르다는 걸 알게 되었다. 남자들은 대부분 키가 더 컸고, 이것은 곧 더 높이까지 손이 닿는다는 뜻이었다. 남자들은 덩치도 더 커서 더 무거운 걸 들 수 있었다. 하지만 평등은 호르몬에 관한 논쟁이 아니었다. 유방이나 성기에 관한 토론도 아니었다.

자기 몸에 대한 여성의 생각은 불신되기 일쑤였다. 여성은 신체적 증상에 항불안제를 더 많이 처방받았고 심근경색 증상이 나타나는데도 스트레스 검사를 더 적게 받았다. 극심한 복통으로 응급실을 찾았을 때도 진통제를 받으려면—만일 진통제를 받는다면—남성 환자보다 더 오래 기다려야 했다. 상당수의 여성은 증상을 입증하기 위해 남자 친구나 남편, 아들을 동반한 채 의사를 보러 갔고 심장병이나 뇌졸중같이 심각한 질병이 있는데도 오진되는 경우가 많았다. 그러나 평등은 아빠가 입에 올리고 싶은 토론 주제가 아니었다. 평등은 남근과 질이 같은지를 따지는 논쟁이 아니었다. 그것은 모든 육체가 생물학적 성과 젠더에 상관없이 동등하게 중요하다는 것을 명확히 하는 것이었다.

다른 사람은 몰라도 아빠는 세상에 존재하는 편견을 이해해야 했다. 적어도 그것이 의료 문제와 관련된 편견이라면 말이다. 제왕절개 분만을 하면 으레 그렇게 하듯이 아빠는 내가 태어날 때 옆에 있었다. 엄마는 수술을 크게 걱정하지 않았다. 언니를 합병증 없이 제왕절개로 분만했기 때문인데, 내가 태어나던 날에는 일이 순탄하게 돌아가지 않았다. 의사가 척추 마취제를 주입했다. 그런 다음 감각이 있는지 보려고 다리와 배를 문질렀다.

"아직 감각이 있어요." 엄마가 말했다.

"설마," 의사가 말했다. "그럴 리가요."

"아니요, 감각이 느껴져요." 엄마가 말했다.

"아닙니다. 머릿속에서 그렇게 느끼는 거예요. 누르는 힘을 느껴서 그래요."

그러는 사이 간호사들은 수술 준비를 했다. 활력징후를 살피고 수술 도구를 펼쳐 놓았다. 아빠는 푹신한 팔걸이에 놓인 엄마의 손을 잡은 채 옆에 서 있었다. 수술대 양쪽에 팔걸이가 하나씩 있었는데, 엄마의 팔은 거기에 단단히 묶여 있었다.

의사는 메스를 들고 엄마의 배에 손을 올렸다.

"지금도 감각이 있어요." 엄마가 말했다.

"아니요." 의사가 대꾸했다. "머릿속 생각이라니까요."

의사는 메스를 배에 대고 단칼에 곧게 그었고 엄마는 단말마의 비명을 질렀다. 본능적으로 팔에 힘을 주고 뻗대는 바람에 팔걸이가 와작 부러졌다. 아빠는 기절했다. 간호사들은 약을 가지러 황급히 뛰어갔다. 누군가가 엄마 몸을 눌렀고 의사는 배의 칼자국을 치료했다. 그 혼란의 와중에 내가 태어났다.

엄마는 환자의 말을 무시한 의사를 고소하지 않았다. 병원에서 보상을 받은 것도 아니건만 엄마는 이 과실이 성차별과 관련이 있다는 걸 한 번도 내비치지 않았다. 성차별은 페미니스트들의 용어였으며, 페미니즘은 우리 집에서 금기였다. 그것은 우리 부모님이 여성에게 할 수 있는 제일 심한 모욕이었는데, 엄마가 그런 입장을 견지한다는 건 이상한 일이었다. 외가 쪽 여자들은 모두 지혜와 굳은 의지를 후손에게 물려주는 강인한 여자들이었기 때문이다.

엄마의 외할머니인 아티는 대공황 시절에 웨스트버지니아의 체스터라는 작은 도시에서 일곱 자녀를 키웠다. 오랫동안 아티는 오하이오 강가의 공장에서 도자기에 그림을 그리며 남편의 수입을 보조했다. 매일같이 도기 그릇에 꽃을 정교하게 그렸다. 접시와 찻잔에 그림을 그리는 동안 동네 이발사인 남편은 도박하고 술을 밀조해 마셨다. 가족끼리 하는 말로는 아티라는 이름이 묘비에서 따온 것이라고 했다. 아티의 어머니인 앨리스는 어느 날 공동묘지로 걸어가 눈을 감았다. 그런 다음에 무덤 사이에서 고개를 뒤로 젖히고 팔을 뻗은 채로 제자리에서 한 바퀴 돌았다. 이내 아트—챔피언이라는 뜻이다—라는 어떤 남자의 묘석이 눈에 들어왔다. 나의 증조모에게 딱 맞는 이름이었다.

아티의 맏딸인 페기는 때로 아버지 대신에 이발소에서 돈 계산을 했다는데, 어쨌건 작은 시골 마을이 자기에게 맞지 않다는 걸 알게 되었다. 페기는 밖으로 나가길 원했다. 세상을 보기를 원했다. 제2차 세계대전 중에 정부가 스파스SPARS로 알려진 미국해안경비대 여성 예비군을 창설하자 페기는 사병으로 입대했다. 전쟁의 대부분을 워싱턴에서 복무했으며, 제대 이후 오하이오 출신의 잘생긴 육군 항공대 조종사를 만나 결혼했다. 페기 부부는 클리블랜드 외곽에 작은 집을 사서 가정을 꾸렸다. 페기는 세 아이를 낳았지만—아들 둘과 나의 엄마—주부로 안주하지 않았다. 아이들을 어느 정도 키운 뒤에는 제너럴모터스에 취직해 자동차 산업에서 도입한 초창기 컴퓨터로 일을 했다. 한동안 페기의 봉급은 남편보다 많았다. 여성이 주부 아니면 정부로 살던 시대에 페기는 엄마인 동시에 가장이었다.

엄마는 여자와 남자가 다르다고 했지만, 스스로 생각하는 것보다 아티와 페기를 많이 닮았다. 엄마는 여자의 자리가 부엌이라고 믿지 않았다. 아빠보다 더 많이 배웠을 뿐만 아니라 시급도 더 높았다. 내가 인형보다 장난감 말을 더 좋아해도 신경 쓰지 않았다. 드레스를 싫어해도 뭐라 하지 않았다. 로럴과 내가 대학에 가기를 희망했고, 언니가 약사가 되기 위해 백수 남자 친구를 차버렸을 때는 안도했다.

우리 집에서 언니와 내가 이루지 못할 것은 없었고 엄마는 우리 자매에게 한 가지 규칙을 세웠다. 결혼을 원한다면 스물다섯 살 이후에 해야 한다는 것이었다. 엄마는 우리가 남편이니 아이니 하는 것을 생각하기 이전에 대학을 졸업하고 경력을 쌓기를 원했으며, 세상이 모두 그럴 거라고 나는 생각했다.

스튜번빌 프랜시스칸대학교에 입학할 때 결혼보다 수녀가 되는 것에 관심이 더 많긴 했지만, 다른 한편으로는 세상에서 큰일을 하기를 열망하는 마음이 맞는 친구를 만나기를 고대했다. 유명한 발명가나 의사, 과학자가 되기를 원하는 여학생을 만날지도 몰랐다. 〈타임〉지 표지를 장식하기를 꿈꾸는 여학생이 있을지도 모를 일이었다.

입학한 첫 주에 사감이 모든 신입생더러 기숙사 정문에 붙여놓게 자기 신상에 관한 몇 가지 내용을 쪽지에 적으라고 했다. 쪽지에는 이름과 고향, 전공 따위를 기입해야 했다. 하지만 쪽지의 상당 부분은 한 가지 질문으로 요약되었다. 미래의 목표는 무엇인가? 목표와 관심이 나와 비슷한 여학생이 얼마나 될지 설레는 마음으로 입구에 서서 쪽지를 읽어 내려갔다. 수많은 카드에 같은 후렴구가 반복되었다. 현모양처가 되고 싶다. 수녀를 꿈꾸는 학생이 두엇 있었고, 대부분의 여학생이 자신의 믿음을 이야기했다. 매일 묵주기도를 드리고 싶다. 신과의 관계가 더 깊어지고 싶다. 매일 미사에 참례하고 싶다.

내 쪽지는 단연 도드라졌다. 박사 학위를 하나 이상 딴다. 책을 쓴다. 윤리학에 관한 논문을 쓴다. 등산을 한다. 스쿠버다이빙을 한다. 스카이다이빙을 한다. 아프리카로 여행을 간다. 수녀가 된다.

신학기 초에 신입생의 교우 및 인적 관계 형성에 도움을 주기 위해 마련된 행사에서 여학생 하나를 만났다. 티 하나 없이 깨끗한 피부에 찰랑거리는 금발은 어깨까지 내려왔다. 말끔한 옷차림에 화장기 없는 얼굴이었다. 흠잡을 데 없는 자세에 거만해 보이지도 않았다.

우리는 구내식당에서 서로 마주보고 앉아 학교에서 제공한 펀치를 홀짝거렸다.

"음," 내가 입을 열었다. "무슨 과야?"

여자애는 뺨에 붙은 금발 한 올을 쓸어냈다. "아, 엠알에스MRS 전공이야." 여자애가 자랑스럽게 답했다.

나는 호기심에 몸을 앞으로 숙였다. 하도 확신에 찬 목소리로 대답하기에 복잡한 학문을 공부하는 게 분명하다 싶었고, 새로운 걸 알게 된다는 생각에 살짝 설레기까지 했다.

"엠알에스 전공은 처음 듣는데." 내가 말했다. "과학이랑 관계있는 거야?"

여자애는 고개를 빼뚜름히 기울이더니 나를 빤히 쳐다보았다. 걱정스럽다는 표정이 내가 뭘 몰라도 한참 모른다는 뜻 같았다.

"엠알에스 전공," 여자애가 대답했다. "미시즈missus. 기혼 여성의 성 앞에 붙여 부르는 호칭. 줄여서 Mrs.라고 적는다 전공이라고."

나는 고개를 갸우뚱했다. 미시즈라는 내가 모르는 물리학 용어가 있다고 생각했다.

이윽고 여자애가 자세히 설명했다. "여기 남편감 찾으러 온 거야."

어린애에게 말하듯 단어들을 하나씩 천천히 내뱉었다.

"아," 내가 대꾸했다. "대학에 다니는 동안 뭔가는 배워야 하잖아. 관심 있는 게 없어?"

여자애는 어깨를 으쓱했다. "모르겠어. 그냥 쉬운 과를 고를 거야. 무슨 과가 쉬운지 알아?"

미래의 남편감을 찾아 대학 생활을 하는 게 나쁜 일은 아니지만, 우리가 별 공통점이 없다는 건 분명해 보였다. 내가 다닌 여자고등학교에는 말괄량이가 수두룩했다. 우리는 목표도 이상도 높았다. 공부에는 진지한 반면 농담에는 무심했다. 5년 계획을 세웠고, 여자가 주부가 되기 위해 태어난 건 아니라고 믿었다. 프랜시스칸대학교에서 만난 사람들은 생각이 다른 것 같았다. 미시즈 학위를 따고 싶다는 여학생의 말에도 움찔하는 사람이 없었고, 다들 신앙생활을 쉽게 했다.

대학교 신입생이 대부분 그렇겠지만 나도 학생 무리에 매끄럽게 섞이기를 원했다. 모든 사람에게 열렬히 환영받고 싶었지만 캠퍼스에서 만나는 여학생 대부분에게 나는 그저 다른 사람이었다. 그들은 내게 거의 말을 걸지 않았다. 함께 기도 드리러 가자고 청하지도 않았다. 저녁 초대도 하지 않았다. 그들 옆에 있으면 아웃사이더가 된 기분이었지만, 동시에 그들처럼 되기를 간절히 원했다. 신학기 몇 주 동안 그들과 어울릴 수 있는 학생 단체와 동아리를 찾아다니던 차에 정치적 사건 하나가 눈길을 사로잡았다. 당시 조지 W. 부시는 존 케리에 맞서 재선에 도전한 참이었는데, 케리의 유세가 스튜번빌에서 열릴 예정이었다. 학생 일부가 행동을 취하기로 결의했다. 케리가 연설하는 동안 임신중단권에 항의하자는 계획이었고 나도 함께

하기로 서명을 했다. 나를 외면하는 신앙심이 두터운 여자애들이 내게 관심을 보이기를 원했다.

대규모의 학생 활동가들이 행사에 모였다. 모두 백인 청년에 가톨릭 신자였고, 대부분이 프랜시스칸대학교 등록금을 감당할 여력이 되는 중산층 가정의 자녀들이었다. 우리는 묵주와 임신중단 반대 팻말로 무장한 채, 이미 케리 지지자들로 가득 찬 시내 한복판으로 몰려갔다. 지나가는 우리를 보며 다들 재미있다는 표정을 지어 보였지만 나는 개의치 않았다. 신성한 아드레날린이 혈관을 따라 생동했다. 대학생이 된 지 몇 주 안 됐지만 벌써 주님의 일을 하고 있었다. 다른 신성한 여학생들 옆에 서서, 우리에게 야유를 보내는 케리 지지자들과 맞서 싸울 준비가 되어 있었다. 우리는 의로운 자들—하느님의 성스러운 백성—이었고 저 민주당 지지자들에게 그들의 과오를 보여줄 것이었다.

나는 빽빽하게 밀집한 군중 사이를 비집고 동료 시위자들을 따라갔다. 우리 중 일부가 주기도문을 외우거나 호칭기도성모마리아, 예언자, 천사, 사도, 주교, 순교자, 동정녀 등 여러 성인의 이름을 부르며 하는 기도를 드렸지만 군중의 함성에 묻히고 말았다. 기도가 들리게 하려면 다 함께 암송해야 했다. 그래서 우리는 그렇게 했다. 힘겹게 군중의 한복판으로 들어간 다음, 바닥에 무릎을 꿇고 묵주기도를 올렸다.

"전능하신 천주 성부, 천지의 창조주를 저는 믿나이다." 케리가 연설하는 동안 우리는 기도를 드렸다. 기도에 열중한 나머지 케리의 연설이 거의 귀에 들어오지 않았다. 인종적 다양성이니 경제적 기회니 테러와의 전쟁 종식이니 하는 그의 연설을 무시하면서 오로지 임신중단 문제에만 집중했다.

"성령을 믿으며 거룩하고 보편된 교회와 모든 성인의 통공을 믿으며 죄의 용서를 믿으며" 기도는 이어졌다.

우리는 67개의 개별 기도로 이루어진 묵주기도를 모두 마쳤다. 암송 도중에 다리가 저려왔지만 무릎을 파고드는 자갈의 느낌이 오히려 좋았다. 나는 신념을 지키는 중이었다. 부름을 받은 대로 신성한 일을 하는 중이었다. 길모퉁이에서 묵주기도를 드리는 것이 옳은 행동이라고 당시에 나는 믿었고, 스스로에게 다른 길을 보여줄 만큼 나의 세계는 넓지 않았다. 그로부터 몇 년 후에는 가난을 겪게 되지만, 어쨌건 그때까지는 가난을 겪은 적이 없었다. 백인의 특권이란 걸 알지도 못했다. 임신중단권을 행사한 여성을 만나본 적도 없고, 나 자신도 그런 문제에 직면한 적이 없었다.

도덕적 우월감에 젖어 연설장을 떠났지만 여학생들과 유의미한 관계를 맺지는 못했다. 여자애 몇이 내게 말을 걸어왔지만 하느님과 결혼 얘기에만 관심이 있는 듯싶었다.

학기가 진행되면서 나는 남학생들과 점점 가까워졌다. 선머슴 같은 기질이 있어서 남자애들과 친구가 되는 건 당연했다. 우리는 철학을 논했고, 오비디우스에 관한 농담을 했다. 미래의 열망에 대해 이야기했고 숲으로 모험을 떠났다. 캠퍼스 주위를 걸을 때 내 옆엔 거의 항상 남사친이 있었다. 물론 이것은 나름의 어려움을 수반했다.

프랜시스칸대학교는 남녀 기숙사가 엄격하게 분리된 곳이었다. 공용 공간에서 이성과의 만남이 허용되긴 했지만 분별을 잃어서는 안 되었다. 나는 이 학칙에 대해 농담을 하곤 했다. 절박한 연인들은 두 발을 땅에 붙인 채로도 욕망을 채울 수 있지!'keep one's feet on the floor'는 직역하면 '두 발을 땅에 내딛다'의 뜻이지만 의역하면 '분별을 잃지 않다'의 뜻이다

이런 농담을 이해하는 프랜시스칸대학교 학생들은 많지 않았는데, 개중에 알아듣는 학생들은 주로 기독교적 신심이 두텁지 않은 친구들이었다. 학기 중반이 되자 나는 철학과 남학생 둘과 도시 공동묘지에서 마리화나를 피우며 대부분의 시간을 보냈다. 그 남학생들과 함께 있으면 즐거웠고, 우리는 토마스 아퀴나스와 C. S. 루이스, 성 아우구스티누스의 글에 대해 이야기했다. 성 아우구스티누스는 다음과 같은 명언을 남겼다. "주여, 저를 정숙하게 하소서. 하지만 지금은 아닙니다." 어쩌면 수녀원장들이 옳았을지 모른다. 수녀가 될 운명이라고 여겼지만, 하느님이 나를 올바른 여성으로 제련하기에 앞서 방탕한 생활을 즐겨야 했다. 그때까지 나는 그저 남자아이였다.

용융아연도금 라인으로 출근한 지 며칠이 지나 마이크는 그곳에서 어떤 일을 하는지 더 확실하게 알게 해주었다. 나는 점프슈트에 안전모, 안면 보호 가리개, 장갑을 착용했다. 괭이를 손에 들고 찌꺼기를 로비 쪽으로 밀었다. 아연 도금을 갓 마친 강철판이 아연 통에서 솟아올라 밝은 불빛 아래 번쩍거렸다. 이제 리듬을 타며 찌꺼기를 치우는 게 가능했다. 어깨와 다리의 적절한 균형을 찾아, 단단하게 굳은 아연이 수로로 떠내려가도록 물길을 만들어냈다. 강철판을 한 장도 망치지 않자 마이크가 엄지손가락을 치켜 올렸다.

"이제 로비를 청소하러 갑시다!" 그가 소음 때문에 큰 소리로 외쳤다.

'솥'에서 찌꺼기 덩이를 퍼 담을 때마다 소량의 아연이 로비의 팔에 달라붙어 굳는다. 얼마 후 아연은 야구공 크기만 하게 커진다. 아연을 떼어내지 않고 내버려두면 로비가 망가진다. 로비는 정비사를 불러 수리해야 하는데, 그사이 '솥 지킴이'는 혼자서 찌꺼기를 치워야 한다.

로비가 서 있는 좁은 작업대 쪽으로 마이크와 걸어갔다. 체처럼 생긴 로비의 머리가 아연 통 속으로 들어갈 때 우리는 제어반의 버튼 여러 개를 눌러 로비의 전원을 껐다.

"혼자 해봐요." 마이크가 내게 안전벨트를 건네며 말했다. 나는 안전벨트를 허리에 단단히 맸다.

찌꺼기를 치우는 동안에는 안전벨트를 매지 않아도 되지만 로비 옆으로 갈 때는 항상 안전벨트를 매야 했다. 좁은 작업대에서는 운신하기가 힘들 뿐 아니라 주위에 방벽 같은 것도 없었다. 미끄러지면 곧장 아연 통에 빠진다. 찌꺼기를 치우면서 붙었던 자신감이 급속하게 쪼그라들었다.

안전벨트를 재차 확인하는데 마이크가 질소 통에 매달린 길고 얇은 창 모양의 기구를 건넸다. 기구의 전원을 켜는 법을 마이크에게서 배운 뒤에도 나는 로비를 바라보며 망설였다. 용탕 가까이 가고 싶지 않았다. 안전벨트를 풀고 다이너모에게 돌아가 밴더로 다시 일할 수만 있다면 무슨 일이든 할 수 있을 것 같았다. 마이크는 로비 쪽으로 고개를 끄덕였다.

"해봐요." 그가 말했다. "로비가 안 물어가요."

안전벨트를 푸는 것만큼 민망한 노릇도 없을 거라서 '솥'을 향해 조금씩 나아갔다. 몇 분이면 끝난다고 혼잣말로 중얼거렸지만 두려움은 조금도 수그러들지 않았다. 심장이 거칠게 뛰고 땀방울이 코끝에서 떨어졌다. 아연 통 가까이에 오자 열기가 후끈 느껴졌다. 물을 두려워하는 아기처럼 한 걸음 한 걸음 조심스럽게 내딛다가 가장

자리에서 몇 미터 앞에 이르러 걸음을 멈췄다. 기구 끝부분을 잡고 손을 한껏 내뻗었지만 로비의 팔에 붙은 커다란 아연 덩이에 닿지 않았다.

"더 가까이 가요." 마이크가 소리쳤다.

나는 찔끔 한 발을 내디뎠다.

"더 가까이."

이번에는 조금 크게 내디뎠다.

"더 가까이."

한 걸음 더 내딛자 아연이 몇십 센티미터 앞으로 다가왔다. 질소를 틀고 기구를 로비 쪽으로 뻗는데 손이 덜덜 떨렸다. 로비 팔에 붙은 아연 덩이는 용탕 표면에 위치해 있었다. 기구 끝으로 로비의 팔을 더듬는 동안 질소가 은색 액체 속에서 부글거렸다. 단단한 아연 조각 몇 개가 덩이져 떨어지기 시작했지만 작업 속도를 높이기 위해 빨리 움직이고 싶지는 않았다. 기구를 천천히 조심스레 움직이면서 큰 덩이 하나가 마침내 팔에서 용탕으로 떨어져 내릴 때는 속으로 쾌재를 불렀다.

질소를 끄고 로비의 팔을 재빨리 훑어보았다. 꽤 큰 아연 덩이 몇 개가 여전히 남아 있었다. 완벽주의자 기질이 더 깔끔한 청소를 부추겼지만, 아연에 대한 두려움이 이 선한 의도마저 집어삼켰다. 작업대에서 더 이상은 버틸 수가 없어 '솥'에서 주춤주춤 물러난 뒤 질소 기구를 옆에 내려놓았다.

안전한 곳에 왔다는 안도감이 몰려왔지만 그것도 잠시뿐이었다. 실망스럽게도 마이크가 내가 마친 일을 다시 확인하기를 원했던 것이다. 그는 안전벨트를 매고 질소 기구를 잡았다. 그러더니 용탕 쪽으로 몸을 기울이고 안정적인 손놀림으로 로비 팔에 남은 아연 덩이를 제거했다. 무안해서 얼굴이 달아올랐다. 그가 나를 이류 노동자로 여기는 게 싫었다. 용탕에서 멀찌감치 떨어질 수만 있다면 어떤 일이든 중도에서 그만두겠지만.

마이크가 돌아와 로비의 전원을 켜고 내 작업을 평했다.

"다음에는 로비를 더 깨끗하게 청소해야 합니다." 그가 소음 너머로 소리쳤다. "더 빨리 끝내야 하는 건 물론이고요."

백번 옳은 말이었다. 잘하지도 못한 일을 오랫동안 한 탓에, 로비가 다시 일을 시작할 즈음에는 이미 찌꺼기가 '솥' 주위에 두껍게 형성되어 있었다. 마이크와 나는 괭이를 하나씩 들고 '솥'으로 갔다. 곳곳에 떠 있는 찌꺼기가 통나무처럼 응고되는 바람에 괭이 끝으로 찌꺼기 덩이를 깨야 했다. '솥' 주위의 방벽에 몸을 기대고 서 있는데 팔이 마치 고무같이 느껴졌다. 등줄기를 따라 땀이 뚝뚝 흐를 만큼 아연이 뜨거운 데다가 공장 구석구석을 달군 여름 더위가 열기를 더했다. 초록색 점프슈트 아래로 땀이 흥건했고 에어컨 바람을 잠시 쐴 수만 있다면 못할 게 없을 것 같았다. 찌꺼기를 다 치우고 괭이를 내려놓자 마이크가 근처에 세워진 지게차를 손가락으로 가리켰다.

"아연을 더 가지고 와요!" 그가 소리쳤다.

강철에 아연을 입히는 작업이 끊임없이 이루어지는 터라 아연을 자주 보충해야 했다. 아연이 떨어지지 않게 하는 게 '솥 지킴이'의 책임이었다. 쑤시는 몸을 이끌고 지게차에 간신히 올라탔다. 그런 다음에 아연괴가 일렬로 회색 바닥에 놓인 용융아연도금 라인의 한쪽 모퉁이로 조심스레 지게차를 몰고 갔다.

아연괴 하나는 그렇게 크지 않았다. 대략 높이 60센티미터에 가로 90센티미터이지만 무게는 1톤이 넘었다. 아연괴들은 4층으로 쌓여 있지만 지게차로 한 번에 옮길 수 있는 건 두 개뿐이었다.

아연괴 옆에 지게차를 세우고 어떤 걸 선택할지 살펴보았다. 나란히 쌓인 아연괴 두 개를 발견하지 못하면 더미 꼭대기에서 두 개를 들어 올려야 했다. 이 일이 꺼려지는 이유는 단 하나였다. 지게차는 나를 두렵게 했다. 특히 철둑 사고 이후에는 더욱 그랬다. 브레이크는 쿨렁거리는 것 같아 믿음이 가지 않았다. 지게차는 후륜구동인데, 이것은 곧 지게차가 차처럼 돌지 않는다는 뜻이다. 모든 게 기우뚱하니 뒤로 기우는 느낌이었고, 포크 모양의 짐판에 붙은 쇠사슬과 기어는 전방의 시야를 가렸다. 게다가 지게차는 뒤집어지기도 한다. 무게중심이 짐판 한가운데에 오지 않으면—즉 너무 무거운 걸 옮기려고 하면—두개골이 부서지는 대참사를 겪을 수도 있다.

오리엔테이션 동안 지게차 훈련을 받았지만 지게차의 시동을 걸 때마다 긴장되었다. 지게차 훈련은 몇 시간 만에 끝났다. 젊은 교관 하나가 '주황 모자' 무리를 큰 창고로 데리고 갔고, 그날 수업을 들은 여자는 아멜리아와 나뿐이었다. 우리는 남자들이 자신 있게 지게차에 오르는 모습을 지켜보았다. 그들은 어깨를 넓게 벌린 채 눈을 반짝이며 운전석에 앉아 쉽게 지게차를 몰았다. 아멜리아 차례가 되었을 때 이 씩씩한 싱글 맘은 언제나처럼 자신만만해 보였다. 남자들처럼 아멜리아도 어깨를 넓게 벌리고 눈을 반짝이며 지게차로 다가갔다.

"좋습니다." 교관이 그녀에게 말했다. "남자들에게 본때를 보여주세요."

그러나 지게차에 올라가 제어반을 작동하는 순간 아멜리아는 자신감을 잃는 것 같았다. 덜커덩거리며 속도를 내지 못했고 후진하다가는 거의 교관을 칠 뻔했다. 주어진 업무를 다 끝내긴 했지만 남자들보다 훨씬 힘들어 보였다.

내 차례가 되자 나는 누구보다 잘하리라 결심했다. 안전벨트를 매고 기어를 바꿨다. 그러고 나서 창문 너머를 흘낏 돌아보았다. 남자들이 주위에 서서 나를 지켜보고 있었는데, 나는 팔짱을 낀 채 지루한 눈으로 서 있는 그들의 모습에 위압감을 느꼈다. 악의에 찬 시선이 아닌데도 그들의 존재만으로 나의 결심은 흔들렸다. 순식간에 자신감이 사라졌다. 짐판을 팰릿 밑으로 집어넣는 데도 애를 먹었고 후진할 때는 공구함을 뭉갤 뻔했다.

코스를 통과했음에도 패배감을 느꼈다. 남자 몇이 여자들을 냉소했지만 아멜리아와 나는 미소만 지을 뿐이었다. 우리는 둘 다 여권 신장의 시대에 성장한 밀레니얼 세대였다. 남자가 하는 건 뭐든지 여자도 할 수 있다고 배웠지만, 그럼에도 고루한 고정관념이 마음속에 깊이 자리 잡고 있었다. 이러한 자각은 깊은 불안을 낳아 자신감을 흔들고 작업 성취도를 떨어뜨렸다. 그리하여 지게차를 몰면서 쩔쩔맬 때 자신감은 더욱 사그라들었다.

훈련할 때처럼 되지 않을까 두려워하면서 나는 천천히 지게차를 몰아 '솥' 가까이에 쌓인 아연괴 더미를 지나갔다. 아연공장에 남는다면 지게차를 매일 몰아야 할 것이다. 그 생각을 하자 속이 울렁거렸지만 일에 집중하려고 최선을 다했다. 스스로를 격려하는 말을 중얼거린 다음, 앞쪽 가까운 줄에 외따로 놓인 아연괴 두 개를 발견했다. 쉽게 들어 올릴 수 있을 것 같아서 짐판을 아연괴 바닥으로 밀어 넣었다. 짐판을 고정시킨 뒤 화물을 들어 올리는 레버를 밀었다. 아무 변화가 없었다. 레버를 더욱 세게 밀었다. 여전히 아무 변화도 없었다. 레버를 계속 미는데 갑자기 지게차가 앞으로 쏠리는 게 느껴졌다. 지게차 운전석이 흔들리는가 싶더니 차체 뒤편이 공중으로 들렸다. 몸이 운전대에 꽉 부딪쳤다. 심장이 거칠게 뛰면서 오리엔테이션 동안에 들었던 경고들이 머릿속을 스쳐 지나갔다. 지게차가 뒤집어지기도 합니다. 지게차로 목숨을 잃을 수도 있어요.

아드레날린 분비가 진정된 뒤 상황을 살펴보았다. 지게차는 똑바로 서 있었지만 뒤편이 허공에 떠 있었다. 짐판을 아연괴 밑으로 너무 깊숙이 집어넣은 것이다. 앞줄의 아연괴 두 개를 들어 올리는 대신, 그 두 개에 더해 뒤쪽의 아연괴 네 개까지 한꺼번에 들어 올리려고 한 것이다. 하마터면 작은 지게차가 하중을 이기지 못하고 앞으로 고꾸라질 뻔했다. 짐판을 천천히 내리자 차체 뒤편이 지면에 세게 부딪혔다.

"빌어먹을." 나는 나지막이 내뱉었다. 여전히 떨리는 손으로 지게차를 후진해 아연괴를 싣지 않고 '솥'으로 돌아갔다. 엔진에 문제가 있다고 둘러댔지만 마이크는 찌꺼기를 제거하느라 너무 바쁜 나머지 별말이 없었다.

마침내 아연공장에서 첫 주 근무를 마친 후에 주말을 함께 보낼 요량으로 가방을 싸서 토니의 집으로 갔다. 도착했을 때는 금요일 밤늦은 시각이라 토니는 벌써 격자무늬 잠옷으로 갈아입은 뒤였다. 토니는 찻잔을 든 채 문가에서 나를 맞이했고 스카우트는 토니 뒤에서 꼬리를 흔들었다.

"늦었네." 토니가 거실로 향하면서 말했고 나는 바닥에 가방을 내려놓았다.

"응." 나는 한숨을 쉬었다. 스카우트가 신이 나는지 내 다리 사이에서 몸을 꼬기에 귓바퀴 뒤쪽을 긁어주었다. "빨래해야지, 청소해야지, 장도 봐야지."

"일몰이 엄청 멋졌어." 토니가 말했다. 얼굴에 실망한 빛이 역력했다. 저녁 먹기 전에는 도착할 거라고 했는데 세상살이에 또 무릎을 꿇고 말았다. 12시간 교대 근무를 하다 보면 살림이 엉망이 되었고 집안일은 늘 생각보다 많았다.

토니를 따라 소파로 가서 쿠션 옆에 털썩 주저앉았다. "미안해." 나는 토니 옆에 가까이 앉으며 미소를 지었다. "지금 같이 있잖아. 〈스타트렉〉 보자."

토니가 어깨를 으쓱하며 텔레비전을 켰지만 오프닝 크레디트가 나오기도 전에 잠이 쏟아졌다. 공장 노동은 지금껏 겪지 못했던 피로감을 느끼게 했다. 밤교대 근무로 부족한 잠을 거의 보충하지 못한 탓에 내내 진창을 걷는 기분이었다. 어떤 일에도 온전히 집중할 수가 없었다. 마트에서 닭고기 사는 것을 깜박했다. 빨래가 산더미여도 그대로 방치했다. 욕조를 빡빡 문질러 닦다가 문득 욕조를 내려다보면서 그날 아침에 닦았다는 사실을 깨달았다. 머릿속이 멍하고 뿌옜다. 식단은 집밥에서 에너지드링크와 테이크아웃 음식으로 빠르게 변해갔다. 늘 간신히 숨을 쉬는 것 같았다.

결국 토니가 나를 깨워 침대로 데리고 갔고 나는 밤새도록 몸을 뒤척였다. 토니는 언제나처럼 일찍 일어나 커피를 내렸다. 그는 여름날 아침에 테라스에서 책을 읽거나 우쿨렐레를 연주하는 걸 즐겼지만, 나는 아직 하루를 시작하고 싶은 생각이 들지 않았다. 피곤해서 머리가 지끈거렸지만 억지로 침대에서 몸을 일으켰다. 내 삶의 많은 다른 것들처럼 토니가 자꾸 뒷전으로 밀린다는 걸 나도 알았고, 그가 방치된다는 느낌을 받지 않기를 바랐다.

테라스로 나가 그의 옆에 앉아 여름 태양이 나무 위로 떠오르는 모습을 지켜보며 커피를 마셨다. 스카우트는 코를 땅에 대고 킁킁거리면서 좁은 마당을 돌아다니다가 이따금 눈에 띄는 잡초를 이빨로 뜯었다.

"자." 토니가 입을 열었다. "용탕 일은 할 만해?"

나는 이맛살을 찌푸리며 어깨를 으쓱해 보였다. "아니. 무섭기도 하고 암내 같은 냄새도 나고 그래."

"암내를 좋아하는 줄 알았는데." 토니가 웃었다. 바보같이 예전에 그의 체취가 좋다고 말한 적이 있었다. 그는 툭하면 이 사실을 환기했다.

"자기 겨드랑이 냄새가 좋다는 거지," 나는 낮은 목소리로 말했다. "아연 암내는 아니야."

"특이한 사람이야." 토니는 수염이 덥수룩하게 자란 얼굴을 붉히며 말했다.

나는 건배를 하듯 커피 잔을 들었다. "그래도 날 사랑하잖아."

"그렇지." 토니는 말을 멈추고 무릎에 놓인 스카우트의 머리를 쓰다듬었다. 그러고는 다시 '솥' 대화로 돌아왔다. "그 일은 계속할 거야?"

"아직 모르겠어." 내가 커피 잔 모서리를 손가락으로 만지작거리며 대답했다. "고민 중이야."

"거긴 근무 일정이 규칙적이지 않아?" 토니가 물었다. 얼마간은 토니 자신을 위해 묻는다는 게 느껴졌다. 일정이 정해진다는 건 내가 덜 피곤하고 여유 시간이 늘어난다는 뜻이었다.

"그렇지." 내가 대답했다. "하지만 그럴 가치가 있는지 모르겠어."

사실을 말하자면 나는 '솥'이 싫었다. 덥고 몹시 바빠서 예전의 수송부 일에 점점 마음이 끌렸다. 그렇다고 '솥'을 떠날 결심이 선 것은 아니었다. 어떤 결정이든 잘못된 결정처럼 보였다. '솥'에 남는다면 오로지 남자 못지않게 일을 잘한다는 걸 증명하려고 밴더의 쉬운 삶을 포기하는 것이다. '솥'을 떠난다면 내가 그 일을 해내지 못할 거라고 넌지시 말한 그 회사 관리자에게 패배를 인정하는 꼴이 될 것이다. '솥'에 남는다면 조이스가 겪은 것과 같은 싸움을 하게 될 것이다. '솥'을 떠난다면 아연공장의 편향된 성별 분포는 도전받지 않을 것이다. '솥'에 남는다는 건 규칙적인 근무 일정을 뜻하고, 그것은 토니와의 관계에 도움이 될 것이다. '솥'을 떠난다는 건 토니가 계속해서 방치되는 느낌을 받을지도 모른다는 뜻이었다.

우리는 모닝커피를 다 마신 뒤 옷을 갈아입고 토요일 아침 의식을 행하러 윌러비 시내로 향했다. 커피를 사서 윈도쇼핑을 즐기다가 액션피규어와 영화 관련 수집품을 전문으로 취급하는 동네 장난감 가게에 들어갔다. 장난감 가게 주인과는 이름까지는 아니어도 서로 얼굴을 알아보는 사이였고, 우리는 슈퍼히어로 피규어가 놓인 선반 뒤 불이 환하게 켜진 핀볼 게임기 네 대에 25센트짜리 동전을 계속 집어넣으면서 몇 시간을 보내곤 했다.

그날 아침, 토니는 내게 25센트 동전을 한 움큼 건네고 'NBA 홉스' 게임기 앞으로 갔다. 물론 그 게임은 토니를 미치게 만들었다. 아니나 다를까 몇 분이 채 지나지 않아 그는 농구공을 향해 저주를 퍼부었고 나라고 사정이 더 나은 건 아니었다. 나는 복화술사 인형인 루디의 입으로 구슬을 집어넣는 '펀하우스' 핀볼 게임기에 몇 달러를 허비했다. 루디의 머리는 게임기 뒤쪽에 붙어 있었다. 루디는 붉은 뺨에 한쪽 눈썹을 치켜들고 있고 구슬이 범퍼에 부딪히거나 경사로를 따라 굴러가는 동안 끊임없이 떠들었다.

"어림없지." 게임기의 불빛이 반짝일 때 루디가 놀렸다.

복화술사의 예언을 확인하듯, 그 말이 떨어지기가 무섭게 구슬이 플리퍼_{핀볼 게임 이용자가 구슬을 칠 때 사용하는 막대를} 지나 굴러갔다. 제철소에 온통 마음이 가 있어서 구슬을 눈으로 따라가는 게 거의 불가능했다. 아연공장에 남을지 수송부로 돌아갈지 결정을 내려야 했지만 마음이 어디로 더 기우는지 나도 몰랐다.

루디 입 뒤편의 작은 빈 공간을 향해 다른 구슬을 발사했다.

"내가 지켜보고 있어." 루디가 눈알을 왼쪽에서 오른쪽으로 굴리면서 소리쳤다.

아연공장에 관해 어떤 결정을 내리든 모든 일의 중심에는 남자들이 있는 것처럼 느껴졌다. 지금껏 나는 남자들에 견줘 나 자신을 평가해왔고 남자 못지않게 잘하려고, 남자아이처럼 되려고 애를 써왔다. 남자들이 원하는 나의 모습에 과도하게 신경을 썼다. 사시의 그 늙수그레한 크레인 기사가 내 어깨를 팔로 껴안으면서 나더러 제철소에서 일하기엔 너무 예쁘다고 했을 때, 나는 그의 팔에서 몸을 빼내지 않았다. 예쁘다는 말에 내심 기분이 좋았다. 지게차가 철둑에 끼여 고참들이 나를 비난할 때도 항의하지 않았다. 성차별을 따끔하게 일러주는 그런 여자들 가운데 하나로 보이는 게 싫었다.

"속상해." 내가 구슬을 경사로로 쏘아 보내자 루디가 말했다. 게임기에 불빛이 반짝 들어왔고 루디는 눈을 깜박였다.

이제껏 살면서 본래의 나의 모습과 내가 원하는 모습, 남자들이 내게 원하는 모습, 그리고 남자들과의 관계에서 내가 원하는 모습 사이에 끼여 수없이 갈등을 해왔던 것 같다. 이 혼돈의 와중에 정작 나 자신이 원하는 모습은 쉽게 간과했다. 때로 성차별의 영향은 괴롭힘이나 학대만큼 명확하게 드러나지 않는다. 때로 그것은 충족할 수 없이 상충되는 기대의 문제이기도 하다.

"너 때문에 속상해." 구슬이 다른 범퍼에 부딪치자 루디가 말했다.

'솥'에서 하는 업무를 곧 터득하리라는 걸 나는 알았다. 더 어려운 일도 해봤고 '솥' 업무도 그런 일 가운데 하나일 것이다. 시간이 지나면서 자신감도 붙을 것이고 아연 통을 젓는 게 제2의 천성처럼 느껴질 날이 오겠지만 마이크처럼 되기는 싫었다. 몇 년 동안 '솥'에 갇혀 그곳에서 빠져나갈 기회만을 엿보기는 싫었다. '주황 모자'일 때 호전적인 책임자들이 득실거리는 곳에 있고 싶지 않았다. 어떤 근무 일정도 아연 통을 저을 만한 가치가 있지는 않았다. 특히 손쉽게 밴더로 머무를 수 있을 때는 더욱 그랬다. 아무리 압력을 가한들 나의 직감을 바꿀 수는 없었다.

"고작 이거야?" 루디가 게임기 모퉁이에서 말했다. 그 말이 끝나기도 전에 마지막 구슬이 플리퍼를 지나 굴러갔고 게임이 종료되었다. 구슬을 루디의 입에 집어넣어 입을 틀어막는 데는 실패했지만 '솥'을 어떻게 해야 할지는 알았다.

월요일 아침에 회사 관리자에게 전화를 걸어 낙찰을 거절했다. 남자 몇이 벌써 나와 같은 결정을 내렸고, 그들 가운데 고민하는 사람은 아무도 없었다. 그들은 자신의 필요를 그 무엇보다 우선시했는데, 이것은 내가 곤경에서 얻을 수 있는 최선의 상징처럼 보였다.

"괜찮아요." 회사 관리자는 대답했다. "하지만 수송부로 돌아가기 전에 아연공장에서의 근무는 마쳐야 합니다."

나는 마지못해 동의했다. 그러나 마이크와 함께 초록색 점프슈트를 갈아입자 다른 책임자가 나더러 저리 가라고 손짓했다. 내가 '솥'에 남지 않는다는 소식을 듣고 청소 업무에 배치한 것이다.

그날 온종일 눅눅하고 지저분한 지하실 계단을 문질러 닦았다. 기름 더께가 새까맣게 앉은 난간을 새것처럼 반짝이게 닦으라는 지시를 받은 터였다. 기름 묻은 걸레 물이 장갑에 스미고 셔츠를 축축하게 적실 때까지 난간을 닦고 또 닦았다. 목덜미는 먼지로 시커멓고 땀투성이의 볼에는 기름때가 흘렀다. 혀에서 먼지가 느껴졌지만 일 잘하는 '주황 모자'가 으레 그렇듯이 계단에 무릎을 꿇고 열심히 청소를 했다. 존 케리 유세장에서 묵주기도를 올리던 열일곱 살 여자아이와는 전연 다른 모습이었다. 그때 나는 세상의 찌꺼기를 떠내는 법을 안다고 생각했다. 모든 걸 이해한다고 생각했다. 하느님이 나를 거룩한 은기로 주조해주시리라고 확신했지만, 그 대신 하느님은 나를 강철로 겸손하게 하시었다.

8

두 개의 미국

제철소에서 일한 지 꽤 되었을 때 워싱턴에 사는 친구를 보러 갔다. 클리블랜드에서 뭐가 나느냐고 물었던 변호사들과 위스키를 마셨다. 이제는 그 질문에 대한 답을 내놓을 수 있건만 그들은 딴 질문을 했다.

"그때 뭐라 그랬더라?" 한 변호사가 술을 또 한 잔씩 따르며 물었다. "직업이 뭐라고 했지?"

"제철소에서 일해." 내가 답했다.

변호사들은 눈썹을 치켜올리고 천천히 고개를 끄덕였다. 그들에게는 내가 난생 처음 보는 희귀한 존재였던 것이다.

"재미있네." 다른 변호사가 대꾸했다.

우월감이 묻어나는 목소리에 흠칫 몸이 움츠러들었다. 산업 노동자를 다룬 뉴스 영상을 보면 기자들이 매번 노동자 무리에서 제일 어리바리하고 말주변이 없는 사람을 고르는 것처럼 보였다. 동부 사람들의 눈에 블루칼라는 교육을 받지 못한 덜떨어진 사람이고, 변호사들도 나에 대해 같은 생각을 하는 눈치였다.

첫 번째 변호사는 위스키를 입안에서 천천히 굴린 다음 꿀꺽 삼켰다. "뭐 하나 물어볼게." 그가 말했다. "중국산 철제품에 대해 어떻게 생각해?"

나는 남자들과 마주보고 앉은 커피 탁자를 내려다보았다. 탁자에는 브리치즈가 담긴 접시가 위스키 두 병 사이에 놓여 있었다. 몇 시간 동안 먹은 거라곤 치즈뿐이어서 위스키에 적셔 먹을 빵 한 조각이 절실했다.

"중국산 철제품?" 내가 되물었다. 적당한 답을 찾느라 머리가 어질했다. "난 별로 안 좋아해."

변호사는 웃으며 친구 쪽으로 고개를 돌렸다.

"별로 안 좋아한대." 그가 비웃었다. 이제는 사내 둘이 함께 웃었다.

몸이 경직되면서 어깨에 힘이 들어갔다. 농담거리가 되는 게 싫어서 제철소에서의 경험이 반영된 뭔가 색다른 의견을 내놓으려고 애를 썼다.

"온통 중국산이긴 하지만 우리 제철소가 파산하지는 않을 거야." 내가 말했다. "내가 일자리를 잃는 일도 없을 거고. 우리가 만드는 철강 제품은 시장에 쏟아지는 중국산보다 훨씬 질이 좋아."

"중국산 철제품에 영향을 받지 않는단 말이야?" 첫 번째 변호사가 물었다. 주말이면 요트를 즐기는 사람처럼 몸가짐이 세련되었고, 위스키를 대하는 모습이 마치 책상에 술병을 숨겨놓고 마시는 사람 같았다.

"아니, 내 말은 그게 아니야." 내가 대꾸했다. 술기운에 말이 어눌하게 나왔다. "그러니까 내 말은, 중국산 철제품 때문에 내가 해고

될 일은 없을 거라는 거야."

단어가 서로 뒤섞였다. 혁신과 경쟁력에 대해 말하고 싶었는데 적당한 표현이 떠오르지 않았다.

"중국산 철제품에 어떻게 영향을 안 받는다는 거지?" 한 변호사가 재차 물었다.

"영향을 안 받는다는 게 아니야. 중국산 때문에 전반적으로 가격이 떨어진 건 사실이야. 내가 하려던 말은…… 잘 모르겠다. 맥락을 살펴보려고 했던 것뿐이야."

모두 침묵 속에서 위스키를 홀짝거렸다. 나는 브리치즈 조각을 크게 잘랐다.

"어렸을 때에 뉴스 같은 거에는 신경도 안 썼어." 첫 번째 변호사가 내게 말했다. 나와 동갑임에도 자신이 꽤 나이가 들었고 현명하다고 말하는 듯했다. "어른이 되니까 정보에 밝은 게 얼마나 중요한지 알겠더라. 이 모든 것이 우리 삶에 엄청 큰 영향을 미치지. 이를테면 중국산 철제품 같은 거 말이야."

변호사들은 저희끼리 대화를 주고받았다. 말투에 자부심이 묻어났는데 나는 잠자코 들었다. 어쩌면 그들은 경제에 관한 어떤 통찰을 제시할지도 모른다. 비장의 수치를 꺼내 보일지도 모른다. 중국산 문제에 관한 창의적인 해결책을 제시할지도 모른다. 그러나 이 두 사내는 경제 이야기를 하지 않았다. 중국산 철제품 이야기도 하지 않았다. 대신 자신들이 어떻게 최신 정보를 접하는지에 대해 몇 분간 떠들어댔다. 자주 방문하는 웹사이트를 열거했다. 자신들이 구독하는 신문에 대해 말했다. 잔뜩 어깨에 힘을 주고 허세를 부렸다. 말은 청산유수였지만 알맹이는 없었다. 긴 대화가 끝나도 변호사들은 중국산 철제품에 대해 나보다 더 섬세한 의견을 내놓지 못했다. 중국산 철제품? 난 별로 안 좋아해.

나는 조용히 앉아 위스키를 마셨다. 남자들은 더 이상 내게 질문하지 않았다. 술기운에 더듬거리며 나온 내 말을 듣고 그들은 제 추측을 확신한 것이다. 나는 무식한 블루칼라였다.

브리치즈를 또 한 조각 먹는데 문득 기분이 언짢아졌다. 제철소에 깊은 불안을 느끼면서도 한편으로는 복잡미묘한 애정을 느끼기 시작한 터였다. 공장 사람들을 보호해주고 싶다는 생각이 강하게 이는가 하면, 교직보다 철강 노동자의 삶이 더 낫게 느껴질 때도 있었다. 교원 사회에 존재하는 치열한 경쟁이 제철소에는 없었고, 철강 노동자들은 자신의 지식을 뽐내고 싶어서 안달하지도 않았다. 우리는 강한 용기와 힘이 있는 사람들이었다. 진실함과 성실함을 소중히 여겼고 워싱턴의 변호사들을 꿰뚫어보는 눈이 있었다. 그들은 아버지가 대준 돈으로 대학교를 다녔을 한심한 출세주의자들에 불과했다. 저희들 세계에 갇힌 채 너무 많은 특권을 누리는 자들이었다. 현실 세계에 대해 아무것도 모르는 엘리트 쪼다들에 지나지 않았고, 노력한다 한들 철강을 전혀 이해하지 못했을 자들이었다.

아연공장에서의 낙찰을 거절하고 얼마 지나지 않은 어느 날, 밴더의 하루를 또 시작하기 위해 수송부 쪽으로 걸어갔다. 해는 막 떠오르기 시작했고 녹이 슨 건물들은 장밋빛 여명에 붉게 물든 채 아득하게 펼쳐졌다. 열간압연기에서 피어오르는 증기는 아침 햇살에 녹아들었고 아연공장 위로 솟은 하얀 탑은 진홍색으로 물들었다. 중고 가게에서 파는, 두건을 쓰고 코르셋을 입은 지난날의 여자 초상화처럼 모든 것이 적갈색으로 바랜 채 흐릿했다. 그곳을 바라보고 있자니 이렇게 친숙한 걸 사라지도록 내버려둘 사람이 있을까 하는 생각이 들었다.

앞에 놓인 긴 시간을 향해 천천히 걸어가는데 버기 한 대가 옆에 멈춰 섰다.

"이봐, 꼬마 아가씨." 운전사가 미소 띤 얼굴로 불렀다. 늘 유쾌하고 '슬리피 베어'라는 별명이 붙은 동료 밴더였다. "태워줄까?"

"좋지요." 내가 대답하고는 옆자리에 끼어 앉았다. 슬리피 베어는 넓은 어깨에 배가 나온 유난히 덩치가 큰 사내였지만 그 커다란 갈색 눈은 언제나 즐거워 보였다.

내가 버기에 앉자 슬리피 베어는 모퉁이를 돌 때도 브레이크를 밟는 법 없이 속도를 높여 달렸다. 얼굴에 닿는 바람이 따뜻하고 상쾌했다. 공장 부지를 달리며 그림처럼 완벽한 제철소 전경에 가만히 미소를 지었다.

용탕에서 짧은 근무를 마치고 수송부로 돌아와서 마냥 기뻤다. 아연공장에서 돌아온 뒤, 보잘것없지만 승진까지 했다. 공식적으로 수송부원이 된 것인데, 이것은 곧 그토록 바라던 예측 가능한 근무 일정을 갖게 되었다는 뜻이다. 내가 알기로는 몇 달 동안 같은 팀원과 일할 수 있었다. 무릎을 다친 밴더의 임시 대타로 투입되었는데, 소문에 의하면 그 밴더가 회복하는 데는 시간이 꽤 걸릴 거라고 했다. 토니와 나는 행운이라며 좋아했다. 생활도 토니와의 관계도 더 잘 관리할 수 있을 것이고, 이제 더 이상 용탕을 젓지 않아도 되었다.

슬리피 베어는 제철소에서 나의 새로운 파트너가 되었다. 다이너모와 함께 있었던 그 오두막에서 이제는 근무시간 내내 슬리피 베어와 함께 있었다. 슬리피 베어가 일하면 나도 일했다. 그가 비번이면 나도 비번이었다. 슬리피 베어와 한 팀을 이룬 뒤에는 다른 직원을 잘 보지 못했다. 샘은 내가 거절한 아연공장 입찰에서 나 다음차례였다. 그는 기꺼이 낙찰을 받아들이고 그곳에 남기로 결정했는데, 이것은 우리가 길에서 마주칠 기회가 거의 없다는 뜻이었다. 찰리와 다이너모는 여전히 수송부에서 일했지만 나와 같은 날 일하는적이 많지 않았다. 다이너모는 다른 팀이었고 찰리는 내가 하던 땜빵 역할을 떠맡았다. 휴가로 빠진 고참들 자리를 주로 메꿨고, 길건너 건물에서 근무할 때가 많았다.

나는 슬리피 베어와 대체로 잘 지냈다. 그는 이따금 아내가 싸준도시락을 내게 나눠주었고, 나는 '사교의 장 오두막'에 들를 때마다그에게 주려고 차가운 물병을 챙겼다. 하지만 신경에 거슬리는 게딱 하나 있었다. 그는 하루에도 몇 번씩 우유 상자에 발을 올려놓고잠이 들었다. 어떻게 그렇게 순식간에 잠이 드는지 이해할 수가 없었다. 한순간 그는 열띤 대화를 이어나갔다. 그러나 다음 순간에는잠에 곯아떨어졌다. 휴식을 취하는 거의 매 순간—휴식 시간이10분 내지는 15분일지라도—그는 의자에 앉아 잠이 들었다.

그날 아침 슬리피 베어와 나는 오두막에 도착해 근무 대기를 했다. 나는 커피 한 잔을 들고 의자에 구부정하게 앉았고 슬리피 베어는 평소의 자세를 취했다. 일할 시간이 얼마 남지 않았는데 그는 곧코를 골았다. 크레인 기사인 크레이지 조가 저 높은 곳에서 덜커덩거리며 크레인을 난폭하게 몰았고, 어느새 강철 코일 하나가 크레인집게에 꽉 물린 채 허공을 가르고 있었다. 크레이지 조가 작업을 끝내기를 기다리는 사이 나는 핸드폰을 꺼내 뉴스를 보면서 몇 분을 허비했다.

공화당 전당대회가 다가오고 있었고 기자들은 매일 관련 기사를 쏟아냈다. 클리블랜드 시민들은 스포트라이트의 순간에 흥분하는 동시에 긴장했다. 전당대회는 클리블랜드가 미국의 여느 도시처럼 능력 있고 아름다운 곳이라는 걸 온 나라에 보여줄 기회였다. 어쩌면 뉴욕과 로스앤젤레스에 사는 사람들은 클리블랜드 시민들이 중서부의 시골뜨기 무리가 아니란 걸 알게 될지도 모른다. 어쩌면 워싱턴에 사는 사람들은 우리의 고향 도시가 고철 더미가 아니란 걸 깨닫게 될지도 모른다.

이 목표를 달성하기 위해 도시 공무원들은 '클리블랜드'라고 쓰인 하얀 표지판을 도심 세 곳에 세웠다. 하나는 로큰롤 명예의 전당 근처 노스코스트하버 지구에 설치했다. 다른 하나는 이리 호 호숫가의 에지워터비치에 놓았다. 나머지 하나는 제철소 바로 앞의 트레몬트 지구에 세웠다. 표지판은 사진 찍기에 좋은 장소로 방문객의 관심을 유도할 목적이었지만, 그 이외에도 클리블랜드를 형성한 것들을 소개했다. 호수와 산업, 그리고 로큰롤.

표지판을 다룬 기사를 훑어보는데 끝까지 다 읽기도 전에 크레이지 조가 코일 여덟 개 가운데 일곱 개를 오두막 앞에 일렬로 부렸다. 크레이지 조에 대해 할 말이 많지만—무뚝뚝하고 인색하며 에너지 드링크를 시야가 뿌예질 때까지 마셨다—일손이 빠른 건 인정해야 한다. 나는 핸드폰을 옆에 내려놓고 슬리피 베어를 깨우는 정교한 의식을 시작했다.

"일어나요." 내가 큰 소리로 말했다.

슬리피 베어는 눈을 뜨지 않았다. 나는 한숨을 쉬었다.

"그만 일어나라니까요."

꿈쩍도 하지 않았다. 코 고는 소리가 들릴 때마다 짜증이 치솟아서 손바닥으로 벽을 쾅 쳤다.

"처음부터 듣고 있었어." 슬리피 베어가 퉁명스럽게 내뱉었다.

"죄송해요." 내가 말했다. "깼는지 확인하려고 그랬어요."

크레이지 조가 마지막 코일을 내려놓도록 슬리피 베어는 눈을 뜨지 않았다. 잠시 후 천천히 일어나 앉더니, 20년간의 공장 근무로 기름때 묻고 흠집투성이가 된 안전모를 머리에 썼다.

"자, 코일을 묶으러 나가볼까." 그는 씩 웃으며 말했다.

짜증이 눈 녹듯이 사라졌다. 슬리피 베어의 미소에는 맥을 못 췄다. 사내아이 같은 커다란 갈색 눈은 순식간에 마음을 누그러뜨렸다. 키가 크고 장대한 체격에는 당최 어울리지 않지만, 그의 두 눈을 보면 오랫동안 화를 내는 게 불가능했다.

슬리피 베어와 함께 오두막에서 코일 쪽으로 느릿느릿 걸어가는데, 장갑을 낄 새도 없이 대부가 우리 쪽으로 걸어왔다. 그는 노란 안전모 아래 늘 눈을 반짝이며 유쾌해 보였는데 어떻게 그럴 수 있는지 놀라웠다. 대부는 일주일에 종종 80시간 내지는 90시간을 일하는데도 피곤한 기색이 전혀 없었다.

"뭐예요?" 슬리피 베어가 대부의 손에 들린 종이쪽지를 가리키며 물었다.

"제러미가 보낸 메모지." 그는 웃어 보였다. "그게 아님 뭐겠어?"

슬리피 베어는 눈알을 부라렸다. "제기랄, 뭐래요?"

"애꿎은 사람에게 화풀이하면 쓰나." 대부가 웃으면서 긴 노란색 양말 한 켤레처럼 생긴 천 조각 두 개씩을 우리에게 건넸다. "팔에

껴. 케블라 토시야. 제러미 말이 지금부터 그걸 껴야 한대. 회사 정책이야."

슬리피 베어는 토시를 받아들고 혐오스럽게 내려다보았다. "더럽게 덥겠네."

"그러게 말이야." 대부가 맞장구쳤다. 그는 이미 손목부터 팔뚝까지 토시를 낀 채였다. "그래도 껴야지. CCTV가 곳곳에 있잖아." 대부는 나를 내려다보며 내 주황 안전모를 향해 고개를 끄덕여 보였다. "자네도 끼는 게 좋을 거야. 잘릴 빌미를 주면 안 되지."

슬리피 베어가 대부와 몇 분 이야기를 나누는 동안 나는 군소리 없이 토시를 팔에 끼고 일하러 갔다. 그들은 격렬하게 손짓을 하고 고개를 절레절레 흔들었다. 토시 때문에 한차례 분노한 뒤였는데, 이제는 가려운 케블라 토시를 착용해야 하는 수치스러운 상황을 개탄하는 모양이었다. 철강 노동자들은 흔히 별것도 아닌 일에 침소봉대했다. 똑같은 일을 끝없이 반복하면서 오랫동안 공장에 갇혀 있다 보니 단조로운 일상을 깨는 그 어떤 일에도 발끈하곤 했다.

내가 보기에도 토시는 불편했지만—벌써 땀이 차기 시작했다—나는 애써 그 문제를 외면하고는 반짝이는 코일에 판지 조각을 연달아 두르며 일에 집중하려고 했다. 절반쯤 끝냈을 때 슬리피 베어가 합류했다.

"아이고, 덥다." 그가 판지를 들어 올리면서 말했다.

기름칠을 한 기계가 부드럽게 돌아가듯 우리는 몇 분 안에 일을 끝냈다. 판지, 플라스틱 고리, 밴드. 래칫. 조임쇠. 그리고 반복. 슬리피 베어가 코일 눈으로 밴드를 집어넣으면 내가 반대쪽에서 잡았다. 그가 래칫으로 당기면 내가 조였다. 두 눈을 감고도 할 수 있을 정도였다.

코일을 단단히 묶은 다음에 우리는 오두막으로 천천히 걸어갔다. 그사이 또 다른 크레인이 밴드로 묶은 코일들을 래퍼Wrapper인 대부에게 가져갈 것이다. 슬리피 베어는 의자에 앉아 다리를 뻗었다. 에어컨은 덜덜거리며 돌아갔고 우리는 토시를 벗어 옆에 던져 놓았다. 땀이 순식간에 마르면서 곧 몸이 떨려왔다. 하지만 에어컨을 끌 생각은 들지 않았다. 곧 더위 속으로 돌아가 코일을 또 묶어야 할 터이니 가능할 때 최대한 찬바람을 쐬고 싶었다.

"우리더러 끼라는 저 토시 말이야. 저거랑 관련된 뒷이야기를 대부가 들려줬어." 슬리피 베어가 말했다.

의자에 앉아 있던 나는 따끈따끈한 소식을 듣고 싶은 마음에 몸을 앞으로 기울였다. 내가 뭐라고 말했건 나 역시 별것도 아닌 일에 수선을 떨었다.

"조질압연공장에서 누가 코일 모서리에 팔이 베였다나 봐." 슬리피 베어는 말을 이었다. "회사가 어떤지 알지. 일단 누군가 다치면 제철소에 변화가 생기잖아. 모든 사람이 이 토시로 값을 치르는 거야."

"잠깐만요." 내가 말했다. "아니 코일로 다치는 게 가능해요?"

그 상황을 상상해보았다. 대개의 경우 코일의 날카로운 모서리는 서로 겹쳐 놓는 터라 위험할 수가 없었다. 코일 모서리에 몸을 갖다 대고 비비면 모를까 코일에 베이기는 힘들었다.

"나도 모르겠어." 슬리피 베어가 말했다. "여기선 온갖 일이 일어나니까."

나는 커피를 홀짝거렸고, 우리는 누비이불 만들기 동호회 회원인 중년 여성 둘이 어떻게 되었다더라 하는 이야기를 주고받았다. 팔이 베인 그 남자는 우리가 아는 남자일까? 상처는 얼마나 깊을까? 슬리피 베어는 늘 소문에 밝았고, 나는 소문 얘기라면 언제나 환영이었다. 이것은 일종의 의식이 되었다. 슬리피 베어는 깨어 있는 동안 내게 이런저런 소문을 들려주었다. 1시간이 넘는 경우는 드물었지만 하루 중 내가 제일 기다리는 시간이었다. 제철소 근무를 시작한 지 몇 달이 지났는데도 동료들이 옆에 있으면 여전히 어색하고 쑥스러웠다. 나보다 연장자가 대부분이고 많은 이가 은어와 추억담이라는 장구한 역사를 공유했다. 그들 속으로 어떻게 들어갈지 난감했는데 슬리피 베어의 뒷이야기는 나를 그 자장 속으로 들어가게 해주었다.

토시와 관련된 뒷이야기를 다 소진하자 슬리피 베어는 눈을 감고 또 잠이 들었다. 다른 직장이라면 근무 도중에 자는 게 신성모독에 해당하겠지만 제철소 곳곳에서는 토막 잠을 자는 일이 드물지 않았다. 고참들은 특히 더 그랬는데, 대부분 오랜 세월 밤교대 근무를 하면서 만성적인 수면 부족에 시달렸다. 슬리피 베어는 제철소 근무 20년 동안 어디에서건 휴식을 취하는 요령을 터득한 것이다. 그런 그가 부러웠다.

나는 내가 예측 가능한 근무 일정을 원한다고 생각했었다. 그러면 생활의 리듬을 찾을 줄 알았는데 그게 아니었다. 낮밤 동안 교대 근무를 하는 팀이 넷뿐이어서 근무 시간표가 기가 막혔다. 내가 속한 조는 3주를 개처럼 일했는데, 그 3주 동안 며칠 낮을 쭉 일하다 며칠 밤을 일하고, 그러고 나서는 또 며칠 낮을 일하다 다시 며칠 밤을 연달아 일했다. 21일 동안 네 번의 교대는 물론이고 한 달에 한 번씩 달라지는 교대 근무에 몸이 적응하기란 정말 힘들었다. 이 일정표에는 끔찍한 24시간 전환도 포함되어 있는데, 그 말은 아침 6시에 퇴근해 그다음 날 아침 6시에 출근한다는 뜻이었다. 이것은 새로운 교대 근무에 적응하는 데 24시간밖에 주어지지 않는다는 뜻이기도 했다. 이렇게 지속되는 근무 일정표가 예측 가능할지는 몰라도, 몸이 고되기는 땜빵으로 일할 때나 별반 다를 바 없었다.

하지만 모든 것에는 일장일단이 있는 법이다. 이렇게 3주를 근무하고 나면 6일의 휴가가 주어졌다. 처음에는 한 달에 한 주 휴가가 생긴다는 사실에 환호했지만, 이 6일의 휴가가 당초 기대와는 다르다는 걸 곧 깨달았다. 내가 조직의 말단인 관계로 누구도 원치 않는 초과근무를 떠안은 것이다. 걸핏하면 비번인 날에 근무가 잡히다 보니 이 힘든 근무 일정에서 회복할 시간이 전무하다시피 했다. 더욱이 근무 도중에 잠을 잔다는 건 초짜에겐 상상할 수도 없는 일이었다. 한시도 조용한 때가 없었다. 크레인들은 늘 머리 위에서 움직이고 버기들은 쌩 하고 내달렸다. 이곳에서 20년쯤 일하면 낮잠 자는 법을 터득할 수 있을까. 하지만 20년은 영원처럼 느껴졌다. 이 미친 교대 근무로 이미 5년은 늙은 것 같았다.

슬리피 베어가 구석에서 자는 동안 초파리 떼가 창틀에 놓인 스티로폼 식초 컵 주위에 모여들었다. 한 움큼의 죽은 초파리들이 식초에 떠 있고, 몇 마리는 컵 가장자리에 앉아 운명을 시험하고 있었다. 기사를 읽으려고 핸드폰을 꺼냈지만 곧 뉴스에서 딴 데로 샜다. 공화당 전당대회가 당시 나의 유일한 관심사는 아니었다. 수면 부족의 상태에서 나는 배꼽암에 걸렸다고 확신했다.

배꼽암이라는 게 실제로 존재하는지는 중요하지 않았다. 또 어딘가에 암이 생겼다고 의심할 만한 근거가 있는지도 중요하지 않았다. 마치 신체의 한 부분이 스스로를 공격하듯 내 안에 무엇인가가 거칠게 덜컹거리는 느낌이 들어서 종양이 아닐까 생각했다. 일단 그 생각이 뇌리에 박히자 속수무책으로 나를 갉아먹기 시작했다.

이미 긴 시간을 투자해 배꼽과 악성 세포에 관한 다양한 과학 논문을 찾아본 터였다. 광적인 조사를 통해 요막관암이란 걸 찾아냈는데 내 강박관념에 딱 들어맞는 것이었다. 태아 발육 시기에 방광에서 배꼽으로 소변을 배출하는 관의 일부를 성인이 된 뒤에도 여전히 갖고 있는 사람들이 있다. 이 관의 일부를 요막관이라 하고, 아주 가끔 이것이 종양으로 발전하기도 한다. 이 암에 걸린 사람들은 때로 배꼽에서 증상을 느끼는 터라 나는 내 병의 원인이 요막관암이라고 확신했다.

오두막 저편에서 슬리피 베어의 코 고는 소리가 점차 커졌다. 그 좁은 공간에서 푸푸 숨을 내뱉을 때마다 숨소리가 벽에 부딪혀 울렸다. 마치 덜덜거리는 에어컨과 우르릉대는 크레인 소리보다 더 큰 관심을 받겠다고 경쟁을 벌이는 듯했다. 나는 이 정신 사나운 소음들을 무시하고 조사를 이어가려고 무진 애를 썼다. 요막관암의 유병률에 관한 정보를 찾아보았다. 극히 드묾. 이번에는 예후에 관한 정보를 찾아보았다. 좋지 않음. 요막관암을 이겨낸 사람들의 잘 알려지지 않은 이야기를 찾아본 뒤 덩어리가 만져지나 싶어 배를 눌러보았다.

정신과 의사들은 야간 근무와 수면 부족이 양극성 장애의 재발 위험을 크게 높인다고 한목소리로 말할 것이고, 또한 요막관암에 대한 갑작스러운 강박은 내가 불안정해지고 있음을 보여주는 강력한 증거였다. 혼합 상태의 망상이 이미 발현하기 시작한 것인데도 그걸 알아챌 도리가 없었다. 열두 달 넘게 정신적으로 건강했고, 또 다시 병이 발병한다는 사실을 믿고 싶지 않았다. 그렇게 오랫동안 증상이 나타나지 않을 때는 눈이 멀기가 쉽다. 오진일지도 몰라. 돌팔이 의사들. 애초에 난 병 같은 게 없었던 거야. 그러다 어딘가 몸이 이상해지면 현실을 직시할 수 없게 된다. 결국 현실을 직시한다 함은 고통스러운 진실을 인정한다는 걸 의미하기 때문이다. 넌 네가 생각한 만큼 상태가 좋지 않아. 네가 물려받은 그 병은 결코 고칠 수 없어. 그런 상황에서는 배꼽에 문제가 있다고 믿는 게 훨씬 쉬운 법이다.

내가 양극성 장애에 대해 알게 된 것은 아주 어렸을 때였다. 내 핏속에는 그 병이 흐르고, 부모님이 지친 한숨을 쉬며 그 병에 대해 속삭이는 소리를 이따금 들었다. 친할머니인 모니카는 조증과 울증으로 오랫동안 고통받았지만 제대로 된 치료를 거의 받지 못했다. 조부모를 부부로 만나볼 기회도 없이 할아버지는 할머니와 헤어졌고, 우리 가족은 모니카가 '집'이라고 부르는 그 작은 아파트를 좀처럼 찾아가지 않았다. 아빠는 거리를 유지하기를 원했다. 모니카는 병세를 누그러뜨리려고 술에 의존하다 보니 평생토록 알코올중독에서 헤어나지 못했다. 그런 까닭에 할머니는 양육권을 잃은 채 아빠와 그의 두 누이를 혼자 힘으로 살도록 방치했다. 어린 나이에도 나는 아빠가 그것 때문에 할머니를 원망하는 것을 이해했다. 우리는 휴일에 가끔씩 모니카를 보러 갔고, 모니카는 늘 우리에게 생일 카드를 보내왔다. 그러나 대개의 경우 할머니는 가족의 가장자리를 맴도는 유령 같은 존재였다.

나는 삐뚤빼뚤하니 읽기 힘든 할머니의 필체를 알아보았다. 생일 카드는 마치 지진 중에 쓴 것 같았다.

"리튬조울증 치료제 때문이야." 엄마가 말했다. "그걸 먹으면 손이 떨리거든."

나는 할머니를 그녀의 병으로 기억했는데, 할머니는 자신의 병을 드러내는 데 주저함이 없었다. 드물게 할머니를 뵈러 가면 할머니는 몸의 이상을 하소연하곤 했다. 우리는 요로 감염이니 흔들리는 치아니 소화불량이니 하는 소리를 들었다. 할머니는 고통과 통증 하나하나를 기이할 만큼 세세하게 묘사했다.

"요로 감염은 심리적 문제 같아." 엄마가 내게 말했다. "어렸을 때 성적 학대를 당한 게 분명해."

내 기억 속에 모니카는 무너지는 여자였다.

어린 시절에 언젠가 부모님에게 할머니의 병에 대해 물은 적이 있는데, 그때 부모님의 이야기는 평생 동안 나를 괴롭혔다.

조증이 한창일 때 모니카는 상점에 가서 수십 켤레의 신발을 샀다. 그것들을 차에 하나 가득 실었다. 단화. 운동화. 하이힐. 그런 다음에 담배를 피우지도 않으면서 담배 한 갑을 샀다. 집으로 오는 차 안에서 담배를 뻐끔뻐끔 태우고는 담배꽁초를 차창 밖으로 던졌다. 꽁초 하나가 차 안으로 도로 들어와 뒷좌석의 신발 상자에 떨어졌다. 그날 밤 모니카는 아빠한테 전화를 걸었다.

"불이 좀 났어." 할머니가 말했다.

부모님은 조수석이 조금 탔으리라고 생각하고 할머니의 아파트로 갔는데, 가서 보니 세단이 검게 그을려 있었다. 시커멓게 탄 가죽에 밑창이 찐득하게 눌어붙은 신발들이 뒷좌석에 널브러져 있었다.

할머니와 같은 병이라는 진단을 받았을 때 나는 그녀처럼 외롭게 살까 봐 두려웠다. 나도 가족의 가장자리로 밀려날 것이다. 무시되고 이혼당하고 소외될 것이다. 어쩌면 모니카처럼 나도 언젠가는 아빠의 사랑을 모조리 태워버릴 것이다.

시간이 흘러 나의 정치적 성향이 진보로 바뀌고 난 후 어느 날 저녁을 먹으러 부모님의 집으로 갔다. 오바마가 첫 임기 선언을 막 마쳤을 때고, 날은 서서히 봄으로 바뀌는 중이었다. 철이 바뀌는 것과 함께 혼합 상태의 재발 위험도 커졌고 이미 증상이 어깨 너머에서 스멀스멀 찾아오는 게 느껴졌다. 울음이 더 잦아졌다. 남자 친구에게 툭하면 화를 냈다. 그가 곧 나를 떠날 거라 믿으면서 피해망상이 점점 더 심해졌고 약을 복용하는 것도 그만두었다. 언제나처럼 경고의 징후를 무시한 것이다. 어쩌면 병이 제 발로 사라질지도 모를 일이니.

나는 부모님과 식탁에 앉아 연어와 으깬 감자를 먹었다. 풋강낭콩을 숟가락으로 막 뜨려는 순간에 부모님이 내게 제안을 하나 했다.

"네 엄마와 나는 네가 무기 소지 수업을 들었으면 한다." 아빠가 말했다. 아직 종말을 대비한 물품을 지하실에 비축하지는 않았지만, 무기를 향한 아빠의 집착은 더욱 심해졌다.

"무슨 수업?" 내가 되물었다. 대학을 졸업한 지 몇 달 안 되었을 때라 어떤 수업이든 듣고 싶은 생각이 없었다.

"무기 소지 수업." 엄마가 다시 말했다. "무기를 소지하려면 들어야 하는 수업이야. 아빠와 엄마는 이미 자격증을 땄어."

"정말? 둘 다 무기를 갖고 다닌다고?" 내가 깜짝 놀라 물었다. 엄마는 작은 키에 쉽게 놀라는 사람이었고 무기에 흥미를 보인 적도 없었다.

"자주는 아니야." 엄마는 날렵한 코끝에 얹힌 네모난 안경을 고쳐 쓰면서 대답했다. "우리가 원할 때 무기를 소지할 수 있다는 게 중요한 거야. 너도 수업을 들었으면 좋겠어."

나는 으깬 감자를 숟가락으로 떴다. "잘 모르겠어. 총을 쏜 적이 없어서."

"그건 중요하지 않아." 아빠가 포크를 입 앞에 멈춘 채로 말했다. 작은 연어 조각이 턱에 매달려 있었다. "수업이 끝날 즈음에는 총을 다루는 법을 배우게 될 거다."

엄마는 동의한다는 뜻으로 고개를 끄덕였다. "수업료는 우리가 내줄게." 엄마가 덧붙였다.

포크가 접시에 부딪히는 쨍그랑 소리만 날 뿐, 내 정신 건강 상태에 대해 말하는 사람은 아무도 없었다. 그 전에 자살 시도를 몇 번이나 했고, 양극성 장애를 억누르는 것은 불가능했다. 내 손에 총이 쥐어지면 자살의 위험이 더 커지는데도 부모님은 내가 그 수업을 듣기를 원했다.

"이제 오바마가 대통령이 됐으니 자격증을 따는 게 어려워질 거야." 아빠가 설명했다. "무기를 소지할 우리의 권리를 위협할 테니 지금 수업을 듣는 게 최선이야. 그러면 오바마가 우리의 자유를 빼앗아가도 걱정할 필요가 없겠지."

그때까지 나는 총에 조금의 관심도 없었다. 사실을 말하자면 총이 무서웠다. 총을 소지하는 것은 물론 손에 쥐는 것도 싫었지만 아빠의 경고는 내게까지 옮아왔다. 오래된 공포가 불쑥 되살아났다. 두렵지 않은 게 두려웠다. 그 느낌은 잊는 데 오랜 시간이 필요한 일

종의 반사작용 같은 것이었다. 그것은 마치 모든 게 균열되고 왜곡
돼 보이는 만화경을 들여다보는 것과 같았다. 오바마에 투표해놓고
서는—실은 핼러윈 때 장난삼아 큰 단추에 '우리 집에서는 러시아가
보인다!'라는 문구가 찍힌 의상을 입고 세라 페일린 흉내를 냈다전
알래스카 주지사인 세라 페일린은 2008년 대선에서 공화당 부통령 후보로 지명된 뒤 ABC
와 했던 인터뷰에서 러시아의 대외 정책을 묻는 앵커의 질문에 '알래스카에서는 러시아가
보인다' 하고 황당한 답변을 하는 등 자질 시비에 시달렸다—이제 와 오바마가 무
기를 소지할 권리를 빼앗아갈까 봐 두려웠다. 무기에 관심이 전혀
없었지만 어쨌건 무기를 소지할 수 있기를 원했다. 자칫 방심하면
내가 관심을 두는 줄도 몰랐던 권리를 빼앗길 것이다.

"알았어." 내가 감자에 소금을 뿌리면서 답했다. "수업 들을게."

몇 주 후 나는 총에 열광한 사람들과 교실에 앉아 배불뚝이 강사
가 화이트보드 옆에서 수업하는 모습을 지켜보았다. 수강생 모두
커피 한 잔씩을 들고 졸린 눈으로 앉아 있는 터라 강사는 우리를 깨
우려고 안간힘을 썼다.

"총을 소지하면," 강사가 벼락같은 목소리로 말했다. "그걸 사용
할 준비가 되어 있어야 합니다. 총을 쏴서 상대를 죽여야 합니다. 그
렇지 않으면 상대가 총을 빼앗아 여러분을 쏠 겁니다."

그날 아침 받은 서류 뭉치를 내려다보았다. 무기 사용에 관한 법
률과 충고가 빼곡했지만 글자가 흐릿하게 보였다. 총을 누군가에게
겨누는 모습을 머릿속에 그려보았다. 강도가 내 가방을 뺏으려고
할지도 모른다. 칼을 든 남자가 나를 위협해 뒷골목으로 끌고 갈지
도 모른다. 위협을 느끼고 신경이 곤두서겠지만, 그렇다고 누군가에
게 총을 겨누고 죽일 수 있을 것 같지는 않았다.

수업은 몇 시간 동안 이어졌고, 그사이 괜히 온 게 아닐까 하는 생각이 들었다. 사람을 죽이는 법을 알고 싶지는 않았다. 주머니에 총을 넣고 혹시 총이 발사되지 않을까 걱정하고 싶지도 않았다. 그러나 오래된 두려움이 마음 저편에서 다시 살아났다. 나는 그저 권리를 행사할 뿐이었다. 자유를 누릴 뿐이었다. 물론 서서히 혼합 상태로 빠져들면서 때로 충동적으로 행동하겠지만. 강사는 마지막 테스트인 사격장으로 우리를 데리고 가면서 정신 건강에 대한 말은 한마디도 하지 않았다. 그 수업을 통과하려면 총으로 종이 표적물을 맞혀야 했다.

작고 검은 부스로 걸어가 앞쪽 선반에 38구경 스페셜 권총을 내려놓았다. 아빠는 내게 자신의 권총을 빌려주면서 장전하고 발사하는 법을 간단히 알려주었다. 탄환은 여기로 넣는 거야. 방아쇠를 꽉 쥐어. 당기지 말고. 총신은 나를 두렵게 했고, 나는 들개 포획자가 광견을 몰 때 그러듯이 총을 노려보았다.

강사는 큰 배에 손을 얹고 느릿느릿 걸어왔다.

"좋은 총입니다." 강사는 인정한다는 뜻으로 고개를 끄덕이며 말했다. "아주 믿을 만한 녀석이죠. 어서 해보세요."

강사도 나도 소음 방지 헤드폰을 낀 채였고, 나는 선반에서 권총을 집어 들었다. 작은 은색 권총은 보기보다 무거웠고, 사격장 끝의 종이 표적물에 총을 겨누는데 손이 떨렸다. 종이에는 사람 모양의 목표물이 그려져 있고 그 한복판, 곧 심장 근처를 맞춰야 했다. 아빠가 내게 일러준 대로 방아쇠를 꽉 쥐자 격발의 충격이 팔뚝에 전해졌다. 헤드폰이 소리를 죽여 총소리가 마치 장롱이 창가에서 떨어지는 것처럼 들렸다. 쿵 소리가 나더니 기이한 정적이 찾아왔다.

선반에 권총을 내려놓고 강사와 함께 목표물을 살폈다. 총알은 종이 모서리를 스쳤을까 말까 했다.

"괜찮아요." 강사는 말했다. "계속하세요."

몇 번 더 시도한 끝에 마침내 중앙에서 몇 센티미터 떨어진 곳을 맞췄다.

"좋습니다." 강사가 말했고, 그게 다였다. 강사는 옆 사람 쪽으로 건너갔고, 나는 무기를 소지할 능력이 된다고 공식적으로 인정받았다.

그날 필요한 훈련을 끝마쳤음을 공인하는 수료증을 받았다. 실제 자격증을 받으려면 지문을 등록하고 발급 수수료를 지불해야 하지만 그날 저녁에는 다른 계획이 잡혀 있었다. 룸메이트들과 집에서 파티를 열기로 한 것이다.

도착했을 때는 파티가 이미 무르익은 뒤라 나는 분위기에 맞추려고 애를 썼다. 보드카를 병째 마시고 거기에 더해 맥주를 벌컥벌컥 들이켰다. 위스키에 테킬라까지 들이부었다. 술맛 때문도 아니고 사람들과 어울리기 위함도 아니었다. 잊기 위해 마시는 것이었다. 양극성 장애로 나날이 우울과 불안이 심해졌고 술 한 모금을 마실 때마다 엄습해오는 증상을 망각할 수 있었다. 20분이 지나자 애초의 목표를 달성했다. 파티에 참석한 그 누구보다 엉망으로 취한 것이다.

몇몇이 식탁에 앉아 낮은 목소리로 가벼운 대화를 나누고 있었다. 나는 무기 소지 수업에서 받은 수료증을 손에 들고 의자에 털썩 주저앉았다.

"허리춤에 총을 차도 된다는 정부의 인정서야." 한 손으로는 수료증을 흔들고 다른 한 손으로는 보드카 펀치를 홀짝거리면서 좌중에게 말했다.

"총 쏠 줄 알아?" 남자 하나가 물었다. 갈색의 곱슬머리를 맨번 스타일정수리나 뒤쪽에 머리를 바싹 묶은 남자의 헤어스타일을 일컫는 말로 묶은 남자는 저녁 내내 내 룸메이트의 환심을 사려고 애쓰고 있었다.

"아니." 내가 답했다.

"총을 갖고 싶어?" 그가 물었다.

"아니."

식탁 주위로 돌고 있는 보드카 병을 잡으려고 손을 뻗다가 그만 뚜껑이 열린 크랜베리 주스 병을 건드렸다. 주스가 식탁에 엎질러지면서 접착식 비닐 안에 든 수료증이 젖었다.

내가 벌떡 일어나 셔츠 소매로 크랜베리 주스를 닦자 룸메이트 하나가 나를 당혹스러운 표정으로 바라보았다.

"무기 소지 수업은 대체 뭐 하러 들은 거야?" 그녀가 물었다.

셔츠가 흥건히 젖은 채로 나는 크랜베리 주스 웅덩이에서 고개를 들고 쳐다보았다. "나도 몰라." 이렇게 답하고는 의자에 주저앉아 보드카를 단숨에 마셨다.

그때는 너무 취해서 그 수업을 듣도록 나를 사로잡았던 것이, 아빠로 하여금 권총을 비축하도록 만든 것과 비슷하다는 사실을 깨닫지 못했다. 우리는 우리의 권리를 옹호함으로써 별것 없는 삶을 통제한다는 환상을 품게 된 것이다. 아빠의 사업은 일어서기가 무섭게 기울었고, 나는 심신을 마비시키는 질병의 고통 속으로 다시 빠져들고 있었다. 아빠와 나는 각자의 방식으로 무시당한다고 느꼈지만, 하느님이 부여한 헌법적 권리는 우리가 여전히 이 땅에서 힘을 가진 것처럼 보이도록 했다. 그 권리는 정부가 우리에게 부여한 보장만이 아니었다. 그것은 수정과 해석의 여지가 있었다. 미국의 이상 속에서 그 권리는 우리의 정체성과 밀접하게 관련되어 있었다. 그 권리에 가하는 미세한 수정도 개인을 향한 위협으로 여겨졌는데, 그것은 개인의 싸움을 정치적 운동으로 전환함으로써 우리로 하여 금 무시당하고 방치되는 느낌을—삶에서건 가족 간에서건 인간관 계에서건—쉽게 누그러뜨리게 했다. 우리가 어떤 목소리도 낼 수 없 을 것 같을 때 우리의 권리는 우리에게 목소리를 주었다. 우리의 권 리는 우리를 무너뜨리는 것들에 맞서 싸울 길을 제시했다. 그중 상 당수가 눈에 보이지 않는 것들이라 총알로는 막지 못하지만.

　무기 소지 수업을 들은 그 이튿날 아침 눈을 뜨니 최악의 숙취가 찾아왔다. 수차례 토하는 사이에 구겨진 채 마른 얼룩이 남은 수료 증을 바라보았고, 수업 도중에 강사가 한 말이 생각났다. 총을 쏴서 상대를 죽여야 합니다. 숙취보다 그 생각에 더 토할 것 같았다. 나는 총을 원하지 않았다. 그렇게 치명적인 걸 손에 쥐고 싶지도 않았다. 내 삶에 끌어들이고 싶지 않은 어떤 위험이 그 수료증 안에 도사리 고 있음을 느꼈다. 가장 두려운 것은 내가 그 수업을 너무도 쉽게 통 과했다는 것이다. 나는 무기를 소지할 준비가 되어 있지 않았다. 경 험도 지식도 기술도 없는데 무기를 구입해 허리춤에 숨길 권리가 생 긴 것이다. 두려움이 그 수업을 듣도록 떠밀었지만, 이제 불현듯 그 두려움이 내포하는 바가 보였다. 내가 총을 쏴서 누군가를 죽일 수 있는 사람이 된다면 나의 일부는 늘 세상을 목표물로 바라볼 것이 다. 그것이 내가 원하는 바는 아니라서 벽장 속 서류 캐비닛에 수료 증을 넣었다. 몇 달 후 나는 혼합 상태가 재발해 정신 병동에 입원 했다. 자살을 간절히 원하던 때라, 혼합 상태에서 회복했을 때 수료증이 있어야 할 곳에 있어 참 다행이다 싶었다. 크랜베리 주스 자국이 얼룩덜룩 남아 안전하게 잊힌 채로.

하루의 근무를 시작할 준비를 하며 오두막 안에 서 있는데 슬리피 베어가 손에 종이 한 장을 들고 들어왔다.

"이것 좀 봐." 그가 종이를 흔들며 말했다.

나는 물에 적신 냅킨으로 내가 앉은 의자 옆 작은 탁자를 닦았다. 표면은 깨지고 까진 데다 가장자리에는 검은 때가 끼어 있었다.

"한번 맞춰볼게요." 내가 종이에 시선을 두지 않은 채로 대답했다. "제러미 메모죠?"

"그렇지." 슬리피 베어가 대꾸하는 것과 동시에 나는 냅킨을 쓰레기통에 던졌다.

"뭐래요?" 내가 물었다.

나는 오래된 원두에서 뽑은 듯한 주유소 커피를 깨끗하게 닦은 탁자에 내려놓았다. 커피 맛을 가리려고 듬뿍 넣은 달콤한 크림 냄새를 맡았는지 초파리 몇 마리가 벌써 컵 주위를 맴돌았다.

"하, 아주 마음에 들걸." 슬리피 베어가 말했다. "코일 필드에 있는 흡착재를 치우래."

그 말에 어깨가 축 처졌다. 코일 필드에는 판매 대기 중인 코일 완성품이 줄줄이 놓여 있고, 넓이는 600여 평에 이른다. 코일 필드 통로 사이로 쓰레기—오래된 병과 판지 조각, 밴드 따위—를 버리는 사람들도 더러 있지만 최악은 기름이었다. 수송부로 옮기기 전에 녹을 방지하기 위해 코일에 기름칠을 하는데, 필드에 부려지면 코일에서 기름이 새어 나온다. 그래서 기름을 빨아들이는 흡착재를 통로

마다 놓았는데, 기름을 흠뻑 머금은 흡착재는 무겁고 더러웠다. 바닥에서 흡착재를 들어 올리려고 하면 온통—옷에도, 작업화에도, 안전모에도—기름 범벅이 됐고, 거기엔 발암물질로 알려진 육가크로뮴이 들어 있다는 소문까지 돌았다.

"염병할 제러미 같으니." 나는 한숨을 쉬며 말했다.

"난 그 거지 같은 일 안 할 거야." 슬리피 베어는 의자에 앉으면서 말했다. "시간외근무야. 거기다 우린 밴더야. 코일을 밴드로 묶으라면 그건 하지. 하지만 청소는 안 해. 소가 웃을 일이야."

나는 의자에 깊숙이 앉아 파란 작업복 소매를 만지작거렸다. 제러미를 욕할 수는 있어도 그의 요구를 무시할 만큼 강단이 세지는 않았다. 상대를 실망시키고 싶지 않은 완벽주의자 기질을 여전히 버리지 못했고, 제러미의 경고가 귓전에 맴돌았다. 여기 왔다고 사람이 변하면 안 돼. 고집을 부리면 안 되지.

"청소를 조금만 할까요." 내가 비굴해 보이지 않으려고 애쓰면서 슬리피 베어에게 말했다. "그러면 제러미가 지랄은 못할 거 아녜요."

슬리피 베어는 고개를 저으면서 그 커다란 갈색 눈을 부라렸다. "아, 아직 '주황 모자'지."

나는 어쩔 수 없다는 듯 미소를 지으며 어깨를 으쓱했다.

"알았어." 슬리피 베어가 말했다. "그래야 자네 마음이 편해진다면 나가서 통로 몇 개만 치우자구."

그날 오후 밴딩 작업을 하다 잠시 짬이 났을 때 슬리피 베어와 나는 코일 필드 옆에 덤프스터를 놓고 청소를 시작했다. 흡착재는 황록색 기름과 먼지에 뒤덮였다는 걸 빼면 기다란 카펫 충전재 조각처럼 생겼다. 기름 웅덩이가 있는 곳마다 흥건히 젖은 흡착재가 있었고, 가죽 장갑에까지 기름이 배는 데는 오랜 시간이 걸리지 않았다. 슬리피 베어와 나는 흡착재를 들어 올려 그 무거운 걸 질질 끌고 가면서 한 팀으로 일했다. 덤프스터에 흡착재를 던질 때마다 기름방울이 목과 뺨에 튀었다.

한동안 쉬지 않고 일을 하는데 어느 순간 슬리피 베어가 가쁜 숨을 몰아쉬었다. 그가 코일에 몸을 기대자 시커먼 기름때가 셔츠 소매에 묻어 있는 게 보였다.

"잠깐 쉬어야겠어." 그가 말했다.

"네, 그러세요." 나는 그렇게 말하면서도 손을 쉬지 않았다. 일을 질질 끌어봤자 무슨 소용이 있을까 싶어서 통로로 내려가 혼자서 흡착재를 들어 올렸다.

흡착재는 길이가 통로와 엇비슷하게 15미터쯤 됐고 매우 무거웠다. 나는 흡착재를 큰 공처럼 말아 미끄러운 바닥 위로 천천히 끌고 갔다. 흡착재를 덤프스터에 던지느라 몸을 굽혔다 폈다 했더니 허리가 끊어질 듯 아팠고, 슬리피 베어와 쉬지 않고 일한 탓에 팔까지 떨렸다. 통로 끝에 거의 다다랐을 무렵 작업화가 바닥에 미끄러졌다. 뭐라도 잡으려고 팔을 필사적으로 휘저었지만, 그만 기름 웅덩이 한복판에 벌러덩 자빠졌다. 기름이 바지 속까지 스며들었다.

"저런," 슬리피 베어가 뛰어오면서 소리쳤다. "괜찮아?"

둥글게 만 기름투성이의 흡착재가 발밑에 있기에 냅다 걷어찼다. 자존심 이외에 다친 데는 없었다.

"괜찮아요." 내가 일어나려고 버둥대면서 대답했다.

슬리피 베어는 손을 내밀어 나를 일으켜 세웠다. 그러고는 여전히 쌕쌕대면서도 나를 도와 큰 공 모양의 흡착재를 덤프스터에 던져 넣었다.

"오늘은 그만하고 쉬어." 그가 이마를 더러운 팔뚝으로 닦으면서 말했다. "충분히 했어. 다른 팀이 남은 일을 할 거야."

"네." 내가 말했다. 슬리피 베어가 그만하자고 할 만큼 분별 있는 사람이라서 다행이다 싶었다.

그는 오두막으로 돌아가 코일이 도착하기를 기다렸고 나는 바지를 갈아입으려고 로커 룸으로 갔다. 시커먼 기름때가 목 옆쪽으로 묻어 있었다. 기름때가 쇄골 위 홈에도 껴 있었다. 입술 위에는 수염이 그려졌다. 근무시간이 몇 시간 더 남았지만, 샤워와 맛있는 밥한 끼가 간절했다. 코일 필드가 하루를 망쳐버렸지만 스스로를 위로하려고 했다. 적어도 제러미는 우리가 최선을 다했다는 걸 알게될 것이다. 물론 내 생각이 그랬다는 말이다.

슬리피 베어와 나는 기름에 전 흡착재를 오후 내내 힘들게 치웠다고 제러미에게 칭찬을 듣지 못한다. 사실 제러미는 우리가 청소를 했다는 걸 아예 알아채지 못한다. 모두 고참으로 이루어진 다른 팀은 제러미의 메모를 구겨 쓰레기통에 던져버리고 코일 필드에 손끝하나 대지 않는다. 제러미가 알아챈 것은 바로 이것이다. 결국 수송부의 모든 밴더들은 제러미에게서 집단 항명을 간접적으로 질책받는 또 다른 메모를 받게 되고, 코일 필드 청소는 다른 노동자들에게 시간외근무로 할당된다.

"망할." 나는 두 번째 메모를 읽으며 슬리피 베어에게 말했다. "그 염병할 청소는 우리가 했는데 제러미가 지금 우리한테까지 고래고래 고함을 지르는 거예요?"

슬리피 베어는 미소를 지으며 고개를 저었다. "여기가 어떻게 돌아가는지 이제 알겠지."

나는 메모를 바닥에 던지고 이맛살을 찌푸렸다.

"이 말은 안 하려고 했는데." 내가 슬리피 베어에게 말했다.

"뭐, 무슨 말?"

"제러미, 엿 먹어라."

슬리피 베어가 웃자 나도 따라 웃었다. 그는 아이가 보조 바퀴 없이 자전거를 타는 모습을 뿌듯하게 쳐다보는 부모였고, 나는 진입로 끝까지 비틀거리며 가는 작은 아이였다.

슬리피 베어와 코일 필드를 청소한 후에 평소처럼 근무를 마쳤다. 판지, 플라스틱 고리, 밴드. 래칫. 조임쇠. 그리고 반복. 마침내 퇴근할 시간이 되자 로커 룸에서 샤워를 하고 저녁을 먹으러 토니의 집으로 갔다. 집 뒤편의 베란다에서 맥주를 마시는 동안 토니는 그릴에서 버거를 구웠다. 여름방학이 아직 한창이었고, 그는 이리 호 호숫가에서 우쿨렐레를 연주하며 오후를 보냈다.

"오늘 어땠어?" 그가 물었다.

"덥고, 길었어."

태양은 지평선 너머로 천천히 넘어가고 있었지만, 기우는 햇살은 습한 공기를 어쩌지 못했다. 땀이 나서 셔츠가 옆구리에 달라붙었고 땀이 눈으로 흘러들지 않게 연신 이마를 닦아야 했다. 온종일 지저분한 제철소에서 일하다 온 끝이라 중앙 냉방 시스템이 주는 달콤한 위안이 더없이 그리웠다.

"안에서 먹을까?" 내가 물었다.

토니는 고개를 돌려 나를 실망스러운 눈길로 쳐다보았다. 여름 동안 그는 해가 있는 한 충동적으로 밖에 있으려고 했다. 찌는 듯한 불볕더위에도 개의치 않았다. 안에서 보내는 일분일초를 낭비로 여겼다.

"밖에서 먹는 게 근사할 줄 알았어." 그가 대답했다.

"알아. 땀이라면 질색이야."

토니는 간청하는 눈빛으로 바라보았다. "밤이 이렇게 멋진데."

나는 고개를 숙이고 맥주병의 라벨을 손톱으로 뜯었다. 안에서 먹자고 하면 토니는 분명 저녁 내내 풀이 죽어 있을 것이다. 우리가 놓친 멋진 밤을 아쉬워할 것이다. 그러고 나서는 친절하게도 나를 위해 야외에서의 근사한 식사를 희생했다고 생색낼지도 모른다.

야간 근무를 시작한 이후로 이처럼 작은 일이 빈번히 일어났다. 밤 근무를 끝내고 그의 집에 와서 내내 잠만 자려고 하면 그는 짜증을 냈다. 12시간 근무를 끝내고 그의 옆에서 쉬려고 하면 그는 내가 아무것도 할 수 없다는 사실에 절망했다. 그는 내가 근무를 마친 뒤에도 시간과 에너지가 넘쳐 여름방학 중인 사람과 보조를 맞추기를 기대하는 듯했다. 나는 거듭된 실망을 느꼈지만 실상은 훨씬 복잡했다. 혼합 상태가 재발할 때면 나는 늘 편집적이고 반발적인 성향을 보인다. 아무도 없는 곳에서 불쑥 화가 치밀고 상대의 행동을 원래의 의도와 상반되게 해석한다. 나 자신이 위협받는 희생자라는, 나만의 근시안적 세상을 엮어 나간다.

사실 토니는 내 편의를 봐주기 위해 가능한 모든 일을 하고 있었다. 저녁을 요리하고 내가 쉴 수 있게 배려했다. 내 필요에 맞추느라 자신의 소망을 희생했다. 그가 원한 것이라곤 신선한 바깥바람 속에서 근사한 저녁 한 끼를 먹는 것이었다. 하지만 내 병은 내가 상황을 옳게 보도록 하지 않았다.

"알았어." 저녁 준비가 거의 끝나갈 때 내가 토니에게 말했다. 또다시 그의 실망의 대상이 되고 싶지 않았다. "밖에서 먹어."

토니는 버거를 탁자로 들고 왔고 나는 잔에 물을 따랐다. 의자에 앉아 먹으려고 하는데 울컥 화가 치밀어 올랐다. 내 생각에 나는 그가 원하는 것에 맞추려고 온갖 애를 썼다. 시간이 날 때마다 그의 집으로 갔다. 녹초가 되었을 때도 함께 산책을 갔다. 잠이 절실했지만 그의 가족 모임에 참석했다. 겉치레로 꾸미는 게 나날이 힘들어졌지만 더 명랑하고 더 쾌활하려고 노력했다. 내 일이 고되다는 걸 토니는 이해하지 못했고, 지금 나는 그를 위해 저녁 내내 땀을 뻘뻘 흘리고 있었다. 나는 지금 부당한 대우를 받는 중이었고, 매 분이 지날 때마다 그 느낌은 점점 심해졌다. 화가 나서 견딜 수 없을 때까지 야채를 뒤적였고, 마침내 화가 났다는 걸 티 내기 위해 한숨을 깊게 내쉬었다.

"왜 그래?" 토니가 물었다.

"아무것도 아냐." 내가 접시를 뚫어져라 바라보면서 대답했다.

"무슨 문제가 있네. 말해봐."

나는 화를 어떻게 표현해야 할지 몰라 브로콜리 조각을 포크로 찍었다. 머릿속이 수천 개의 방향으로 돌았지만 어떻게 멈춰야 할지 몰랐다.

"좋아." 나는 긴 침묵 끝에 대답했다. "하루 종일 땀을 뻘뻘 흘리면서 일했고 자길 보러 여기까지 차를 몰고 왔어. 그런데 자기 때문에 저 거지 같은 에어컨 아래에서 밥도 못 먹잖아. 자기가 하고 싶은 걸 못할 때가 있어? 언제나 자기가 원하는 대로야."

토니는 어금니를 악물고 하늘을 올려다보았다.

"안에서 먹자." 그가 접시를 들면서 말했다.

"싫어." 내가 우겼다. "안으로 들어가면 자기 때문에 죄책감이 들 거야. 밖에서 먹어."

토니는 접시를 내려놓고 한숨을 크게 쉬었다.

"내가 어떻게 하길 원해?" 그가 물었다. "밖에서 먹자고 해도 화를 내고 안에서 먹자고 해도 화를 내잖아. 나보고 어떻게 하라고?"

"자기가 좀 더 나를 이해해줬으면 좋겠어."

토니는 소리를 지르지 않으려고 입술을 깨물었다. "어떻게 더 이해해줄 수 있는데? 쉴 시간을 주잖아. 쉴 공간도 주고. 네가 기진맥진해서 아무것도 못할 때 배려해주려고 노력한다고."

"맞아, 하지만 그렇게 하면서 늘 생색을 내잖아."

토니는 고개를 가로저으면서 어깨를 으쓱했다. 그가 악당으로 나오는 나의 뒤틀린 세상을 알 리 없었다.

"뭘 어떻게 더 해야 네가 행복해질 수 있는지 모르겠다." 그는 체념한 목소리로 말했다. "뭘 어떻게 해야 할지 정말 모르겠어."

우리는 분노 섞인 말을 주고받으며 한참을 더 싸웠다. 결국 나는 접시를 챙겨 안으로 들어갔고 그는 해가 지도록 밖에 있었다. 저녁 내내 말 한마디 나누지 않다가 화를 풀지 않은 채 잠자리에 들었다.

돌이켜보면 제철소 근무는 토니에게도 내게도 힘든 일이었다. 일 때문에 연인을 잃는 것도 괴로운데, 연인이 질병의 고통 속으로 서서히 빠져드는 걸 지켜보기란 더욱 혼란스러웠을 것이다. 하지만 그때 나는 내 시각으로만 세상을 바라보았다. 하루하루 지날수록 나 이외의 다른 것을—다른 사람도—의식하기가 점점 어려워졌다. 내 생각을 통제할 수 없었다. 망상에 사로잡히는 걸 멈출 수 없었다. 짜증을 참는 것도, 기분을 누그러뜨리는 것도 힘들었고, 분노는 순식간에 치밀어 올랐다. 제철소에 소모되는 기분이었지만 그걸 막을 재간이 없었다.

토니와 싸우고 며칠 후, '사교의 장 오두막'에 슬리피 베어와 앉아 트럼프가 공화당 전당대회에서 후보 수락 연설하는 모습을 안전 영상 시청용의 큰 텔레비전 화면으로 지켜보았다. 초파리들이 모조 마호가니 탁자에 놓인 오래된 데니시 페이스트리 상자 주위를 맴돌았고, 슬리피 베어와 나는 얼음처럼 차가운 생수를 홀짝거렸다. 크레인이 머리 위에서 우르릉거릴 때마다 화면이 끊겼지만 연설의 요지는 파악할 수 있었다.

"여러분에게 말씀드릴 수 있습니다." 트럼프가 텔레비전 화면에서 큰 소리로 외쳤다. "지금 우리 나라를 괴롭히는 범죄와 폭력은 곧—분명히 말씀드리는데 아주 빨리—사라질 겁니다."

트럼프는 청중에게 미국이 직면한 고통을 간략하게 요약했다. 흉악한 범죄자들, 흉악한 이민자들, 흉악한 테러리스트들. 우리를 해치려고 모든 사람이 나섰으니 우리는 두려워해야 한다. 물론 여기서 모든 사람이란 우리와 다른 모든 사람이었다. 우리는 불만에 가득 찬 백인, 그중에서도 남자를 의미했다.

슬리피 베어와 나는 연설을 들으며 고개를 절레절레 흔들었다. 트럼프는 우리와 다른 모든 사람에게 적대감을 드러냈다. 그의 증오는 편견과 가정에서 비롯된 것이었다. 그런 증오는 우리에게서 인간다움—선과 자비심, 다양성—을 앗아가 깡그리 없애려고 한다.

"이제 그만 봐도 되겠어." 슬리피 베어는 상대를 내치듯 손을 내저으며 말했다. "슬슬 판지나 가지러 가볼까?"

"네." 판지를 가지러 간다는 게 무엇을 의미하는지 알면서도 내가 대답했다. 둘 중 하나는 지게차를 몰아야 해서 내가 아니길 기도했다.

"이번엔 자네가 가지러 갈래?" 슬리피 베어가 물었다.

"아니요." 내가 대꾸했다. 슬리피 베어가 판지를 가지고 오는 걸 예전에 본 적이 있었는데 엄두가 나지 않았다. 팰릿 하나는 6미터쯤 되는데 그렇게 큰 화물을 싣고 좁은 공장 모퉁이를 돌아오기란 여간 힘든 일이 아니었다.

"지게차가 무서운 건 아니겠지." 슬리피 베어가 놀렸다.

"설마요." 내가 어깨를 으쓱하며 말했다. "운전이 서툰 것뿐이에요."

슬리피 베어는 미소를 지었다. "그렇다면 연습을 더 해야겠네. 지게차를 몰고 와. 팰릿 옆에서 보자구."

마지못해 슬리피 베어의 지시에 따랐다. '사교의 장 오두막' 뒤편에 공용 지게차가 있어서 운전석으로 뛰어올라 기어를 넣고 판지를 묶은 팰릿이 층층이 쌓인 수송부 반대편으로 지게차를 몰고 갔다.

팰릿 옆에서 만났을 때 슬리피 베어가 내 얼굴에 떠오른 근심스러운 표정을 읽은 모양이었다. 그는 창문을 열라는 뜻으로 손가락을 까닥 움직였다.

"걱정하지 마," 그가 지게차에 팔을 기대면서 말했다. "내가 안내해줄 테니. 짐판을 최대한 넓게 펴."

짐판의 너비를 조절하는 레버를 당기자 지게차가 덜컹거렸다.

"좋아." 슬리피 베어가 말했다. "이제 팰릿 중앙으로 지게차를 몰고 가."

그는 공간을 만들기 위해 한 걸음 뒤로 물러났다. 나는 지게차를 천천히 팰릿 쪽으로 몰고 가 짐판을 팰릿 한가운데로 밀어 넣었다.

슬리피 베어는 좋다는 뜻으로 고개를 끄덕였다. "이제 짐판을 뒤로 젖혔다가 위로 들어 올려. 그리고 후진해."

팰릿을 들어 올리자 팰릿이 휘청하는 것 같았다. 판지는 양옆이 바닥으로 처질 만큼 길고 무거웠으며, 팰릿의 무게는 위태롭게 분산되어 있어서 제대로 옮기지 않으면 지게차가 뒤집힐 수도 있었다.

슬리피 베어가 보조를 맞추어 함께 걷는 동안 나는 지게차를 작업장 쪽으로 조금씩 몰고 가다가, 한쪽에는 벽이 있고 다른 한쪽에는 코일이 일렬로 늘어선 좁은 통로에 이르러 멈춰 섰다.

"좋아." 슬리피 베어는 내게 멈추라고 손짓하면서 말했다. "이 코일들에 닿지 않게 팰릿을 최대한 높이 들어 올려. 오두막에 도착할 때까지 그 상태로 가야 돼. 그다음엔 방향을 급히 트는데, 조심해야 돼. 저쪽에 파이프 보이지?"

그는 건물 벽에 구불구불 이어진 은색 파이프를 가리켰다.

"네." 내가 대답했다. "보여요."

"가스관이야. 저기 가까이로 지나가되 건드리면 안 돼. 조심해. 팰릿에서 눈을 떼지 말고."

슬리피 베어는 내 앞으로 걸어가면서 전진하라고 손짓했다. 지게차가 커다란 팰릿의 무게를 못 이겨 덜컹거렸고, 브레이크 페달을 밟는 동안 심장이 거칠게 뛰었다. 예전처럼 지게차를 고꾸라지게 할 순 없었고, 가스관 때문에 더욱 긴장되었다. 용기를 얻으려고 슬리피 베어를 계속 힐끔거렸다. 그는 부드럽게 손짓을 하며 나를 제 길로 안내했다.

트럼프의 공화당 전당대회 연설은 나와 슬리피 베어 같은 산업 노동자를 겨냥한 것이었다. 트럼프는 우리를 눈앞에 붙잡아놓은 뒤 우리 사이에 불화의 씨를 뿌리려고 했고, 분명 수많은 철강 노동자들이 그를 지지했다. 트럼프는 정통을 찌르잖아, 하고 노동자들은 말했다. 그는 정치인 같지 않아. 미사여구로 꾸미지도 않아. 그들은 막대한 유산을 물려받은 이 억만장자가 자신들과 같다고 믿었다. 왜 그토록 많은 사람들이 현실을 제대로 직시하지 못하는지 이해할 수가 없었다.

슬리피 베어는 내게 앞으로 오라고 손짓을 했고, 나는 숨을 죽이며 가스관 옆으로 지게차를 꺾었다. 지게차는 천천히 나아가면서 조금씩 방향을 틀었지만, 나는 슬리피 베어의 충고를 따라 팰릿에서 눈을 떼지 않았다. 방향을 다 돌리자 슬리피 베어는 마치 내가 터치다운이라도 한 듯 두 팔을 번쩍 들어 올렸다. 그러고 나서 고개를 끄덕이며 나를 작업장으로 이끌었고 나는 바닥에 팰릿을 내려놓았다.

"아주 잘했어." 지게차를 주차하기 전에 슬리피 베어가 말했다. 그의 말에 어깨가 으쓱해졌다.

그 순간 트럼프가 철강 노동자들의 등 위로 자신의 연단을 짓고 있다는 사실에 화가 치밀었다. 그의 적대감과 독설은 제철소의 것이 아니었다. 이곳은 역사와 가족의 장소였고, 공정과 평등을 위한 싸움의 장소였다. 이곳은 '주황 모자'에게 요령을 알려주는 고참 노동자의 장소였다. 이곳은 노동자의 목숨을 앗아가는 기계 한복판에서 동료애를 키우는 곳이었다. 이곳은 일이 잘 안 풀리는 노조의 동료들에게 사기를 북돋아주는 곳이었다. 이곳은 모든 사람이—인종이나 신념, 젠더, 성향에 관계없이—하루의 근무를 마치고 집에 무사히 돌아가도록 지켜주는 곳이었다.

중국산 철제품에 대해 말한 그 두 명의 변호사를 생각했다. 그들이 내게 그랬듯이 나도 그들을 태연히 무시했다. 그 변호사들은 매일 강철 코일에 깔리지 않게 해달라고 기도하면서 그 옆에 서 있는 게 어떤 것인지 모른다. 지게차를 몰면서 작은 승리감을 맛보는 게 어떤 것인지 모르고, '주황 모자'가 도움을 받아 자신감을 키울 수 있다는 것도 모른다. 그 변호사들은 강철을 모르지만—어쨌건 잘은 모른다—나도 그들의 세계를 모른다. 그들의 싸움과 목표, 그들이 대항하는 악에 대해 모른다. 그들이 나를 정형화했다는 생각이 들어서 나도 그들에게 똑같이 대했다. 일종의 앙갚음이었다. 눈에는 눈, 이에는 이. 나의 적대감이 이 나라를 갈라놓은 금이라는 생각은 하지 못했다. 그 균열은 정당과 경제 그 이상이었다. 그것은 국회와 백악관을 넘어섰으며 우리의 주급과 직책을 넘어섰다. 그 균열은 인간의 약점에서 태어난 것이었다. 우리는 서로를 바라보는 법을 잊어버렸다. 우리는 경계를 풀었다. 우리는 눈을 감았다. 그러자 장막과 환상을 짜는 이들이 나타나 우리 자신이 초래한 암흑을 알아보았다. 그들은 우리를 사리 판단에 어두운 장님으로 믿고 우리의 두 눈을 신중하게 가렸다. 우리 중 누구도—철강 노동자들도 변호사들도—다시는 세상을 환히 볼 수 없기를 바라면서.

9
대학 시절

　슬리피 베어와 함께 쓰는 오두막을 향해 느릿느릿 걸어가는데 오한에 몸이 떨렸다. 주머니마다 휴지 뭉치가 가득하고, 매일 메고 출퇴근하는 백팩에는 플리스 담요를 쑤셔 넣은 채였다. 원래는 담요 같은 걸 들고 다니지 않는데, 클리블랜드에 가을이 성큼 다가오면서 솜털 같은 흰 구름과 독감까지 같이 몰고 왔다.

　슬리피 베어는 벌써 출근해 오두막에 앉아 있었다. 그는 몸을 앞으로 숙이고 앉아 암호와 숫자와 소수점이 빼곡한 구겨지고 더러운 종이 뭉치를 들여다보고 있었다. 종이에 담긴 대부분의 정보는 해독이 불가능했지만 그나마 알아보는 일부에서 앞으로 12시간 동안 묶어야 할 코일 개수를 확인했다.

　"안녕하세요?" 내가 인사했다.

　슬리피 베어는 잠시 종이에서 시선을 들었다. 추운 날 제철소에서 으레 착용하는, 청홍색의 귀덮개 모자를 쓰고 있었다. 회사에서 나눠주는 모자다 보니 제철소 곳곳에서 그런 차림의 노동자들을 만날 수 있었다. 다른 사람들처럼 슬리피 베어도 너무 덥지 않게 귀덮개를 꺾어 올린 채였다.

"응, 왔어?" 그가 대답했다. "피곤해 보여."

"네, 몸이 별로 안 좋아요."

그러고는 바닥에 가방을 던지고 의자에 털썩 주저앉았다. 초파리를 잡는 데 쓰는 식초 컵을 누가 갈았는지 메슥거릴 정도로 식초 냄새가 코를 쏘았다.

"집에 갈래?" 슬리피 베어가 근심 어린 표정을 지으며 물었다. "일정 관리자가 밤 근무를 빼줄지도 몰라."

나는 벗을 힘도 없어서 아직 머리에 쓰고 있는 주황 안전모를 가리켰다. 슬리피 베어는 알겠다는 듯이 고개를 끄덕였다. 노란 안전모를 받을 때까지 나는 임시직으로 통했고, 결근과 관련된 규칙은 엄격했다.

"자네가 맞아." 그가 동의했다. "위험을 무릅쓸 필요는 없지. 그런데 안 좋은 소식이 하나 있어."

"설마 스플릿 코일을 할당받았다는 건 아니겠죠?" 내가 말했다.

"그러면 낫게." 슬리피 베어는 한숨을 쉬며 더러운 종이 뭉치를 건넸다. "헤비 게이지게이지는 강판의 두께를 측정하는 단위로, 25게이지 이상의 두꺼운 강판을 헤비 게이지라고 일컫는다. 25게이지는 0.455밀리미터로 환산된다. 지엠 General Motors 스플릿이야."

"말도 안 돼요." 내가 일정표를 살피면서 말했다. "그게 어떻게 가능해요?"

밴더의 세계에서 헤비 게이지 지엠 스플릿으로 가득 찬 밤 근무는 불운 중의 불운이었다. 헤비 게이지 코일은 라이트 게이지 코일보다 훨씬 빨리 생산돼서 밴드로 묶을 때도 더 빨리 해야 했고, 지엠 코일은 여느 코일처럼 밴드 두 개가 아니라 네 개로 묶어야 했다. 설상가상으로 스플릿 코일은 보통의 코일을 절반으로 자른 것인데, 그 말은 곧 스플릿 코일 하나하나가 절반의 시간으로 생산된다는 뜻이었다.

"최악이야," 슬리피 베어가 말했다. "그래도 최선을 다하자구."

나는 종이를 내려놓고 백팩에서 담요를 꺼내 둘둘 만 다음 베개처럼 어깨 밑에 기댔다. 스플릿 코일은 적어도 1시간 이내에는 도착하지 않을 터라 핸드폰에서 다가오는 선거 기사를 찾아 클린턴의 승산을 점치는 헤드라인을 훑어보았다. 거의 모든 글이 의견을 같이했다. 직업 정치인에 맞서 트럼프가 성공할 가능성은 희박했다. 우리 모두는 안심했다. 그가 체제를 붕괴시킬 리는 없었고, 비록 의심이 들긴 했지만 기사를 믿고 싶었다. 화면에 빽빽한 단어를 읽을수록 머릿속이 더욱 혼란스러워졌다. 얼마 후 잠깐의 휴식을 취하려고 핸드폰을 내려놓았다.

이윽고 스플릿이 도착했을 때 눈을 감고 있었지만 잠이 든 것은 아니었다. 콧물도 나오고 피곤에 겨워 무거운 머리를 담요에 기대고 있다가 크레인이 머리 위에서 우르릉거리는 소리에 한숨을 내쉬었다. 크레이지 조가 코일을 평소보다 천천히 실어 나르기를 기도했다. 몇 분의 휴식이 간절했다.

"엘리스," 갑자기 우리 역할이 뒤바뀐 채 슬리피 베어가 큰 소리로 불렀다. "스플릿이 왔어."

눈을 뜨고 줄줄이 늘어선 반짝이는 코일을 바라보았다. 평소에 작업하는 코일보다 훨씬 짧았다. 스플릿은 높이가 1미터가 넘을까 했다. 짐을 잔뜩 실은 세단 몇 대를 합친 것보다 무게가 더 나갔지만, 우리끼리는 스플릿을 베이비 코일이라고 불렀다.

슬리피 베어와 나는 안전모와 케블라 토시를 집어 들고 찬 공기 속으로 나갔다. 작은 코일의 눈으로 보호 고리를 넣으려고 상반신을 숙일 때마다 묵직한 통증이 등허리에 전해졌고, 팰릿에서 기다란 판지 조각을 들어 올릴 때는 팔이 꼭 고무 같았다. 통증에도 불구하고 밴딩 작업을 이어나갔다. 몸이 아픈 건 중요하지 않았다. 쑤시는 팔과 욱신거리는 등허리는, 멈추는 법이 없는 제철소의 것이었다.

최대한 빨리 일했지만 판지 조각을 코일에 두르려고 할 때마다 테이프가 자꾸만 구겨져 들러붙었다. 내가 쓰는 테이프 건은 다 낡은 것이었다. 이빨은 휘고 무뎠으며, 테이프를 감고 있는 작은 바퀴는 언제든 튀어나올 기세였다. 밴더들은 모두—슬리피 베어도—성능이 좋은 테이프 건을 로커에 숨겨놓았는데 이것은 제철소에서 흔한 일이었다. 철강 노동자들은 불안한 다람쥐와 비슷했다. 그들은 좋은 연장을 챙겨서 남이 가져가지 못하게 안전한 장소에 두었다. 나는 아직 좋은 테이프 건을 구하지 못한 터라 몇 달째 이 고물 테이프 건으로 고생을 하고 있었다.

슬리피 베어와 함께 줄줄이 늘어선 코일 사이를 내려가면서 코일 모서리에 판지 조각을 둘렀다. 네 번째 코일에 이르렀을 때 으레 하듯이 코일 꼭대기에 테이프 건을 내려놓고 판지 조각을 팰릿에서 들어 올렸다. 판지를 코일에 두르고 왼손으로 고정한 다음 오른손을 뻗어 테이프 건을 집었다. 테이프로 판지를 고정하려는 순간, 테이프가 테이프 건에서 튕겨 나가더니 바닥으로 떨어졌다. 발밑을 내려다보면서 한숨을 쉬었다. 누군가 뼛속으로 플라스틱 녹은 물을 들이붓는 것 같았다. 움직일 때마다 뼈가 욱신거렸고 코일에서 배어 나온 기름에서 곰팡이와 배기가스가 섞인 듯한 냄새가 나서 속이 뒤집힐 지경이었다.

테이프는 1미터가량 떨어진 곳에 있어서—판지를 손에서 놓치지 않고 집기에는 너무 멀었다—발을 내밀고 테이프 가장자리에 발가락을 걸었다. 손끝으로 판지를 고정한 채로 테이프를 내 쪽으로 조금씩 끌어왔다. 마침내 다른 한 손으로 테이프를 바닥에서 집어 들고 조심스레 테이프 건에 끼워 넣은 다음 재차 일을 시작했다.

두 번째로 판지에 테이프를 붙이려고 하는데 같은 일이 벌어졌다. 테이프가 바닥으로 튕기더니 이번에는 더 멀리 굴러갔다. 발을 뻗어 집으려고 하다가 그만 균형을 잃고 말았다. 손끝에서 미끄러진 판지가 코일에서 풀리면서 기름 웅덩이에 빠졌고, 나도 하마터면 바닥에 나뒹굴 뻔했다.

"이 빌어먹을 고물 같으니," 테이프 건을 바닥에 내동댕이치면서 소리쳤다. 다이너모에게서 요령을 익힌 이후에는 코일을 묶는 일이 그렇게 어렵지 않았다. 몸이 아픈 탓에 이 모든 게 더욱 힘들게 느껴졌다. 온몸이 쑤시고 천근만근이라 목마른 사람이 물을 찾듯 침대로 가서 눕고만 싶었다.

슬리피 베어가 다가오자 나는 눈물을 참으려고 안간힘을 썼다.

"이거 받아," 그가 반짝이는 새 테이프 건을 건네며 말했다. "내 거 써. 받아둬. 난 로커에 또 하나 있으니까."

새 테이프 건은 마치 새로 개킨 빨래나 막 청소를 끝낸 카펫 같았다. 그것은 안도의 한숨을 쉬게 해주고 스플릿 작업을 훨씬 덜 힘들게 만들어주는 것이었다. 그럼에도 불구하고 코일은 연달아 들어왔다. 밴딩을 아무리 빨리 해도 크레이지 조가 싣고 오려고 대기하는 스플릿은 끝이 없었다.

이윽고 우리가 휴식을 취한 것은 새벽 2시가 다 되었을 때였다. 오두막에서 잠시 눈을 붙이려고 몸을 웅크리는데 그날만은 슬리피 베어가 달랐다.

"난 다른 데 좀 가 있을게." 그가 말했다. "나도 옮으면 곤란하잖아."

"네." 어깨에 담요를 두르면서 내가 대답했다.

오두막에 혼자 남은 뒤 팔뚝에 돋은 소름이 들어갈까 싶어 히터를 세게 틀었다. 몇 분이 지나 오두막은 사우나처럼 후끈거렸지만 별도움이 되지 않았다. 온몸이 쑤시고 떨리는 데다 콧물까지 흘렀다.

그다음 몇 시간 동안 어떻게든 자려고 애를 썼다. 명상을 했다. 호흡 운동을 했다. 양을 셌다. 어떤 것도 효과가 없었다. 오만 가지 생각으로 머릿속이 덜컹이는 걸 멈출 수가 없었다.

사위가 이상할 만큼 고요했는데, 이것은 수면 부족으로 인한 망상을 더욱 부추길 따름이었다. 옆에서 코를 골아대는 슬리피 베어도 없고 쌩 하고 지나가는 버기도 없었다. 밤사이에는 크레인도 휴식을 취해서 사방에 무거운 침묵이 내려앉았다. 따뜻한 플리스가 생각을 진정시키기라도 하듯 머리끝까지 담요를 뒤집어썼지만, 머릿속은 여전히 시끄러웠다.

약한 면역력이 더 심각한 병의 징후인가 싶어서 러닝셔츠 아래로 배어나오는 식은땀에 자꾸 신경이 쓰였다. 결국 요막관암에 걸렸을지 모른다. 혹은 더 큰 병일지도 모른다. 똑딱거리며 지나가는 일분일초가 간절했다. 매분이 지날수록 그만큼 쉴 시간이 줄어들 것이고, 그러면 감기에서 회복하기는 더 힘들어질 것이다. 그다음 며칠 밤 동안 제철소로 출근하면서 이 모든 일을 또 겪을까 두려웠고, 다가오는 선거가 두려웠다. 모든 사람이 틀렸으면 어쩌지? 트럼프가 우리를 깜짝 놀라게 하면 어쩌지?

심호흡을 하고 복슬복슬한 이미지를 머릿속에 그리며 양을 다시 세기 시작했지만—양 한 마리, 양 두 마리—잦아들지 않는 걱정이 폭신한 양 등에 하나씩 얹혀 있었다. 벽을 뛰어넘은 양들은 더 많은 친구들을—양 30마리, 양 40마리—데리고 돌아왔고, 이내 나는 2004년, 눈을 반짝이던 스튜번빌 프랜시스칸대학교 신입생 시절을 떠올렸다. 그해 부시는 케리를 누르고 대통령에 당선했고 대학교의 모든 학생들이 기뻐했다. 선거가 끝나고 열흘 후, 눈을 뜨니 그지없이 완벽한 아침이 눈앞에 펼쳐졌다. 공부로 하루를 망치기엔 시원한 공기와 솜털 같은 구름이 너무 아름다워서 금요일 수업을 빼먹고, 캠퍼스에서 마리화나를 피우며 친해진 남학생 하나와 〈밥 로스의 그림을 그립시다The Joy of Painting〉1983년부터 1994년까지 화가 밥 로스가 진행한 TV 아트 쇼를 보았다. 우리는 로스의 행복한 작은 나무들에 매료되지 않을 때는 가을 하늘 아래 줄담배를 피우거나 카페테리아에서 스파이스케이크계피, 정향, 생강 따위로 맛을 낸 케이크를 배불리 먹었다.

얼마 후 그 친구와 헤어졌다. 그는 일찍 자야겠다고 했고 나는 뭔가 하고 싶어 몸이 근질거렸다. 이 완벽한 날을 그냥 흘려보낼 수 없어 기숙사 밖에 앉아 있는데, 잘 알지 못하는 남자 신입생 둘이 다가오더니 같이 술을 마시겠냐고 물었다. 직감은 기숙사로 들어가라고 말했지만 나는 무시했다. 그날을 즐기고 싶었지만 함께 어울릴 친구가 많지 않았다. 캠퍼스의 여학생들과는 서먹하게 지내는 터라 그 남학생들의 초대를 받아들였다. 내가 받은 유일한 제안이었다.

해가 지고 한참이 지나 남자애들을 따라 캠퍼스 바깥의 작은 숲으로 들어갔다. 어두운 길을 더듬더듬 찾아들어가 낙엽이 진 나무 아래 앉았다. 땅은 찼지만 건조했고 거센 바람이 머리 위 앙상한 가지들 사이로 불었다. 첫 번째 남자애인 벤이 백팩에서 술병을 꺼냈고 오래지 않아 몸이 가벼워지면서 풀리는 게 느껴졌다. 술을 성급하게 마셔대자 차가운 밤바람에도 몸이 금세 따듯해졌다.

"비밀 얘기 하나 해줄까." 벤은 술병을 입으로 가지고 가면서 음흉한 표정으로 말했다. 손에 꼽을 만큼 잘생긴 얼굴이지만—근육질 팔뚝에 어두운 금발이었다—어딘가 믿음이 가지 않는 인상이었다.

두 번째 남자애인 에런은 나무에 기대고 앉아 구부려 세운 무릎 위에 한 팔을 걸치고 있었다. 창백한 인상에 몸이 호리호리한 에런은 늘 무언가를 생각하는 것처럼 보였다. 흐릿한 불빛 속에서 그가 나를 쳐다보며 무슨 생각을 하는지 가늠하기 힘들었고, 문득 그가 오지 않았으면 좋았겠다는 생각이 들었다. 그의 시무룩한 기분이 분위기를 망치고 있었다.

"무슨 비밀?" 에런의 시선을 못 본 척하면서 내가 벤에게 물었다.

벤은 긴장감을 더하려고 입꼬리를 손으로 닦았다. "몇 주 전에 여자 친구가 여기로 왔는데, 체육관 앞에서 개랑 했어."

나는 믿을 수 없어서 머리를 저었다. "캠퍼스에서 했다고? 그것도 바깥에서?" 내가 물었다. 내게 남자 친구가 있더라도 가톨릭 대학교 한복판에서 그런 위험천만한 짓을 할 생각은 꿈도 꾸지 못했을 것이다.

벤은 흡족하게 고개를 끄덕이더니 술병을 입에 대고 마셨다.

"네 여자 친구가 스트리퍼라던데." 내가 불쑥 말했다. 술기운에

거리낌이 없어져서 항간의 소문을 입 밖에 냈다.

벤은 잽싸게 눈을 찡긋해 보였고, 그가 허풍을 떠는 건지 알 수 없었다. 에런은 그저 빙긋이 웃고는 술병을 덤불로 던졌다. 술을 마시는 동안 에런은 별 말이 없었지만 벤은 분위기를 주도했다. 그는 술과 마약과 짜릿한 섹스로 점철된 고등학교 시절의 기행을 떠벌렸다. 반면에 나는 늘 좋은 성적과 완벽에 열중하는 과도하게 진지한 학생이었다. 물리 시험과 독서록에 대한 내 이야기는 황홀경과 요염한 치어리더에 대한 벤의 이야기에 비할 바가 아니라서 나는 그저 묵묵히 술을 마시면서 귀를 기울였다. 말이 잘 안 나오긴 했지만 인사불성으로 취하지는 않았다. 웃음이 헤퍼지긴 했어도 정신을 놓지는 않았다.

"잠깐만." 벤이 하던 이야기를 끊고 말했다. "너희도 들었지?"

멀리서 여러 사람의 목소리가 어렴풋이 들려와서 우리는 귀를 세우고 들었다. 에런도 생기를 찾는 것 같았다.

"여기서 나가자." 벤이 속삭였다. "잡히기 싫어."

우리는 남은 술을 챙겨 작은 숲을 걸어 나왔다. 벤이 앞장서고 내가 그 뒤를 따랐다. 목소리가 들리는 쪽으로 가고 있다는 걸 눈치챘지만 아무 말도 하지 않았다. 어쨌거나 이런 분야에서 경험이 많은 사람은 벤이어서 숲이 끝나고 들판이 나올 때까지 계속 걸었다. 이제 목소리는 충분히 가까워서 무슨 말을 하는지 알아들을 수 있을 정도였다. 어둠 속에서 남자 몇이 골프공을 깜깜한 밤하늘로 날려 보내는 게 보였다. 해될 게 없어 보였고—분명 경찰은 아니었다—벤은 곧장 그들에게로 걸어갔다. 그는 그 무리의 일원인 듯 고개를 높이 쳐들고 갔지만 술병이 든 백팩을 에런과 내게 맡기고 갔다. 에런과 나는 어쩔 수 없는 내성적인 성격이었고, 그때껏 마신 술로 대담해지는 것은 역부족이었다.

벤은 몇 분 후 돌아와 제안을 했다. "그냥 취한 패거리야. 우리한테 지들 아파트로 가자는데. 따뜻하고 술도 더 있대."

에런은 어깨를 으쓱하며 퉁명스레 동의했지만 나는 별로 내키지 않았다. 사람이 많이 모인 곳을 원체 좋아하지 않는 데다 낯선 사람이 득실거리는 파티에 간다는 생각을 하자 벌써부터 지쳤다.

"잘 모르겠어." 내가 말했다. "난 기숙사로 갈래."

"아, 왜 이래." 벤이 나지막이 부추겼다. "아직 12시도 안 됐어."

"그건 나도 알아." 나는 풀을 발로 차면서 말했다. "피곤해서 그래."

"알았어." 벤이 대답했다. "돌아가는 길은 알아?"

나는 잠시 생각했다. 벤의 말이 옳았다. 처음 오는 곳이었다. 캠퍼스에서 멀지 않다는 건 알았지만 어떻게 돌아갈지 확신이 서지 않았다.

"아니, 몰라." 내가 인정했다. "어떻게 가야 돼?"

"그러니까 같이 가자." 벤이 재촉했다. "오래 안 있을게. 약속해."

고요한 제철소 어딘가에서 크레이지 조가 어둠을 헤치며 크레인을 공연히 움직이기 시작했다. 부드럽게 돌아가는 모터 소리에 번쩍 정신이 들어 에런과 벤 생각을 떨쳐냈다. 그 기억은 수면에 떠오른 것만큼 빠르게 사라졌지만, 오래도록 억누를 수 없다는 걸 알았다. 결국 그 남자들은 다시 기억 속에 떠오를 것이다. 언제나 그랬다. 크레인이 머리 위에서 천천히 우르릉거리는 동안 나는 플리스 담요를 잡아당겨 어깨를 더욱 포근하게 감쌌다. 혹시 담요를 바싹 당겨 덮으면, 그것이 잊고 싶은 기억을 막아줄지 모르니까.

　열이 내리기는커녕 추운 밤 근무를 이어나가는 동안 오히려 악화되었다. 담요를 껴안고 코감기 약을 입에 털어 넣으면서 슬리피 베어와 근무하는 며칠 밤을 더 버텼지만 나아질 기미가 보이지 않았다. 얼마간 회복되었을까 싶을 때 근무 일정표가 나왔는데 슬리피 베어와 또다시 밤 근무를 하는 것이었다. 예전 그대로였다. 주유소에서 산 커피—가장 큰 컵으로—에 연이어 들이켜는 에너지드링크. 곧이어 머리 위에서 분주히 움직이는 크레이지 조의 크레인 소리, 장갑, 케블라 토시, 판지, 플라스틱 고리, 밴드. 래칫. 조임쇠. 그리고 반복. 이런저런 소문. 제강부 직원 하나가 심장마비로 쓰러졌다는 소리 들었어? 그게 누구예요? 몇 살이에요? 이제는 제철소에 대해 꽤 많은 걸 안다. 슬리피 베어가 큰 반찬통을 들고 왔다는 것은 아내가 저녁 도시락을 거하게 싸줬다는 뜻이다. 크레이지 조가 이유 없이 코일을 옮긴다는 것은 카페인을 평소보다 많이 섭취했다는 뜻이고 '웨어하우스 4'라는 크레인을 운전하는 여자는 일진이 나쁜 모양이다. 코일 하나를 벌써 떨어뜨렸고 밤 근무는 이제 막 시작하려는 참이다. 또 남자 친구 문제인가 보다. 선거 기사를 몇 개 찾아 읽는다. '사교의 장 오두막'에서 커피를 더 마시자. 판지, 플라스틱 고리, 밴드. 화장실 거울로 눈을 살펴보자. 눈 밑에 처진 살은 그대로다. 자판기에서 초코바를 뽑아 오자. 초코바를 집어 들자. 다시 생각하자. 얼마 전에 한 자판기에서 죽은 쥐가 발견되었다. 다시 생각하자. 지금 필요한 건 당이다. 버틸 수 있게 해주는 뭔가가 필요하다. 전에 산을 타기도 했지만 절벽을 기어오르는 게 밤 근무를 하는 것보다 덜 힘들게 느껴진다. 초코바 하나로 문제가 생기지는 않는다. 쥐 따위는 생각하지 말자. 그리고 코일로 돌아간다. 래칫. 조임쇠. 그리고 반복. 퇴근까지 남은 시간을 꼽아보자. 양을 세자. 쉬려고 해보자. 뒤숭숭한 머릿속을 잠재우자. 갑자기 크레이지 조가 머리 위에서 움직인다. 곧 더 많은 판지가 온다. 그리고 반복.

매일이 똑같은 12시간 근무를 마치고 슬리피 베어와 작별 인사를 한 뒤 차로 향했다. 나의 몸은 이 일을 다시 반복하기 전에 수면 몇 시간을 간절히 원했다.

그날 아침 집에 도착해서 가방을 문가에 벗어던졌다. 해는 벌써 떠올라 아파트에 희끄무레한 빛을 던졌다. 신발을 벗고 곧장 침대로 가다가 거실에 우뚝 멈춰 섰다. 그림자가 시야의 끝자락에 휙 나타나더니 진홍색 카펫을 지나 사라졌다. 그림자를 찾아 주위를 둘러보고 소파 밑과 책장 뒤를 살폈지만 더 이상 걸어 다닐 힘이 없었다. 기진맥진해서 나 몰라라 하고 침대에 쓰러졌다.

전에도 그림자를 본 적이 있다. 그것은 병이 고통스럽게 재발했을 때 찾아오곤 했다. 시야 모서리에 흔들리며 나타났다가 순식간에 사라져 종종 귀신으로 착각했다. 날이 갈수록 정신 상태는 악화되었다. 어떤 날 아침에는 밤 근무를 끝내고 퇴근해 아무 이유 없이 침대에서 울었다. 또 어떤 날에는 토니에게 왈칵 화를 냈다. 배꼽에 대한 강박은 점점 심해졌지만 침착하자고 스스로를 달랬다. 난관을 헤쳐나가야 했다. 아픈 마음보다 강해야 했다. 여전히 주황 안전모를 썼고, 생애 최초의 정규직을 잃고 싶지 않았다.

침대에 누워 몸의 냉기를 풀어줄 두꺼운 새털 이불 속으로 파고들자 빠르게 잠이 왔고, 오후 알람이 울리고서야 잠에서 깼다. 슬리피 베어와 함께하는 근무에 늦고 싶지 않아서 뜨거운 샤워를 하려고 욕실로 느릿느릿 걸어갔다. 바디 워시에서 나는 꽃향기를 맡으며 뜨거운 물줄기 아래 한참을 서서 샤워를 하고 가슴께에 수건을 두르고 나오니 한결 기분이 좋았다. 하룻밤 근무를 더 할 수 있을 것 같았다. 힘을 내서 코일 몇 개쯤은 묶을 수 있을 것 같았다. 노란 안전모를 받을 때까지 살아남을 수 있을 것 같았다.

그리고 나서 침실로 갔다. 옴이 오른 듯 비쩍 마른 다람쥐 한 마리가 침대 발치 바닥에 앉아 있었다. 수시로 뽑은 눈썹처럼 꼬리털은 뭉텅 빠져 있고, 몸통의 털도 윤기 없이 부스스했다. 다람쥐는 내가 침입자이기라도 한 듯 나를 빤히 쳐다보았고, 그 순간 온몸의 세포 하나하나가 지구를 두 동강 낼 만큼의 격렬한 분노로 살아났다. 애써 봉인한 모든 상처가 이 작은 다람쥐의 무게로 일시에 벌어졌다. 다람쥐는 인내의 극점이자 최후의 일격인 동시에 궁극의 모욕이었다. 도시를 통째로 집어삼킬 정도로 몸서리가 쳐졌다. 내가 자는 동안 아파트 안을 헤집고 다니면서 정체를 알 수 없는 병을 옮겼을지도 모르는 이 다람쥐는 대체 무엇이란 말인가? 이미 내가 충분히 아프다는 걸 이 다람쥐는 모른단 말인가? 감기가 깨끗하게 낫지 않아서 목은 여전히 아팠고 하룻밤 근무를 간신히 끝마칠 만큼의 기력만 남아 있을 뿐이었다.

근처 책상에서 책을 집어 그 작은 짐승을 향해 던졌다. 두개골을 으깨놓고 싶었지만 빗나갔다. 다람쥐가 침실에서 부엌으로 달아나 잘 닫히지 않는 찬장으로 사라지자 눈이 뒤집힐 것 같았다. 찬장에서 손에 잡히는 대로 내던졌다. 냄비. 신발. 플라스틱 컵.

"꺼져!" 눈물이 뺨을 타고 흐르는 동안 내가 소리쳤다.

식기 서랍을 열어 포크며 칼을 찬장 문을 향해 던지기 시작했다. 식기가 쨍그랑 소리를 내며 바닥에 떨어졌지만, 분노를 주체하지 못해 찬장에 흠이 생기는데도 계속 던졌다. 다람쥐가 내 안의 무엇인가를 폭발시킨 것이다. 지금껏 겁을 줘서 그것을 굴복시키려 안간힘을 써왔다. 삶의 모든 것이 어떻게 손쓸 도리 없이 빠르게 무너지고 있었다. 뜨거운 샤워로 나 자신을 속이려고 했지만 기진맥진하기는 마찬가지였다. 기분을 내려고 아무리 애를 써도 우울하고 혼란스러웠다. 토니와의 관계는 위태로웠다. 가족도 친구도 거의 만나지 않았다. 제철소는 진을 빠지게 했다. 오래된 악몽을 들춰냈다. 그런데 지금 밤새도록 코일을 묶으려면 아파트를 휘젓고 다니는 저 다람쥐를 무시해야 했다.

"꺼져," 칼을 찬장 문으로 내던지며 소리쳤다. "꺼져. 꺼지라구."

찬장 문을 열자 다람쥐는 없었다. 찬장으로 달아난 뒤 곧바로 벽에 난 구멍을 통해 아파트를 빠져나간 모양이었다. 공연히 식기만 내던진 꼴이었다.

침실로 돌아가 토니에게 전화를 하려고 핸드폰을 들었다.

"다람쥐가 있었는데 지금은 없어. 어떡해." 토니가 전화를 받자마자 나는 다짜고짜 말했다.

"침착해," 그가 말했다. "무슨 일이야?"

눈물범벅이 되어 상황을 설명했다. "자기 집에서 잘래. 여기 못 있겠어."

"알았어," 토니가 대답했다. "그렇게 해. 퇴근하고 여기로 와. 하지만 집주인한테 전화해."

토니가 시킨 대로 집주인에게 전화를 걸어 더듬더듬 음성 메시지를 남겼지만, 더 이상 할 수 있는 게 없었다. 출근을 해야 했으므로 옷가지 몇 개를 주섬주섬 가방에 챙겨 아파트를 빠져나왔다.

그날 밤 슬리피 베어에게 다람쥐 이야기를 들려주었다.

"뭐라고?" 갈색 눈을 평소보다 크게 뜨면서 그가 되물었다. "다람쥐?"

"네," 내가 대답했다. "빌어먹을 다람쥐요."

슬리피 베어는 양팔을 들고 마치 자신이 다람쥐를 보기라도 한 듯 혐오감에 몸을 떨었다.

"아, 엘리스, 엉망이구나." 그가 말했다.

"그러게 말이에요." 내가 동의했다.

다람쥐는 나를 찢어발겼고, 완전한 붕괴가 멀지 않았음을 나는 알았다. 밤 근무, 망상, 열. 이 모든 것이 버거웠다. 요막관암에 관한 글이 떠 있는 핸드폰 화면을 바라보며 침착하려고 했지만 글자들이 한데 섞여 보였다. 눈에 장막이 드리운 것 같았고 통제할 수 없는 생각에 빠져들기 시작했다. 스튜번빌 캠퍼스에서의 그 완벽한 오후에 대한 기억이 자꾸 머릿속에 떠올랐다. 그 청명한 가을 공기가 지금도 입안에서 느껴졌다. 헐벗은 나뭇가지들이 여전히 눈앞에 선했다. 숲으로 가자고 말하던 남자들의 목소리가 아직도 귓가에 쟁쟁했다. 그 목소리가 무자비하게 엄습해오면서 제철소가 아득히 멀어졌다. 그 기억을 떨쳐내려고 안간힘을 썼지만 열에 들뜬 몸은 그것을 멈출 도리가 없었다.

벤과 에런을 따라 낯선 아파트에 들어서자 체취와 치즈 과자 냄새가 코를 찔렀다. 벽에는 장식이 많지 않았고 거실 한 모퉁이에는 복고풍의 탁자가 붉은 인조 가죽 의자들과 함께 놓여 있었다. 커피 탁자에는 빈 병들이 어지럽고 바닥에는 빈 감자칩 봉지들이 나뒹굴었다. 낡은 격자무늬 소파에 앉자 냄새의 근원지를 알 것 같았다.

소파에 앉아 주위를 둘러보니 여자는 내가 유일했다. 아파트에는 남자들뿐이었고—못해도 열 명, 아니 열두 명쯤 되었다—여자는 나밖에 없었다. 남자 몇이 자기소개를 했고 그중 하나가 맥주를 건넸다. 그들 모두 나를 오랫동안 알고 지낸 친구처럼 대했다. 잠시 내가 이 남자 세계의 일원인 것처럼 느껴졌다. 임신중단권에 항의하던 여학생들 옆에 있을 때보다 떠들썩하고 자유분방한 이 남성적 공간이 더 편했다.

갑자기 에런이 내 어깨를 치더니 부엌을 턱으로 가리켰다. 나는 벤과 다른 남자들을 거실에 남겨두고 에런을 따라갔다. 부엌은 비좁고 답답했다. 개수대에는 더러운 접시들이 쌓여 있고 스토브 위에는 빈 냄비가 올려져 있었다. 에런이 붉은 컵을 건넸다. 내용물을 따르는 걸 보지 못했다. 나중에 보니 에런이 뭔가를 탄 게 분명했는데, 그때는 그런 생각이 전혀 들지 않았다. 이 남자들 세계에 속했다는 걸 보여주고 싶어서 단숨에 마셨다. 곧 모든 게 흐릿해지기 시작했다.

그날 밤의 기억은 단편으로 남았다.

눈을 뜨니 화장실이었다. 에런이 문가에 서 있었다. 걸어 나가려고 했지만 에런이 밀쳤다. 욕조에 넘어지면서 머리를 수도꼭지에 찧었다. 에런이 허리띠를 풀었다.

다시 눈을 뜨니 어딘가 밖이었고 무릎을 꿇은 채였다. 벤이 아랫도리를 드러낸 채 내 위에 서 있었다. 그는 내 머리채를 휘어잡고 성기를 입으로 우겨넣었다. 토물이 턱과 가슴으로 흘러내렸지만 그는 개의치 않았다.

다시 눈을 뜨니 이번에는 바닥에 등을 대고 누워 있었다. 헐벗은 나뭇가지를 올려다보았다. 뿌리가 맨 허벅지에 파고들었다. 에런이 내 위에 있었다.

"서둘러," 벤이 말했다. "가야 돼. 누가 보겠어."

정신을 차리고 보니 그 둘이 나를 어딘가로 끌고 가고 있었다. 양쪽에서 내 팔을 하나씩 붙잡고 갔지만 나는 자꾸만 비틀거렸다. 휘청하는가 싶더니 손과 무릎으로 바닥을 짚으며 앞으로 고꾸라졌다.

"일어나." 그 둘이 말했다.

움직일 수가 없었다. 내 몸이 아닌 것 같았다.

"일어나."

개처럼 네발로 땅을 디딘 채 꼼짝도 할 수 없었다. 남자들이 내 팔을 잡고 끌어올렸다.

"아무한테도 말하지 마." 밤새 나를 질질 끌고 나가면서 그들은 거듭 말했다.

기숙사 입구에 이르렀지만 서 있을 수가 없었다. 수신 상태가 나쁜 텔레비전처럼 세상이 모자이크로 보였고, 나는 장면과 장면 사이에 잇대어 있었다. 남자들은 가고 없었지만 목소리가 들렸다. 여자들의 목소리. 나를 일으켜 세우고 끌어당기고 층계참으로 안내하는 팔들이 보였다. 내 방문과 더 많은 손이 보이고, 너무 빨라서 알아들을 수 없는 목소리가 들렸다. 발소리와 속삭임. 딸칵. 쿵. 그리고 어둠.

성폭행을 당한 그다음 날, 눈을 뜨니 잠옷을 입은 채 침대에 누위 있었다. 옷을 갈아입은 기억도, 새털 이불을 덮은 기억도 없었지만, 머리는 지끈거리고 다리는 쑤셨다. 샤워 생각밖에 없어서 발을 끌고 욕실로 걸어가 뜨거운 증기로 타일 벽이 뿌예질 때까지 물을 틀어놓았다. 물줄기 속으로 몸을 밀어 넣으면서 온도를 미처 조절하지 않았다. 살갗이 뜨거운 물에 데는데도 그냥 내버려둔 채 손이며 무릎에 붙은 돌조각을 떼어냈다. 배수구로 빨려 내려가기엔 너무 무거운 그 작은 돌조각들은 고집스레 바닥에 놓여 있었고, 나는 지난밤의 기억을 하나씩 맞춰보려고 했다. 무슨 일이 일어났는지 명확하지 않았다. 술을 마시러 갔다. 골프공을 어두운 밤하늘로 날려보내던 낯선 이들을 만났다. 붉은 컵에 든 무엇인가를 마셨다. 그러고 나서—뭐라고?—그 둘과 섹스를 했다고? 처녀성을 잃었다고?

물줄기 속에서 작은 돌들이 자꾸 발밑에 밟혔고 몸에서 에런과 벤의 냄새가 훅 끼쳤다. 그들의 땀내가 목구멍 뒤에 맴돌았다. 그 냄새는 주위의 증기에 매달린 채 숨을 한번 들이쉴 때마다 점점 강해졌다. 바디 워시를 샤워 타월에 붓고 구석구석을 문질렀지만 몸에 밴 남자들 냄새는 꽃향기로 가려지지 않았다. 아무리 박박 문질러도 냄새는 가시지 않았다.

바디 워시를 더 따르려고 손을 뻗는데 별안간 내 안의 모든 것이 덜컥 움직였다. 정신이 육체에서 떨어져 나왔다. 위에서 내가 나를 내려다보고 있었다. 내 몸이 울고 있다는 걸 꽤 차분하게 알아챘지만 눈물은 내 것이 아니었다. 나는 더 이상 이 연약한 분홍색 피부와 연결되어 있지 않았다. 그것의 고통과 문제로부터 동떨어져 있었고 나를 그토록 오래 데리고 다녔던 그 죽은 몸뚱이에서 뽑혀 나간 채 시간 밖에 떠 있었다. 나 자신이 지구에서 빠져나온 작은 다이아

몬드와 같이 느껴졌다. 안전하고, 소중하고, 홀가분했다. 잠시 내가 죽은 것일까 생각했다. 삶과 죽음 사이의 림보에 끼인 것일지도 몰랐지만 그 느낌은 오래가지 않았다.

몸에서 떨어져 나간 것만큼이나 순식간에 나는 다시 몸으로 내던져졌다. 왜 이렇게 부서졌는지, 왜 이렇게 비현실적인 느낌이 드는지 이해할 수가 없었다. 이러한 분리—자아 분리—가 트라우마의 흔한 증상이라는 걸 알게 된 것은 한참이 지나서였다.

샤워를 끝내고 가진 옷 중에서 제일 헐렁한 옷으로 갈아입었다. 두꺼운 직물 아래 몸을 숨기고 싶었지만 혼자 있고 싶지도 않았다. 어떻게 해야 할지 알려줄 사람이 필요해서 밖으로 나가 기숙사에서 생활하는 한 여학생에게 도움을 청했다. 이름이 에마였는데, 여학생 중에 친구로 부를 수 있는 가장 가까운 사람이었다. 남자들이 나를 기숙사 앞에 부려놓을 때 그녀도 함께 있었고, 다른 여자들과 함께 나를 내 방까지 데려다주었다.

우리는 기숙사 마당에 앉아 침묵 속에서 담배를 피웠다. 그 전날만큼 아름다운 오후였다. 큰 가을 구름이 파란 하늘을 떠갔고, 공기는 상쾌하고 날씨는 청명했다. 울지 않으려고 했지만 눈물이 그치지 않았다.

"어젯밤에 에런, 벤이랑 무슨 일이 있었던 거야?" 에마가 보도 바닥에 담배를 비벼 끄면서 물었다.

나는 콧물을 닦으며 숨을 들이마셨다. "나도 몰라. 취해서 순결을 잃은 거 같은데 기분이 정말 이상해. 침대에 웅크리고 울고만 싶어."

에마는 내 대답에 짜증이 나는지 눈을 치켜떴다.

"피 났어?" 에마가 느닷없이 물었다.

나는 매끄럽게 말린 앞머리 아래 그녀의 커다란 갈색 눈을 올려다보았다.

담배 연기가 피어올랐지만, 담배 향으로는 어디를 가나 따라다니는 그 남자들의 땀 냄새를 가리지 못했다.

"뭐라고 했어?" 내가 에마에게 물었다. 제대로 들었는지 긴가민가했다.

"그 일이 있고 나서 피 났어?"

"몇 군데 베이고 까졌어." 내가 대답했다.

에마는 발끈하면서 다리를 꼬았다. "그거 말고. 섹스하고 피가 났냐고."

"아, 아니. 아닌 것 같아."

"처녀였다고 했잖아."

"처녀 맞아." 나는 대답하다가 말고 말을 멈췄다.

지금 내가 처녀가 맞는지 더 이상 알지 못했다. 적어도 실세계에서 일어나는 성폭행을 내게 설명해준 사람은 아무도 없었다. 합의의 의미를 배운 적이 없었다. 애당초 성폭행을 당한 것인지 아닌지 구분하는 방법도 알지 못했다.

"나도 모르겠어." 내가 대답했다. "처녀였던 것 같아."

"잘 들어," 에마가 말했다. "네가 말한 대로 그 남자애들이 너에게 그런 짓을 했다면 피가 났을 거야."

뭐라 대꾸해야 할지 몰랐고, 얼이 나간 나머지 내게 가해지는 이 비난을 제대로 이해할 수 없었다.

"나도 왜 피가 안 났는지 모르겠어." 내가 말했다. "어렸을 때 말을 탔어. 많이 떨어졌는데, 그때 처녀막이 찢어졌을지도 몰라."

에마는 코웃음을 치며 담배에 불을 붙였다. 불편한 침묵이 흘렀다.

"나 어떡해?" 내가 물었다.

"잘 들어, 엘리스," 에마는 확신에 찬 어조로 대답했다. "네가 하룻밤에 그 남자애 둘과 섹스를 했다면 고해를 하러 가야 할 것 같아."

지침을 받으러 에마에게 갔는데, 그녀가 내게 지침을 내려주었다. 어쩌면 그녀의 말이 맞을지도 모른다. 울음을 그칠 수 없는 건 어쩌면 내 영혼이 더럽혀졌기 때문일지 모른다. 딱히 다른 게 생각나지 않아 나는 사제관으로 가서 신부님을 찾았다.

내 청에 응한 사람은 스캔런 신부님이었다. 스캔런 신부님은 당시 프랜시스칸대학교의 명예 총장이었는데, 명예 총장으로 추대되기 전에 26년간 총장으로 재임했다. 프랜시스칸대학교를 손꼽히는 가톨릭 대학교로 만든 것은 그의 리더십이었고, 많은 사람이 그를 성인으로 여겼다. 우리는 윙백 의자'날개(wing)'가 등받이 옆쪽으로 붙어 있는 편안한 의자에 마주 앉았고, 나는 스캔런 신부님의 존재에서 위안을 찾았다. 이미 연로한 신부님은 백발이 성성했다. 눈은 냉정하고 진지하되 괴팍해 보이지 않았다. 신부님이 되지 않았더라면 손주들에게 사랑을 받는 할아버지가 되었을 것이다.

내가 고개를 숙이자 스캔런 신부님이 내 머리 위로 성호를 그었다.

"신부님, 용서해주세요." 나는 평소대로 입을 열었다. "죄를 지었습니다."

신의 이름을 오용했다든지 하루의 기도를 잊었다든지 공동묘지에서 마리화나를 피웠다든지 하는 일상적으로 짓는 죄를 나열했다. 고백할 거리가 바닥나자 공포에 사로잡혔다. 위에서 뚝 떨어질 때처럼 가슴이 철렁했고, 숨을 쉴 때마다 산소가 폐로 더 적게 들어가는 느낌이었다. 저지르지도 않은 죄를 지어내기에 이르렀다. 물건 훔치기. 싸움질하기. 내 천성에 맞지 않는 것들이었다. 잘 모르는 두 남자에게 본의 아니게 처녀성을 잃었다는 사실을, 눈빛이 형형하고 참을성 있어 보이는 이 노인에게 털어놓고 싶지 않았다.

"어젯밤에." 이미 눈물이 그렁그렁한 채로 마침내 입을 열었다. "남자애 둘하고 술을 많이 마셨어요."

말하기 껄끄러운 내용이 왈칵 쏟아져 나왔다. 숲, 붉은 컵, 남자들. 욕조와 토사물 얘기도 했다. 남자들의 사라지지 않는 체취 얘기도 했다. 아직 인식하지 못한 폭력 얘기도 했다.

이야기가 두서없이 나오는 동안 샤워할 때 그랬던 것처럼 정신이 육체에서 계속 분리되었다. 신부님에게 고백하는 게 아니라, 영화 속 슬로모션 화면처럼 내가 나 자신을 지켜보는 것 같았다.

"이 모든 죄를 저지른 것을." 나는 이야기를 마치면서 말했다. "뉘우칩니다."

이렇게 말하면서 진심과 확신을 담으려고 했지만 스스로가 그 말을 믿지 않았다. 나는 뉘우치지 않았다. 반성하기에는 너무 상처가 컸다.

스캔런 신부님은 한숨을 쉬며 생각을 정리하는 듯했다.

"우리가 스스로를 사랑하지 않을 때." 신부님은 말했다. "하느님의 섭리에 반하는 상황에 맞닥뜨리게 됩니다. 자기애의 부족으로 생긴 공허를 채우기 위해 우리는 술과 마리화나에 의존합니다. 특히 성적 방종은 우리가 자신의 몸을 소중히 여기지 않을 때 일어납니다. 하느님의 사랑을 삶에 받아들이지 않았다는 증거지요."

신부님이 말하는 동안 나는 고통스럽게 흐느꼈다. 몸 전체를 떨며 울었고 작은 흐느낌 소리가 목구멍에서 새어나왔다. 흑흑 소리를 내지 않으려고 안간힘을 썼지만 슬픔을 억제할 수 없었다.

"속죄를 위해," 스캔런 신부님이 무릎에 두 손을 모으며 말했다. "성모마리아님께 기도를 올리세요. 여성으로서 자신을 사랑하는 법을 알려달라고 성모마리아님께 도움을 청하세요."

신부님의 말씀은 나를 더욱 흐느끼게 했다. 콧물이 코끝에서 떨어지고 입술은 슬픔으로 일그러졌다. 모든 것이 내 잘못인 것 같았다. 판단 실수로 그 붉은 컵에 담긴 내용물을 마시고 자기애의 부족으로 진창에 빠진 것이다. 아무한테도 말하지 마, 남자애들은 나를 기숙사로 끌고 가면서 단단히 일렀다. 어쩌면 그 남자애들은 나를 지키려고 했는지도 모른다. 숨이 넘어가게 흐느낄 만큼 끔찍한 일을 저지른, 정신 나간 헤픈 여자라는 사실이 만천하에 알려질까 봐 그랬는지도 모른다.

지금 돌이켜보아도 스캔런 신부님이 고해성사 때 무슨 말을 했어야 하는 건지 잘 모르겠지만 내게 필요한 말을 하지 않은 것은 분명하다. 여러모로 그의 말은 옳았다. 나는 자아를 찾으려고 노력하는 불안정한 여학생이었고, 때로 부적절한 곳에서 자아를 찾으려고 애쓰기도 했다. 하지만 신부님 앞에 앉아 있는 내게 이 고통을 초래한 사람이 나 자신이라는 사실을 새삼 일깨워줄 필요는 없었다. 이미 충분히 수치스러웠다. 그때 내게 필요한 것은 정신 치료를 받을 수 있게 안내받는 것이었다. 내게 필요한 것은 몸도 못 가누는 상태에서 어떻게 합의를 할 수 있었겠느냐고 누군가 말해주는 것이었다. 내게 필요한 것은 성폭행당한 사실을 알려줄 사람이었다.

나는 스캔런 신부님 앞에서 참회의 기도—속죄를 위한 가톨릭 기도—를 암송했고, 신부님은 내 죄를 사해주었다. 그전에는 고해 성사를 하면 새로 태어나는 기분이었다. 나의 잘못을 신부님에게 털어놓을 때 찾아오는 카타르시스가 있었다. 이번 고해는 달랐다. 회복되거나 용서받는 기분이 들지 않았다. 남자들의 체취가 여전히 코에 맴돌았고 눈물이 수시로 흘렀다.

그로부터 근 13년이 지나 스캔런 신부님이 영면했다. 그 직후 가톨릭교도들은 그를 칭송했다. 지금도 스캔런 신부님을 성인으로 시성해야 한다고 믿는 사람들이 많다. 내가 보기에도 그렇게 하는 게 마땅하다. 한 번의 판단 실수가 지금껏 쌓아온 덕을 무효화하는 것은 아니며 성인들도 때로 죄를 짓는다. 그러나 나는 안다. 여자들이 너무 오랫동안 남자들의 짐을 짊어지고 왔다는 것을. 오랜 세월 여자는 본성에 결점이 있는 요부로 묘사되었다. 여자는 남자를 죄로 인도하는 무절제의 화신이다. 아담이 사과를 먹은 것은 오로지 이브가 사과를 먼저 먹었기 때문이다. 에런과 벤이 나를 이용한 것은 내가 나 자신을 사랑하지 않았기 때문이고, 성폭행당한 죄를 용서해준 신부님은 언젠가 성인으로 추앙될 것이다. 사과를 먼저 먹은 것은 이브였다. 사과에는 선악에 대한 앎이 들어 있다. 아담이 선악의 차이를 말해주지 않으리란 걸 이브는 미리 알았던 것이다.

근무와 근무 사이 열은 잦아들었지만 삶에 큰 변화가 연이어 찾아왔다. 다람쥐 사건은 마침내 새 아파트와 새 가구를 구하도록 나를 움직였지만 그 일은 생각만큼 설레지 않았다. 시간이 나는 대로 온갖 구조의 집을 보러 다니고 매트리스를 알아봐야 했는데, 내 입

맛에 맞는 아파트를 찾기란 쉬운 일이 아니었다. 부동산 중개업자와 1시간 이야기를 나누면 그만큼 수면 시간이 줄어들었고, 근무시간은 그 어느 때보다 길었다. 고참들이 마지막 연차 휴가를 쓰려다 보니 비번에도 걸핏하면 대타로 동원되었다. 근무가 없을 때는 소파를 알아보거나 짐을 싸거나, 아니면 예산 범위 내의 아파트를 찾게 해달라고 기도를 드리거나 했다.

아파트를 찾는 동안 토니는 자기 집에 나를 묵게 해주었지만 영구적인 동거가 아님을 분명히 했다.

"우리 만난 지도 꽤 오래됐잖아." 어느 날 저녁 설거지를 함께 하면서 내가 말했다. "임대계약을 새로 하는 건 바보 같은 짓이 아닐까. 같이 사는 게 어때."

토니는 남은 스파게티를 그릇에 긁어모으면서 축 늘어진 면발에 온 정신을 집중했다.

"아마도." 그가 대답했다. "다용도실에 키친타월이 있는지 좀 봐줄래?"

대화는 거기서 끝났고, 나는 이야기를 더 밀어붙일 만큼 바보가 아니었다. 아파트는 기대만큼 빨리 구해지지 않았고, 마음에 드는 아파트를 구하는 데는 몇 주가 소요되었다. 그간 우리 사이의 긴장은 점점 높아졌다. 매일 붙어 있다 보니 싸우는 횟수가 늘어났다. 토니는 아파트를 함께 보러 다니려고 애를 썼지만 마음은 그곳에 있지 않았다. 새 차를 사러 다닐 때와 같은 열정은 찾을 수 없었고, 아파트 알아보는 일을 대부분 내게 맡겼다.

어느 날 오후 근무하던 중에 슬리피 베어와 나는 '사교의 장 오두막'에서 급여 명세서를 받았다. 슬리피 베어는 명세서를 찢더니 수

긍한다는 듯 고개를 끄덕인 다음 나를 돌아보았다.

"노란 모자까지 얼마 안 남았지?" 그가 물었다.

"잘 모르겠어요." 내가 어깨를 으쓱하며 대답했다. "너무 바빠서 그런 거 생각할 겨를이 없어요."

"근무시간을 확인해봐. 분명 얼마 안 남았을 거야."

급여 명세서를 펼쳐서 보니 초과근무가 빼곡했다. 지난 몇 달 동안 일한 총 근무시간을 찾아보았다. 슬리피 베어의 말이 옳았다. 수습 기간을 끝내는 데 필요한 1040시간이 넘어 있었다. 혼란스러운 삶 어딘가에서 정식 노조원이 된 것이다.

그다음 며칠 동안 팡파르 같은 게 있지 않을까―하다못해 이메일이라도―기대했지만 회사에서는 아무 연락이 없었다. 노란 안전모에 대해 일언반구도 없기에 마감부에서 총무로 일하는 남자 직원을 찾아갔다.

"제레미한테 얘기해보세요." 그가 내게 말했다.

나는 제레미에게 얘기했다.

"일정 관리자한테 얘기해봐요." 제러미가 말했다.

제철소에서 하급 감독관으로 통하는 일정 관리자를 찾아갔다. 나보다 몇 살 젊은 그는 갈색 머리가 늘 텁수룩했다.

"그럼요, 노란 모자 드려야지요." 그가 약속했다.

며칠이 걸렸지만, 슬리피 베어와 밤 근무를 하던 어느 날 마침내 그가 노란 안전모를 오두막으로 들고 왔다.

"여기요." 일정 관리자는 노란 모자를 내 무릎에 내려놓으면서 말했다.

비닐 포장을 벗길 틈도 없이 그는 오두막에서 나가버렸지만, 슬리피 베어가 옆에 앉아 그 중요한 순간을 목도했다.

"써봐." 슬리피 베어는 미소를 지으며 말했다.

제철소에서 일한 6개월 동안 긁히고 때가 탄 주황 모자에 비하면 새 모자는 눈부시도록 깨끗했다. 그사이 나는 크레인의 언어와 철강 노동자들의 은어를 배웠다. 슬리피 베어의 코 고는 소리에 맞춰 쓰디쓴 커피를 마시면서 더디게 지나가는 아침을 보냈다. 새벽이 오기를 기도하며 긴 밤을 버텼고, '사교의 장 오두막'에서 데니시 페이스트리를 하도 집어 먹은 탓에 몇 킬로그램이 붙었다. 그러나 노란 안전모를 처음 쓴 순간 예상과 달리 승리감 같은 건 찾아오지 않았다. 물론 일자리가 안정적이라는 사실에 안도했다. 밤 근무를 잘해내고 있는 나 자신이 대견했고, 미국에서 손꼽히는 거대 노조의 일원이 되었다는 사실에 감사했다. 하지만 뭔가가 빠진 느낌이었다. 그때는 그게 뭔지 꼭 집어낼 수가 없어서—깊이 생각하고 싶지 않았다—그저 웃음을 지으며 인정을 구하는 눈길로 슬리피 베어를 돌아보았다.

"바로 그 색이야." 슬리피 베어는 찡긋 윙크를 하며 말했다. "이제 여성 노조원이 되었군."

스캔런 신부님에게 고해한 이후에도 불안은 거의 누그러들지 않았고, 그 후 며칠 동안 상태는 계속 나빠져만 갔다. 먹지도 않고 수업을 들으러 가지도 않았다. 침대를 좀처럼 벗어나지 않았다. 결국 부모님에게 전화를 걸어 도움을 청할 때는 이미 모든 게 엉망이 된 뒤였다. 부모님은 어찌해야 할지 몰라—내내 울기만 하는 내 말을 거의 알아듣지 못했다—스튜번빌로 달려와 나를 클리블랜드의 집으로 데리고 갔다. 부모님은 심리 치료사에게 전화를 걸어 약속을 잡았다. 치료사는 태도가 온화했지만 직설적인 것을 두려워하지 않는 사람이었다.

"강간당한 것 같군요." 나의 상황 설명을 듣더니 그녀가 말했다.

강간이라는 단어는 계시처럼 다가왔다. 그 말을 듣는 순간, 숲속에서의 그날 밤 일을 묘사하는 단어가 바로 그것임을 알았다. 눈물이 멈추고 몸에서 힘이 빠졌다. 일주일 남짓 슬픔을 가눌 수 없었건만, 스캔런 신부님에게 고해할 때는 느낄 수 없었던 카타르시스가 별안간 밀려왔다.

치료사와 상담을 하고 며칠 동안 클리블랜드의 집에서 부모님과 지냈다. 부모님은 대학에서 짐을 챙겨 아예 집으로 돌아오기를 원했지만 나는 확신이 서지 않았다. 에런과 벤이 아무 일 없이 학기를 끝마치는 동안 유년시절의 안전한 집으로 돌아가고 싶지 않았다. 피해의식에 빠져 있고 싶지 않았고 내게 일어난 일에 조용히 굴복하고 싶지도 않았다. 무엇보다도 캠퍼스의 다른 여학생들을 보호하고 싶었다. 에런과 벤은 둘 다 신입생이었다. 앞으로 3년 반을 더 학교에 다닐 것이고, 그들이 다른 여학생들에게 같은 짓을 저지르도록 내버려둘 수 없었다. 경찰에 성폭행 신고를 하기엔 너무 늦었지만 학교 차원에서 정의를 추구하는 건 가능했다. 학교가 이 문제에 주목하도록 할 수 있을 것 같았지만 아직 마음의 결정을 내리지 못했다. 학교에 신고하면 학생들로부터 비난과 반감을 살지도 모르고, 그 후 펼쳐질 싸움에 대처할 용기가 있을지 의구심이 들었다.

어느 날 오후 거실에서 어떤 선택을 할지 고민하고 있는데 아빠가 맞은편 의자에 앉았다.

"네게 줄 게 있다." 아빠가 말했다.

그러고는 예전에 일했던 전당포에서 가지고 온 작은 상자를 내밀었다. 뚜껑을 열자 금 목걸이와 작은 펜던트 두 개가 들어 있었다. 펜던트 하나는 열쇠 구멍이 있는 황금의 하트 모양이고 다른 하나는 정교하게 장식된 황금 열쇠였다.

"네 심장을 여는 열쇠다." 아빠가 황금 열쇠를 건네며 말했다. "누구도 이걸 네게서 뺏어갈 수 없어."

아빠의 이 행동은 내가 결심할 충분한 용기를 주었다. 나는 목에 펜던트를 달고 그날 일을 밝히기로 조용히 다짐했다. 프랜시스칸대학교에서 남은 학기를 끝마칠 것이고 학교 당국에 정식으로 신고를 접수할 것이다.

캠퍼스로 돌아가자 학교에서는 성폭행당한 내용을 문서로 작성하라고 요구했다. 에런과 벤은 내 진술서를 읽을 기회가 있을 것이고 두 가지 선택에 직면할 것이다. 내 진술에 동의한다면 퇴학으로 기록되는 일 없이 자퇴가 가능하다. 반면에 내 증언을 거짓이라고 한다면 심의위원회가 열려 교수들과 학생들로 이루어진 위원단의 심의를 받을 것이다. 후자를 선택하면 위험 부담이 커진다. 심의위원회에서 에런과 벤의 손을 들면 그들은 어떤 처벌도 받지 않는다. 하지만 그 반대의 경우에는 공식적으로 퇴학을 당하게 된다.

에런과 벤은 자신의 운명을 각기 다르게 결정하고 선택도 달리했다. 에런은 사건에 대한 내 진술이 정확하다고 말했다. 자신의 죄를 인정하고 처벌을 받겠다면서 학교를 자퇴했다. 반면에 벤은 내가 자신을 다른 사람으로 착각한다고 주장했다. 그는 심의를 원했다.

며칠 사이에 대학은 학생과 교수로 이루어진 위원단을 소집했다.

위원단의 학생들은 나와 나이가 엇비슷해 보였다. 여학생 하나는 짙은 속눈썹 아래 눈이 사슴처럼 동그랬고, 나머지는 모두 칼주름이 잡힌 바지에 버튼다운셔츠를 입은 남학생들이었다.

벤과 나는 심의실에 두 명의 조력자를 대동할 수 있었다. 벤은 부모님과 동석하는 것을 선택했지만 나는 그러지 않았다. 엄마는 내가 심의받는 걸 돕기 위해 휴가를 내고 따라왔지만 나는 엄마한테 밖에서 기다리라고 했다. 아직도 엄마가 필요한 작은 여자애처럼 보이는 게 싫었다. 돌이켜보면 그때 잘못된 선택을 했던 것 같다. 엄마는 나를 대변하려고 그곳에 온 것이었는데 나는 고통에 겨운 나머지 미처 거기까지는 생각하지 못했다. 대신에 에마—나더러 고해를 하라고 말했던 그 여학생—와 대학에 고용된 심리 상담사를 대동하기로 결정했다. 그 둘이 나의 진술을 확인해줄 것이라고 믿었다. 심리 상담사는 심의위원회에 캠퍼스강간을 정의해줄 것이고, 에마는 그날 밤 일을 증언해줄 것이다. 에마는 남자들이 나를 기숙사로 데려오는 걸 보았으니 내가 합의의 표현을 하기에는 너무 취해 있었다고 진술해줄 것이다.

모든 참석자들이 도서관에 딸린 큰 회의실로 모였다. 회의실에서는 널빤지와 오래된 책 냄새가 났다. 회의실에 들어가니 벤은 이미 그곳에 있었다. 그는 부모님 옆 긴 참나무 탁자 상석에 앉아 있었다. 그들 모두 비즈니스 복장으로 말쑥하게 차려입었다. 넥타이와 스포츠코트. 벤의 엄마는 펜슬스커트길고 폭이 좁은 치마. 나 역시 프로처럼 보이려고 블라우스에 검정 바지 차림이었지만, 화장은 눈물로 벌써 얼룩져 있었다.

스웨터조끼를 입은 날씬한 남자가 안내하는 대로 나는 에마와 심리 상담사 사이 탁자 중앙에 앉았다.

"심의를 시작할 준비가 된 것 같군요." 남자는 말했다. 그러고는 벤과 내가 진술을 하면 위원단이 일련의 질문을 할 것이라고 설명했다. "엘리스, 학교에 신고할 때 제출한 진술서를 읽어주기 바랍니다."

벤이 일전에 확인한 진술서 그대로였지만, 나는 스웨터조끼 차림의 남자가 시키는 대로 위원단 앞에서 진술서를 읽었다. 내가 깊이 상처 입었다는 게 드러날까 싶어 애써 눈물을 참으며 재빨리 읽어 내려갔다. 약한 모습을 보이고 싶지 않았다. 나의 운명을 쥐고 있는 사람들 앞에서 무너지고 싶지 않아 어떤 감정도 드러내지 않았다. 로봇이 하듯 감정은 자제한 채 매우 효율적으로 진술서를 읽었다.

벤은 자기가 진술할 차례가 되자 그날 밤 숲에 나와 함께 있지 않았다고 주장했다.

"나를 다른 사람으로 착각하는 겁니다." 그는 거듭 말했다. 하도 여러 번 부인하는 탓에 나는 좌절감이 들기 시작했다.

"거짓말하지 마." 내가 끼어들었다. "분명 너였어."

"저 여자애가 어떤 앤지 아세요?" 벤은 위원단을 향해 말했다. "기숙사 남자애들하고 공동묘지에서 마리화나를 피우는 애예요. 걔들은 늘 취한 채 거기에 있어요."

"그게 왜 중요하죠?" 내가 항변했다.

위원단은 내 말을 무시했다. 내 행실을 지적하는 말에 혹하는 눈치였다. 처음에는 나도 벤을 비슷한 방식으로 공격할까 하고 생각했다. 그는 성자가 아니었다. 학교 체육관 앞에서 여자 친구와 섹스를 했다고 떠벌리기까지 했고, 마리화나와 술을 안 했을 리도 없다. 하지만 벤과 같은 수준으로 천박해지기 싫었고 위원단이 그의 공격을 본래의 그것으로, 즉 주의를 산만하게 하는 곁가지쯤으로 여길 줄 알았다. 위원단은 한 사람의 인성을 판단하려고 그곳에 있는 게 아니었다. 그들이 판단할 것은 에런이 이미 사실이라고 인정한 내 진술의 정확성 여부였다.

"네, 네, 알겠습니다." 스웨터조끼를 입은 남자가 손을 들면서 말했다. "이야기가 문제의 본질에서 벗어난 것 같군요. 벤, 진술이 끝났으면 이제 질의로 넘어가겠습니다."

벤과 그의 부모는 상세히 설명했다는 사실에 흡족해하며 고개를 끄덕였다. 위원단은 벤이 관여했는지에 대해 몇 가지 질문을 하면서 벤에게 그곳에 있었음을 인정하라고 압박했다. 벤은 한 치의 흔들림도 없이 사건 관여를 부정했다. "저를 다른 사람으로 착각하는 겁니다."

결국 스웨터조끼 차림의 남자가 탁자에 두 손을 모으면서 나를 돌아보았다. "엘리스." 그가 말했다. "이제 중요한 질문을 하나 하겠습니다. 싫다고 말했습니까?"

나는 참나무 탁자를 내려다보면서 나뭇결을 시선으로 더듬었다. 싫다고 말했는지 확실하지 않았다. 그날 밤의 기억이 조각난 채 흐릿하게 떠오르는 탓에 명확한 답변을 할 수가 없었다. 「요한 복음서」에 나오는 그 오래된 경구를 생각했다. "진리가 너희를 자유롭게 할 것이다." 스웨터조끼를 입은 남자에게 최대한 정직한 답변을 했다.

"잘 모르겠습니다." 나는 말했다. "기억나지 않아요."

합의의 표현을 하기에는 너무 취해 있었다고 설명했지만 절벽에 말하는 격이었다. 심리 상담사는 내 말을 입증해줄 만한 정보를 제공하지 않았고 에마 역시 도움이 되지 않았다. 에마는 증언 차례가 되자 의자에 꼿꼿이 앉았다.

"에마." 스웨터조끼 차림의 남자가 말했다. "엘리스의 목격자로서 이 자리에 나왔습니다. 이 사건을 어떻게 생각하나요?"

에마는 돌연 생기를 띠더니 앞머리를 쓸어 넘겼다.

"제 생각엔 둘 다 책임이 있어요." 에마는 흔들림 없이 확고하게 말했다.

얼마 후 위원단은 질의를 마치고 숙고에 들어갔다. 엄마와 식당에 앉아 샐러드를 먹고 있는데 엄마의 가방에서 핸드폰이 울렸다. 스웨터조끼 차림의 남자가 평결을 알리려고 전화한 것이었다. 위원단은 벤이 숲에 함께 있었다는 데는 동의했지만 성관계는 합의하에 이루어진 것이라고 결론을 내렸다.

"말도 안 돼." 엄마가 중얼거렸다. 그런 다음 핸드폰을 가방에 집어던지고 고개를 가로저었다. 찡그린 이마와 떨리는 입술로 보건대 몹시 화가 나 있었다. "총장한테 직접 가서 따져야겠다. 아니면 스캔런 신부님께 말씀드리든지 해야겠어. 우리 생각을 알려야지."

나는 의자에 그대로 앉아 접시에 놓인 상추를 뒤적거렸다. 더 이상 배가 고프지 않았다. 난 엄마처럼 반응하지 않았다. 무감각했다. 문제를 공론화하면서 옳은 일을 한다고—내 입장을 밝힘으로써 다른 여학생들을 돕는다고—생각했지만 성취한 게 아무것도 없었다. 벤은 처벌 없이 빠져나갈 것이고 나는 위원단이 내린 평결의 무게를 견뎌야 할 것이다. 합의에 의한 것이었다. 넌 그저 네 자신을 여성으로 사랑하지 않은 것일 뿐이다.

평결을 듣고 수년이 흘러 켄터키의 레드 강 협곡으로 배낭여행을 떠났다. 밤이 되자 산길에서 만난 한 무리의 낯선 사람들과 함께 임시로 만든 야영지에 둘러앉았다. 모닥불이 어둠 속에 불티를 날리는 동안 호밀 위스키 병이 돌았다. 우리는 돌아가며 생애 최고의 일을 이야기했다. 나는 딜도와 코카인에 얽힌 짧고 웃긴 이야기를 들려주었다. 어떤 이는 술집에서 싸움이 붙어 앞니가 부러진 긴 이야기를 늘어놓았다. 그러고 나서 한 중년의 여자가 위스키 병을 들더니 입을 열었다.

"아들이 어렸을 때 일이에요." 여자가 술병을 꽉 쥐면서 말했다. "아들을 해변에 데리고 가서 온종일 모래성을 쌓으며 놀았어요. 아들이 천문학을 좋아해서 우주정거장처럼 생긴 성을 만들었죠. 몇 시간이 걸렸지만 다 만들고 나자 애가 정말 자랑스러워했어요. 그런데 그때 밀물이 밀려오기에 모래성이 바닷물에 씻겨 없어질 거라고 애한테 설명했어요. 바닷물이 널 싫어해서 그런 게 아니라고 말해두었죠. 자연의 섭리가 원래 그런 거라고요."

여자는 위스키를 한 모금 마셨고 다른 여행자들은 모두 모닥불의 열기 쪽으로 상반신을 기울였다. 불꽃이 구덩이 속에서 춤을 추며 주위의 나무들에 그림자를 던졌다.

"그러고는," 여자가 말을 이었다. "밤이 되자 숙소로 자러 갔어요. 아들은 잠들기 전에 기도하고 또 기도했어요. 모래성을 지켜달라고 하느님께 기도하는 모습을 보자니 살짝 걱정이 됐어요. 이튿날 아침 모래성이 사라진 걸 알면 애가 하느님께 화를 내지 않을까 해서요. 하지만 정말 신기한 일이 일어났어요. 아침 일찍 해변에 갔는데 모래성이 그대로 있는 거예요. 바닷물이 다른 건 다 쓸어갔는데 말이죠. 모래사장이 아주 평평했어요. 모래에 찍힌 발자국도 얼마 없는데 아들의 모래성은 그 한복판에 서 있었어요. 어디 하나 허물어진 데 없이 말이죠. 어떻게 그럴 수 있었는지 모르겠어요. 논리적으로 설명할 길이 없어서 하느님의 손길이 닿은 게 아닐까 하는 생각이 들었어요. 어쩌면 그 모래성은 하느님이 아들에게 보낸 신호일지도 몰라요."

짧은 침묵이 흐른 후 모두 훌륭한 이야기라고 찬사를 보내며 술병을 돌렸다. 누군가 통나무 하나를 모닥불에 던졌고 그다음 사람이 이야기를 풀어놓기 시작했다. 하지만 나는 듣지 않았다. 조용히 혼자서 울었다.

그렇게 모닥불 주위에 앉아 있으면서 어린아이였을 때 하느님에게 받았던 신호를 생각했다. 그것은 멧비둘기들이 한 가득 들어 있는 새장에 불과했지만 내게는 전부였다. 이 세상에 내게 할당된 목적과 장소가 있다는 뜻이었다. 수녀가 될 운명이라는 뜻이므로 그 신호를 따라 프랜시스칸대학교로 진학했다. 그런 다음 성폭행이 나의 신앙을 앗아갔다.

어린 시절에 하느님은 우리를 보호해주는 위대한 힘이라고 배웠다. 하느님은 우리를 고루 사랑하는 구세주였다. 자유와 기회의 진정한 근원이었고, 나는 하느님의 섭리를 믿으며 자랐다. 하지만 그 모닥불 옆에서 하느님은 언덕을 굴러 내려오는 큰 바위 같았다. 하느님은 화가 나서 이리저리 제멋대로 구르는 무거운 바위였고, 나는 그 언덕길에 놓인 불운한 미물이었다. 이 사랑의 신은 의미를 제대로 이해할까 싶은 소년의 하찮은 소원은 들어주면서 내게서는 세상을 앗아가버렸다. 하느님은 모래성을 구했지만 내 몸은 지켜주지 않았다. 어린아이를 위해서는 조수의 흐름을 바꾸었지만 내 고통에 눈 하나 까딱하지 않는 두 남자의 발치에서 종교적 삶을 향한 내 꿈이 무너지는 것은 내버려두었다.

노란 안전모를 처음 쓴 날, 버기를 타고 드라이브를 나갔다. 자정이 조금 지난 시각이었고 별은 두꺼운 구름에 가려 보이지 않았다. 마감부의 서쪽 끝으로 가서 쿠야호가 강으로 떨어지는 가파른 절벽을 따라 달리는데 가을 공기가 얼굴에 찼다. 어두워서 강물이 보이지 않았지만 속도를 높이는 동안 강이 가까이 있음을 느낄 수 있었다. 마치 자연의 작은 한 조각으로도 제철소의 분노를 잠재울 수 있다는 듯이 강가에는 어떤 고요함이 깃들어 있었다.

도로는 쿠야호가 강에서 급히 꺾어져 정수처리장의 희고 둥그런 탱크들을 지나갔다. 저 탱크에 무엇이 들어 있는지 알 수 없었지만 콘크리트 장벽 뒤로 탱크 몇 개가 무리 지어 서 있었다. 몇 미터 높이에 폭이 9미터에 이르는 탱크들은 크롭 서클곡물 밭에 나타나는 원인 불명의 원형 무늬을 뒤집어놓은 것처럼 보였다.

탱크 옆에서 왼쪽으로 방향을 틀어 로커 룸이 있는 벽돌 건물과 용융아연도금 라인을 지난 뒤 마감부의 북쪽 경계까지 달렸다. 언젠가 강철로 바뀔 선철을 만드는 용광로가 200미터쯤 앞에 보였고, 나는 버기를 멈추고 용광로 굴뚝에서 솟아오르는 두 개의 푸른 불꽃을 응시했다.

용광로의 불꽃은 제강로에서 올라오는 주황빛 불꽃만큼 공격적이지 않고 고요한 자정에는 거의 신성해 보이기까지 했다. 각각의 불꽃은 나뭇가지에 걸린 푸른 레이스 조각처럼 미풍에 흔들렸고, 마치 강철의 여신이 급히 달리다가 드레스 조각이 걸려 찢어진 것 같았다. 여신은 지금쯤 저 멀리 중국 어딘가에 가 있을 것이고 그녀가 남긴 것은 이 레이스가 유일했다. 노란 모자를 쓴 사람들은 제단 앞의 사제처럼 그것을 소중히 다루었다. 그들의 업무는 여신의 기억을 살아 숨 쉬게 하는 것이었고 이제 나는 그런 사람 가운데 하나가 되었다.

버기에 앉아 불꽃을 올려다보는데 알 수 없는 불안이 마음 한편에 일었다. 딱히 슬픔은 아니었지만 슬픔이 아니라고도 할 수 없었다. 나 자신이 금이 간 물병이나 바람 빠진 쪼그라든 풍선처럼 느껴졌다. 뭔가가 내 안에서 빠져나가는 기분이었지만 그것을 막을 도리가 없어 보였다.

원하는 건 뭐든지 될 수 있어, 어른들은 어린 나에게 말했다. 꿈을 꾸면 이룰 수 있어! 내 또래들은 어린 시절에 이와 유사한 이야기를 들으면서 자랐고, 그중 많은 이들이 세상을 바꾸겠다는 꿈을 꾸었다. 우리는 이 세상에 지워지지 않는 흔적을 남기기를 원했지만—한때 내가 수녀원과 교실에 그토록 매료된 이유이기도 했다—현실은 어린 시절 우리가 세운 원대한 포부에 부응하지 못했다.

프랜시스칸대학교에서 심의가 끝난 뒤 부모님은 학교를 중퇴할 것을 종용했다. 부모님은 그다음 학기 동안 집에 있으면서 다른 대학에 진학하기를 원했지만 나는 패배를 인정하고 싶지 않았다. 벤이 처벌을 받지 않는 한 내가 중퇴할 수는 없는 일이므로, 나는 가을 학기를 마치고 그 이듬해 봄에 학교로 돌아갔다.

대학 생활은 곧 고역이 되었다. 학생들은 지나가면서 나를 흘끗거렸고 마리화나를 함께 피우던 친구들은 나를 멀리했다. 거짓말쟁이 걸레 같으니, 사람들은 내 등 뒤에서 수군거렸다. 날 모르는 사람이 없었고 모두들 내 옆에 오기를 꺼려했다.

이 상황을 감당하기 위해 매 순간을 다양한 활동으로 채웠다. 수영 팀에서 훈련을 시작하고 봄 연극제에서 무대감독을 맡고 오후에 아이들을 가르치고 지역 초등학교에서 인턴으로 일했다. 고학년 수업을 몰아 듣고 다양한 책을 찾아 읽었다. 먹지도 자지도 않았지만 상황에 잘 대처하고 있다고 스스로를 다독였다. 밤 시간은 둘 중 하나였다. 침대에서 몇 시간 동안 울거나 대학가를 배회하는 것. 때로는 달려오는 차를 향해 담력 시험을 하기도 했다. 한편으로는 죽고 싶었지만 다른 한편으로는 나 자신이 천하무적인 것 같았다. 다가오는 두 개의 불빛 앞에 서 있을 때면 저 차에 치여 죽을 수 있다는 생각이 들지 않았다.

몇 주가 지나자 정신 상태가 걷잡을 수 없이 광폭하게 날뛰었다. 단테의 「신생」에 관한 과제 페이퍼는 그날 밤의 플래시백이 되고, 플래시백은 거대한 슬픔을 몰고 오고, 거대한 슬픔은 내가 악마에 사로잡혔다는 생각이 들게 하고, 악마는 임박한 종말을 떠올리게 하고, 임박한 종말은 단테의 「신생」에 관한 과제를 마무리하는 걸 불가능하게 만들었다.

때로는 허벅다리의 살갗을 면도칼로 긋곤 했다. 도움을 청하는 외침은 아니었다. 그럴 목적이었다면 쉽게 감출 수 없는 부위에 상처를 냈을 것이다. 내가 원한 것은 그 순간 마음을 진정시키는 유일한 물질로 보인 아드레날린의 분비였다. 그때는 몰랐지만 최초의 혼합 상태가 발병한 것이었다. 조증의 일반적 증상인 광적이고 엄청난 에너지를 보인 반면, 동시에 울증의 파괴적인 무관심 상태에 빠진 것이다.

몇 달 동안 나는 계속해서 수척해갔다. 어느 쌀쌀한 초봄 밤에 정신을 차려보니 비를 맞으며 캠퍼스를 배회하고 있었다. 어디를 걷는지도—왜 걷는지도—몰랐고 외투도 걸치지 않은 채였다. 비 내리는 어둠 속 가로등 주위에는 뿌연 포말이 일었다. 그렇게 캠퍼스 끝의 축구장 주위를 도는 중에 사슴 떼와 맞닥뜨렸다.

사슴들은 풀을 뜯다가 불안스레 고개를 한번씩 들 뿐, 내가 다가가는데도 가만히 있었다. 무리 가장자리에 작은 암사슴 한 마리가 가로등 불빛을 받아 털을 반짝이며 서 있었다. 걸음을 멈추고 암사슴의 순해 보이는 환한 눈동자를 들여다보는데 문득 사슴을 죽이고 싶다는 강렬한 충동을 느꼈다. 활이나 총으로 죽이고 싶지 않았다. 멀리서 죽이고 싶지 않았다. 맨손으로 사슴을 죽이고 싶었다. 배고픈 야수처럼 덮치고 싶었고, 내 몸에 눌려 버둥거리는 사슴의 뻣뻣한 몸통을 찢어발기고 싶었다.

암사슴은 내 생각을 읽기라도 한 듯 귀를 쫑긋했다. 혼란 전야의 고요함 속에서 사슴과 나는 서로를 응시했다. 머릿속이 격렬하게 뛰었다. 에런과 벤을 생각하고, 그들과 숲에 있었던 그 추운 밤을 생각했다. 암사슴의 날씬한 목과 부드러운 점들과 급소를 생각했다. 씰룩거리는 귀와 맑은 눈을 생각했다. 곧이어 그것은 다시 에런과 벤이 되어 내 마음을 단단히 움켜잡았다. 그들의 몸. 그들의 체취. 땅에 누운 나의 맨 넓적다리와 그다음 날 아침 딱지투성이의 무릎을 생각했다. 곧이어 그것은 다시 암사슴이 되었다. 암사슴의 부드러운 점들과 비에 젖은 털. 고해성사. 성모마리아. 피 났어? 라는 질문. 그런 다음 에런과 벤, 숲속에서의 추운 밤, 골프를 치는 남자들, 웃는 남자들, 버클에서 풀리는 허리띠, 붉은 컵, 맨 넓적다리, 암사슴, 암사슴의 날씬한 목, 부드러운 점들, 부러진 뼈, 암사슴의 피.

암사슴을 향해 전속력으로 내달리면서 사슴을 잡을 수 있을 거라고 믿었다. 암사슴은 날씬한 다리로 우아하게 몸을 돌리더니 새로 돋은 초봄의 풀들 위로 떠갔다. 순식간에 사슴은 무리와 함께 어둠 속으로 사라졌다. 나는 털썩 무릎을 꿇고 앉아 울었다. 처음으로 내가 무서웠다.

마침내 기숙사 방으로 돌아왔을 때는 부모님에게 전화를 걸 만큼 이성을 찾은 뒤였다. 한밤중인데도 부모님은 전화를 받았다. 그런 다음 주저하지 않고 나를 데리러 클리블랜드에서 스튜번빌까지 2시간을 달려 왔다.

그다음 날 엄마는 정신과 예약을 했다. 의사는 내 증상을 듣더니 조증을 겪고 있다고 설명했다. 그 말은 곧 양극성 장애라는 뜻이었다. 의사는 기분안정제를 처방해주면서 클리블랜드의 정신건강센터에서 매일 치료를 받을 수 있는 부분 입원 프로그램을 권했다. 나는 치료에 동의하고 부모님 집으로 짐을 싸서 들어갔다. 선뜻 내키지는 않았지만 끝내 프랜시스칸대학교를 그만두는 데도 동의했다. 남은 수업은 클리블랜드에서 끝내기로 하고 그다음 가을 학기에 지역 대학에 들어갔다.

정신과 의사는 성폭행과 조증 사이에 인과관계가 있다고 설명하지는 않았지만 그 둘의 밀접성은 내가 보기에 명백했다. 양극성 장애의 원인에 대해 정확히 밝혀진 것은 없지만 크게 세 가지 요소가 발병에 영향을 미친다고 한다. 유전적 성향, 생물학적 성향, 환경적 요소가 그것이다. 양극성 장애 진단을 받은 사람들은 일가친척 가운데 정신 질환자가 있거나 또는 뇌의 구조나 기능에서 생물학적 차이를 보인다. 더욱이 그들은 어린 시절의 성적 학대 같은 정신적 외상을 과거에 경험했거나 발병을 초래하는—환경적 유발로 알려진—급성의 정신적 외상을 겪기도 한다. 해당하는 요소가 많을수록 그 병을 앓을 공산이 크다.

성폭행을 당할 당시에 나는 이미 두 번의 타격을 입은 상태였다. 일단 정신 질환이 발병하는 유전적 성향이 있었다. 할머니가 양극성 장애에 삼촌은 정신분열증이고 아빠는 거의 평생 동안 불안에서 벗어나지 못했다. 또한 생물학적 성향도 있었다. 어렸을 때부터 감정적 극단으로 치닫는 경향이 있었고, 십대에는 쉽게 우울해지곤 했다. 생물학적 및 유전적 성향만으로도 양극성 장애를 보일 수 있는데, 여기에 다른 가능성까지 더해졌다. 에런과 벤이 나의 정신 상태를 엉망으로 만든 기폭제 역할을 했을지 모른다. 성폭행이 나의 운명을 봉인한 세 번째 타격일 가능성은 미약하나마 분명히 존재한다.

그 남자들이 내 병을 발병시켰는지는 결코 알 수 없는 일이고, 가능성과 만약에 대해 너무 오래 생각하는 것은 별 의미가 없다. 원인이 이미 일어난 일을 바꾸지는 못한다. 세상을 구할 꿈을 꾸며 대학으로 갔지만, 오랫동안 내 삶을 피폐하게 할 병을 얻어 대학을 떠났다. 기대만큼 가능성이 무한하지 않다는 자각에 호되게 얻어맞은 것이다. 남자들은 정작 본인들은 어떤 일도 겪지 않고 우리를 박살낼 수 있다. 심사위원회는 평결로 우리에게 저주를 내릴 수 있다. 정의는 눈이 멀었고—또한 무관심하고 나약했다—한때 하느님이 내게 불어넣어준 꿈을 그 하느님도 구할 수 없었다. 하느님이 모래성처럼 단순한 건 구할지 모르지만, 조류를 바꾸는 것은 세상 곳곳에 존재하는 더 커다란 불의를 바로잡는 것과는 전혀 달랐다.

성폭행을 당하고 10년도 더 지나서 프랜시스칸대학교가 성폭력 사건을 여전히 잘못 처리하고 있다는 사실을 알게 되었다. 여전히 여학생들은 나처럼 부당한 일을 당해도 본인에게 책임이 있다는 소리를 들어야 했다. 한 여학생은 남학생에게 완력으로 제압당한 뒤 그 사실을 학교에 알렸다. 남학생은 여학생을 물고 사타구니를 무릎으로 누른 다음 여학생의 바지 속으로 손을 집어넣었다. 대학교는 이 사건이 성폭력에 해당하지 않는다고 판단했다. 또 다른 여학생은 남학생이 저돌적으로 원치 않는 접근을 지속해오자 학교에 신고했다. 남학생은 여학생의 손을 잡아 자기 바지에 갖다 대면서 발기된 성기를 느끼게 했다. 여학생은 학교의 설득에 못 이겨 경찰에 신고하기를 단념했다. 더욱이 학교는 여학생더러 상담 교사를 찾아가 "양극성 장애"가 아니라는 걸 확인받으라고까지 했다. 그러면서 양극성 장애라면 그 여학생의 이야기를 심각하게 받아들이지 않을 것임을 넌지시 암시했다.

내가 성폭력을 고발하러 나선 것은 다른 여학생들을 보호하기 위함이었다. 맞서는 것이 의무라고 생각했다. 내 목소리가 변화를 이끌어낼 것이라고 믿었지만, 그 후로도 피해를 입은 여학생이 너무도 많았다. 그사이 나 같은 젊은이들이 문제라고 혀를 차는 나이 든 미국인들의 한탄을 숱하게 들었다. 그들은 우리가 자기중심적으로 권리만 내세운다고 말했다. 우리는 직업윤리도 형편없었다. 순간의 만족을 추구하는 한편, 앞선 세대의 규율과 실행력은 부족했다. 이런 비난은 늘 초점에서 벗어난 것이다. 우리 세대는 변화를 만들어낼 힘이 있다고 믿으며 자랐지만—꿈을 꾸면 이룰 수 있어—우리의 이상은 사회가 남용과 타성에 빠져 황폐화되는 사이에 무너져 내렸다. 어린 시절의 포부는 더 이상 실현 가능한 것으로 보이지 않았다. 선한 의도는 갈 곳을 잃고 우리 안으로 파고들어 좌초된 다음, 유리만큼 부서지기 쉽되 뿌리 깊은 이기주의를 양산했다. 세상의 구원을 꿈꿨던 어린아이가 어느 날 정신을 차려보니 제 한 몸 구할 수 없는 세상에서 길을 잃고 방황하고 있었다.

용광로의 푸른 불꽃 옆에 앉아 나는 노란 모자를 벗어 뒤집어 보았다. 서른 번째 생일이 며칠 앞으로 다가왔지만 무엇 하나 이룬 게 없는 것 같았다. 수녀가 되지도 못했다. 영혼을 구원하지도, 가난을 치유하지도 못했다. 어디에도 긍정적인 영향을 준 게 없었고 노란 안전모가 나를 무관심의 세계로 인도할까 봐 두려웠다. 어쩌면 변화를 만들기 위해 노력조차 안 하게 될지도 모른다. 어쩌면 타성을 받아들이고 급여로 살 수 있는 근사한 삶에 만족한 채 어깨를 으쓱할지도 모른다. 슬리피 베어 앞에서 노란 안전모를 처음 썼을 때 멈칫한 까닭이기도 했다. 안전모가 상징하는 바를 소중히 여겼지만—제철소와 그곳 사람들에게 깊은 애정을 느꼈으며, 노조원이 되어 다행이라고 생각했다—안전모가 내 삶에서 의미하는 바가 두렵기도 했다. 나는 나의 어린 자아가 시도했던 것에 한참 못 미칠 뿐만 아니라 어린 시절의 그 소중한 이상을 추구하고자 하는 의지마저 상실했다. 세상을 바꾸려는 희망은 더 많은 급여를 바라는 희망으로 바뀌었다. 나의 잠재력에 대한 믿음은 시들었다. 저급한 자동차 판매원에게서 싼값에 구입한 해치백은 내가 나 자신을 잃어버렸다는 증거였다. 과거의 나라면 원칙을 앞세워 돈을 더 주고 샀겠지만 그 여자애는 어딘가로 숨어버렸다. 이제는 시야에서 사라져버렸다.

제철소에서 오래 일하다 보면 거기에 정신이 팔린 나머지 그 여자애
를 다시는 못 찾을까 봐 겁이 났다.

10
정신 병동의 노래하는 사람

　생일을 축하할 마음이 전혀 없었지만 토니는 밤 외출을 하자고 우겼다. 토니는 저녁 전에 한잔하자며 동네 와인 바로 나를 데리고 갔는데, 들어갈 때 보니 어딘가 허둥대고 안절부절못하는 눈치였다. 실제로 그의 발에 걸려 넘어질 뻔한 걸 그가 재빨리 내 팔을 잡아 와인 바 한쪽 끝에 위치한 방으로 안내했다.

　생일 파티를 위해 양가 가족이 방에 모여 있는 걸 보자 가슴이 철렁 내려앉았다. 우리 부모님은 벽난로 근처 소파에 앉아 있고 토니의 여동생은 남편과 나란히 윙백 의자에 앉아 있었다. 로럴은 참석하지 못한 터라—로럴은 남편과 미시간에 살았다—파티는 단출하고 친밀했다. 그렇다 하더라도 30년 인생을 기념하는 이런 모임을 기대한 것은 아니다. 내가 내세울 거라곤 가난과 하향 고용과 끊임없이 극단을 오가는 감정 변화뿐인 것 같았다.

　방으로 들어가면서 최대한 쾌활해 보이려고 애를 썼다. 이벤트를 주관한 것은 토니였다. 피자와 타이 음식을 동시에 먹는 우리의 전통에 따라 토니는 저녁으로 그 두 가지 음식을 사 왔고 내가 제일 좋아하는 카사타케이크리코타치즈와 과일 등을 올린 스펀지케이크를 디저트로 주문했다. 파티를 위해 빌린 방은 구식이지만 위엄이 있었다. 적갈색 벽지에는 작은 꽃무늬가 있고 빅토리아풍의 소파는 고풍스러웠다. 벽난로에서는 불꽃이 은은하게 타고 커피 탁자의 다리 끝부분은 꼭 작은 발톱 같아 보였다.

누군가 내게 와인을 따라주었고 나는 토니 옆 소파에 앉았다.

"이십대가 지나간 기분이 어떠니?" 엄마가 장난스레 물었다.

"나쁘지 않아." 내가 억지 미소를 지으며 대답했다.

"살아온 서른 해가 마음에 들어요?" 토니의 여동생이 물었다.

그녀는 나보다 여섯 살 위인데, 그 말은 그녀가 X세대 말미에 태어났다는 뜻이었다. 직업도 썩 잘 어울리고 자기 소유의 집도 있었다. 중학생 딸이 둘 있었다. 그녀의 질문에 대답하면서 눈물이 나오려는 걸 애써 참았다.

"아니요." 내가 대답했다. "이룬 게 있어야지요."

그런 다음 입을 다물고 와인을 홀짝거렸다. 토니의 가족과 우리 가족이 만난 첫 자리였고, 모두 서로를 알아가느라 기분 좋게 대화를 나누었다. 부모님은 활짝 웃고 있었다. 토니는 〈스타트렉〉 이야기를 했다. 주위의 모든 사람이 침묵을 채웠고 나는 매분이 지날수록 점점 더 투명인간이 되는 기분이었다.

선물을 개봉할 시간이 되자 토니가 납작한 네모 모양의 큰 선물을 건넸다. 포장지를 뜯으니 흑백의 말 사진 원판이 들어 있었다. 놀랍도록 아름다웠다. 사진 대부분이 그늘에 잠겨 있어서 검은 배경에 드러나는 것은 말 머리뿐이었다. 말은 두려움 없는 눈으로 전면을 응시했고, 얼굴 오른쪽은 몸통을 휘감은 어둠 속에 부드럽게 묻했다.

어렸을 때부터 말을 좋아한 내게 딱 어울리는 선물이었다. 그 후 몇 주가 지나면서 사진에 애착을 갖게 되었지만, 그것을 처음 본 순간에는 슬픔이 밀려왔다. 말의 형상이 사진의 검은 배경 속으로 사라지고 있었다. 말의 힘과 잠재력은 차갑고 냉담한 무엇인가에 압도당했고, 그와 비슷한 일이 내게도 일어나는 듯했다.

파티가 진행되는 동안 눈물이 계속 차오르자 토니가 바람을 쐴 요량으로 나를 밖으로 데리고 나갔다. 11월의 차가운 바람이 거리를 휩쓸며 지나갔고, 길가의 나무들에는 작고 하얀 등이 매달려 있었다.

토니가 나를 걱정스럽게 쳐다보았다. 그는 추위 때문에 손을 주머니에 찔러 넣은 채 바람이 불어 균형을 잃기라도 한 듯 몸을 앞으로 숙이고 있었다.

"내가 뭐 잘못한 거라도 있어?" 그가 물었다.

나는 보도를 내려다보면서 바닥에서 일어난 콘크리트를 발로 찼다. 주위의 밤이 마법처럼 느껴졌다. 상쾌한 공기. 맑은 밤하늘의 별. 반짝거리는 나무의 불빛.

"잘못한 거 없어." 나는 고개를 들지 않은 채로 대답했다.

"정말이야?"

뺨으로 흘러내리는 눈물을 닦자니 토니에게 미안한 마음이 들면서 내가 이기적으로 느껴졌다. 생일 파티를 열어주는 것만큼 사려 깊은 행동이 있을까 싶지만 그것을 온전히 즐길 수가 없었다. 우리 세대의 악명 높은 특성인 나르시시즘을 도저히 통제할 수 없어 파티 내내 자기 연민에 빠져 있었다.

"응, 정말이야." 내가 대답했다. "자기가 잘못한 거 없어. 진심이야. 파티가 정말 근사해. 이 모든 걸 준비해줘서 고마워."

"근데 왜 그렇게 화가 났어?" 토니가 주머니에서 손을 빼 내 어깨에 올리면서 물었다.

쩨쩨하거나 멜로드라마처럼 들릴까 싶어 어떻게 설명할지 막막했다. 살면서 뭐 하나 중요한 일을 한 게 없는데, 그럼에도 삶은 계속 굴러갈 것이다. 수녀가 되지도, 세상을 구원하지도 못했으며, 엄밀히 말해 석사 학위를 받지도 못했다. 교수나 교사가 되었다면 최소한 어떤 목적의식은 갖게 되었을 텐데 그마저도 못 되었다. 부모님 친구 중에 한 분은 비현실적이고 치기 어린 포부를 포기한 대신 실용적인 삶을 선택했다고 내게 축하 인사를 건네기까지 했다.

"무슨 일인지 얘기해봐." 토니가 말했다.

"나도 모르겠어." 내가 대답했다. "그냥 나 자신한테 실망스러워서 그래. 지금쯤이면 더 많은 걸 성취할 줄 알았는데 제철소에 눌러앉을까 걱정돼."

철강 노동자로 6개월 넘게 일하면서 벌써 월급에 의존하는 것 같았다. 돈에 쪼들리지 않는데도 더 많은 돈을 원했고, 그새 돈 쓰는 맛까지 알게 되었다. 교통사고로 차가 완파된 뒤 새로 구입한 차에는 만만찮은 할부금과 보험료가 따라왔다. 적지 않은 빚을 청산했고 학자금 대출도 갚기 시작했다. 이제 옷 가게에서 재고품 매대를 뒤지는 일도 그만두었다. 다람쥐가 출몰하는 아파트에서 아치형 천장의 아파트로 이사하는 중이었고, 중고 가구 대신 새 가구를 장만하는 데 수천 달러를 썼다. 식료품점에서 값비싼 프랑스 치즈를 살 때도 두 번 생각하지 않았다. 부모님 집 마당의 잔디 깎는 서비스도 내 돈으로 냈다. 1달러 한 장까지 어디에 썼는지 기록할 필요를 더는 못 느꼈다. 이 모든 일을 겪는 동안, 제철소 근무를 시작하기 전에 들었던 충고가 머리 한 편에서 계속 나지막하게 들렸다. 곧 돈에 익숙해지지. 새 차를 뽑고 새 집을 사. 그러다 자기도 모르게 갇히는 거야.

"걱정하지 마." 토니는 시무룩한 내게 한결같이 다정한 목소리로 말했다. "제철소는 자기한테 발판이 될 거야. 단기간의 축복이지, 거기에 안주하는 일은 없어."

토니는 나를 끌어당겨 품에 오래도록 안았고 나는 그의 포옹이 주는 안정감을 만끽했다. 토니는 내가 두려워할 때 늘 침착하고 자신감 있게 행동했으며, 그런 태도는 얼마간 나를 진정시키는 데 도움이 되었다. 나는 그를 올려다보면서 미소를 지었다. 잘라야 할 케이크와 따라야 할 와인이 있었다. 파티는 아직 끝나지 않았으니 남은 파티의 즐거움을 즐기고 싶었다.

"춥다." 내가 말했다. "들어가자."

생일이 지나고 이틀 후에 짐을 싸러 다람쥐가 출몰하는 아파트로 갔다. 집주인이 다람쥐가 뚫어놓은 구멍을 막았다면서 운이 나빠 그리되었다고 하도 얘기하는 바람에 집 구석구석에 살균제를 뿌리고 하룻밤을 자기로 했다. 그다음 날 아침 일찍 잠에서 깨어 시계를 쳐다보았다. 선거일이었다. 너무 붐비기 전에 투표하러 갈 생각이었지만 침대에서 몸을 일으킬 수가 없었다.

깊은 우울감에 사로잡힌 터라 머릿속이 뒤죽박죽이었다. 두서없는 생각이 획획 머릿속을 스쳐 지나가는 탓에 무엇 하나 곰곰이 생각할 수가 없었다. 제철소와 안전모와 이루지 못한 목표를 생각했다. 빨아야 할 빨랫감과 납부해야 할 고지서와 구입해야 할 식료품을 생각했다. 어떤 일보다 어려워 보이는 샤워를 생각했고, 똑딱거리며 천천히 지나가는 매분을 생각했다.

투표하고 토니를 만날 계획이었는데—투표일에 맞춰 휴가를 썼다—이미 약속 시간에 늦었다. 늘 그렇듯 토니는 비번인 날에 시간을 최대한 효율적으로 쓰려고 했다. 그때 나는 어떤 것도 효율화하고 싶지 않았고, 미소를 지으면서 악화일로의 상태를 숨길 힘이 있을지 자신이 없었다.

마비 상태에서 시계를 응시했고, 양극성 장애가 최고조에 달했을 때 종종 하는 행동을 했다. 게으르고 멍청하다고 나 자신을 자책했다.

넌 쓰레기야, 나는 생각했다. 넌 실패자야. 너 같은 건 살아 있을 가치가 없어.

철천지원수에게도 하지 않을 말들을 나 자신에게 하면서 발작적으로 울음을 터뜨렸다. 등이 뻣뻣해지면서 가슴이 떨렸고, 어떻게든 투표소로 가려면 눈물을 그쳐야 했다.

그렇게 혼란스러운 상태에서 몇 년 동안 교육받은 대응기제를 발휘해 마음을 가라앉히기란 불가능한 일이었다. 그 말은 이 슬픔을 단박에 끝낼 수 있는 방법은 단 하나밖에 없다는 뜻이었다. 이상적이진 않지만 다른 도리가 없었다. 침대에서 일어나 토니와의 하루를 알차게 보내야 했으므로 손을 들어 머리통을 세게 내리쳤다.

방의 불빛이 일시에 환해지면서 뻐근한 통증이 두피로 퍼져나갔다. 관자놀이와 뺨을 몇 번 더 때리자 슬픔이 잦아들기 시작했다. 눈물이 멈췄다. 생각이 더 이상 날뛰지 않았다. 순식간에 기분이 기준선으로 돌아왔다.

양극성 장애로 몇 년간 고생하면서 터득한 방법이었다. 몸이 통증에 반응해 어떤 신경전달물질을 분비하는지는 모르지만, 어쨌건 그것은 얼마간 정상 활동을 할 수 있도록 마음을 진정시키는 효과가 있었다. 머리통을 때린 물리적 여파는 다른 형태의 자해에 비해 숨기기가 훨씬 쉬웠다. 멍이 들어도 머리칼로 감출 수 있고 뺨이나 관자놀이에는 붉은 손자국밖에 남지 않아 페이셜 스크럽이나 화학 박피술로 생긴 것이라고 둘러댈 수 있었다.

눈물이 멈춘 후 재빨리 침대에서 일어나 샤워를 했다. 투표소로 가서 투표를 한 다음 그날 하루를 함께 보내려고 토니의 집으로 향했다.

도착하는 길로 그의 차를 타고 커피를 마시러 나갔다. 평소처럼 토니는 차에서 일렉트로닉 댄스 음악을 들었다. 머리를 때린 극적인 효과는 벌써 사라지고 있었고 슬픔과 짜증이 자꾸 치받는 걸 간신히 참았다.

"테크노 말고 다른 거 들으면 안 돼?" 내가 쌀쌀맞게 물었다.

"테크노 아닌데." 토니가 대답했다. "하우스 음악전자악기로 연주하는 빠른 비트의 댄스 음악이야."

"그냥 다른 거 들으면 안 돼? 맨날 이런 일렉트로닉 음악만 듣잖아. 오늘은 못 견디겠어."

토니는 화가 나서 라디오 볼륨을 줄였고 우리는 도착할 때까지 아무 말도 하지 않았다.

집으로 돌아와 도미노 게임을 했다. 턱없이 지고 있어서 예의 그 경쟁심이 튀어나왔다.

"매번 이렇게 박살을 내야 속이 시원해?" 내가 짜증스럽게 말했다.

토니는 눈을 부릅뜨면서 도미노들을 상자에 담기 시작했다.

"뭐하는 거야?" 내가 물었다. "아직 안 끝났어."

"이제 그만하자." 토니가 대답했다.

"왜 자기가 화를 내?"

토니는 고개를 들고 나를 쳐다보면서 어깨를 으쓱했다.

"늘 화가 나 있는 사람은 자기야." 그가 말했다.

도미노 게임을 정리하고 근처 공원으로 산책을 나갔다. 토니는 걸으면서 재정과 관련된 이야기를 꺼냈다.

"월급에서 조금씩만 저축하면 꽤 많이 모을 거야."

토니는 일반적인 이야기를 한 것뿐인데, 내게는 나를 빗대어 하는 말로 들렸다. 말투에서 무시하는 듯한 느낌이 들었고, 나를 상대로 잘난 체하는 것 같았다. 저축에 관한 강의 따위는 필요하지 않았다. 전보다 씀씀이가 많이 커졌지만 이미 상당한 금액을 예금 계좌에 입금하고 있었다. 여섯 달 만에 1년치 월세를 내고도 남을 돈을 모았으니 빈털터리로 시작한 사람치고는 큰 성과였다.

"잠깐만," 내가 대꾸했다. "나도 돈을 다루는 법 정도는 알아."

"자기가 돈을 다룰 줄 모른다는 얘기가 아니야." 토니가 말했다.

"그래? 나한테는 그렇게 들렸는데."

토니는 입을 꽉 다물고 한숨을 쉬었다.

"무슨 말을 못 하겠구나." 그가 말했다.

나는 아무 반응도 보이지 않았고 우리는 산책이 끝나도록 한마디 말도 주고받지 않았다.

양극성 장애로 세상이 왜곡되다 보니 존재하지도 않는 적개심과 공격거리를 찾아냈다. 악의 없는 말도 치명적인 모욕으로 들렸고, 나는 딱지가 앉지 않은 맨 상처처럼 반응했다. 약간의 압력만으로 도 비틀거렸고 일단 고통이 시작되면 막기가 힘들었다. 생일 파티에 서 무기력감을 느끼고 토니에게 예민하게 군 것이 혼합 상태의 증상 인지는 모르겠으나 극단의 반응을 보이는 것은 분명 혼합 상태의 증상이었다. 내 병의 두 절반이 서로 부딪치면서 끔찍한 결과를 초 래했고, 가장 큰 타격을 입은 사람이 토니였다.

하루가 작은 말다툼으로 얼룩졌지만 편안한 저녁을 보낼 만큼 꽤 오래 평화가 유지되었다. 토니가 요리를 한 터라 설거지는 내 담당이 었다. 한참 그릇을 닦는데 출구 조사 결과가 텔레비전 화면에 뜨기 시작했다.

토니는 거실에 앉아 차를 마시고 있었다. 집이 작고 열린 구조라 서 아래층 전체가 하나의 큰 방처럼 보였다. 그 말은 내가 싱크대 앞 에서 그의 모습을 볼 수 있다는 뜻이었다.

"누가 이기고 있어?" 나는 거품 묻은 접시를 들고 물었다.

"글쎄, 아직 일러서. 그래도 힐러리가 꽤 앞서는 거 같아."

"정말 다행이야." 나는 접시를 헹궈 건조대에 꽂으면서 말했다.

물 흐르는 소리 너머로 앵커가 하는 말을 들으려고 귀를 세우는 데 토니가 거실에서 나를 돌아보았다.

"나 사랑해?" 그가 미소를 지으며 물었다.

"요만큼," 내가 대답했다. "자기는 나 사랑해?"

"아마도."

설거지를 끝내고 소파에 앉아 있는 토니 옆에 몸을 웅크리고 앉 았다. 한동안 선거 방송을 보는데 스카우트가 옆 걸음질을 치며 내 옆에 앉았다. 그 검고 작은 핏불테리어는 내 무릎에 덮인 포근한 담요가 마음에 드는지 한쪽 귀퉁이를 내놓으라고 재촉했다. 개는 편안해지자 곧장 깊은 잠에 빠져들었다. 마치 달리기라도 하듯 발이 꿈틀거리고 꼭 다문 입에서 작게 깽깽거리는 소리가 새어나왔다.

개의 꿈에 전염성이 있는지 눈꺼풀이 무겁게 감겼다. 아침에 출근할 필요는 없었지만 대신 밤 근무가 기다리고 있었다. 곧 24시간 근무 전환을 해야 했고, 막 끝낸 교대 근무에서 아직 충분히 회복이 안 된 상태였다.

선거인단 투표 결과가 모두 발표되지는 않았지만 전문가들이 이구동성으로 예상하듯이 힐러리가 이길 것으로 보였다. 더 기다리는 게 의미가 없어 보여 개를 깨우지 않고 소파에서 살금살금 내려갔다.

"나 잘게." 내가 토니에게 속삭였다.

토니의 이마가 불안으로 일그러졌다.

"나한테 화난 거야?" 그가 물었다.

그 문장은 어느새 우리 사이에서 후렴구가 되었다. 그날 온종일 서로에게 그 질문을 던졌고, 답이 긍정인지 부정인지는 중요하지 않았다. 그 질문 자체가 우리를 지치게 했다.

"아니," 내가 대답했다. "화 안 났어. 그냥 피곤해."

토니에게 키스를 하고 밤사이 최초의 여성 대통령이 탄생할 것이라 믿으며 침대로 갔다.

그다음 날 아침 토니가 출근하기 전에 나를 깨웠다. 잠시 눈을 떴지만 베개에서 머리를 들기에는 너무 비몽사몽간이었다.

"좋은 하루 보내." 그가 내 이마에 입을 맞추면서 말했다.

그가 뒷걸음질로 나갈 때 나는 눈을 감고 다시 잠으로 빠져들었다. 익숙한 토니의 발자국 소리가 들려오는 가운데 오늘이 선거일 다음 날이라는 생각이 퍼뜩 떠올랐다.

"잠깐만." 나는 눈을 뜨지 않은 채로 말했다. "누가 이겼어?"

"트럼프."

나는 새털 이불 끝자락을 뺨까지 끌어올렸다. "정말?"

"응," 토니가 대답했다. "나도 놀랐어."

"오하이오는 어떻게 됐어?" 내가 물었다. "오하이오에서도 트럼프가 이겼어?"

"응, 완승이야."

토니는 집을 나서기 전에 내게 다시 한 번 입을 맞췄고 나는 몇 시간을 더 잤다. 이윽고 침대에서 일어난 뒤 재빨리 샤워를 하고 아파트로 돌아갔다. 세탁기를 몇 번 돌리고 책을 상자에 쌌다. 클린턴도 트럼프도 별로 생각하지 않았다. 세상은 평소의 짐을 진 채 덜커덩 돌아갔고, 내게 대통령 선거 결과를 생각하는 것을 허락하지 않았다. 선거 결과가 비로소 실감이 난 것은 그날 늦게 일주일치 장을 보러 갔을 때였다.

식료품점의 자동문을 지나면서 토니와 이른 아침에 나누었던 대화를 떠올렸다. 도널드 트럼프가 대통령에 선출되었다. 수백만 명의 미국인들이 그에게 표를 던졌고 우리 주도 트럼프를 지지했다.

급히 카트를 끌고 복숭아 매대 쪽으로 걸어갔다. 복숭아를 하나씩 집어 잘 익었는지 확인하는 동안 청과물을 고르는 다른 사람들을 힐끗 돌아보았다. 꽃무늬 블라우스를 입은 통통한 여자는 토마토를 장바구니에 넣고 있었다. 격자무늬 셔츠 차림의 백발노인은 셀러리를 살피고 있었다. 귓불에 굵은 피어싱을 한 청년은 사과를 고르는 척하면서 양손에 멜론을 하나씩 든 젊은 여자를 힐끔거렸다.

주변의 미국인들을 의심과 경멸에 찬 시선으로 쳐다보는 것은 내 생애 처음이었다. 청과물 코너의 사람들을 유심히 살폈다. 누가 적인지 알고 싶었다. 토마토를 장바구니에 넣고 있는 저 여자가 남몰래 나를 미워하는 것은 아닐까? 혹시 셀러리 근처의 저 남자가 광신자인 것은 아닐까?

물론 트럼프 지지자를 찾으러 식료품점까지 갈 필요는 없었다. 나는 이미 대통령 선거에서 그를 찍은 두 사람을 알고 있었다. 나의 부모님은 골수 공화당 지지자였고, 리얼리티쇼 스타인 억만장자 트럼프라 하더라도 그들의 견해를 흔들 수 없었다. 선거운동이 한창인 어느 날 저녁을 먹으러 부모님 집에 갔다. 식탁에 둘러 앉아 레드 와인병을 돌려 마시는데 취기가 오르기 시작했다.

"기독교인이 어떻게 트럼프 같은 자를 지지할 수 있는지 이해가 안 돼." 나는 엄마가 만든 샐러드를 뒤적이며 말했다.

그런 다음 식탁 건너 어깨를 쫙 펴고 앉은 아빠를 바라보았다. 와인을 홀짝거리는 아빠 얼굴에 의기양양한 표정이 떠올랐다. 반면에 엄마는 접시를 내려다보고 있었다. 엄마는 정치적 견해가 아빠보다 유연한 편이었고, 곧 싸움이 벌어지리라는 걸 감지한 모양이었다.

"트럼프는 그리스도 정신에 위배되는 자야." 내가 말했다. "여자 성기를 움켜쥐네 떠들어놓고선 뭐라고 변명을 하는지 들었죠? 예수님이 동의하지 않을 거야."

나는 포크를 내려놓고 검고 매끄러운 화강석 식탁을 손가락으로 매만졌다. 작은 은색 점이 깨알처럼 박힌 것이 제철소 곳곳에 깔린 흑연을 떠올리게 했다.

"아, 그 빌어먹을 〈액세스 할리우드〉2005년 연예 프로그램 〈액세스 할리우드〉의 녹음 파일에 여성을 성적으로 비하하는 트럼프의 발언이 담겼고, 2016년 대선 직전에 그 파일이 공개되어 트럼프가 사과했다 얘기구나." 아빠는 의자에 기대앉아 팔짱을 끼면서 퉁명스레 내뱉었다. "과거에 한 말로 사람을 판단하면 안 돼. 게다가 사적인 대화잖아. 거기에 무슨 의미가 있다고."

나는 치킨커틀릿이 차갑게 식도록 내버려두고 몸을 앞으로 숙였다. 아빠와 나는 싸우고 싶어 안달이 난 참이었고, 엄마가 우리가 좋아하는 음식을 준비하느라 온종일 고생했다는 사실은 중요하지 않았다.

"당연히 의미가 있지." 내가 항의했다. "트럼프는 여자를 마음대로 쓸 수 있는 물건으로 본 거라고. 돈 많은 특권층의 남자는 여자에게 무례하게 굴 권리가 있다는 거지. 그게 바로 성폭행과 성희롱의 문화를 이끄는 남성 특권적 사고라고요. 자칭 기독교인이라는 사람이 그런 가치를 옹호한다는 게 놀라울 따름이야."

"그럼, 빌 클린턴은 어떻고?" 아빠는 나를 향해 말을 내뱉다시피 하면서 물었다. "클린턴도 여자에게 꽤나 무례했던 거 같은데, 안 그래?"

와인 잔 손잡이를 잡은 손에 힘이 들어갔고, 나는 마지막 남은 한 모금을 마셨다. 풍부하고 알짝지근한 맛이 도는 것이 부드럽게 넘어갔다. 아빠가 저녁을 위해 내놓은 와인이었다. 아빠는 총을 알듯—정확하고 확실하게—와인을 알았고, 내가 집에 올 때면 좋은 와인을 즐겨 꺼내놓았다.

"여기서 빌 클린턴 얘기가 왜 나와?" 내가 되쏘았다. "트럼프 얘기를 하던 중인데. 문제는 여성관만이 아니야. 트럼프는 종합 세트야. 소수집단에 적대적이고 환경보호에 관심도 없어. 기독교인이라면 만인에게 공감해야 하는 거 아니야? 지구의 청지기가 되어야 하는 거 아니냐고요?"

나는 와인을 한 잔 더 따르고 의자에 기대앉았다. 엄마는 식탁에 손을 모은 채 조용히 듣고 있었고 아빠는 점점 앉은키가 커지는 듯 보였다.

"하." 아빠가 말했다. "그 환경 문제라는 건 죄다 누군가의 주머니를 두둑하게 하려는 거대 음모에 불과해."

"누구 주머니가 두둑해진다는 거야?" 내가 물었다.

"그야 엘리트들이지." 아빠가 대답했다. 그러더니 포크를 들어 큰 치킨 조각을 입안에 넣었다.

대화가 오갈수록 더욱 화가 치밀어 올랐다. "그 엘리트들이 누군데?"

"돈 있고 힘 있는 자들이지." 아빠는 여전히 치킨을 씹으면서 대답했다. "조지 소로스 같은 자들. 음모로 이익을 보는 자들 말이야."

"음모가 아니야." 나는 화가 나서 두 손을 내저으며 말했다. "과학이라고요. 하기야 아빠가 기후변화를 믿느냐 하는 것은 중요하지 않아. 아빠 가톨릭 신자잖아. 하느님이 우리 인간에게 지구를 지배할 권리를 주셨다면, 우리는 지구를 보호하기 위해 최선을 다해야지. 교황님도 환경 영향을 최소화하기 위해 노력해야 한다고 말씀하셨잖아."

아빠가 치킨을 한 입 베어 물고 잠시 말이 없자 엄마가 식탁 한 모퉁이에서 거들었다.

"애야." 엄마가 부드럽게 말했다. "엄마 아빠는 지금 교황을 별로 좋아하지 않아."

"그렇고말고." 아빠는 치킨을 다 삼키고 나서 맞장구쳤다. "이번 교황은 좌파의 주장을 밀어붙이는 마르크스주의자에 지나지 않아."

"그래도 교황님인데." 나는 떨리는 목소리로 대꾸했다. 부모님은 내가 아는 가장 신실한 신자였는데, 돌연 이렇게 신심이 약해진 걸 이해할 수 없었다. "교황님은 교회를 이끄는 성령의 선택을 받으신 분이야."

"그건 엄마도 믿어." 엄마는 포크로 토마토를 찍으면서 대답했다. "하지만 성령의 의지는 인간을 거쳐 해석되어야 하는데, 인간은 오류를 범하는 존재잖니. 인간이 성령의 뜻을 잘못 해석할 수도 있지."

커져가는 불안을 애써 누르며 와인 잔을 들어 시선을 피했다. 트럼프는 급기야 부모님의 믿음까지 흔들어놓고 있었다. 부모님에게 그 사실을 일깨워주고 싶었다. 와인을 몇 모금 더 마신 다음 와인 잔을 옆으로 치우고 식탁을 둘러보았다.

"엄마 아빠가 트럼프를 잘못 해석하고 있다는 생각은 안 해봤어?" 나는 최대한 침착함을 유지하면서 물었다. "실제론 그 반대인데 트럼프를 선한 사람으로 착각한다고 생각해본 적 없냐고?"

두 분 모두 꿈쩍도 하지 않았다. 아빠는 접시에 담긴 풋강낭콩을 먹었고 엄마는 어깨를 으쓱했다.

"글쎄." 엄마가 대답했다. "트럼프가 완벽한 사람은 아니지만 낙태 문제에는 도움이 될 거야. 지금 집중해야 할 문제는 바로 그거야."

나는 와인을 한 모금 더 마시고 치킨을 잘게 잘랐다. 두 분 모두 내 대답을 기다리고 있었지만, 이성이든 종교든 그 어디에도 호소할 힘이 남아 있지 않았다. 나를 괴롭히는 또 다른 문제가 있었는데, 그것은 정치니 기독교니 하는 것과는 별로 관계가 없었다. 트럼프가 자기가 원하기만 하면 여자의 성기를 움켜쥘 수 있다고 떠들어대는 걸 처음 들었을 때 나는 성폭행당한 이후의 일을 생각했다. 아빠가 옹호한 그 사적인 대화는 프랜시스칸대학교가 내게 내린 평결을 떠올리게 했다. 심의위원회가 남자들과 내게 똑같이 책임이 있다고 판단한 것은 내가 합의 의사를 밝힐 수 있었는지가 실제론 그다지 중요하지 않았다는 뜻이다.

프랜시스칸대학교를 그만두고 나는 클리블랜드 동쪽에 있는 훨씬 진보적인 대학에 들어갔다. 그 학교를 다니는 동안 민주당을 지지하는 친구들을 여럿 사귀었다. 나중에 보니 그들은 내가 자라면서 들었던 것과 달리 무섭지 않았다. 오히려 대체로 이성적이고 박식했다. 그들은 사회적 정의를 믿고 맡은 바 역할을 했다. 매해 겨울마다 연극 〈버자이너 모놀로그〉를 무대에 올리고, LGBTQIALesbian. Gay, Bisexual, Transgender, Queer or Questioning, Intersex, Asexual or Allied의 약어로 성소수자를 일컫는다를 지지하는 앨라이Ally. 성소수자가 겪는 차별에 반대하고 그들과 연대하는 비성소수자 단체에서 활동했다. 또한 에이즈 인식 향상을 위한 행진을 벌였다. 자원봉사 활동에도 동참했다. 소외되고 억압된 계층의 필요를 인식하고, 긍정적 변화를 이끌기 위해 자원봉사자들은 각자의 역량을 최대한 발휘했다.

어렸을 때부터 나는 가난하고 아픈 사람들을 돌볼 꿈을 꾸었다. 수녀가 되려고 결심한 것도 부분적으로 그런 까닭에서였다. 살면서 뭔가 크고 중요한 일을 하고 싶었고 기도와 명상, 임신중단 반대 집회 같은 것이 그런 꿈을 이룰 수 있는 최선의 방법이라고 믿었다. 나머지는 하느님이 알아서 하신다고—실제로는 아니었지만—사람들은 말했다. 반면에 이 진보주의자들은 실제로 변화를 만들어내는 것으로 보였다. 적어도 그렇게 노력하는 것 같았다. 그래서 나는 여성 인권 단체와 앨라이 단체에 가입하고 에이즈 행진에 함께하기로 결심했다. 내 생애 처음으로 뭔가 중요한 일을 하는 기분이었다.

그러는 사이에 내가 겪은 것과 같은 폭력에 대해 공개적으로 이야기하는 사람들을 만나게 되었다. 그들은 내게 일어난 일을 인정하고 그런 일의 재발을 막기 위한 인식 향상에 힘썼다. 프랜시스칸대학교의 보수적인 세계에서 나는 평가와 포기와 불의를 발견했을 뿐이었다. 그러나 이 신세계에서는 포용과 확인과 지지를 발견했다. 나를 세뇌하려는 좌파의 흉계 같은 것은 없어 보였다.

부모님과 식탁에 앉아 있으면서 나는 머릿속에 맴도는 질문을 했다.

"딸이 성폭행당했는데 어떻게 트럼프 같은 자를 지지할 수가 있어?"

이 질문을 던지자 무거운 침묵이 부엌에 내려앉았다. 부모님과 나는 마치 영원처럼 느껴지는 시간 동안 음식을 뒤적이고 와인을 홀짝거렸다. 이윽고 누군가 주제를 바꿨다. 그러고는 식사가 끝날 때까지 사소한 이야기를 주고받았다. 추수감사절 계획을 의논하고 엄마가 디저트로 구입한 초콜릿 파이가 맛있다고 한마디씩 거들었다. 그러나 표면 아래에는 긴장감이 감돌았다. 남자들이 누군가의 성기를 움켜쥘 권리가 있다고 생각할 때 어떤 해를 입힐 수 있는지 부모님은 목격한 터였다. 엄마는 성폭행을 당한 내 눈물을 닦아주었고 아빠는 금 목걸이를 주었다. 12년이 지난 지금, 트럼프는 남성의 특권을 대표하는 인물이 되었고 부모님은 그런 트럼프를 지지했다. 그뿐 아니라 트럼프를 위해 기꺼이 교황을 버리는 한편, 트럼프가 용납한 여성혐오주의로 상처 입은 딸을 외면했다.

저녁 식사가 끝나고 차에 탔을 때 누구보다 날 사랑하는 줄 알았던 사람들로부터 버림받았다는 느낌을 떨칠 수 없었다.

선거가 끝나고 몇 주 새 나의 정신 상태는 악화일로로 치달았다. 아침에 침대에서 일어나는 게 거의 불가능했고, 공연히 눈물이 차올랐다. 토니와의 싸움은 갈수록 격렬해졌다. 에런과 벤에 대한 기억은 수시로 수면 위로 올라와, 나를 제철소로 향하게 한 그 피폐했던 삶을 생각나게 했다. 머릿속은 마치 깨진 유리 조각을 화약에 섞어놓은 듯했고 배꼽에 대한 강박은 트럼프로 바뀌었다. 요막관암에 관한 기사를 찾아 읽을 때처럼 열정적으로 트럼프를 다룬 기사를 찾아 읽고 그의 트위터에 집착했다. 세상이 그 자체로 적대적이고 무자비하게 느껴지기 시작했다. 모든 것이 뒤집어졌다. 리얼리티쇼 스타는 곧 대통령이 될 것이고, 내가 사랑한 사람들은 그를 뽑았다.

시간이 지날수록 현실을 바라보는 시지각마저 왜곡돼기 시작했다. 나뭇가지는 바람에 흔들리는 괴물의 팔이 되었고 나뭇가지에 매달린 가랑잎들은 빛에 따라 면도날로도 스테인드글라스로도 보였다. 고속도로의 노란 선들은 끈처럼 도로에서 튀어 올랐고 톱니 모양의 구름에는 하나같이 부푼 위장이 들어 있었다. 세상은 혼란스러운 머릿속에서 날카롭고 들쭉날쭉해 보였고, 나는 그 가장자리에 걸려 찢긴 연약하고 무른 존재였다.

이런 상태에서 근무를 이어갔지만 침대에서 일어나는 일은 언제나 고역이었다. 머리를 때리는 일이 더 잦아졌고 아드레날린의 순간적인 분비로 정신을 차려 양치를 하고 제때에 출근할 수 있었다. 그 이외의 하루는 불행의 연속이었다.

어느 날 아침, 근무를 앞두고 토니의 집에서 눈을 떴다. 토니를 깨우지 않으려고 어둠 속에 까치발을 하고 걸어가 청바지와 브래지어를 입었다. 옷을 반쯤 입은 뒤 나머지 옷을 손에 들고 아래층으로 내려갔다. 거실로 들어가 셔츠를 입고는 그대로 소파에 무너졌다.

소파에 앉아 벽을 쳐다보는데 머릿속이 제철소에서 굉음을 내며 돌아가는 큰 기계처럼 사납게 날뛰었다. 그런 기계들은 웅웅 끽끽거리고 증기를 내뿜으면서 순전히 의지력만으로는 진정시킬 수 없는 강력한 힘으로 돌아간다. 작동 중인 부품이 너무 가깝다 싶은 순간, 기계에 빨려 들어가 그 입속에 꼼짝없이 갇히게 된다. 깜깜한 거실을 바라보면서 내가 느낀 감정이었다. 사탄이 다시 내 안으로 들어와 장난을 치고 속삭이는 것 같았다. 가구가 나를 비웃는 느낌이었다. 텔레비전은 불길한 눈빛으로 나를 쳐다보았다. 화재탐지기의 깜박이는 빨간 불빛은 나의 움직임을 감시하고 오디오는 알아들을 수 없는 상스러운 막말을 퍼부었다. 길들일 수 없는 강렬한 물체의 회전 기어에 갇힌 기분이 들어서 몸을 앞으로 숙이고 머리통을 연달아 때렸다.

관자놀이를 세게 때리는데 토니의 개가 계단을 뛰어 내려왔다. 내 옆 소파로 뛰어오르더니 나의 고통을 감지했는지 살짝 몸을 떨면서 내 얼굴을 핥기 시작했다. 나는 부드럽게 개를 옆으로 밀쳐내고 내 몸에 그런 힘이 있었나 싶을 정도로 세게 머리통을 때렸다. 한 번 때릴 때마다 조용한 집이 텅텅 울리면서 두개골에 금이 가는 듯했다.

개는 불안하고 어리둥절한 표정으로 나를 쳐다보았다.

"괜찮아." 내가 눈물범벅이 된 얼굴로 가쁜 숨을 몰아쉬며 말했다. 내 말에 개가 더욱 떨 따름이라서 나는 개를 진정시키려고 머리를 쓰다듬었다.

"무슨 일이야?" 토니가 거실로 들어오면서 물었다. 안경을 쓰지 않아 피곤한 눈을 가늘게 뜨고 상을 찡그린 채였다.

나는 깜짝 놀라 자세를 고쳐 앉았다. 발자국 소리를 듣지 못한 터라 꼭 커튼에 불을 놓으려다 붙잡힌 어린아이의 심정이 되었다.

"아무 일도 아냐." 나는 침착함을 가장한 목소리로 말했다.

토니는 내 옆에 서서 여전히 뺨을 타고 흐르는 눈물을 내려다보았다. 나는 양말을 손에 들고 만지작거렸다.

"무슨 일이야?" 토니가 물었다. "괜찮아?"

"응, 괜찮아." 나는 떨리는 목소리로 대답했다.

토니는 개를 쳐다보았다. 개는 소파에서 뛰어내려 거실 한쪽 구석으로 간 참이었다. 그러고는 발 사이에 머리를 대고 엎드린 채 몸통 전체를 부들부들 떨었다.

"그 소리 뭐였어?" 토니가 물었다. "정말 크던데. 위층까지 들렸어."

"모르겠는데." 내가 대답했다. 그런 다음 손에 든 양말을 비비 꼬면서 부드러운 천을 매만졌다. "난 아무 소리도 못 들었어."

토니는 팔짱을 끼고 이맛살을 찌푸렸다. "뭔가 숨기는 것 같아. 여기서 뭐 했어?"

그는 개를 힐끗 보았다. 개는 벌떡 일어나 토니에게 달려오더니 가슴팍을 그의 무릎에 대고 비볐다.

"스카우트한테 무슨 짓을 한 거야?" 토니가 물었다.

나는 그의 말에 기분이 상해서 크게 한숨을 쉬었다.

"아니," 내가 답했다. "개를 다치게 하는 짓은 절대 안 해."

"그럼 그 소리는 뭐였어? 솔직하게 얘기해."

나는 천천히 양말을 신으면서 어떤 거짓말을 둘러댈 수 있을까 생각했다. 더 이상 대답을 늦출 수 없겠다 싶어서 고개를 들고 어깨를 폈다.

"내 머리를 때렸어, 됐어?" 나는 자기방어적인 어조로 말했다. "이제 속 시원해?"

토니는 귓가에서 벌레를 쫓아내듯 고개를 저었다. "뭐라고?"

"내 머리를 때렸다고. 자기가 들은 소리가 그거야."

"왜 그랬는데?"

나는 다리를 꼬고 어깨를 으쓱했다. "그러면 진정되니까."

토니는 잠시 잠자코 있으면서 개의 등을 쓰다듬었다. 그런 다음 당혹스러운 눈길로 나를 쳐다보았다.

"우리 얘기 좀 하자." 그가 말했다. "자기가 걱정돼서 그래."

나는 벌떡 일어나 현관으로 향한 뒤 부츠를 신었다.

"지금은 안 돼." 토니와 눈이 마주치는 걸 피하려고 천천히 신발 끈을 매면서 대답했다. "늦었어. 출근해야 돼."

"그럼 나중에 얘기해."

"응, 알았어." 그와 얘기할 마음이 조금도 없었지만 일단 대답은 그렇게 했다.

서둘러 집을 나선 다음 차에 탔다. 머리를 때린 효과가 전혀 없어서 눈물 바람 속에 차를 몰았다. 근무시간에 몸을 추스르는 게 힘들어 몇 번이고 화장실로 가서 변기에 앉아 울었다. 코일 하나를 묶을 때마다 사탄에게 사로잡혔다는 확신이 점점 강해졌다.

근무를 끝내고 저녁에 토니의 집으로 돌아갔다. 긴 침묵으로 채워진 어색한 저녁 식사를 하고 설거지를 하는데 세상이 화물열차처럼 느껴졌다. 마치 누군가 내 몸의 일시 정지 버튼을 누르고 나머지 시간은 2배속으로 가속한 것처럼 주위의 모든 것이 놀랍도록 빨리 움직이는 듯했다. 설거지를 마치고 소파에 앉은 토니 옆에 앉았다.

"얘기 좀 해." 토니가 말했다.

"그냥 없던 일로 하면 안 돼?" 내가 물었다. 알고도 모른 척 눈을 감아줘야 할 문제라고 생각했다. "다시 안 할게. 약속해."

"아니." 토니가 대답했다. 신중하고 확고한 목소리였다. "얘기해야 돼."

나는 잠자코 소파에 몸을 묻고 설교를 들을 준비를 했다.

"요새 무슨 일인지 모르겠지만," 토니가 입을 열었다. "우리 관계가 서로에게 건강하지 못한 것 같아. 내가 자기에게 필요한 사람이 될 수 있을지도 모르겠고."

"잠깐만, 뭐라고?" 내가 말을 끊었다. 따라가지 못할 만큼 말이 빨라서 내 귀에는 웅얼거리는 소리로밖에 들리지 않았다. "무슨 말인지 이해가 안 돼."

"자기도 발전이 없는 관계를 유지하고 싶지는 않을 거 아니야." 토니가 말했다. "이렇게 온갖 문제를 겪으면서 우리 사이가 발전할 것 같지는 않아."

"잠깐만." 내가 고개를 저으면서 말했다. "지금 헤어지자는 거야?"

"응, 맞아."

나는 숨을 훅 들이마시고 천장을 올려다보았다. "거지 같아. 왜 하필 지금이야?"

대화가 이렇게 급선회할 줄은 미처 예상을 못한 데다 정신도 또렷하지 않아 눈앞의 상황에 제대로 대처할 수가 없었다. 거실 맞은편 텔레비전의 꺼진 화면이 나를 쏘아보았다. 모든 것이 불길하고 비현실적으로 느껴졌다.

"거지 같아." 내가 다시 말했다. "지금 나 버리는 거야?"

"친구로 지내고 싶어." 토니는 마치 친구라는 단어가 타격을 완화하기라도 하듯 낮게 중얼거렸다.

그 말과 함께 모든 의지력이 내 몸에서 빠져나갔다. 몇 주 동안 내 감정을 위태롭게 붙잡고 있던 연약한 장벽이 끝내 무너져 내렸다. 세상이 산산이 부서졌고, 불행을 더하지 않으려고 애쓸 힘이 더는 없었다. 위층으로 올라가 욕실 문을 잠근 다음 바닥에 주저앉아 울었다. 머리를 세게 때렸지만 아무 효과가 없었다. 내 안에 쌓인 압력을 방출해야 했기에 자기로 만든 칫솔꽂이를 집어 벽을 향해 내던졌다.

"거기서 뭐 해?" 토니가 문을 열려고 애쓰면서 소리쳤다.

"상관 마."

칫솔꽂이는 산산조각으로 부서졌고, 나는 조각들을 손으로 그러모으려고 했다. 토니는 문을 강제로 열고 들어와 놀란 표정으로 머리를 쓸어내리며 나를 내려다보았다.

"그냥 둬." 그가 말했다. "그냥 두래도."

나는 깨진 조각을 바닥에 내려놓은 다음 그를 밀치고 나와 침실로 뛰어갔다. 침대에 웅크리고 앉아 흐느낄 때 토니가 옆으로 와 무릎을 꿇고 앉았다. 내 손을 잡으려는 그를 밀쳐냈다.

"무섭게 왜 이래?" 그가 말했다. "내가 알던 자기가 아냐."

그의 눈을 보고 있자니 별안간 웃고 싶은 충동이 일었다. 어떻게든 이겨내려고 그렇게 애를 썼건만, 그 숱한 노력에도 불구하고 모든 것이 무너졌다. 그 순간 나의 실패가 터무니없이 우스워 보여서 나는 토니의 눈을 들여다보면서 작게 낄낄거렸다.

"아무것도 중요하지 않아." 최후의 발언처럼 내가 말했다. "아, 시발, 아무것도 중요하지 않아."

토니의 눈이 두려움으로 커졌다. 금방이라도 돌진할 것 같은 들소를 지켜보는 편이 더 나을 뻔했다. "지금 웃는 거야?"

그의 질문은 나를 더욱 웃게 할 따름이었다.

"그만해." 그는 내 어깨에 손에 올리면서 말했다. "무섭잖아."

"아, 내가 자기를 무섭게 하는구나?" 나는 울고 웃느라 숨을 헐떡이면서 물었다. "이게 무서워?"

"응." 토니가 간청했다. "자기인 줄 모르겠어. 지금 제정신이 아니야. 자기가 아니라고."

"당연히 내가 아니지." 내가 말했다. 그때쯤에는 사탄이 몸속으로 들어왔다고 확신했다. 웃는 것은 내가 아니라 사탄이었다. "내가 아니지." 내가 반복했다. "내가 아니지."

"무슨 소리를 하는 거야?" 토니가 물었다. 스카우트는 상황을 무마하려고 애쓰기라도 하듯 그의 어깨 쪽으로 살금살금 다가갔다.

"왜 계속 웃어?"

정신이 맑지 않으니 병 때문에 다른 사람이 되었다고 설명할 수도 없고, 순식간에 통제 불능 상태가 될 테니 병원으로 데려다줄 사람이 필요하다고 말할 방도도 없었다.

돌연 나는 웃음을 그치고 시무룩해졌다.

"내가 무슨 말을 하는지 나도 모르겠어." 내가 토니에게 말했다. "나 갈게."

토니는 일어나 몇 발자국 물러서면서 내가 지나갈 자리를 내주었다. "오늘 밤은 자고 가." 그가 말했다. "걱정돼서 그래."

나는 침대 옆으로 다리를 돌리면서 그의 눈을 들여다보았다.

"오늘 일은 다 잊고 우리 내일 다시 시작하면 안 될까?" 내가 물었다.

토니의 이맛살이 안경 위로 찌푸려졌다. 당황하는 눈치였다. "힘들 것 같아. 잊는다고 잊히겠어?"

"알았어, 갈게." 나는 날카롭게 대꾸했다.

그러고는 침대에서 일어나 방을 뛰쳐나가 아래층으로 내려갔다. 토니는 뒤따라오면서 자고 가라고 간청했지만 나는 듣지 않았다. 내가 잃어버린 모든 것을 떠올리게 할 집에서 하룻밤을 더 보내고 싶지 않아 외투를 입고 현관으로 뛰어갔다.

토니는 팔짱을 끼고 거실 반대편에 서 있었다. 울지는 않았지만 눈가가 붉었다. 스카우트는 토니의 발치로 살그머니 다가와 다리 사이를 비집고 들어왔다. 검은 털이 불빛을 받아 반짝거렸다.

"위층에 있는 옷은 어떡해?" 토니가 물었다.

나는 서둘러 부츠를 신고 밖으로 나가려다 그만 넘어질 뻔했다.

"갖다 버려."

"오늘 밤은 자고 가."

"싫어." 나는 차가운 11월의 밤공기 속으로 문을 열면서 대답했다.

몸을 돌려 밖으로 나가려는데 토니가 마지막으로 한 번 더 나를 불렀다.

"기다려, 제발, 잠깐만." 금세 눈물이 터질 것 같은 목소리로 그가 말했다. "할 말이 있는데 잠시만 기다려줄 수 있어?"

무슨 말을 할지 가늠이 되지 않았지만 진정하고 문을 닫았다. 잠시 침묵 속에 기다리는 동안 이 모든 걸 잊어달라고 그가 간청하길 간절히 빌었다. 이 모든 게 끔찍한 실수였다고 그가 말해주길 원했다. 다 잊고 용서할 수 있었다. 이별의 말은 지독한 농담일 뿐이었다.

"뭔데?" 내가 물었다.

토니가 몇 발자국 걸어오자 스카우트가 그 뒤를 바짝 쫓아왔다. "정말 갈 거면 열쇠는 돌려주고 가."

가슴이 내려앉았다. 울지 않으려고 입술을 깨물었다. 누군가 내 몸을 쪼갠 가슴에 닻을 던진 것처럼 몸이 땅속으로 가라앉는 기분이었다. 내 열쇠도 한데 엮인 열쇠 뭉치에서 그의 열쇠를 찾으려고 했지만 손이 떨려 아무것도 잡을 수 없었다.

"그거 알아?" 열쇠를 분리하려고 애쓰면서 내가 말했다. "네가 개자식이란 거."

"뭐라고?" 토니가 되물었다.

고개를 들어 그의 눈을 마주보았다.

"넌 개자식이야, 이 개자식아."

그가 절실히 필요할 때 그는 나를 버렸고, 나는 그 어느 때보다 외로웠다. 우정은 일에 밀렸고 언니는 차로 5시간 떨어진 곳에 살고 부모님은 내 뜻을 무시한 채 투표했다. 토니는 내 삶을 지탱해주는 유일한 불빛이었는데 지금 그가 나를 떠나려고 한다.

열쇠 뭉치를 건네자 그는 자기 열쇠를 빼낸 다음 다시 내게 돌려주었다.

"제발," 그가 말했다. "오늘 밤은 여기서 자."

나는 고개를 저으면서 문을 열고 문지방을 넘었다.

"갈게."

그러고는 마지막으로 한 번 더 토니를 돌아보았고 우리는 잠시 서로를 쳐다보았다. 차가운 겨울바람이 집 안으로 불었고 그가 울고 있다는 걸 알 수 있었다.

"사랑해." 그가 말했다.

그의 목소리에는 절망감이 묻어났고 나 역시 그것을 느낄 수 있었다. 토니도 나도 이렇게 빨리 폭력적인 방식으로 끝나리라고는 예상하지 못했다. 잎사귀들이 범람한 강물에 떠내려가듯 우리 둘 다 끝을 향해 휩쓸려가는 것 같았다. 무엇인가에 매달리고 싶었지만—우리 자신을 늦추고 싶었지만—그럴 수가 없었다. 주위를 살필 겨를도 없이 물살이 너무 빨랐고 붙잡을 거라곤 서로밖에 없었다.

"사랑해." 토니가 다시 말했다.

"응, 알아." 내가 대답했다. 그런 다음 문을 쾅 닫았다.

차에 탄 뒤 음악을 크게 틀고 토니의 동네를 목적 없이 돌았다. 어디로 가야 할지 몰랐다. 아파트에서 혼자 밤을 보내긴 싫었고 본가로 가기에는 부모님과 너무 소원해져 있었다. 자정이 한참 지난 터라 몇 시간 후면 출근을 해야 했고, 이런 일을 겪고 나서 잠이 올

것 같지도 않았다.

고요히 잠든 주택지를 질주하는 동안 머릿속이 광포하게 날뛰었고 젖은 보도 위로 가루눈이 내렸다. 외로운 게 지겨웠고 삶을 차곡차곡 쌓아가다가 끝내 병 때문에 또다시 무너져 내리는 게 지긋지긋했다. 심각한 부작용 없이 증상을 완화하는 약을 아직 찾지 못했고 다시 회복할 힘과 의지력이 있을지 자신이 없었다. 내 안의 어딘가에서 길을 잃은 기분이었고 사탄이 아마겟돈을 벌이려고 살그머니 머릿속으로 들어왔다는 생각에는 변함이 없었다. 사탄을 몰아내야 했으므로 이리 호가 내려다보이는 근처 공원으로 차를 몰았다.

차에서 내려 호숫가로 향할 때 방파제에 부서지는 파도 소리가 들렸다. 물결이 철썩일 때마다 포말이 일어 두꺼운 얼음으로 덮인 주변으로 흩어졌다. 달빛이 언 땅을 비추고, 호숫가에 늘어선 나무와 덤불은 마치 유리로 만든 것 같았다.

방파제로 걸어가 하얀 물보라가 온몸에 쏟아지도록 내버려두었다. 순식간에 머리며 외투가 흠뻑 젖었고, 눈으로 덮인 호숫가에 누워 뺨을 얼음에 갖다 댔다. 저체온증이 편안하게 죽는 방법이라고 예전에 누군가 내게 말했다. 혼미한 잠에 빠져들 테지만 잠이 올 것 같지 않았다. 바늘로 손가락과 발가락을 찌르는 듯했고, 온몸이 추위에 맞서기 위해 덜덜 떨렸다. 고장 난 기계처럼 온몸에서 김이 났고 연이어 철썩거리는 호수 옆에서 세상은 기이할 만큼 고요했다. 반짝이는 나무를 흔들기엔 바람이 약했다. 별들은 맑은 밤하늘에 가만히 떠 있었다. 가로등 몇 개가 노란 불빛을 던지며 듬성듬성 서 있고, 파도가 밀려올 때마다 온몸에 물보라가 쏟아졌다.

머리카락에 작은 고드름이 생기도록 호수 옆에 누운 채 찬바람이

342

목덜미를 찌르는데도 움직이지 않았다. 몸이 풀어져 무감각해지기를 원했다. 수면이 불러올 깊은 공허를 갈망했지만, 의식이 흐릿해지기를 기다리는 동안 뭔가가 덜컹 움직였다. 주위의 모든 것과 매끈하게 연결된 듯한 느낌이 서서히 찾아왔다. 팔뚝의 살갗은 나무와 덤불과 하늘과 땅과 접합되었다. 어느 한 부분이 움직이면 그 힘을 느낄 수 있었다. 나뭇가지를 흔드는 바람의 힘과, 방파제에 부서지는 물결의 힘과, 무거운 하늘 아래 수평선의 힘을 느낄 수 있었다. 비록 조증의 결과에 지나지 않았지만 이 느낌에는 어딘지 초월적인 게 있었다. 손을 뻗으면 세상을 쥐고 있는 영혼과 접속할 수 있을 것만 같았다. 그때 갑자기 명료한 자각의 순간과 마주했다. 내가 자살하려고 하는 것은 죽고 싶어서가 아니란 걸 일순간 깨달았다. 내가 자살하려고 하는 것은 살아가는 법을 모르기 때문이었다.

의미 없는 돈을 가져다주는 일을 하면서 만족을 찾는 법을 몰랐고, 나를 지킬박사와 하이드로 분열시킨 병을 다루는 법을 몰랐고, 어린 시절의 꿈을 제철소라는 현실과 화해시키는 법을 몰랐다. 그럼에도 불구하고 자기 파괴 이외의 다른 해결책이 있을 것이라고 나는 여전히 마음속 깊이 믿고 싶었다.

나를 호수로 이끈 충동이 이번에는 나를 땅에서 일으켜 세웠다. 두 번 생각할 것 없이 차로 걸어가기 시작했다. 몸은 굼뜨게 움직였고 다리는 꽁꽁 얼어서 비틀거릴 뿐 제대로 놀려지지 않았다. 마침내 손가락을 놀려 차문을 열었을 때는 응급실로 차를 몰고 갈 만큼 정신이 돌아와 있었다.

응급실로 들어가자 간호사는 컴퓨터에 내 정보를 입력하고 소지품을 투명 비닐 봉투에 넣었다. 그런 다음 나를 휠체어에 태우고 나

같은 정신 질환자를 위한 치료실로 데리고 갔다. 하얀 벽에 침대밖에 없었다. 침대를 가리는 커튼도 없었고 한쪽 벽은 관찰을 위해 플렉시글라스유리처럼 투명한 아크릴 합성수지로 만들어졌다.

다른 간호사가 활력징후를 확인하러 들어왔다. 중년의 여성 간호사로, 길고 검은 머리는 염색을 많이 한 탓에 부스스했고 늘 화가 난 사람처럼 보였다.

"가족에게 연락할래요?" 그녀가 혈압을 잰 후에 물었다.

"아니요." 내가 흰 이불을 몸 위로 끌어당기면서 대답했다. 대통령 선거로 여전히 부모님과의 사이에 장벽이 놓인 것 같았지만, 부모님 이외에는 전화할 사람이 없었다.

"정말로 전화 안 써도 되겠어요?" 간호사가 재차 물었다.

"아," 내가 대답했다. "전화 한 통만 할게요."

간호사는 맥박과 체온을 잰 다음에 무선전화기를 들고 들어왔다. 내가 제철소에 전화를 걸어 며칠 출근을 못하겠다는 메시지를 웅얼거리며 남기는 동안 간호사는 팔짱을 끼고 기다렸다. 메시지 녹음을 마치자 간호사는 전화기를 치우고 내게 몇 가지 질문을 했다.

"자, 어디가 불편해서 왔죠?"

"나도 잘 모르겠어요." 내가 대답했다. "몸이 안 좋아요. 정신도 이상하고요."

증상을 말하려고 했지만 머릿속이 뒤죽박죽이라 무엇 하나 정확하게 설명할 수가 없었다. 지금 겪고 있는 혼합 상태의 조증을 표현할 마땅한 단어가 떠오르지 않았고, 정신 상태가 몇 달에 걸쳐 서서히 나빠졌다고 조곤조곤 말할 이성도 없었다. 나는 간호사에게 강박이나 슬픔, 호숫가에서의 일을 말하지 않았다. 증상의 발현을 촉발시킨 밤 근무도 언급하지 않았고, 정신 상태가 상처 입은 짐승 같다는 말도 하지 않았다. 짧게 대화하는 동안 내가 생각한 것은 토니와의 일을 얘기해야겠다는 것이었다.

"그러니까 남자 친구랑 헤어지고 응급실로 올 생각을 했다는 거예요?" 간호사가 비꼬는 목소리로 물었다.

그때까지 내 안에 더 이상 부러질 게 없다고 생각했다. 끔찍한 건 모조리 다 터진 줄 알았는데 잘못 생각한 것이었다. 간호사의 멸시하는 듯한 말투에 불같은 분노가 끓어올랐다. 나를 떠난 토니에게 화가 났다. 나를 배신한 내 정신 상태에 화가 났다. 트럼프를 뽑은 부모님에게 화가 났고 무엇보다도 스스로에게 화가 났다. 제철소에서 일하며 증명하려고 했던 것에 실패했다. 두려워했던 대로 양극성장애는 내 일에 장애가 되었다. 침대에 앉아 잔주름이 잡힌 간호사의 우쭐거리는 눈을 보고 있자니 참을 수 없는 분노가 치밀어 올라 몸을 앞으로 내밀고 있는 힘껏 간호사의 어깨를 밀었다.

"꺼져!" 나는 소리쳤다. "네가 뭘 안다고 그래?"

간호사는 흠칫 놀라더니 치료실에서 뛰어나가며 소리쳤다. "경비원! 누가 경비원 좀 불러줘요!"

푸른 제복을 입은 건장한 사내가 순식간에 치료실로 들어왔고 간호사 몇 명도 뒤따라왔다. 그들은 침대 손잡이에 내 팔을 묶었고, 경비원은 간호사들이 모두 나간 뒤에도 한쪽 모퉁이에 서 있었다.

"거기 서서 날 감시하지 않아도 돼요." 나는 최대한 침착한 목소리로 말했다. "아까 그 간호사가 문제였어요. 나쁜 년이에요."

"이 방을 지켜야 합니다." 경비원은 멀거니 손톱을 물어뜯으며 말했다.

한숨을 쉬고 플렉시글라스 너머를 내다보는데 치료실 밖에 나무 십자가가 걸려 있었다. 클리블랜드 클리닉이 소유한 병원이지만 가톨릭의 유산도 있는 곳이었다. 한때 수녀들이 운영했던 곳으로 수녀 몇 분은 여전히 병원 경내에서 지냈다. 어렸을 때 내가 가지고 있던 십자가와 비슷했다. 예수의 몸은 너무 분홍색이었고 옆구리로 흘러내린 핏자국은 너무 깨끗했다. 막 잠에 떨어진 것처럼 고개는 부드럽게 늘어뜨린 채였고, 가시면류관은 어린아이에게도 두려움을 불러일으킬 성싶지 않았다. 십자가를 들여다보면서 토니의 집을 나서기 전에 토니가 했던 말을 잠시 생각했다. 지금 넌 네가 아니야. 그의 말이 옳았다. 모든 윤이 벗겨져 엉망진창이 된, 거친 내 안의 모습이 드러난 것이다. 나는 이제 더 이상 이 세상에 나를 위한 중요한 자리가 있다고 믿는 다정한 여자아이가 아니었고, 그 아이를 어떻게 되찾아야 할지 몰랐다.

정신 병동에 자리가 나는 데 몇 시간이 걸렸지만, 마침내 새벽 동이 틀 무렵에 병원 직원이 나를 휠체어에 태워 입원실로 데리고 갔다. 나는 길고 낮은 침대의 얇은 매트리스에 옹크리고 앉아 깔깔한 흰색 시트를 덮었다. 형광등 불빛이 열린 문으로 흘러 들어왔고, 간호사 몇 명이 복도에서 잡담을 나누고 있었다. 입원실 한쪽 모퉁이에 서 있는 키 큰 옷장을 잠시 쳐다보았다. 판지로 만든 문에는 작은 구멍이 두 개 뚫려 있는데 손잡이가 빠진 구멍이었다. 안전상의 이유로 손잡이를 뽑아 어딘가로 치운 게 분명했다. 자살 충동을 느끼는 우울증 환자에게는 손잡이가 무기로 보일 수 있기 때문이다.

안전 장치가 된 입원실에 눈을 뜨고 누워 있는데 환자복 차림의 남자가 발을 끌며 병실 앞을 지나갔다. 남자는 리놀륨 바닥에 발을 질질 끌고 걸어가는 동안 눈앞의 허공을 멍하니 쳐다보면서 처음 듣는 노래를 불렀다. 무슨 장송곡 같았다.

"어둠 속으로 우리는 걸어가네, 우리는 걸어가네, 우리는 걸어가네, 우리는 걸어가네."

남자는 같은 소절을 반복해 부르면서 복도를 위아래로 오갔다. 환자복에는 그레이비소스_{고기를 조리할 때 나오는 육즙에 후추, 소금, 캐러멜 따위를 넣어 만든 소스} 같은 게 묻어 있고, 검은 곱슬머리는 삐죽 솟아 있었다. 관자놀이에 희끗희끗 보이는 흰머리는 세상살이에 지친 사람처럼 보이게 했고, 발을 끌긴 했어도 걸음새는 놀랍도록 꼿꼿했다.

"어둠 속으로 우리는 걸어가네, 우리는 걸어가네, 우리는 걸어가네, 우리는 걸어가네."

노래를 부르는 동안 무아지경에 빠진 듯 남자의 눈은 딴 세상 사람의 것처럼 보였다. 정신 병동의 복도가 일순간에 사막으로 바뀐다면 새로운 메시아로 오인되기에 충분했다.

남자의 노래에 잠시 귀를 기울였지만, 곧 제철소 근무로 인한 과로에 압도되고 말았다. 노랫소리를 들으며 잠이 든 뒤 몇 시간을 잤다. 꿈도 꾸지 않고 깊은 잠에 빠져들었는데 몇 달 동안 이렇게 자본 적이 없었다. 일어났을 때 남자의 노랫소리는 들리지 않았다. 다른 목소리들이 복도를 채웠고 저 멀리 어딘가에서 텔레비전 소리가 들렸다.

침대에서 몸을 뒤척일 때 젊은 간호사가 병실 안으로 머리를 들이밀었다.

"지금 의사 선생님이 보자고 하세요." 그녀가 말했다.

나는 천천히 일어나 얇은 환자복이 단단히 여며지도록 허리를 두 팔로 감싸고 문가로 발을 끌며 걸어갔다. 간호사가 데리고 간 작은 진찰실에는 정신과 의사가 서류가 잔뜩 쌓인 책상에 앉아 나를 기다리고 있었다. 늘 인상을 써서 일그러진 얼굴을 한 중년의 남자 의사였다.

"앉으세요." 의사는 온기라곤 느껴지지 않는 목소리로 말했다. 어렸을 때 미국에 온 이민자처럼 동부 유럽의 억양이 묻어났다. "어디가 불편한가요?"

의사가 메모를 하는 동안 나는 최선을 다해 증상을 설명했다. 슬픔과 걷잡을 수 없는 생각, 자해, 사탄에 대해 말했다. 토니와 호수에 대해 말했고 양극성 장애를 앓은 병력을 이야기했다. 관련이 있어 보이는 모든 걸 다 말하고 나자 의사는 펜을 내려놓고 내 눈을 쳐다보았다.

"환자 분의 삶에서 뭐가 그렇게 끔찍한가요?" 그가 물었다.

나는 주저했다. 달리 무슨 말을 할 수 있을지 몰랐다.

"자," 의사가 짜증난 듯 말했다. "말해보세요. 뭐가 그렇게 끔찍하죠?"

얇은 환자복만 걸친 채 춥고 벌거벗은 듯한 느낌으로 의사 맞은편에 앉아, 내 병을 요약할 수 있는 최선의 방법을 생각하려고 애를 썼다.

"자, 어서요." 정신과 의사가 말했다.

질문에 대한 답은 내가 잊어버린 단어인 것 같았다. 혀끝에 매달려 있지만 잡을 수가 없었다.

"어서요." 그는 재촉했다. "말해보세요. 뭐가 그렇게 끔찍하죠?"

"잘 모르겠어요." 내가 대답했다. "나도 모르겠어요."

"괜찮아요. 어서 말해봐요."

남자의 집요함은 나를 긴장시켰다. 대답이 가슴에서 들끓는 동안 나는 불쑥 상반신을 내밀었다.

"그러니까 그게," 나는 머뭇거렸다.

"자, 어서 말해봐요."

"이 빌어먹을 나라에서 사는 게 끔찍해요, 됐어요?"

말을 뱉고는 내가 깜짝 놀랐다. 미국이니 미국에서의 내 위치니 이런 걸 생각하지도 않았는데 대답이 입에서 튕기듯 나갔다. 내가 의자에 털썩 기대앉자 짧은 침묵이 내려앉았다.

"어떻게 그런 말을 할 수가 있죠?" 정신과 의사는 큰 소리로 물었다. "세계 제일의 나라에서 살고 있잖아요. 원하기만 하면 기회는 무궁무진해요. 어떻게 이 나라에서 사는 게 끔찍하다고 할 수가 있죠? 왜 그런 거죠?"

"나도 모르겠어요." 내가 대답했다. "갇힌 기분이 들어요."

정신과 의사는 눈알을 부라리며 메모지에 뭔가를 적었다. 내가 보기에 타당한 대답은 그뿐이었지만, 의사가 나를 고집불통의 반동 분자로 여기는 게 틀림없었다. 미국이라는 나라의 맥락을 벗어나서는 나의 슬픔을 이해할 수 없었다. 점점 커지는 근사한 삶에 대한 요구와 지지 정당에 따라 점점 깊어지는 나라의 분열, 그리고 리얼리티쇼 스타 대통령이라는 광기 어린 상황과 변화를 추구했던 좌절된 꿈에 이르기까지—현재의 내 모든 상황은 미국이라는 특별한 경험에서 나온 것이다. 여기에 따르는 슬픔을 미국에서의 내 위치와 별도로 생각하는 것은 슬프도록 불완전한 것이리라.

정신과 의사는 서둘러 몇 가지 질문을 더 하고는 저용량 리튬을 처방한 뒤 진찰을 마쳤다. 나는 제대로 이해받지 못한 것 같아 낙담했다. 진찰실에서 나와 정신 병동의 휴게실로 느릿느릿 걸어가 잡지들이 어지럽게 널린 탁자에 앉았다. 〈뉴요커〉를 뒤적이는데 병실 앞에서 장송곡을 부르던 남자가 공책에다 연필로 무엇인가를 열심히 적고 있었다. 쉼 없이 음악을 내보내는 텔레비전 옆에 앉아 가수들이 화면에 나올 때마다 노래와 가수의 이름을 기록했다. 남자는 이따금 노래를 따라 불렀다. 곁눈질로 남자를 흘끔거릴 때 나이 지긋한 간호사가 의사가 처방한 알약을 들고 내게 다가왔다. 간호사는 미소를 지으며 물이 담긴 플라스틱 컵을 건넸다.

"환자 분은 여기에 있을 사람으로 보이지 않아요." 간호사가 말했다.

나는 어깨를 으쓱해 보였다.

"그래요?" 나는 대꾸하고는 알약을 입안에 털어 넣었다. "여기에 이렇게 있는걸요."

그런 다음 물을 한 모금 마시고 약을 삼켰다.

"긍정적으로 생각하려고 노력해봐요." 간호사가 말했다. "곧 여기서 나가게 될 거예요."

나는 한숨을 쉬고 일회용 컵을 간호사에게 건넸다. 간호사는 가기 전에 몸을 숙이더니 목소리를 낮췄다.

"적어도 저 남자 같지는 않잖아요." 공책을 들고 있는 남자 쪽으로 고개를 끄덕이면서 간호사가 속삭였다.

나는 멍한 시선으로 간호사를 바라보았다. 나를 격려하려는 의도였겠지만 공감이 결여된 말이었다. 그 한 문장으로 간호사는 경계선을 그은 것이다. 우리는 저 남자보다 멀쩡한 사람들이었다.

"그럼요." 나는 이렇게 대답했지만 진심이 아니었다. 공책을 든 저 남자와 나는 다를 바 없었다. 우리는 둘 다 외로움과 절망에 빠져 있었다.

간호사는 일을 하러 돌아갔고 나는 〈뉴요커〉를 병실로 들고 갔다. 얇은 이불 아래 몸을 옹크리고 앉아 빳빳한 책장을 펼쳤다. 요막관암이나 도널드 트럼프에 관한 기사 이외에 다른 글을 읽은 게 한참 만이었고, 잡지의 글들은 내게 있는 줄도 몰랐던 의미를 향한 욕구를 충족시켰다.

시를 읽고 졸음이 오려는 참에 문을 두드리는 가벼운 노크 소리가 들렸다. 간호사이겠거니 하고 고개를 드는데 복도에 부모님이 서 있었다.

엄마는 두 눈에 눈물이 가득 괸 채로 병실로 뛰어 들어왔다. 손질하지 않은 머리는 헝클어져 있었고 얼굴에는 화장기가 없었다.

"널 얼마나 찾았는데." 엄마는 침대에 앉아 나를 껴안으면서 말했다. 엄마의 몸이 떨렸다. "토니가 전화를 해서 네가 몸이 안 좋다고 했어. 넌 전화도 안 받지, 얼마나 걱정했는지 알아. 제철소에 몇 번이고 전화해서 출근했는지 물었더니 출근도 안 했다고 하고. 경찰에도 전화하고 병원도 여러 군데에 전화했어. 뭔 일이 있구나 싶었지. 너한테 무슨 일이 생겼으면 엄마는 못 살았을 거야."

아빠는 우리 옆에 서서 천천히 안경을 고쳐 썼고, 나는 엄마의 품에 몸을 묻었다. 그날 아침 엄마가 쓴 비누의 달콤한 꽃향기가 코를 스쳤고, 엄마의 부드럽고 매끄러운 어깨가 뺨을 누르는 게 느껴졌다. 아빠가 내 머리에 손을 얹자 나는 울음을 터뜨렸다.

"내가 말리지 않았으면 네 엄마는 경찰서장을 찾아갔을 거다." 아빠가 말했다.

엄마는 천천히 내게서 몸을 뗐다.

"농담이 아니야." 엄마가 말했다. 아직도 눈에는 눈물이 가득 고였지만 엄마가 웃기 시작했다. "경찰서장이 엄마가 일하는 병원에 다니거든. 주소를 알아내서 집으로 찾아가려고 했지."

아빠는 미소를 지었다. "하마터면 네 엄마가 경찰에 붙잡힐 뻔했어."

조금이나마 분위기를 밝게 할 양으로 우리는 큰 소리로 웃었다. 어린 시절 가톨릭교회에 다닐 때 선생님들은 사랑에는 세 가지 유형, 곧 필리아, 에로스, 아가페가 있다고 가르쳤다. 필리아는 우애이고 에로스는 낭만적 사랑이다. 반면에 아가페는 무조건적이고 희생적인 사랑이다. 그것은 누군가를 위해 목숨을 내놓을 수 있는 사랑이며, 하느님이 자신의 피조물에게 느끼는 사랑이다.

부모님과 함께 병실에 앉아 있던 그때, 무한한 사랑의 하느님이 하늘에 계신지는 알 수 없었다. 물론 그렇기를 바랐지만. 다만 그 순간 눈앞에 있는 것만은 분명히 알 수 있었다. 부모님에게 그렇게 큰 고통을 주었건만 나를 향한 부모님의 사랑은 변함이 없었다. 정치적 성향 같은 것은 중요치 않았고, 우리의 표는 더 큰 뜻에 묻히고 말았다.

"와줘서 고마워." 내가 부모님에게 말했다. "날 찾아내서 고맙단 말이에요. 안 그랬어도 되는데."

"그게 무슨 소리야?" 엄마가 당혹스러운 표정으로 물었다. "넌 우리 딸이야. 네가 길을 잃으면 엄마 아빠는 언제까지나 널 찾아낼 거야."

병원에 입원해 있던 근 일주일의 시간은 병실 앞에서 장송곡을 부르던 아저씨와 친해지기에 충분한 시간이었다. 우리는 미술치료 시간에 생강 쿠키 집을 색칠하고, 나란히 앉아 모둠 활동을 했다. 그는 공책에 적은 노래 제목과 가수 이름을 보여주었고 우리는 레드핫칠리페퍼스^{미국 캘리포니아 출신의 록밴드}에 대해 긴 토론을 했다. 아저씨는 오십대 중반으로 보였는데 나는 젊은 환자들보다 그와 함께 있는 게 훨씬 좋았다. 내 또래의 환자들은 약물남용과 오피오이드^{마약성 진통제} 중독으로 입원한 경우가 대부분이었고, 약물중독 치료 센터에 자리가 없어서 정신 병동으로 보내진 것이었다. 이런 환자들은 모두 자신만의 지옥에 빠져 있어서 그들과 교류하는 것은 거의 불가능했다. 그리하여 나는 이 나이 든 아저씨와 우정을 쌓게 되었고 그는 늘 나를 따뜻한 미소로 맞이해주었다.

어느 날 저녁 우리는 밥을 먹으려고 식탁에 나란히 앉았다.

"오늘 잘 지내셨어요?" 내가 플라스틱 통에서 냅킨을 뽑으며 물었다.

"자-자-잘 지냈어요." 그가 대답했다. "그-그-그-그쪽은요?"

"저도 잘 지냈어요." 나는 접시에 놓인 누런 칠면조 조각을 손가락으로 찔러보고 이맛살을 찌푸렸다. "아저씨는 저녁으로 뭐 나왔어요?"

"로-로-로-로스트 비-비-비-비," 그는 절망적인 눈길로 나를 쳐다보며 대답했다. 큰 돌멩이가 목구멍에 걸린 것 같았고 그의 눈빛은 그걸 빼달라고 간청하는 듯했다.

"로스트비프요?" 내가 속삭였다.

아저씨는 미소를 지으며 고개를 끄덕였고 우리는 형편없는 저녁 식사를 뒤적거렸다. 플라스틱 나이프는 딱딱한 고기에 휘어졌다. 으깬 감자는 곤죽 같고 풋강낭콩은 너무 익혀서 흐물거렸다. 아저씨는 몇 입 먹더니 저녁상에서 제일 나은 음식, 다시 말해 디저트를 집어 들었다.

"푸-푸-푸-푸딩?" 그는 접시에서 컵을 들어 내게 내밀며 물었다.

"아니요, 제가 아저씨 거 먹으면 안 돼요." 내가 그의 행동에 고마워하며 말했다. 내 저녁상에 나온 쿠키는 이가 부러질 만큼 딱딱했다. "아저씨 드세요."

그는 어깨를 으쓱하고 푸딩을 내려놓았다. 우리는 얼마간 롤빵에 버터를 바르고 감자를 뒤적이면서 묵묵히 저녁을 먹었다. 얼마 안 남은 그레이비소스를 싹싹 긁어 먹는데 아저씨가 문득 고개를 들더니 어린 시절 이야기를 하기 시작했다.

"우-우-우-우리 아-아-아-아버지는," 아저씨는 넌더리가 난다는 듯 고개를 저으면서 말했다.

그때껏 우리의 대화는 주로 가벼운 농담을 정중하게 주고받는 정도였다. 날씨와 맛없는 병원 밥에 대해 이야기했다. 빠르게 다가오는 크리스마스 이야기를 했고 서로 좋아하는 음악 이야기를 했다. 그렇게 대화를 주고받으면서도 왜 병원에 오게 되었는지 아무도 묻지 않았다. 이상하게도 정신 병동에서 그 질문을 묻는 경우는 거의 없다. 환자들 사이에 무언의 합의가 있는 것이다. 모두 그런 곳으로 오게 된 고통을 익히 알고 있는 터라, 그 고통을 불필요하게 되풀이하는 것은 공연한 짓이다. 그와 아울러 병원에는 기이한 친밀감도 존재해서 전혀 뜻하지 않은 순간에 진심 어린 고백이 이루어지곤 한다. 그들은 마음속 깊숙한 곳에 감춰진 비밀과 어두운 기억을 이야기한다. 그 누구에게도 하지 않은 이야기를 털어놓기도 한다.

나는 포크를 내려놓고 아저씨의 이야기에 귀를 기울였다. 그가 하는 말을 꿰맞추는 데는 엄청난 집중이 필요했지만, 결국 아저씨의 아버지가 성질 고약한 술주정뱅이였다는 걸 알아냈다. 그의 아버지는 늘 화를 내고 무자비했으며, 큰 버클이 달린 허리띠를 휘둘러 매질을 하곤 했다. 어느 날, 어린아이였던 아저씨는 매질을 피하려고 아버지의 허리띠를 몰래 숨겼다. 그날 밤 술에 취한 아버지는 씩씩거리며 들어와서는 허리띠를 찾아 온 집 안을 뒤졌다. 장롱을 부수고 매트리스를 뒤집었지만 허리띠는 나오지 않았다. 무기를 손에 넣을 수 없어 길길이 날뛰던 아버지는 어린 아들을 움켜잡고 층계참으로 던져버렸다.

"그-그-그래서 내-내-내가 말-말-말을." 아저씨가 입을 가리키면서 말했다. 눈물이 그의 뺨을 타고 흘렀고, 너무도 고통스러운 이야기를 하고 있다는 게 느껴졌다.

"그래서 말을 더듬게 되었다고요?" 내가 조용히 물었다.

그는 고개를 끄덕였다.

"마음이 아파요." 내가 대답했다. "끔찍한 일이에요."

저녁 식사가 끝나도록 우리는 아무 말도 하지 않았고 아저씨는 침묵에 안심하는 눈치였다. 식사 끝 무렵에 그는 다시 한 번 푸딩을 권했다. 이 친절을 받아야 할 것 같아—그는 내가 자신의 친절을 받기를 원했다—나는 손을 내밀었다.

"고마워요." 내가 이렇게 말한 다음 숟가락으로 푸딩을 뜨자 아저씨는 미소를 지었다.

그다음 날, 우리는 아침을 함께 먹었다. 커피를 홀짝이고 비건 달걀을 뒤적이면서 내가 가벼운 대화를 건넸다.

"노래 부르는 걸 정말 좋아하시나 봐요." 내가 말했다.

그는 포크를 내려놓고 구겨진 냅킨으로 손을 닦았다.

"말-말-말을 잘-잘-잘 못해서," 그는 다시 입을 가리키며 말했다. "노-노-노래 불러요."

병실 앞에서 그가 부르던 장송곡을 떠올리고는 노래 부를 때는 말을 더듬지 않는다는 걸 깨달았다. 음악이 있을 때는 늘 말이 술술 나왔다. 텔레비전에서 나오는 노래를 따라 부를 때도 말을 더듬지 않았고 레드핫칠리페퍼스의 노래를 부를 때도 목소리가 흔들리지 않았다.

그를 보고 재빨리 웃어 보였지만 목울대가 울컥 뜨거워지는 게 느껴졌다. 울지 않으려고 커피를 들고 수선을 떨었다. 크림을 더 섞고 설탕도 더 섞었다. 블랙커피 색이 점차 밝아지는 걸 지켜보면서 며칠 전에 간호사가 한 말을 생각했다. 적어도 저 남자 같지는 않잖아요. 어쩌면 간호사의 말이 맞을지도 모른다. 어쩌면 나는 이 아저씨 같지는 않을 것이다. 몇 달 동안 하는 일마다 엉망으로 꼬이는 바람에 나는 상황을 바로잡아야겠다는 의지마저 잃었다. 이 나라가 끔찍하다고—갇힌 기분이라고—정신과 의사에게 말했을 때 나는 몇 년 동안 마음속에서 조금씩 자란 생각을 말로 표현한 것이었다. 길을 잃은 기분이었고 무기력함을 느꼈다. 변화를 향한 나의 꿈은 헛되고 무익해 보였다. 미국은 약한 것들을 무자비하게 뭉개버리는 기어였지만, 나를 꾸짖은 정신과 의사는 옳았다. 그는 자신의 위치에서 미국을 전연 다른 눈으로 바라보았다. 그에게 미국은 이민자가 의사 자리까지 오를 수 있는 나라였다. 이곳은 망명과 기회의 나라였다. 거대한 실험. 세계 제일의 나라. 그곳에는 자체의 결점이 있고 그것도 치명적인 결점이 대부분이지만, 절망은 그 어떤 것도 해결하지 못한다. 말을 더듬는 아저씨가 그 증거였다. 그는 자신의 외로움을 키울 수 있었지만 지독한 패배감에 젖거나 자기감정에 몰입하지 않았다. 마음속으로는 치유할 수 없는 깊은 슬픔을 안고 있지만 노래를 불렀다. 자신이 기댈 수 없었던 아버지 앞에서 노래를 불렀다. 그의 말을 앗아간 폭력 앞에서 노래를 불렀다. 그의 고통은 냉소를 키우는 변명이 되지 않았다. 그는 분노를 방패처럼 들지 않았고 그 압력 아래에서 무너지지도 않았다. 삶은 그에게 주목받지 못하는 목소리를 주었으므로, 그는 세상에서 가장 어려운 일을 해냈다. 자신의 목소리를 낼 수 있는 새로운 길을 찾은 것이다.

11

사랑은 혐오를 이긴다

제철소로 돌아갔을 때 회사는 나를 슬리피 베어가 있는 수송부로 돌려보내지 않았다. 정신과 의사가 밤 근무를 피할 것을 강력히 요구한 터라, 마감부에서 주간 근무만 하는 몇 안 되는 작업장인 조질압연공장으로 배치한 것이다.

조질압연공장으로 첫 출근하는 날 아침, 주차장에서 슬리피 베어와 마주쳤다. 운동복 바지에 얇은 외투를 걸친 슬리피 베어가 이쪽으로 걸어오는 동안 가루눈이 주위 차들 위로 내렸다. 그는 밤 근무를 막 끝내고 라커룸에서 샤워까지 마친 참이었다. 작업복 차림도 아니고 안전모도 쓰지 않아서 몰라볼 뻔했다. 평소보다 눈도 커보였고 말쑥한 외투를 입으니 날씬해 보였다.

"어이, 꼬마 아가씨," 그가 손을 흔들며 말했다. "언제 왔어? 일정표에서 못 봤는데."

"아, 그게요," 내가 추워서 턱을 덜덜 떨며 대답했다. "이제 조질압연공장에서 일하게 됐어요."

"뭐?" 그가 분개했다. "조질압연공장이라고? 대체 왜 거기로 보냈대?"

밤 근무 때문에 양극성 장애가 도졌다는 사실을 인정하고 싶지 않아서 어깨를 으쓱하며 짐짓 무관심한 척했다. "회사가 그렇죠 뭐. 말도 안 되는 짓을 하잖아요."

"그렇지." 그가 웃었다. "어쨌거나 몸이 좋아져서 다행이야. 조질 압연공장이라고 너무 걱정하지 마. 괜찮을 거야."

찬 공기가 등을 떠밀 때까지 우리는 몇 분간 이야기를 나누었다. 그는 예전처럼 제철소 소식을 알려주었다. 제러미는 메모를 더 많이 썼다. 찰리는 시퍼shipper로 훈련받는 중이고, 다이너모는 언제나 다이너모였다.

"몸 잘 챙겨." 각자의 길로 걸어갈 때 슬리피 베어가 말했다.

"선배님도요." 내가 대답했다.

그 후로 우리가 만날 일은 많지 않았다. 조질압연공장은 수송부에서 꽤 멀었고 우리가 교류할 이유는 거의 없었다. 우리가 함께 쓰던 작은 오두막으로 그를 한 번 보러 갔지만 예전 같지 않았다. 내자리에 새 파트너가 들어와 있었고 안을 비집고 들어갈 때는 오두막이 너무 좁게 느껴졌다. 우리가 한때 공유했던 추억을 망치고 싶지 않았다. 슬리피 베어는 내가 지게차에 품은 두려움을 극복하도록 도와주었다. 노란 안전모를 받은 날 내 옆에 있어준 사람이었다. 그는 작업장에서 나를 이끌어 철강 노동자로 거듭나게 했다. 때로는 그의 코 고는 소리가 그리웠다.

조질압연공장은 전에 일하던 수송부와는 전연 달랐다. 페인트칠은 눅눅하고 바닥은 더러웠다. 기계들은 지쳐 보이고 지붕에서는 물이 샜지만 조질압연공장은 진짜 강철을 만드는 곳이었다. 강철이 초당 15미터의 속도로 텐션릴tension reel. 열연코일을 되감는 장치에 감기는 동안 모터에서는 귀청이 터질 듯한 굉음이 났다. 크레인은 작업자가 몇 미터 옆에 있는데도 코일을 집어 올렸다. 완성된 강철은 소시지 분쇄기처럼 다리를 언제 뭉개버릴지 모르는 덜커덩거리는 컨베이어벨트에 쿵 하고 떨어졌다. 그러나 나는 이 모든 광경을 직접 두 눈으로 보고 싶었다.

키가 큰 파란 눈동자의 관리자가 간단하게 공장 견학을 시켜준 뒤 일할 곳으로 나를 데리고 갔다. 그곳에서 나는 에벌린이라는 이름의 조용한 여성 노동자와 코일을 묶었다. 몇 미터 옆에서 조질압연기는 턱 사이로 강철을 굴리면서 끼익끼익 덜컥덜컥 굉음을 냈다.

에벌린은 잿빛의 금발을 어깨까지 늘어뜨렸고, 테가 두꺼운 보안경 뒤의 커다란 눈은 다정하고 관대해 보였다. 제철소에서 코일을 묶기보다는 도서관에서 생기 넘치는 아이들에게 그림책을 읽어주는 게 훨씬 어울릴 사람이었다. 에벌린은 온순한 외모와 달리 코일을 묶을 때 곧장 컨베이어벨트로 뛰어갔다. 슬리피 베어와 일할 때는 결코 해서는 안 되는 행동이었다. 수송부에서는 언제나 크레인이 코일을 땅에 안전하게 내려놓을 때까지 기다렸지만, 조질압연공장에서의 일은 여태 제철소에서 겪은 그 어떤 일보다 저돌적이었다. 코일은 더 빨리 왔다. 크레인은 더 가까이에서 훅 내려왔다. 노동자들은 라디오를 들으며 농담을 했고, 에벌린과 나는 장갑을 올려놓는 철제 탁자 옆에서 일을 했다.

코일을 묶을 때는 매번 코일과 탁자 사이에 서 있었는데, 이것은 오리엔테이션 동안에 들은 코일에 몸이 깔린 여성 노동자를 떠올리게 했다. 사고의 세세한 내용이—코일 하나가 기우뚱거리는 컨베이어벨트에서 미끄러져, 손을 뻗어 장갑을 집으려는 여성 노동자를 철제 탁자 위로 깔아뭉갰다―지금도 또렷이 기억났고, 그것과 상황이 유사해 보였다. 여성 노동자의 말이 머리에 맴돌았다. 나 좀 꺼내줘. 그녀는 말했다. 나 좀 꺼내줘.

새 부서에서 근무를 시작한 지 얼마 안 돼 에벌린과 나는 끝없는 소음을 무디게 해주는 귀마개를 한 채 코일을 묶고 있었다. 우르릉 천둥이 치는 가운데 일하는 것 같았고, 소리가 더 이상 커질 수 없겠다 싶을 때면 발밑의 땅이 흔들렸다. 죽어가는 짐승을 이빨로 갈 듯 조질압연기는 비명을 지르고 몸을 떨었으며, 그 소리는 귀마개를 뚫고 귓속까지 파고들었다.

"난파 사고야!" 내가 에벌린을 쳐다볼 때 그녀가 소리쳤다. 조질압연기에서 난파 사고는 위험했다. 그것은 유산탄같이 조각들을 사방에 날렸다. 난파 사고가 일어나면 강철판이 컨베이어벨트 위로 높이 날아오르고 면도날처럼 날카로운 금속 조각이 땅에 흩뿌려졌다. 그러나 나는 손가락 끝까지 분출된 아드레날린 덕분에 간신히 정신을 차릴 수 있었다.

에벌린은 손에 들고 있던 판지를 바닥에 내려놓고 나와 함께 기계 전원이 꺼질 때까지 공장 가장자리의 안전한 장소로 뛰었다. 주위가 기이할 만큼 조용해지자 에벌린은 미소를 지으며 나를 돌아보았다.

"구덩이로 가서 망가진 강철판 볼래요?" 그녀가 물었다.

"네." 나는 귀마개를 주머니에 넣으면서 대답했다.

에벌린은 구덩이에서 몇 미터 떨어진 곳에 있는 컨베이어 휴게실 부스의 남쪽으로 나를 데리고 갔다. 추락 사고를 막을 목적으로 두꺼운 노란색 난간이 구덩이 주위에 쳐져 있고, 우리는 난간에 몸을 기댄 채 아래를 내려다보았다.

강철판 대부분은 텐션릴에 깔끔하게 말렸지만, 압연기를 통해 나오던 끄트머리 몇 미터가 뒤엉킨 채 구덩이 아래에 쌓여 있었다. 선물에서 아무렇게나 뜯어낸 포장 끈처럼 강철판은 구부러지고 접혀 있었다. 구겨진 강철판에서 마찰로 인해 연기가 난다는 점이 다르긴 했지만.

"찢어진 거 보여요?" 에벌린은 구덩이를 가리키면서 물었다.

강철 코일은 높은 속도와 압력으로 굴러가기 때문에 미세한 흔들림에도 추동력에 문제가 생기고, 압연기의 어마어마한 힘은 강철을 종잇장처럼 찢어 쓸모없게 만든다. 연기 속에서 강철판 곳곳에 잘리고 파인 흉터가 보였다. 강철판은 군데군데 찢어졌고 기다란 구멍이 울퉁불퉁 나 있었다. 감개에 감긴 코일도 강한 충격을 받아서 타원 모양의 상처가 가장자리를 따라 길게 말려 있고, 그 아래 몇 겹의 훼손된 강철판이 맨살을 드러냈다. 깊이 베인 상처 같다는 생각이 절로 들었다.

"강철판이 저렇게 찢어지려면 힘이 얼마나 셀지 한번 상상해봐요." 에벌린이 말했다.

나는 경외감을 느끼며 조용히 고개를 끄덕였다. '주황 모자' 시절에는 난파 사고를 보고 겁을 잔뜩 집어먹었을 것이다. 이곳에서 일하며 수없이 그랬듯이, 압연기의 힘에 움츠러든 채 나 자신이 얼마나 작고 약한 존재인지 절감했을 것이다. 용융아연도금 라인에서 아연 통 위로 몸을 숙이고 로봇 로비를 청소할 때 느꼈던 그 공포가 지금도 생생했다. 지게차가 아연괴의 무게를 이기지 못해 앞으로 쏠릴 때 엄습했던 그 불안과, 크레인 옆에서 경험했던 그 두려움이 지금도 또렷이 떠올랐다. 하지만 이제는 강철 코일과 철제 탁자 사이에도 설 수 있었다. 난파 사고에도 당황하지 않고, 자면서도 코일을 묶을 수 있을 정도였다. 병의 고통에 빠져 몇 달간 허우적대느라 나 자신이 달라졌다는 걸 미처 눈치 채지 못했다. 두려움은 사라졌고, 그 자리에 철강 노동자가 남았다.

에벌린과 내가 구덩이에 놓인 뒤틀린 강철판을 내려다보는데 한 여자가 컨베이어 부스에서 불쑥 나오더니 벽에 쾅 부딪힐 만큼 문을 세게 열어젖혔다. 그런 다음 한쪽은 빡빡 밀고 다른 한쪽은 파란 색으로 물들인 머리 위로 안전모를 획 집어 쓰더니 이맛살을 잔뜩 찌푸린 채 우리 쪽으로 쿵쿵 걸어왔다.

"크레인 기사한테 저 강철을 구덩이에서 꺼내라고 할까요, 아니면 1시간 동안 그렇게 바보처럼 서 있기만 할래요?" 수송부에서 사시였던 크레인 기사에게 욕을 날린 그 '낚시 도구함'이었다. 나는 그녀 옆에서 몸이 움츠러들었다. 귓불에는 굵은 피어싱을, 코에는 링을 하고 있어서 인상이 강해 보였고 어깨에 헐렁한 작업복을 걸쳤는데도 아름다웠다. 유전적으로 아름다운 사람답게 큰 눈에 광대뼈가 높았고 안전모 앞면에는 본명인 리아가 새겨져 있었다.

"아," 리아는 어깨가 구부정한 키 큰 사내를 가리키며 말했다. "저기 프렌치가 오네. 이 거지 같은 게 문제가 있다고 말했는데도 저자가 듣기나 했게요?"

프렌치는 우리 쪽으로 어슬렁거리며 걸어왔다. 지긋한 나이에도 긴 머리는 여전히 숱이 많았고, 젊었을 때는 붉은 머리가 더 풍성했을 성싶었다.

"아직도 재미 못 보고 있는 거야?" 그가 말했지만 딱히 누구에게 하는 말이 아니었다. 정중한 대화라고 하기엔 반 데시벨 정도 소리가 높았고, 그의 말이 귓가에 거슬렸다.

에벌린은 뭐라고 웅얼거리고 리아는 성큼성큼 걸어가버리는 바람에 프렌치는 나를 돌아보았다.

"어이," 그가 물었다. "새로 온 유틸리티인가 보지?"

"네," 내가 나지막이 대답했다. "맞아요."

"이름이 뭐라고 했지?"

"엘리스요."

"엘시?" 프렌치는 몸을 앞으로 숙이고 고개를 갸우뚱한 채 큰 소리로 물었다.

"아니요." 내가 대답했다. "엘리스요."

"알리사?"

"아니요. 엘리스요."

"아, 그래, 난 프렌치야." 상대의 말을 못 알아듣는다는 사실을 인정하기 싫다는 듯 그는 멍한 미소를 지으며 말했다. "관리 책임자지. 뭐가 고장 나면 다 내가 고쳐."

"아," 내가 대꾸했다. "오늘 바쁘시겠어요."

프렌치는 지친 한숨을 길게 내쉬었다. 마치 척추가 비뚤게 자라려는 듯, 혹은 무거운 짐이 어깨에 놓인 듯 그의 등이 앞으로 굽었다.

"여기선 말이지," 그가 말했다. "내가 안 바쁜 날이 없어. 그나저나 정비사들이 어떻게들 하고 있는지 가봐야겠어."

그런 다음 프렌치는 구덩이로 걸어갔다. 정비사 몇이 손상된 강철 옆에 무릎을 꿇고 앉아 손전등을 이리저리 비추는 동안, 다른 정비사 두엇은 절망스럽게 머리를 가로저었다. 프렌치가 다가오자 정비사들이 그를 올려다보았다.

"왜 그렇게 멀뚱하니 서 있어?" 프렌치가 말했다. "파티인 줄 알아? 컨베이어벨트를 잠가. 크레인 부르고. 이 고철 좀 치워."

그는 지시를 더 내리고 연신 손짓을 해 보인 다음, 제철소에서 수십 년간 훈련된 전문가의 눈길로 망가진 강철을 내려다보았다. 그사이 나머지 정비사들은 조질압연기 주위에서 부산히 움직였다. 에벌린은 초코칩 쿠키를 굽다가 온 온화한 할머니처럼 미소를 지으며 물병을 가지러 갔다. 리아는 연이어 욕설을 퍼부으면서 컨베이어 부스 안으로 들어갔다.

다른 직원들은 근처의 오두막들에 몸을 숨기고 있었다. 개중에는 사귀던 사람이 시체로 발견되는 바람에 '검은 과부'라는 별명이 붙은 피더Feeder가 있었다. 눈빛이 불안하게 번뜩이는 스토커Stocker가 있었다. 모든 사람을 꼬마라고 부르는 롤러Roller가 있었다. 무리 중에서 유일하게 제정신인 검사자가 있었고, 위스키를 요령껏 마시는 캐처Catcher가 있었다. 3년 전에 의사는 그에게 앞으로 남은 시간이 2년이라고 진단했다. 이보다 더 잡다하게 섞인 무리가 없을 텐데 프렌치는 그 한복판에 서서, 일생일대의 공연 중인 광기 어린 지휘자처럼 구덩이 위에서 손을 휘저었다.

프렌치를 지나 안전한 컨베이어 부스 안으로 재빨리 들어가자 모랄레스라는 직원이 점심 도시락을 전자레인지에 데우고 있었다. 조금 전 에벌린과 나를 타박하러 나오기 전에 리아는 뮤직 페스티벌에서 환각제를 하던 이야기를 모랄레스에게 들려주던 참이었고, 크레인이 망가진 강철을 구덩이에서 들어 올리는 동안 그 이야기를 다시 이어나갔다.

수송부에서 처음 만난 이후로 리아를 여러 번 보았지만 함께 일하고 싶은 마음은 없었다. 그녀는 매일 아침 중고 경찰차를 몰고 출근했고, 거의 언제나 화가 난 얼굴이었다. 그녀가 걸어올 때면 눈이 마주치는 게 두려워서 늘 눈길을 피했다.

냉장고 옆 후미진 곳에 앉을까 잠시 생각했지만, 조질압연공장의 배경으로 사라지고 싶지는 않았다. 옆으로 밀쳐져 처박힌 채 잊힌 사람이 되고 싶지 않아 리아와 모랄레스에서 가까운 의자에 앉았다.

"저리 가." 리아가 곧장 인상을 쓰며 내게 말했다.

그녀의 명령을 고분고분 들을 기분이 아니라서 나는 의자에 몸을 기대고 팔짱을 끼었다.

"꺼져." 내가 말했다. "네가 다른 데로 가."

리아의 얼굴에 놀란 표정이 역력했다. 어깨를 편 채 서로를 응시하는 동안 그녀의 눈길이 멍해 보였다. 잠시 후 느닷없이 리아가 웃었다.

"맙소사." 리아가 이번에는 소리 내 웃었다. 모랄레스도 미소를 지었다. "제철소에서 여러 번 봤어도 하도 경건해 보여서 꺼져 같은 말은 못 할 줄 알았는데. 조용히 판단이나 내리는 나쁜 년인 줄 알았지."

"그래?" 그녀의 갑작스러운 태도 변화에 안심하면서 내가 대답했다. "난 네가 미쳐 날뛰는 나쁜 년인 줄 알았어."

리아는 내 옆 의자에 몸을 구부리고 앉았다. "나 미쳐 날뛰는 나쁜 년 맞아."

"그 얘기 좀 해봐."

"꺼져." 리아가 짐짓 화난 척 말했다.

나는 어깨를 으쓱했다. "네가 원한다면."

그날 오후, 하루치 코일의 조질압연 공정을 모두 마친 후 리아와 나는 공장 곳곳에 흩어진 쓰레기통을 비웠다. 나는 플라스틱 병과 신문으로 꽉 찬 파란 쓰레기통을 들어 덤프스터에 기울였다.

"야." 리아가 쓰레기통 가장자리에 손을 대면서 말했다. "뭐 하는 거야? 재활용되잖아."

나는 곧바로 파란 쓰레기통을 바닥에 내려놓으며 수송부에서 재활용하려고 했던 물병들을 생각했다. 이미 오래전에 제철소의 모든 플라스틱은 쓰레기 매립지로 향할 거라고 단정 지었다.

"정말 재활용돼?" 내가 놀란 목소리로 물었다.

"당연하지, 이 정신 나간 년아." 리아가 대답했다. "정말 재활용된다니까."

나는 양손을 허리에다 얹었다. "그럼 이거 버리는 데 알려줘, 이 병신 같은 년아."

리아는 고개를 저으면서 웃었다. 리아와 함께 파란 쓰레기통을 맞잡고 바깥으로 나가자 겨울바람이 얼굴을 때렸다. 용광로의 푸른 불꽃이 저 멀리서 타오르고 제철소가 우리 앞에 아득히 펼쳐졌다. 힘에는 양면성이 있다는 사실을 이곳은 늘 상기하게 했다. 힘은 모든 것을 찢어발길 수 있는 한편, 강하고 탄탄한 것도 부드럽게 누그러뜨릴 수 있다. 그러나 만사가 잘되길 기대하면서 수동적으로 서 있을 수만은 없는 노릇이다. 발을 땅에 단단히 내딛고 통제하지 않으면 작은 흔들림에도 위태로워질 수 있다.

리아와 함께 파란 쓰레기통을 재활용 함에 기울여 내용물을 비웠다. 한때는 그녀를 두려워했지만—싫어하기까지 했다—플라스틱 병들이 재활용 함 바닥에 부드럽게 떨어지는 지금, 우리가 잘 지낼 거라는, 어쩌면 친구가 될 수도 있겠다는 생각이 들었다. 삶은 내게 망가진 강철과 미끄러운 컨베이어벨트를 건넸지만 나의 대처는 더욱 엉망이었다. 파란 쓰레기통을 들고 안으로 들어갈 때 나는 알았다. 내가 집에 왔다는 걸.

매일 기계들이 돌아가는 동안 나는 컨베이어벨트 위로 올라갔고 코일과 철제 탁자 사이에 섰다. 이곳 사람들은 그렇게 일했다. 그들은 아연을 젓고 선철을 빼내고 몸이 산 채로 익는 쇳물 옆에 섰다. 용광로에서는 일산화탄소에 중독될 상시적 위험 아래에서 일을 했다. 피클 라인에서는 가스 유출 위험이 있는 염산 탱크 아래에서 일을 했다. 철강 노동자들은 이 모든 것을 담담히 받아들이고 앞으로 나아갔다. 할 일을 했고, 때로는 시의적절하게 꺼져! 라고 말하면서 존중을 이끌어냈다.

분명히 말하지만 러스트벨트의 사람들은 단순하지 않다. 단지 투박하거나 순진하다고 해서 그들은 직설적이고 친숙한 것에 반응하지 않았다. 오히려 그들은 신중했다. 오랫동안 그들은 결과 대신에 미사여구를 늘어놓는 달변인 정치인들에게 상처를 입어왔고, 그 상처들에는 딱지가 않고 흉이 생겨 경멸에 가득 찬 깊은 불신이 자리잡게 되었다. 상대가 진지하다는 걸 확신하기 전에는 어떤 약속도 원하지 않았다. 그들의 믿음을 얻으려면 무뚝뚝하고 간단명료한 그들의 언어로 말해야 했다. 일단 그렇게 하면 껍질이 깨지면서 전혀 몰랐던 깊이가 드러난다.

리아가 내게 했듯이 그들은 속내를 드러낼지도 모른다. 파랗게 염색한 머리를 넘기면서 피어싱한 입으로 펌프킨이라는 딸의 이야기를 할지도 모르고, 싱크대에 설거지거리가 쌓였다고 늘 잔소리를 해대는 무정한 남자 친구를 흉보거나 힘든 시기에 버팀목이 되어준 할머니를 그리워할지도 모른다. 나이 어린 싱글 맘으로 제철소에서 숱한 싸움을 겪었다면서 술집에 앉아 담담히 말할지도 모른다. 마침내 오래된 빅토리아식 주택을 살 수 있게 되었다면서 그 설렘을 철판 요리 식당에서 함께 나눌지도 모른다. 칵테일을 여러 잔 마신 뒤에는 아무에게도 말하지 말라고 하면서—무덤까지 가지고 갈—비밀을 털어놓을지도 모른다. 그리고 약간의 허세로부터 나온 이 깊은 친밀감 속에서 우리는 알게 될지도 모른다. 그들의 분노와 위압적 태도가 이면의 연약한 정체성을 감추기 위한 마스크에 불과하다는 것을.

조질압연공장에 적응해나가는 동안 내 정체성의 일부는 열여덟 살 때만큼이나 미숙했다. 성폭행의 상처를 정신과 치료와 시간으로 다스리려고 했지만, 나는 성폭행으로부터 나를 구하지 않은 하느님에게 여전히 화를 내는 상처 입은 소녀였다. 나는 제철소에서 정신적 회복을 추구하지 않았다. 워싱턴에서 최초로 열리는 '여성의 행진Women's March'에 참가하지 않겠느냐고 한 동료 노동자가 물었을 때도 그랬다.

"큰 행사가 될 거예요." 그 여성 노동자는 유기농 토마토와 자연 방사 달걀을 떠올리게 하는 부드러운 목소리로 말했다. "참가비는 노조에서 댈 거예요. 우린 그냥 가기만 하면 돼요."

나는 미소를 지으면서 생각해보겠다고 말했지만 거짓말이었다.

밤새도록 낯선 이들과 한 버스를 타고 간다는 생각만으로도 온몸이 으스스 떨렸고, 집에 앉아 행사를 다룬 기사를 핸드폰으로 찾아보는 편이 훨씬 좋았다. 하지만 시간이 지날수록 내 안의 무엇인가가 자꾸만 행사에 참여하라고 부추겼다. 그 느낌은 깊고 익숙한 고통처럼 점점 커져서 오래전에 감각을 잃은 내 안의 어떤 것을 깨웠고, 그것을 무시하기가 힘들었다. 무관심에 빠지게 내버려두지 않는 양심의 가책을 느꼈고 어렸을 때 경험한 것과 같은 갈증이 서서히 찾아왔다. 그때는 아무리 하찮은 생명에도 당장 보이지는 않지만 본질과 목적, 경이로운 목표가 있다고 믿었다. 그 느낌은 나로 하여금 나 자신보다 더 큰 일에 속하는 것을 갈망하게 했다.

행사 전날 밤에 여성 노동자들이 가득 찬 버스에 올라탔다. 밤새 가파른 펜실베이니아 고속도로를 굽이돌아 달리는 동안, 부드럽게 웅웅거리는 엔진 소리에도 잠드는 사람은 아무도 없었다. 우리는 노조에서 나누어준 손 팻말을 만지작거리면서 페미니스트 활동가들과 여성 참정권 운동가들을 다룬 영화를 몇 편 보았다. 내 팻말에는 파르스름한 광택이 돌았다. 팻말 가운데에는 '연대'라는 단어가 금색으로 인쇄되어 있었다.

해가 뜨고 몇 시간이 지나 워싱턴에 도착했고 버스는 이미 시위대로 꽉 찬 번잡한 거리에 우리를 내려놓았다. 분홍색 모자를 쓴 사람들에 밝은 색 셔츠를 입은 사람들, 목에 마르디 그라 구슬 목걸이 마르디 그라는 사순절에 들어가기 전날, 즉 '재의 수요일' 바로 전의 화요일에 거행하는 축제로, 축제 참여자들은 이날을 기념하는 색깔인 보라색, 녹색, 황금색의 구슬 목걸이를 착용한다. 이 세 가지 색은 각각 정의, 믿음, 권능을 상징한다를 찰랑거리는 사람들이 보였다. 여자들은 '못된 여성Nasty Woman'이라고 쓴 팻말을 들고, 남자들은 '못된 여성과 한패I'm with her'라고 쓴 팻말을 들었다대선후보 토론에서 트럼프가 힐러리를 가리켜 '이런 못된 여성 같으니'라는 표현을 쓴 뒤 힐러리 지지자들은 오히려 이 표현을 선거 구호로 역이용했다. 아이들은 방울술과 뿔피리를 들고 있었다. 더 어린아이들은 유모차를 타고 가거나 부모 어깨에 목말을 타고 갔다. 뺨에는 반짝이가 뿌려져 있고 손에는 장갑을 꼈으며, 모든 사람이 에너지가 충만해 보였다.

나는 여성 노조원들 옆에 바짝 붙어 서서는 비좁은 공간에서 낯선 이들과 어깨를 맞부딪치며 지하철역의 긴 계단을 천천히 내려가 이미 사람들로 만원인 열차에 비집고 탔다. 지역민들은 서류가방과 비즈니스 정장으로 단박에 눈에 띄었다. 시위가 또 있는 것에 짜증이 난 듯했지만, 그것이 객차 전체를 가득 메운 들뜬 시위대의 잡담을 멈추지는 못했다. 거의 모든 사람이 내셔널몰로 나간 뒤 인디펜던스 가로 향했다. 그곳에서 몇몇 연설가들이, 이미 수천 명의 열띤 시위대에 가려 잘 보이지 않는 무대에 올라 연설할 예정이었다.

나는 팔과 어깨의 물결 속 작은 틈으로 미끄러지는가 하면 예고 없이 닫히는 찰나의 구멍을 향해 몸을 옆으로 틀기도 하면서 인파를 헤치고 무대에 최대한 가까이 갔다. 그러던 중에 경찰이 친 바리케이드 뒤에 임신중단 반대 팻말을 들고 서 있는 맞불 집회 참가자들을 지나갔다.

"사탄의 짓이다!" 그들은 확성기로 소리쳤다. "죗값을 치를 것이다."

여성 몇이 옆에 서 있긴 했지만 반대 시위대 대부분은 백인 남성이었고, 모두 광신도들처럼 크게 뜬 눈에는 열광적인 눈빛이 담겨 있었다. 불과 유황이 그들의 몸에 상처를 남겨 등이 굽기라도 한 듯 그들은 상반신을 앞으로 숙인 채 통제할 수 없는 분노로 손가락을 흔들었다.

"사탄의 시녀들에게는 지옥이 기다린다!" 그들 중 하나가 소리쳤다.

동료 여성 노조원 하나가 나를 쳐다보면서 고개를 가로저었다.

"신경 쓰지 말아요." 그녀가 말했지만 나는 그들을 쳐다보지 않을 수 없었다. 내가 저 바리케이드 뒤에 서 있던 시절이 있었고, 존 케리 유세장에서 묵주기도를 드리도록 추동했던 당시의 양심이 이제는 반대편에서 시위를 하도록 추동했다는 것이 기이하게 느껴졌다.

바리케이드를 쳐다보는데 돌연 반대 시위대 중의 한 명이 내 눈길을 끌었다. 텁수룩한 흰 수염은 구불구불 가슴께까지 내려오고, 어깨 위로 축 처진 칙칙한 갈색 외투는 그를 꼭 해골처럼 보이게 했다.

"하느님의 분노가 너희에게 내릴 것이다!" 그는 소리쳤다.

"통곡하고 이를 가는 소리가 진동할 것이다." 다른 사람이 외쳤다.

함께 나아가던 시위대 인파가 갑자기 앞에서 빽빽해지면서 비집고 들어갈 틈이나 구멍 하나 없이 길이 막히자, 나는 반대 시위대에 갇힌 채 그들의 모욕을 감내할 수밖에 없었다. 앞으로 나아갈 틈이 생기길 기다리는 동안 어린 시절에 느꼈던 사탄에 대한 두려움이 마음속에 일었다. 딱 맞는 외투처럼 두려움은 쉽게 찾아왔고, 그 옷이 내게 얼마나 잘 맞는지 알고는 깜짝 놀랐다.

어린 시절 부모님이 늘 이야기하던 것이 생각났다. 죄를 짓고도 기분을 좋게 만드는 것이 사탄의 가장 큰 속임수다, 부모님은 말했다. 워싱턴에서 행진을 한다는 사실에 기분이 좋았는데, 이것은 나를 주저하게 했다. 어쩌면 내 생각은 사악한 힘에 이끌렸는지도 모른다. 어쩌면 나를 행진하도록 추동한 양심은 믿을 만한 게 못 될지도 모른다. 어쩌면 반대 시위대가 맞을지도 모른다. 나는 나도 모르는 새 사탄의 시녀가 되어 하느님의 분노를 살지도 모른다.

"이 살인자들아!" 반대 시위대 중 하나가 소리쳤고, 그 비난의 불합리성이 나를 일깨웠다.

분홍색 모자의 물결을 보면서 우리 모두를 그곳으로 이끈 맥박을 느꼈다. 사람들은 분홍색 나팔관과 위로 쳐든 주먹이 그려진 팻말을 들고 있었다. 어떤 이들은 머리 위로 '사랑은 혐오를 이긴다Love Trumps Hate'도널드 트럼프의 성 트럼프가 '이긴다'라는 뜻에서 착안한, 트럼프 반대파들의 슬로건라고 쓰인 팻말을 치켜들었고, 인파 사이로 성스러운 어떤 힘이 흐르는 것 같았다. 그것은 심판을 요구하는 정의로운 힘도, 거역할 수 없을 만큼 강렬한 힘도 아니었으며, 정치적 이데올로기나 인위적 제도에 국한되는 것도 아니었다. 그것은 속삭임 같았고, 더 나은 것을 보장하는 아득한 약속 같은 것이었으며, 아홉 살 때 성당에서 들었던 목소리를 생각나게 했다. 그래, 잘 가거라. 내가 수녀가 될 운명인지를 성모마리아에게 물었을 때 목소리는 이렇게 말했다. 무의미한 말인지, 예언이 틀렸는지, 혹은 내 머릿속 목소리에 불과한 것인지는 중요하지 않았다. 중요한 것은 깊은 믿음이 마음속에서 일렁이면서 미래를 향한 희망을 주었다는 것이다. 수도에 운집한 수천의 시위대 속에 서 있는 지금, 그때와 비슷한 감정을 느꼈다.

그런 믿음을 느낀 것은 실로 오랜만이었다. 그런 믿음이 나를 떠날 때의 기억이 지금도 생생하지만. 나는 실제보다 더 오래돼 보이는 작은 예배당에 무릎을 꿇고 앉아 있었다. 벽에는 돌 하나하나가

서로 완벽하게 맞물린 채 돌과 모르타르회나 시멘트에 모래를 섞고 물로 갠 것가 퍼즐처럼 맞춰져 있고 단단한 나무로 만든 문은 큰 아치 모양을 이루었다. 석조 바닥 위로 장의자가 몇 개 놓여 있고 어두운 색의 나무토막을 쌓아 만든 제단에는 황금빛 성체 안치기만 있을 뿐 다른 장식은 없었다.

성폭행당한 다음 날이었고 스캔런 신부님에게 고해성사를 하고 나오는 길이었다. 신부님은 속죄를 위해 구체적으로 해야 할 일을 알려주었고—성모마리아님께 기도를 올리세요. 여성으로서 자신을 사랑하는 법을 알려달라고 성모마리아님께 도움을 청하세요—나는 달리 행동할 정신이 없었다.

예배당 안에는 학생 몇이 군데군데 앉아 있었다. 그들은 손을 모은 채 고개를 숙이고 있었고, 다림질한 카키색 바지에 우아한 셔츠 차림이었다. 나는 후드가 달린 스웨터에 헐렁한 운동복 바지를 입고 있었다. 머리는 엉망이고 눈은 울어서 퉁퉁 부었지만, 어쨌든 속죄 기도를 드리기 시작했다.

"여성으로 제 자신을 사랑하는 법을 배우게 해주세요." 나는 흐느끼며 말했다.

울지 않으려고 손톱자국이 남도록 장의자를 움켜잡았지만 눈물을 그치게 하는 데는 별 도움이 되지 않았다.

풍성한 치마를 입은 학생 하나가 지나가면서 내게 괜찮은지 물었지만 나는 그 여학생을 물리쳤다.

"괜찮아요." 내가 말했다.

물론 괜찮지 않았다.

"여성으로 제 자신을 사랑하는 법을 배우게 해주세요." 나는 다시 기도를 드렸다.

내 생각은 에런과 벤에게로 향했다. 내가 알기로 그들은 콘돔을 사용하지 않았다. 당시 나는 어떤 피임도 하지 않았다. 플랜비는 아직 약국에서 판매용으로 승인을 받지 않았을 때였고, 너무 무서워서 대학교의 누구에게도 미국가족계획연맹에 대해 물어볼 생각을 하지 못했다. 걱정이 되기 시작했다. 임신하면 어떡하지? 열여덟 살도 채 안 되었을 때였고 아이를 키울 부양 능력도 없었다. 예배당에 무릎을 꿇고 앉아 원하지 않는 임신을 하면 어떻게 해야 할지 생각했다. 가슴이 철렁 내려앉았고 이번에는 다른 이유로 울기 시작했다.

"제발," 나는 간청했다. "임신하지 않게 해주세요."

예배당에 몇 시간이고 앉아 월경혈이 나오게 해달라고 기도를 드렸다. 며칠 후에 월경혈이 나오긴 했지만, 그때는 그 사실을 알 리가 없었다.

"제발, 마리아님," 나는 말했다. "제발 임신하지 않게 해주세요."

대답도, 인정도, 안심도 없었다. 신자들 무게에 눌린 나무 의자의 삐걱거리는 소리가 아치형 천장에 울렸고, 그때껏 알지 못했던 외로움이 엄습했다. 거대한 바다에 휩쓸려 한 줄기 햇살도 들어오지 않는 심해로 집어삼켜진 뒤, 캄캄한 어둠 속에 도사리는 가시가 돋친 흉물을 향해 맹목적으로 헤엄쳐가는 기분이었다. 아무리 간절히 기도를 드려도 마리아는 심해로 손을 뻗어 나를 끌어올리지 않았고 하느님은 이제 더 이상 볼 수 없는 빛이 되었다.

그 어둠 속에서 몇 년을 보내며 믿음 비슷한 것에 다시 불을 붙이려고 애를 썼지만, 이미 잃어버린 것은 희미하게 깜박일 뿐이었다.

미사에 가서는 신성한 불꽃을 느끼지 못했고 수없이 기도를 드려도 상실감을 떨쳐낼 수 없었다.

"살인자들." 반대 시위대들이 또다시 말했지만, 행렬에 물꼬가 트이면서 무대 쪽으로 나아가는 길이 열렸다.

나는 '연대'라고 쓰인 팻말을 손에 든 채 그 남자의 저주 섞인 비난으로부터 멀어져갔고, 그 순간 두려움이 메마른 나뭇가지처럼 툭 부러져 내리는 걸 느꼈다. 애초의 생각과 달리 재생산권이나 정치적 주장이 아닌, 실제로는 나를 떠난 적이 없는 믿음에 고양된 채 거대한 인파 속으로 걸어 들어갔다. 이 믿음은 바리케이드의 양쪽으로 —예전엔 제 자신의 신성함에 도취된 독선적인 십대 소녀로서, 지금은 어둠 속에서 속죄의 기도를 드렸던 여성으로서—나를 데리고 갔고, 이제 나는 더 이상 어린 시절 배운 그 두려움에 빚지지 않았다. 반대 시위대의 외침은 분홍색 모자의 물결에 묻혀 점점 멀어져갔고 정치적 견해보다 더 깊은 무엇인가가 내 안에서 변화했다는 것을 나는 알았다. 어쩌면 그 긴 어둠의 시간이 지난 뒤, 예배당에서 드렸던 기도—여성으로 제 자신을 사랑하는 법을 배우게 해주세요—가 마침내 응답받은 것인지도 모른다.

나중에 보니 조질압연공장은 하늘이 내린 선물이었다. 연이어 낮근무를 하면서 내 기분은 나날이 좋아졌다. 새로 복용하는 약의 부작용인 메스꺼움도 서서히 가라앉았고, 몇 개월 동안 끈질기게 따라다닌 슬픔과 강박도 깨끗하게 사라졌다.

예전 같았으면 메스꺼움에 겁을 집어먹고 약을 끊었을 것이다. 부작용에 참을성이 약한 편이라 장기간 약을 복용할 수 없었지만, 이번에는 달리 해보리라 굳게 마음먹었다. 뇌가 나를 갖고 노는 것에 넌더리가 난 데다 다시 병원에 가고 싶지 않았다. 말을 더듬는 아저씨가 노래를 부를 수 있다면, 나도 속이 뒤집히는 것 정도는 견딜 수 있었다.

모든 것이 제자리를 찾고 있었다. 토니의 부재가 상실감을 남기긴 했지만 상황에 적응하면서 바쁘게 지내는 법을 터득해나갔다. 인터넷에서 만난 모르는 사람들과 한겨울에 캠핑을 갔다. 워싱턴으로 절친을 보러 갔다. 주말에는 차를 마시고 소설을 읽으면서 시간을 만끽했다.

어느 날 아침 컨베이어 부스 쪽으로 터덜터덜 걸어가는데 새 부서에서 알게 된 중년의 남자가 오두막에서 고개를 내밀고 내게 손을 흔들었다. 이름은 넬슨이고 스토커Stocker로 일하는 사람이었는데, 그 말은 곧 코일을 조질압연기로 보내기 전에 분류하는 일을 한다는 뜻이었다. 그가 다루는 모든 코일은 1000도가 훌쩍 넘는 일련의 대형 용광로에서 달궈진 것들이라 그 냄새가 살갗이며 옷에까지 배어 있었다. 제철소에서 일한 지 20년이 넘지만 그는 태도며 눈빛이 여전히 불안하고 초조해 보였다.

아직 해가 뜨기 전이었고 차가운 바람이 가까운 화물 적재장에서 불어왔다. 따뜻한 컨베이어 부스로 들어가 큰 컵에 담긴 커피를 마저 마시며 몇 분을 보내고 싶은 마음이 간절했지만 넬슨이 뜻을 꺾지 않았다.

"이리 들어와." 그가 부르는 소리에 나는 한숨지으며 몸을 돌렸다. 피할 수 없는 일이었다. 넬슨의 시야에 걸린 이상 그곳을 떠날 수 없었다.

"무슨 일인데요?" 나는 후끈거리는 오두막 안으로 들어서며 물었다.

"소식 들었어?"

"무슨 소식이요?"

"회사가 조질압연공장 문을 닫는대." 그가 속삭였다.

"뭐라고요?" '소식'이라는 이름 아래 떠도는 소문을 믿지 못해 내가 되물었다. "어디서 들으셨어요?"

넬슨은 눈을 가늘게 뜨며 은밀한 표정을 지었다. "내 소식통이 있지."

"소식통 누구요?" 커피를 한 모금 마시기 전에 내가 재차 물었다.

"그냥 그런 소식통이 있어." 그는 내게 말했다. 고위 정부 인사를 보호하는 기자보다 입을 더 꼭 다물었다.

"셰럴에게 물어보셨어요?" 조질압연공장을 감독하는 관리자 가운데 한 명을 언급하며 내가 물었다. 책임자에게서 직접 듣는 게 아니라면 공장 폐쇄에 관한 어떤 소식도 믿지 않을 작정이었다. 철강노동자들은 작은 소문을 터무니없게 재생산하는 경향이 있었는데 그 소문들이 사실일 가능성은 매우 낮았다. 조질압연기는 3분에 한 개씩 코일을 쏟아내고, 클리블랜드 제철소는 미국에서 생산력이 높기로 유명한 곳이다. 회사가 이렇게 제 기능을 하는 공장의 일부를 폐쇄한다는 것은 어불성설로 보이지만, 설령 넬슨의 말이 맞다 하더라도 제철소의 다른 부분이 타격을 입지는 않을 것이다. 용광로는 계속 철을 얻고 순산소 제강로는 계속 강철을 만들어낼 것이며, 마감부의 다른 부서도 계속 돌아갈 것이다. 노조는 우리가 일할 곳을 제철소 어딘가에서 찾아낼 테지만 넬슨은 폐쇄의 가능성을 차분하게 받아들일 수 없었다. 그는 걱정이 많은 사람이었다. 변화는 그를 불안하게 했고, 낯섦에 대한 생각은 그의 속을 뒤집어놓았다.

"셰럴에게 물어봤지." 그는 기름때 묻은 작업화를 바닥에 문지르며 대답했다. "근데 소문일 뿐이래."

"위원회 사람은 뭐라고 해요?" 내가 물었다. "그 사람과도 얘기해 보셨어요?"

"나더러 걱정하지 말라더군."

"그것 보세요." 나는 넬슨의 불안을 덜려고 애쓰면서 대답했다. "공장 문을 닫는 일은 없을 거예요."

소문은 몇 달 동안 계속 돌았다. 노조나 회사 사람 누구도 소문을 확인해주지 않았지만, 우리는 조질압연공장에서 나쁜 징조들을 보기 시작했다. 이곳으로 첫 출근한 날 이후로 기계들은 오작동을 반복했다. 압연기를 작동하는 거대한 모터가 멈췄다. 컨베이어벨트가 고장 났다. 저울이 나갔고 급유기가 자꾸 작동을 멈췄다. 매주가 새로운 재앙을 불러오는 듯싶었지만 그럴 때마다 프렌치가 달려와 문제를 해결했고, 공장이 문제없이 돌아갈 때 우리는 개처럼 일했다. 할당량을 맞췄고 미친 듯이 강철을 단련했으며, 회사가 자비를 베풀기를 희망했다.

이 모든 기계적 결함 탓에 나는 때때로 정비사들이 수리를 하는 동안 크레인 기사의 또 다른 눈이 되어 크레인 운전석에 올라갔다. 정비사들이 붐 리프트에 올라타 물이 새는 파이프를 고치던 어느 날 오후, 전문가의 정확한 손길로 코일을 옮기는 문신을 새긴 기사와 함께 크레인 운전석 입구 쪽 접의자에 앉아 있었다. 그의 두 손은 흡사 피아노의 거장처럼 크레인의 움직임을 통제하는 다양한 레버와 버튼을 바삐 오가며 조작했고, 수천 번의 미세한 조절을 통해 거대한 추를 움직이듯 코일들을 공중으로 날랐다.

크레인은 공장을 위아래로 오가면서 수시로 덜컹거리며 흔들렸다. 기사가 땅에서 코일을 들어 올릴 때마다 크레인 몸통이 반으로 휘면서 금세라도 부러질 것만 같았다. 빠른 속도로 움직일 때는, 나사 몇 개가 빠졌거나 말았거나 돈밖에 모르는 자들이 운영하는 싸구려 유원지에서 롤러코스터 같은 놀이 기구를 타는 기분이었다.

크레인 기사와 나는 오전 내내 코일을 옮기다가 겨우 휴식 시간을 가졌다. 그는 크레인을 공장 한복판에 세우고는 제어반 앞쪽의 검은 왕좌에 몸을 기댔다.

"그래, 듣자 하니 진보주의자라던데." 느닷없이 그가 입을 열었다. 그런 다음 그는 다리를 뻗어 운전석 창문에 발을 올렸고, 나는 한숨을 길게 내쉬었다. 더러 나 자신이 제철소의 구경거리가 되는 기분이었다. 사람들은 내가 진보주의자인지를 종종 물었고 꽤 많은 사람들이 기꺼이 정치 토론을 벌이려고 했다. 내가 점심을 맛있게 먹으려고 할 때 그들은 의료보험이니 적극적 차별시정조치니 하면서 혼잣말을 시작했다. 내가 쓰레기통에서 플라스틱 병을 골라내 재활용 함에 넣을 때면 그들은 나를 '그린피스'라고 불렀다.

"네," 내가 크레인 기사에게 대답했다. "진보주의자 맞아요."

남자는 창밖에 멍하니 시선을 고정한 채 천천히 고개를 끄덕였다. 그는 스포츠머리에 이가 유난히 하얬고, 우리가 고등학교 때 아는 사이였다면 그는 멋진 남학생이었을 반면 나는 샌님으로 통했을 것이다.

"그 말은 페미니스트인가 뭔가 그거라는 거지." 그가 말했다.

"네. 저 페미니스트예요."

기사는 문득 고개를 돌려 내 눈을 똑바로 쳐다보았다. "설마 그 미쳐 날뛰는 페미니스트는 아닌 거지?"

나를 뚫어져라 쳐다보았지만 표정에 악의는 없어 보였다. 마요네 즈보다 케첩을 더 좋아하느냐고 물어보는 사람 같았다. 그에게는 그 질문이 기준과 같은 것이기에 나는 깊게 한숨짓고 입술을 깨물었 다. '미쳐 날뛰는 페미니스트'라는 단어와 함께 생산적인 대화를 시 작하는 경우는 거의 없었고, 분위기가 격앙될 경우 그 자리를 피할 수도 없었다. 당분간 이 크레인의 운전석에 꼼짝없이 갇혀 있는 신 세니 끔찍하게 끝날 대화에 대비해 마음의 준비를 했다.

"저 페미니스트 맞아요." '미쳐 날뛰는'이라는 단어가 더는 나오지 않기를 바라면서 아까보다 더 단호한 어조로 말했다.

"이 페미니스트라는 자들을 당최 이해할 수가 없어." 그가 말했 다. "남자들이 문을 잡아주는 것도 싫다고 해. 밥값을 내는 것도 싫 다고 해. 기사도 정신도 싫다고 해. 근데 난 자라면서 여자들을 정중 하게 대하라고 배웠어."

아빠가 이런 주장을 할 때마다 제대로 대답을 못하고 어물거렸는 데, 그러고 나면 똑 부러지지 못한 바보가 된 기분이었다. 집에서 페 미니즘 얘기를 하다 보면 거의 매번 싸움으로 끝났고, 지금도 행여 같은 일이 일어나지 않을까 벌써 두려운 마음이 들었다.

"문을 잡아주건 밥값을 내건 신경 쓰지 않는 여성들이—심지어 페미니스트들도—많아요." 내가 살짝 떨리는 목소리로 크레인 기사 에게 말했다. "여성을 정중히 대해서 잘못될 건 없지만 경계를 넘지 않게 조심할 필요는 있어요."

"하지만 난 처자식을 부양하고 싶어." 기사는 운전석 창문에서 발을 내리더니 몸을 앞으로 숙이면서 대화를 이어나갔다. "그러면 남자들은 목적의식을 갖게 돼. 페미니스트들은 남자가 남자답게 사는 걸 내버려두지 않는 것 같아."

나는 무릎에 시선을 고정한 채로 푸른 작업복 소매를 만지작거리면서 대화가 파국으로 치닫지 않게 하려면 어떻게 해야 할까 생각했다.

"페미니즘은 남성들에게서 뭘 빼앗겠다는 게 아니에요." 나는 긴 침묵 끝에 입을 열었다. "그건 페미니즘을 잘못 보는 거예요. 페미니즘은 젠더의 역할을 재정의하자는 거예요. 남성이건 여성이건 평등한 대우를 받자는 거죠."

크레인 기사가 팔짱을 끼자 문신 아래로 근육이 불끈 솟았다. 우리는 얼마간 젠더 이야기를 주고받았는데 서로 다른 언어로 말했다. 결국 우리 둘 다 지치자 남자는 눈을 멀겋게 뜨고 고개를 가로저었다. 그는 마치 문장구조를 파악하고 복잡한 기하학 문제를 증명해야 하는 학생 같아 보여서, 우리는 공장이 부산하게 돌아가는 동안 얼마간 침묵 속에 앉아 있었다. '노란 모자' 몇이 조질압연기 근처 바닥을 페인트로 칠하고 있었고, 붐 리프트에 탄 남자 노동자들은 다양한 렌치를 들고 물이 새는 파이프를 고치고 있었다. 버기 몇 대가 저 아래 보도를 윙윙거리며 달렸고, 공장 반대편의 크레인은 코일들을 트럭 짐칸에 재빨리 내려놓았다. 멍하게 내 손을 내려다보는데 크레인 기사가 의자에서 몸을 뒤척였다.

"내가 이해 못 하는 게 하나 있어." 그는 다시 열정적인 목소리로 말했다. "여자들은 왜 이 성차별 문제로 그렇게 난리법석을 떨지?

물론 내가 성희롱이니 뭐니 하는 거에 동의한다는 건 아니지만 여자들이 왜 그렇게 그런 문제에 집착하는지 이해할 수가 없어. 문제를 해결하고 그냥 좀 넘어가면 안 되는 거야?"

나는 침착함이 빠르게 사라지는 걸 느꼈다. 크레인 기사의 말이 신경을 건드렸지만, 그의 견해가 지극히 전형적인 것임을 알았다. 예전에 나눈 대화로 보건대 그가 못 말리게 보수적인 사람이라는 건 진작부터 아는 사실이었다. 그는 백인이었다. 총을 소지했다. 페미니즘을 이해하지 못했고, 지금 여성들이 성폭력을 조용히 처리해야 한다고 말하는 중이었다.

"잠시만요,"'미쳐 날뛰는 페미니스트'라는 말을 반박할 때처럼 내가 확고한 어조로 말했다. "여성들은 성폭력의 피해를 밝힐 때 많은 비판과 비난에 직면해요. 가볍게 볼 문제가 아니죠. 많은 여성이 목소리를 높였다고 치욕감을 느끼는 것은 정당하지 않아요. 전 대학생 때 성폭행을 당했어요. 공개적으로 문제 제기를 했지만 그 누구도 제 말을 믿지 않았어요. 모두 제 잘못이라고 하더군요. 사람들의 반응은 성폭행만큼이나 잘못된 거예요."

조종석에 무거운 침묵이 흘렀고, 나는 승리감을 느끼며 접의자에 기대앉았다.

"그런 일이 있었다니 안됐어." 기사가 말했다. "진심이야. 그게 어떤 건지 나도 알거든."

"선배님이 안다고요?" 말할 것도 없이 비난이 묻어나는 목소리로 내가 물었다. "그게 어떤 건지 정말 안다고요?"

"글쎄," 그가 대답했다. 내 말투에 그가 체념한 표정을 지으며 의자에 털썩 기대앉았다. "어쩌면 다를지도 모르지. 하지만 나도 어렸을 때 성추행을 당했어. 믿었던 사람한테 성추행당했는데 누구한테도 말할 수 없었지. 남자는 그런 엿 같은 일로 울면 안 되거든. 그냥 받아들이고 삭이면 그만이야. 그래서 그렇게 했지. 나 혼자서 말이야."

크레인 기사가 말을 마치자 이번에는 내가 당혹감에 의자에 몸을 묻었다. 그때까지 나는 그 남자를 손가락으로 가리키면서 당신이 문제라고 말하고 있었다. 그가 임금격차의 원인이었다. 여태 평등권 수정헌법이 통과하지 못한 것도 당신 때문이고, 강간문화가 여전히 존재하는 것도 당신 때문이었다.

"마음이 아파요." 내가 말했다. "어렸을 때 그런 일이 있었다니. 그런 일을 겪으면서도 도와줄 사람이 아무도 없었다는 것도요."

그는 어깨를 으쓱했다. "고마워. 자네 일도 안됐어."

그런 다음 크레인 기사는 제어 장치를 잡고 기어를 바꿔 크레인을 작동시켰다.

"이제 코일을 옮겨야 할 것 같아." 그는 내게 말했고, 우리는 침묵 속에 밖을 응시하며 크레인의 케이블이 천천히 허공을 가로지르는 것을 지켜보았다.

그의 고백을 듣고 나자 내 몸속 깊은 곳에서 돌멩이를 꺼낸 것처럼 속이 불편했고, 옛 주화가 가득한 전당포에서 상상의 나래를 활짝 펼 수 있게 해준 아빠에게로 생각이 옮아갔다. 그때 아빠는 19세기 미국인들의 동전 지갑을 가득 채웠던 마법의 유물들을 내게 맡겼다. 아빠는 오래된 5센트짜리 동전이 그득 담긴 바구니들과, 숨겨진 보물에 대한 약속을 내게 건넸다. 일요일마다 성당에서 성경책을 읽던 남자와 아빠는 한사람이었다. 나처럼 바닷가재 비스크와 구운

브리치즈를 사랑한 남자는 아빠와 한사람이었고, 내가 절망의 미로에서 길을 잃었을 때 나를 찾아 정신 병동으로 왔던 남자도 아빠와 한사람이었다.

내가 그토록 사랑하고 존경한 이 남자는 자신에게 엉터리 패를 돌린 이 세상을 결코 용서하지 않았지만, 패를 바꾸려고 많은 노력을 기울이지도 않았다. 그는 어린 자신을 학대한 어머니를 결코 용서하지 않았다. 10년이 넘도록 투병 중인 제2형 당뇨병을 제대로 관리하지 못했다. 은퇴까지 몇 년이 남았지만 지금도 여러 직업을 전전하면서 매번 실패만을 겪을 뿐이다. 그는 일터에서 낮잠을 2시간이나 잤다. 점심시간에는 사라졌다. 심하다 싶을 만큼 휴가를 많이 내겠다고 우기고, 해고될 때마다 관리자들을 욕했다. 우파right-wing의 정치 성향을 견지했고, 그것은 그에게 좋은 패를 받을 권리가 있다는 생각을 심어주었다. 그는 옳은right 카드를 받을 자격이 있었다. 잭팟을 터뜨리려고 일할 필요가 없었으니 그의 조커를 에이스로 바꾸는 일은 다른 누군가의 책임이었다.

아빠의 특권의식 밑에서 버글거리는 것은 우리 개개인이 우주의 중심이라는 매우 인간적인 망상이었다. 나의 관점이 가장 중요하다. 내 문제들은 마땅히 해결되어야 한다. 나는 내 인생이라는 서사시에서 결점 없는 주인공이고, 고통 따위는 잊고 즐겁게 살고 싶다. 이 망상에서 잠시나마 벗어날 수 있다면, 마주하기 싫은 장소들에서도 우리를 에워싼 혼돈이 보이기 시작한다. 애초에 여성혐오자인 줄 알았던 그 보수적인 크레인 기사는 내 어깨를 그토록 오래 내리눌렀던 고통을 마음속 깊이 이해했다. 딸을 버리고 정치적 견해를 선택한 것처럼 보였던 아빠는 내게 기적을 만들어주려고 모든 것을 희생한 남자와 한사람이었고, 나는 아빠에게 세상을 빚진 진보주의자 딸이었다.

그날 오후 제철소에서 나와 전에 다닌 대학원으로 차를 몰고 갔다. 여전히 푸른 작업복 차림에 작업화를 신고 있었지만, 행정실로 곧장 들어가 석사 학위 업무를 보는 여직원을 찾아갔다.

"석사 학위를 받으려면 어떻게 해야 하죠?" 내가 물었다.

여자는 나를 빤히 쳐다보았다. 한 치수 큰 블레이저 안에서 어깨가 겉돌았다. 실은 이미 이 질문의 답을 알고 있었다. 석사과정을 이수하고 논문을 끝낸 지 4년이 지났고, 전에도 여러 번 이 문제를 해결하려고 했다. 이 사무실에 왔었고 책상에 앉은 저 여자에게 이미 설명을 들은 터였다.

"아주 간단해요." 여자가 또 한 번 설명했다. "논문의 승인 페이지를 새 서식으로 작성하고 논문 심사위원회의 서명을 받으면 돼요."

그게 끝이었다. 종이 한 장과 세 명의 서명. 4년 동안 이 문제는 넘을 수 없는 산처럼 보였다. 무슨 의례인 양 행정실의 이 여직원을 찾아올 때마다 서명을 받지 못한 채 돌아섰다. 매번 어깨를 으쓱하면서 관심을 꺼버리고는 학위가 뭐 중요하냐고 스스로에게 말했다. 물론 학위는 매우 중요했다. 학위를 받는 게 그저 두려웠을 뿐이었다. 성공이 두려웠고, 실패가 두려웠고, 내 병이 두려웠고, 내 잠재력이 두려웠고, 나 자신에게 기회를 주는 게 두려웠다. 젊은 시절 아빠도 학위를 따려고 노력했지만 끝내 포기하고 말았다. 재능과 실력이 있었지만 음대 학사 학위까지 몇 학점을 남겨놓고 그만두었다. 엄마가 내게 했던 말을 결코 잊지 못한다. 아빠는 학위 받는 게 두려웠던 거야. 아빠는 나를 빚고 만들었다. 나를 세상으로 인도했다.

오랜 시간 우리는 한패인 동시에 동료—한 거푸집에서 만든 두 개의 형상—였지만 나는 아빠가 아니었다. 내가 아빠의 길을 따라갈 필요는 없었다.

기름 범벅이 된 작업화를 신고 행정실에서 걸어 나갈 때 내 안의 뭔가가 변했음을 느꼈다. 바깥 공기는 찼지만, 해는 구름 한 점 없는 하늘에서 밝게 빛났다. 꽃 몇 송이가 땅을 뚫고 나오려고 했고 개똥지빠귀들이 근처의 헐벗은 나무 사이를 날아다녔다. 클리블랜드는 봄으로 깨어나는 중이었고, 이 말은 곧 내가 제철소에서 일한 지 1년이 되어간다는 뜻이었다. 1년 중 대부분을 끔찍한 이야기와 용융아연 통과 지게차를 두려워하면서 보냈지만, 이제는 제철소에서 처신하는 법을 알게 되었다. 1년 만에 너무 오래 두려움에 빠져 있어서는 안 된다는 것을 배웠다.

몇 주 만에 행정상의 문제를 깨끗이 해결했다. 몇 달 뒤 석사 학위증이 서류 봉투에 담겨 우편으로 배달되었고, 나는 그것을 잠시 내려다보다가 벽장에 넣어 두었다. 학위증 자체는 중요하지 않았다. 학위가 없는 것은 앞으로 나아가지 못하는 나의 무능을 의미했다. 한때 노란 모자가 나를 제철소에 눌러앉게 할까 봐 두려워했지만, 결국 제철소—내게 어울리지 않는다고 여겼던 이곳—는 내가 앞으로 밀고 나가는 데 필요한 것을 주었다.

나는 컨베이어 부스 바닥에 안전모를 획 던지고, 판타지소설을 읽느라 여념이 없는 리아 옆의 의자에 털썩 주저앉았다. 프렌치는 문밖에 서서 흰 점프슈트를 입은 노조 소속의 정비사들에게 소리를 치고 있었다.

"급유기 안 잠근 사람이 누구야?" 그가 고함을 질렀다. "여기에 소풍 온 줄 알아! 내가 일일이 다 해야 돼?"

어떤 정비사들은 고개를 가로저었고, 또 어떤 정비사들은 프렌치의 등 뒤에서 동료 노조원들에게 '알겠지?' 하는 표정을 지어 보였다. 그들의 불만을 이해 못할 바 아니었다. 제철소 일이라면 프렌치는 독재자만큼 무서웠고, 사커 맘축구 등 자녀의 체육활동과 교육을 위해 여념이 없는 엄마를 일컫는 말만큼 자기방어적이며, 상아탑에서 아래를 내려다보는 학자만큼 거들먹거렸다. 그가 기계적 결함을 진단했을 때 반박하면 그는 당장 머리는 폼으로 달고 다니냐는 둥, 조상 중에 바보가 있냐는 둥 하면서 한바탕 퍼부을 것이다. 반면에 그의 진단이 옳다고 하면 이번에는 한껏 거드름을 피울 것이다. 그는 말도 행동도 지독했다. 신랄함만 있을 뿐 부드러움이라곤 없었다.

핸드폰을 꺼내 뉴스를 읽으려는 참에 문이 시원한 바람에 활짝 열리더니 곧이어 한 남자가 손에 아침 신문을 들고 부스 안으로 성큼성큼 걸어 들어왔다.

"십자말풀이 할 사람?" 남자는 마치 제빵사가 한 줄로 늘어선 허기진 손님들을 머핀이 담긴 접시로 꾀듯 리아와 내 앞에서 신문을 흔들며 말했다.

리아가 반색하며 우리 사이에 있는 작은 철제 탁자에 책을 내려놓았다.

"이리 줘봐요." 그녀가 손을 뻗으며 말했지만, 남자는 손이 닿지 않게 그녀의 머리 위에서 신문을 흔들었다. "그만해요, 이선. 이리 줘요."

잘 다듬은 희끗희끗한 염소수염을 한 이선은 싱긋 웃었다. 그는 보수적인 해군 퇴역 군인으로, 나보다 몇 주 후에 입찰을 통해 조질 압연공장으로 왔는데 장난꾸러기였다. 근무 중에 뭔가를 골똘히 생각하는 동료를 발견하면 뒤에서 깜짝 놀라게 하곤 했다. 누군가 전자레인지에 점심 도시락을 넣고 잠시 한눈을 팔면 도시락을 몰래 꺼내 냉장고에 숨겼다. 딸 셋을 둔 그는 크림치즈를 딸들의 데오드란트 사이에 숨겼다거나 부엌 바닥에 곤충 모형을 몰래 놔뒀다거나 하는 이야기로 우리를 곧잘 즐겁게 해주었고, 기분 좋은 장난거리를 늘 찾아내었다.

리아는 간청하듯 이선을 쳐다보았고, 이내 그는 신문을 요란스레 건네주었다. 리아는 십자말풀이 페이지를 편 다음 책 옆에 놓인 연필을 집어 들었다. 이선은 우리 맞은편 제어반 옆에 놓인 높은 의자에 앉았다.

"자," 리아가 말했다. "잘못 찍힌 사진을 뜻하는 네 글자로 된 단어는?"

이선과 나는 둘 다 눈을 가늘게 뜨고 허공을 응시했다. 머릿속으로 퍼즐을 그려보려는 순간, 리아가 갑작스레 뭔가가 떠올랐는지 자세를 고쳐 앉았다.

"밤bomb 어때요?" 그녀가 말한 뒤 우리 의견을 기다렸다. 우리가 매일 하는 십자말풀이에는 규칙이 있었다. 공장이 멈춰 서서 함께 퍼즐을 풀 시간이 나면, 답을 적기 전에 모든 사람이 동의할 때까지 기다려야 했다. 반면에 공장이 가동 중이라면 시간이 날 때마다 각자 답을 연필로 적을 수 있었다.

이선과 나는 동의의 뜻으로 고개를 끄덕였고, 리아는 뭉뚝한 연필심을 신문에 갖다 대었다.

"손가락이나 발가락을 뜻하는 다섯 글자로 된 단어는?" 리아가 물었다.

"디지트digit." 이선이 말했다.

리아가 조심스레 답을 적는 사이 이선은 부스 옆면의 창문으로 시선을 옮겼다.

"저것 좀 봐." 그가 얼굴에 짓궂은 웃음을 띠면서 말했다. "'주황 모자'들이 공장 견학 중이야."

리아와 나는 신입들을 보려고 일어섰다. 네댓 명이 전부였고 단연 눈에 띄었다. 파란 바지에는 주름이 곧게 서 있고 파란 셔츠 소매는 제철소의 산업용 세탁기로 수없이 빨기 전이라 빳빳했다. 진청과 감색의 중간쯤 되는 풍부한 색깔도 끝내는 더러운 코발트색으로 변색될 것이고, 반짝이는 주황 안전모도 시간이 지나면 탁해질 것이다.

"와." 리아가 나지막이 말했다. "쟤네들 순진한 게 귀엽지 않아?"

"쟤들도 곧 알게 되겠지." 내 말에 모두 웃었다.

이선은 눈썹을 치켜올리며 우리를 돌아보았다. "우리 부서에도 하나 올 거야. 적어도 소문에는 그래."

리아는 의자에 기대앉아 연필을 쥐었다.

"네." 그녀가 고개를 끄덕이며 말했다. "모랄레스도 그 비슷한 얘기를 하던데요. 누가 올지."

나는 '주황 모자'들이 공장의 다른 부서로 연결되는 녹색 보도를 걸어가는 모습을 창밖으로 지켜보았다. 이곳에서의 새로운 삶을 향해 가는 모습을.

"그러게." 그들이 시야에서 사라질 때 내가 말했다. "괜찮은 애가 와야 할 텐데."

12

밤을 밝히는 불꽃

조질압연공장의 모든 직원이 마감부 한복판에 위치한 회의실에 모였다. 제철소의 많은 것이 그렇듯이 회의실은 칙칙하고 지쳐 보였다. 벽 하단에는 어두운 나무판을 댔고, 누군가 유성 펜으로 낙서를 한 화이트보드 앞에 걸린 낡은 프로젝터 스크린에서는 먼지가 풀썩 날릴 것 같았다. 한때는 크림색이었던 리놀륨 바닥은 이제 회색이 되었다. 천장 타일은 누수로 내려앉았고 오래된 문틀은 갈라졌다.

회의실 삼면에 의자들이 열 지어 놓였고 노조원들은 초승달 모양을 이루며 의자에 앉아 있었다. 모두 시커먼 작업화에 기름때 묻은 바지 차림이었고 더러운 장갑은 주머니에 삐죽 꽂은 채였다.

넬슨과 나는 나란히 앉았고 이선은 몇 자리 떨어진 곳에 앉아 안전모를 벗었다. 모랄레스와 리아는 회의실 반대편에 구부정하게 앉아 뭔가를 얘기하며 숨죽여 웃고 있었다. 에벌린은 얼마 전부터 병가 중이었지만, 빈 의자는 없었다. 조질압연공장과 관련된 사람은 모두 회의에 참석하라는 연락을 받았다. 롤러도, 캐처도, 피더도 다 그곳에 있었다. 정비사들, 검사자들, 크레인 기사들, 관리자들도 있었다. 우리 상사인 셰럴이 허리에 손을 얹은 채 회의실 뒤쪽에 서 있고 프렌치는 그녀 옆에 뚱한 표정으로 있었다.

거의 모든 사람이 제각기 다른 주제로 대화를 하다 보니 비좁은 공간이 시끌시끌했다. 사람들은 날씨와 소문, 공장 일, 주간 생산 보고서에 대해 이야기했다. 의자가 두 개 놓인 회의실 앞쪽의 긴 탁자는 모두 외면했다. 의자 하나에는 흰 수염을 길게 기른 대머리 남자가 앉아 있고, 다른 하나에는 눈이 크고 머리색이 검은 뚱뚱한 이탈리아 남자가 앉아 있었다. 둘 다 노조 간부인데, 그들의 존재는 앞일을 불길하게 예고했다. 노조 간부들은 늘 제철소를 바삐 돌아다니면서 다양한 일을 처리하고 직원들의 문제와 민원을 해결했다. 그들을 몇 초 이상 한자리에 붙들어놓을 수 있는 것은 나쁜 소식뿐이었다.

참석자들이 모두 자리에 앉자 검은 머리의 노조 간부가 헛기침을 몇 차례 하더니 손을 들었다. 그 즉시 대화가 멈췄지만 크레인이 움직이는 둔중한 소리는 여전히 저 멀리서 들렸다.

"조질압연공장에 관한 소문은 모두 들었을 거라고 봅니다." 노조 간부가 입을 열었다. "지금까지는 그냥 소문에 불과했지요. 노조는 공장을 계속 가동시키기 위해 회사와 여러모로 협력해왔습니다. 협상이 어떻게 진행될지는 누구도 예측할 수 없었죠. 이제는 여러분께 답을 알려드릴 수 있을 것 같습니다. 우리의 온갖 노력에도 불구하고 회사는 클리블랜드 조질압연공장을 폐쇄하기로 결정했습니다."

일순간 회의실이 조용해졌다. 저 멀리 크레인마저 이 소식을 듣기라도 한 듯 움직임을 멈췄고 우리 모두 비탄에 잠겼다.

"트럼프가 늘 얘기하던 관세가 있잖아요." 한 정비사가 회의실 뒤쪽에서 말했다. "관세를 부과하면 상황이 바뀔 거예요. 경기도 좋아질 거고요."

대머리의 노조 간부는 동료 간부를 쳐다본 다음 고개를 가로저었다.

"관세로 상황이 어떻게 될지는 모르는 일이에요." 그가 말했다. "회사는 관세 문제가 그렇게 중요하지 않다고 판단하는 것 같습니다."

"그럼 우리 고객들은 어떻게 됩니까?" 무뚝뚝한 고참 하나가 옆에서 말했다. 에스오티였는데 조질압연공장에서 일한 지 수십 년이 넘은 사람이었다. "우리 고객들한테는 어떻게 한답니까?"

"경영진이 우리가 받은 주문을 인디애나주 공장으로 서서히 옮길 겁니다." 클리블랜드 제철소 이외에 회사가 운영하는 또 다른 공장을 언급하며 검은 머리의 노조 간부가 말했다. "당분간은 공장이 가동되겠지만 매주 주문이 줄어들 겁니다."

모랄레스가 두 손을 들어 올렸다. "말도 안 돼."

조질압연공장에 애정이 깊은 그는 공장의 청결과 생산성을 자랑스러워했다. 이 소식은 그에게 너무 가혹한 것이었고, 이마에 푸른 힘줄이 불끈거리는 게 보였다.

"내 이럴 줄 알았어." 모랄레스가 말을 이었다. "프렌치가 몇 년간 임시방편으로 공장 곳곳을 고쳐왔잖아요. 지금 제대로 작동하는 게 하나라도 있냐고요. 회사가 공장 문을 닫는 게 당연하지."

프렌치가 갑자기 몸을 앞으로 홱 내밀었다.

"회사가 주는 돈으로 정말 최선을 다해서 일했어." 그는 긴 손가락으로 모랄레스를 가리키며 말했다. 그 두 남자는 그리 다르지 않았다. 그들에게 제철소는 제 아기나 다름없었고 공장을 폐쇄한다는 소식은 그들 자존심에 큰 손상을 입히는 것이었다. "여기 직원들이 그렇게 게을러터지지만 않았으면 문을 안 닫을 거 아니야."

"이 영감님이 누구한테 게으르대?" 회의실 앞쪽에서 누군가가 소리를 치자 노조 간부들이 동시에 손을 들었다.

"왜들 이러세요." 대머리의 간부가 말했다. "서로 싸우지들 마세요. 일이 이렇게 된 건 누구의 잘못도 아닙니다. 결정은 내려졌어요. 누가 통제할 수 있는 일이 아니에요."

들끓던 분위기는 가라앉았지만 여전히 긴장감이 감돌았다. 크레인이 다시 움직이기 시작했다. 이번에는 회의실 바로 곁을 우르릉거리며 지나가는 바람에 벽이 잠시 흔들렸다.

"우리가 더 잘하면요?" 모랄레스가 물었다. "그러면 상황이 바뀌지 않을까요?"

"그렇지 않을 겁니다." 대머리 간부가 대답했다. "이미 결정된 사안이지만 나쁜 소식만 있는 건 아니에요. 공장 유지를 위한 협상을 이끌어냈는데, 그 말은 곧 회사가 임의로 들어와 장비를 가져갈 수 없다는 뜻입니다. 회사도 조질압연공장을 유지하는 데 동의했습니다. 주문이 다시 늘어나면 언제든 공장을 재가동할 수 있어요."

"아, 집어치워요." 회의실 끝 쪽에 있던 에스오티가 말했다. "그 소리를 수백 번도 더 들었어요. 회사가 뭘 가져가면 그걸로 끝이지, 무슨."

노조 간부는 탁자에 놓여 있던 펜을 만지작거렸다.

"월급과 복지 혜택에 관해서는 그 말이 맞아요." 그가 말했다. "하지만 폐쇄는 다릅니다. 장비를 유지하는 한, 공장을 재가동할 가능성은 얼마든지 있어요. 대신 과신해서는 안 됩니다. 관세가 조질압연공장을 구해줄 거라고 기대하지 마십시오. 폐쇄하고 곧바로 문을 다시 열 거라고도 기대하지 마십시오. 공장을 폐쇄하려는 회사의 입장은 확고해 보입니다. 진지하게 생각해야 할 상황입니다."

넬슨이 소심하게 손을 들어 올렸다. 이 소식과 더불어 오래된 불안이 또다시 그를 엄습한 모양이었다. 노조 간부 가운데 하나가 넬슨을 향해 고개를 끄덕였지만, 넬슨은 몇 초 후에야 입을 뗐다.

"우리는 어떻게 되나요?" 그가 용기를 내어 물었다. "우리는 어디로 가지요?"

"자," 검은 머리의 간부가 대답했다. "여러분 중 누구도 해고되지 않는다는 걸 분명히 말씀드립니다. 일자리를 잃는 사람은 한 명도 없을 겁니다. 입찰이 뜨면 입찰에 참여할 것을 여러분 모두에게 권합니다. 새로운 부서를 찾아보세요. 공식적인 마감 시한까지 입찰에 참여하지 않으면 사람이 필요한 곳에 임의로 배치될 겁니다."

"공식적인 마감 시한이 언젠데요?" 모랄레스가 물었다.

"아직은 모르지만 날짜가 나오는 대로 알려드리겠습니다. 여름 즈음이 되리라 봅니다."

우리가 고개를 푹 숙이고 회의실에서 느릿느릿 빠져나간 게 2018년 1월 중순이었고 조질압연공장에서 마지막으로 일한 게 그해 7월이었다.

그 마지막 몇 달 동안 리아와 이선과 나는 십자말풀이에 열중했다. 매주가 지날수록 휴게 시간이 늘어났고, 우리는 아예 십자말풀이 책을 여러 권 사서 아침 신문을 대체했다. 어느 날 오후, 우리는 머리가 뱅글뱅글 돌 정도로 실컷 퍼즐을 풀고 컨베이어 부스에 나란히 앉아 있었다. 우리 모두 어딘가 불안했고 근무시간이 천천히 끝나가고 있었다. 나는 마지막 1시간을 때우려고 핸드폰을 꺼내 뉴스를 읽기 시작했다. 관세를 다룬 뉴스를 정신없이 읽고 있는데 셰럴이 불쑥 부스 안으로 들어왔다. 그녀에게 조질압연공장이 문을 닫는지는 중요하지 않았다. 그녀는 여전히 우리의 상사였고 우리가 그 사실을 잊도록 내버려두지 않았다.

나는 재빨리 핸드폰을 허벅지에 내려놓은 다음 시치미를 떼고 셰럴을 올려다보았다. 셰럴은 이선을 돌아보았고, 이선은 셰럴이 다가오는 걸 보고는 얼른 스도쿠 퍼즐가로세로가 아홉 칸씩으로 이루어진 정사각형의 가로줄과 세로줄에 1부터 9까지의 숫자를 겹치지 않도록 한 번씩 써서 채워 넣는 퍼즐을 숨겼다.

"공장이 문을 닫는다 해도 맡은 바 일을 수행해주면 좋겠어요." 셰럴이 말했다. 프렌치처럼 그녀도 수십 년간 조질압연공장의 관리자였다. 그녀 역시 실망을 분노나 폭력으로 표출하진 않았지만 공장 폐쇄를 아프게 받아들이는 눈치였다. 셰럴이 누군가를 비난한다면 제 자신을 비난했다. 지금 그녀는 여전히 자신이 할 수 있다는 걸 보여주려고 군대를 결집하는 중이었다. 이 세상에 아직 제 자리가 있다는 걸 증명하려고 관리자로서의 발을 앞으로 내딛었다.

"걱정 마세요, 셰럴." 이선이 대꾸했다. 너무 활짝 웃어서 진실성이 없어 보였다. "우리는 농땡이 치지 않아요."

셰럴은 숨을 깊이 들이쉬더니 뭔가 고무적인 말을 할 준비를 했다. "여기서 안주하기는 쉬워요." 그녀가 말했다. "일을 대충하거나 회피하는 건 쉽지만 제철소에 주인의식을 가지면 진정한 성취감을 맛볼 수 있어요. 모랄레스를 한번 보세요. 자기 일에 자부심을 느끼잖아요. 작업장을 늘 청결하게 유지하고 시간이 나면 다른 일까지 찾아서 해요. 그런 정신이 큰 차이를 만들어냅니다."

셰릴은 말을 멈추고 우리를 둘러보았다. 우리는 미소를 띤 채 동의한다는 뜻으로 고개를 끄덕였는데, 이선과 리아는 한술 더 떠 야단스럽게 아부를 했다. "무슨 말씀인지 알아요, 셰릴. 지당한 말씀이에요, 셰릴. 걱정 마세요, 셰릴. 충분히 알아들었어요."

셰릴의 얼굴에 의기양양한 표정이 떠올랐다.

"여기서," 셰릴이 덧붙였다. "솔선수범해 열심히 할 수도 있지만, 아무개처럼 핸드폰으로 게임이나 하고 있을 수도 있지요."

셰릴은 이렇게 말하면서 나를 노려보았고, 나는 허벅지에 놓인 핸드폰을 내려다보았다. 그녀는 내가 현장에서 딱 걸렸음을 알리고 싶었던 것이다. 내가 '아무개'라고 지적하고 싶었던 것이다. 나는 그녀가 가정하는 최악의 가능성을 바로잡을까 잠시 생각했다. 게임을 했던 게 아니라 뉴스를 읽고 있었던 건데, 그래 봤자 별반 차이가 없다는 걸 알았다.

리아를 힐끗 돌아보자 리아는 눈썹을 치켜올렸다. 이선은 부스의 맞은편에 앉아 있었지만 아까보다 더욱 활짝 웃는 게 또렷이 보였다.

"걱정 마세요, 셰릴." 그가 말했다. "우리 모두 모랄레스처럼 솔선수범하겠습니다."

"그렇다니 다행이에요." 셰릴은 고개를 끄덕였다. 그런 다음 고개를 빳빳이 들고 득의양양하게 걸어 나갔다.

셰릴이 시야에서 사라지자마자 이선과 리아는 왁 웃음을 터뜨렸다.

"이봐, 리아," 이선은 나를 손가락으로 가리키며 말했다. "아무개 좀 만나볼래?"

"안녕, 아무개야." 리아는 눈물이 찔끔 나올 정도로 웃으며 말했다. "셰럴의 저 개떡 같은 리스트에 올라간 기분이 어때?"

핸드폰을 주머니에 집어넣는데 얼굴이 벌써 빨갛게 달아올랐다. 셰럴의 비난에 당황하긴 했지만, 그보다 더 기분이 상한 것은 내가 평범한 사람이라는 셰럴의 완곡한 지적이었다. 나는 평생 중요한 사람이 되기 위해 고군분투해왔다. 나 자신이 특별하고 선택받았으며 남들보다 나은 존재라는 걸 증명하길 원했고, 그 욕망에는 오만함이 늘 뿌리 깊게 자리 잡고 있었다. 사람들을 돕기 위해 수녀가 되고 싶었을 뿐만 아니라, 사람들이 내게 기도를 할 수 있게 성인이 되고 싶었다. 학문을 육성하기 위해 교수가 되고 싶었을 뿐만 아니라, 사람들이 나를 우상처럼 숭앙할 수 있게 명석한 지식인이 되고 싶었다. 오랫동안 나는 하찮은 사람이 될지 모른다는 두려움에 떨어왔고, 아무개로 불리는 것은 누군가에게서 받을 수 있는 가장 센 일격이었다.

이선과 리아는 배꼽이 빠지도록 웃으면서 우스갯소리를 했다.

"아무개야, 오늘 밤 뭐 할 거야?"

"아무개 씨는 핸드폰으로 무슨 게임 하는 걸 좋아하시나?"

이상한 일은, 조롱의 말이 오갈수록 셰럴이 내뱉은 말의 힘이 약화된다는 것이었다. 이선과 리아는 그들이 알든지 모르든지 간에 나를 위해 모욕을 거두어들이고 있었다. 그들은 그것을 치욕이 아닌 훈장으로 바꾸고 있었으니 나 역시 그들을 따라 웃지 않을 수 없었다.

"아무개는 해변에서 오래 산책하는 걸 좋아해."

"아무개는 해질 무렵 마르가리타 마시는 걸 좋아해."

말이 한 바퀴 돌 때마다 나는 한층 더 깔깔 웃었고 이곳에서 일한 지 1년이 넘는 시간 동안 처음으로 나 자신이 진정으로 여기에 속한다는 생각이 들었다. 위신이 없어 보일까 봐 걱정하지 않았다. 갇힌 느낌이 들지 않았다. 더 나은 무엇인가를 향해 딱히 애쓰지도 않았다.

어린 시절에 들은 온갖 상투적인 말이 일시에 떠올랐다. 꿈꾸면 이룰 수 있어! 너는 무한한 잠재력을 가진 특별한 꽃이야! 맞는 말이지만 그것이 전부는 아니었다. 어쩌면 하나의 문화로서 우리는 이 빌어먹을 특별하다는 감정에 매료된 나머지, 나라를 온통 집어삼킨 개인주의의 유독성에 눈을 감았는지 모른다. 우리는 독선과 거만, 개인적 쾌락, 개인적 이야기, 개인적 믿음, 개인적 자만에 꼼짝없이 예속되어 눈가리개를 한 채 이데올로기에 매달리기를 원했다. 우리는 우리 자신을 깊이 들여다보지 않아도 되는 공간을 선호했다. 이해할 수 없는 사람들의 복잡다단한 면을 존중하지 않아도 되고, 뜻을 달리하는 사람들과 공동체를 이룰 필요도 없으며, 우리의 현실을 복잡하게 만들거나 부정하는 것들이라면 제거하고 무시할 수 있는 그런 공간을 선호했다. 공동체 대신에 열차 사고와 재앙과 스캔들을 추구했다. 아드레날린의 분비를 촉진한다면 그 어떤 것도 갈망했다. 우리의 실제 모습—때론 혼란스럽고 따분한—을 직시하는 것보다 오락거리가 더 쉬웠기 때문이다.

갑자기 이선이 헉 하고 숨을 쉬더니 의자에 기대앉았다. 뭔가 계시라도 받은 사람 같았다.

"맙소사," 그가 말했다. "자네 안전모에 붙이게 '아무개'라고 쓰인 스티커를 만들어야겠어. 어딜 가나 쓰고 다녀야 돼."

나는 바닥에 놓인 내 안전모를 흘깃 내려다보았다. 노란 광택은 기름때에 바랬고, 부주의하게 바닥에 숱하게 떨어뜨린 터라 꼭대기 몇 군데는 파여 있었다. 안전모는 이제 더 이상 증명되지 않고 검증되지 않은 반짝이는 신성한 것이 아니었고, 돌가루가 플라스틱 사이로 깊이 박혀 있어서 아무리 문질러도 깨끗하게 닦이질 않았다. 내가 안전모를 쓰리라고는 꿈에도 생각하지 못했지만 어쩌면 나는 그 꿈속에서, 정작 세상과 더 연결되어야 하는데도 나 자신을 세상과 분리하려고 무던히 애를 썼던 모양이다.

"알았어요." 나는 웃는 얼굴로 두 팔을 허공으로 들어 올리며 말했다. "제가 졌어요. 지금부터 전 평범한 아무개예요."

토니와 나는 헤어지고 몇 달 동안 연락하지 않았다. 서로 입힌 상처를 치유하면서 각자의 삶을 살았다. 나는 옛날 물건을 보관하는 상자들에 우리 사랑의 증표들을 담아 두었다. 토니가 준 크리스마스 선물들은 예전 남자 친구들이 보낸 오래된 연애편지들 옆에 놓였다. 사진들과 절취된 입장권들은 눈에 띄지 않게 서랍으로 들어갔다. 나는 그를 잊기로 했고 토니도 그러리라고 생각했다. 그러던 어느 날 밤, 소파에 앉아 책을 읽는데 느닷없이 그에게서 문자가 왔다.

나와 얘기하기 싫어하리라는 걸 나도 알아. 네가 연락을 하리라고도 기대하지 않아. 단지 얼마 후에 '오하이오 핀볼 쇼'가 열린다는 걸 알려주고 싶었어. 혹시 생각이 있으면 그곳에서 보면 좋겠어.

그의 의도를 파악하려고 문자를 읽고 또 읽었지만 곧장 답장을 하지는 않았다. 그다음 날 리아와 이선에게 이 문제에 대해 의견을 구했다. 둘 다 전 연인을 다시 만나는 걸 권하지 않았다.

"이유가 있어서 헤어졌잖아." 리아가 말했다. 그녀는 경고로 한 말이었지만, 내게 그것은 다른 관점을 보여주었다. 토니와 내가 헤어진 것은 밤 근무로 악화된 정신 질환을 제대로 치료하지 못했기 때문이었다. 이제 양극성 장애는 약물 치료로 호전되는 중이었고 밤 근무도 더 이상 문제될 게 없었다. 내 병은 결코 사라지지 않겠지만, 잘만 다스리면 토니와 내게 또 한 번의 기회가 주어질지도 몰랐다.

몇 주 후 나는 울렁거리는 속을 부여잡고 핀볼 대회장으로 갔다. 수백 대의 핀볼 게임기에서 구슬들이 범퍼에 부딪히고 경사로를 따라 내려가는가 하면, 플리퍼에 때맞춰 맞아 궤도를 바꾸었다. 마치 아이들이 제멋대로 트라이앵글을 치듯 게임기들은 다양한 간격과 높낮이로 "딩동" 소리를 냈고, 각 게임 판에서 쏘아대는 불빛은 게임기들이 두 줄로 놓인 어두운 대회장을 밝히는 데 별 도움이 되지 못했다.

핀볼 팬의 행렬에 주위가 에워싸인 인기 많은 게임기들을 피하려고 애쓰면서 빈 게임기를 찾아 대회장을 둘러보았다. 게임기 주변에 사람이 많이 모여 있을수록 토니를 마주칠 가능성이 그만큼 높았다. 그를 만나러 왔지만 그와 정면으로 마주본다는 생각을 하자 불안감이 일었다. 곧장 '블랙홀' 게임기로 향하면서 숨을 고를 몇 분의 시간이 주어지기를 바랐다.

간간이 게임기에서 고개를 들고 토니가 있는지 살폈지만, 내심 그와 마주치지 않기를 빌었다. 대회장에 들어오려고 지불한 20달러를 기꺼이 날리고 차로 돌아가고 싶은 생각이 마음 한편에 들었다. 토니를 만나기 이전에는 언제나 내가 남자 친구들보다 먼저 헤어지자는 말을 꺼냈었다. 남자 친구들이 내 양극성 장애에 질려서 이별을 통보할까 봐, 그로써 질병으로 인해 내가 함께하기에 힘든 사람이라는 사실이 증명될까 봐 늘 두려웠다. 선수를 치는 게 나았다. 증거를 피하는 게 나았다.

토니와는 달랐다. 나는 관계를 끝내려는 평소의 충동을 극복하려고 애를 썼다. 최악의 충동이 매번 나를 외롭게 만든다는 걸 알아서이기도 했지만 토니를 그 누구보다 좋아했기 때문이었다. 그는 샌님이지만 안정적이고 다정했으며, 우리는 서로에게 좋은 보완이 되었다. 우리는 음과 양이고, 소금과 캐러멜이며, 치킨과 와플이지만, 그 끔찍한 겨울밤에 그가 헤어지자고 했을 때 나는 그토록 오래 피해온 모든 증거에 정면으로 맞닥뜨리고 말았다. 우리 관계는 성격이 맞지 않아서, 혹은 서로에게 충실하지 않거나 정직하지 않아서 깨진 것이 아니었다. 내 병이 나를 그 누구도 원하지 않는 사람으로 바꿔놓았기 때문이었다.

'블랙홀'을 연달아 몇 판 했지만 마음이 어수선해 좀처럼 기록이 좋아지지 않았다. 플런저게임을 시작할 때 구슬을 쳐서 판 위로 올리는 스프링이 달린 손잡이를 잡아당겨 구슬 하나를 더 밀어낼 때 이윽고 내가 생일 선물로 사준 푸른 스타워즈 티셔츠를 입고 인파 속을 걸어오는 토니가 눈에 띄었다. 헤어질 때보다 머리며 수염이 더 길었다. 보통은 꼼꼼한 성격에 어울리게 머리를 짧게 깎아서 다듬는데, 그가 바리캉을 손에 들지 않는 몇 주를 나는 참 좋아했다. 나는 그에게 머리를 조금만 더 기르라고 간청하면서 그의 머릿속으로 손가락을 집어넣어 쓸어내리곤 했다. 이전의 스포츠머리가 지금은 풍성한 흑갈색 왕관처럼 삐죽 솟아 있고, 머리만큼 무성한 수염은 뺨과 턱에 둥근 원을 그리며 자라 있었다.

나는 플리퍼를 내려다보면서 토니가 나를 보지 않았기를 바랐다. '블랙홀'이 삑 소리를 내면서 아우성칠 때 목에 큰 덩이가 걸린 느낌이었지만, 두려움을 극복할 길은 하나뿐임을 알았다. 정면 승부로 토니를 마주하는 수밖에 없었으므로, 나는 마지막 구슬을 굴려 보내고 그에게로 걸어갔다.

"안녕," 내가 인사를 건넸지만 그는 끊임없이 울리는 기계음에 내 말을 못 들은 눈치였다.

그가 오래된 게임기의 플런저를 잡아당기자 구슬이 빠르게 튕겨나갔다. 나는 그의 시선을 끌려고 팔꿈치를 살짝 건드렸다.

"안녕, 토니." 내가 말했다.

토니는 게임기에서 고개를 들고 구슬이 범퍼에 부딪혀 튕기도록 내버려두었다.

"아, 안녕," 토니가 말했다. "네가 올 줄 몰랐어."

그는 몸을 돌려 나를 재빨리 껴안았다. 둘 다 뻣뻣하게 경직돼 있어서 몸이 거의 닿지 않은 채였고, 곧 한 발자국씩 물러서자 마음이 놓였다. 견딜 수 없게 어색했다.

"올해 '더 호빗'이 새로 들어왔던데 봤어?" 핀볼 광팬들이 떠받드는 새 게임기를 언급하며 토니가 물었다.

"아니, 아직 못 봤어." 내가 대답했다.

"'오즈의 마법사'도 다시 들어왔어." 너무 많은 걸 바라는 사람처럼 기대로 가득 찬 눈을 반짝이며 토니가 말했다. 그가 바라는 것이 무엇인지 알 만큼은 그를 알았다. 이전에, 그러니까 연인으로 지낼 때 '오즈의 마법사' 게임을 함께 하곤 했는데, 토니가 그때의 감정을 어떻게든 되살리려고 한다는 걸 알 수 있었다. 토니는 흡사 어린아이인 양 핀볼 게임기 한 대가 우리 사이의 일을 치유할 정도로 놀라운 마법을 행할 거라고 믿는 듯했다. 귀엽고 순진한 면이었다.

우리는 '오즈의 마법사'로 천천히 걸어가 루비색 구두처럼 생긴 플리퍼 한 쌍을 번갈아 치면서 게임을 몇 판 했다. 날아다니는 원숭이를 공중으로 쏘아올리고, 왕좌가 있는 방에서 마법사를 불러내고, 좀처럼 잡히지 않는 '먼치킨 멀티볼'을 획득하려고 애쓰면서 게임에 열중하는 시늉을 했지만 분위기는 예전과 사뭇 달랐다. 미소는 부자연스럽고 불안했으며, 필사적으로 대화를 이어나가려다 보니 예전에 느꼈던 친밀감 같은 건 느껴지지 않았다. 게임기의 반짝이는 불빛에도, 나를 이리 호로 이끌었던 그 겨울밤 일에 대해 우리가 아직 이야기를 나누지 않았다는 사실은 바뀌지 않았다.

언제나처럼 토니의 점수는 내가 겨우 얻은 얼마 안 되는 점수보다 훨씬 높았고, 초조한 핀볼 팬들이 우리 뒤로 줄을 이루자 우리는 게임기를 뒷사람에게 내주고 시끄러운 대회장에서 잠시 벗어나 비가 내리는 잿빛 오후의 거리로 걸어 나갔다.

우리는 처마 밑에 나란히 서서 담배를 피우며 빗물이 물받이에서 똑똑 떨어지는 것을 지켜보았고, 한때 속속들이 알고 지내다가 이제는 남남이 된 사람들이 하듯 일상적인 인사를 주고받았다. 요즘 뭐하고 지내? 일은 어때? 부모님은 잘 계셔? 대답이 끝날 때마다 어색한 침묵이 따라왔고, 이내 토니가 가느다란 담배 연기를 뿜어낸 뒤 핵심에 근접한 질문을 던졌다.

"요새 잘 지내?" 그가 물었고, 나는 일반적인 안녕을 묻는 질문이 아니란 걸 알았다. 그는 내 정신 상태가 여전히 엉망인지를 알고 싶었던 것이다.

"응," 나는 빗물에 젖은 차들이 가득 들어찬 주차장을 응시하며 대답했다. "아주 잘 지내."

토니와 헤어지고 나서 내게 이상한 일이 일어났다. 오랫동안 두려 워한 증거를 확인했지만, 그것이 나를 완전히 망가뜨리지 않는다는 것을 알게 되었다. 오히려 그것은 나로 하여금 더 잘 지내고 싶다는 마음이 들게 했다. 평생 처음으로 약에 적응했다. 정신과 의사를 꾸 준히 보러 갔다. 운동을 시작했고, 친구들과 다시 연락했으며, 침을 맞으러 중국의 전통 의술가를 찾아갔다. 침술사는 키가 작고 목소 리가 부드러운 여성이었는데 미소가 더없이 따듯했다. 한번은 치료 가 끝나고 마사지 탁자에 앉아 있는데 그녀가 내 배에 손을 갖다 대 었다.

"영혼이 약해요," 그녀가 알아듣기 힘든 억센 억양으로 말했다. "하지만 혼자가 아니에요. 성 미카엘이 우리와 함께 있어요. 성 미카 엘을 아시죠?"

"네," 나는 어린 시절 자주 읽었던 「요한묵시록」을 떠올리며 대답 했다. 「요한묵시록」에서 대천사 미카엘은 악의 세력에 맞서 하느님 의 군대를 이끌었다. 그는 전사 성자로 알려져 있고 가톨릭교도들 은 정신적으로 힘들 때 그에게 기대곤 했다.

"책 한 권 드리고 싶은데 괜찮을까요?" 침술사가 물었다.

무슨 책일지 짐작이 가지 않았지만 호기심이 일었다. "그럼요, 괜 찮죠."

클리닉을 나서기 전에 그녀는 「신약 성서」가 실린 푸른색의 작은 책을 건넸다. 동양 의술을 행하는 사람이 그런 책을 건네리라고는 전혀 예상하지 못했다. 내가 가톨릭 신자로 자랐고 한때 수녀가 될 꿈을 꾸었다는 것을 그 여자가 알 리가 없었고, 그녀의 행동은 무시하기에는 너무 공교로웠다.

그날 밤 손에 잡히는 대로 책을 펼쳐 보니 '돼지의 기적'에 관한 구절이 나왔다. 그 이야기에서 예수는 무덤 사이에 사는 귀신 들린 사람에게 다가간다. 그 사람은 전혀 가망이 없다. 그를 제어하는 것은 불가능하고 그는 밤새도록 돌로 제 몸에 상처를 낸다. 그 사람 몸에 들어간 귀신들은 예수에게 자비를 베풀어달라고 간청한다. 저희에게 지하로 물러가라는 명령을 내리지 말아주십시오. 귀신들이 말하자 예수는 귀신들을 2000마리의 돼지 떼 속으로 던져버린다. 그 즉시 이 거대한 돼지 떼는 근처의 호수로 달려가 물에 빠져 죽는다.

어렸을 때 이 이야기는 늘 나를 두려움에 떨게 했다. 숨을 헐떡이며 호수로 내달리는 귀신 들린 돼지들과, 물 위에 떠 있는 시체들과, 그 주위에 모여드는 파리와 독수리 떼를 나는 종종 상상했다. 돼지들이 모두 죽은 뒤 귀신들은 어디로 갈까 궁금했다. 공중으로 떠올라 새로 괴롭힐 제물을 찾을 거라고 생각했지만, 침술사가 내게 건넨 그 파란 책을 읽으니 이 이야기는 선택지를 제공한다는 걸 알 수 있었다. 익사한 돼지 떼와 사체, 그 위를 맴도는 독수리들에 주목할 수 있다. 공포와 그 모든 광경에 사로잡힐 수 있지만, 귀신에 들려 고통받는 그 남자를 바라볼 수도 있다. 그는 오랫동안 자신을 짓눌러 온 큰 짐에서 벗어났고, 귀신은 적어도 당분간은 패배했다.

저 멀리서 천둥소리가 들리는 사이로 토니와 나는 핀볼 대회장 밖에 서서 묵묵히 담배를 피웠다. 나는 침술사니 돼지 떼니 하는 이야기를 그에게 하지 않았다. 그런 걸 말하기에 적당한 장소가 아니었으므로 나는 곧 그곳을 떠났다. 그러나 집에 왔을 때 끝맺음이든 화해든 뭔가 기회를 놓쳤다는 느낌을 떨쳐낼 수가 없었다. 말하지 않은 게 너무 많아서 주말에 커피 한잔하자고 그에게 연락을 했다.

우리는 작은 카페에서 만나 계산대 근처 작은 탁자에 앉았다. 둘 다 앞으로 할 대화에 주눅이 들어 있었다. 바리스타들은 주문을 외치고 동전을 세고 흰 컵들을 뜨거운 음료로 채우느라 카운터 뒤에서 분주히 움직였다.

"왜 핀볼 대회에 가자고 했어?" 가벼운 인사를 건너뛰고 내가 물었다.

토니는 대답하기에 앞서 커피 잔을 손으로 감싸 쥐었다. 의자에 살짝 등을 구부린 채 앉은 모습이 여느 때와 다른 자세였다. 보통은 어깨에 힘을 빼고 가슴을 펴고 앉는데, 긴장한 게 느껴졌다.

"우리가 하던 거니까." 그가 대답했다. "핀볼 대회가 가까워오니까 네 생각이 났어. 널 영원히 잃고 싶지 않다는 걸 깨달았어."

"그게 정확히 무슨 뜻이야?" 내가 물었다. 방어적으로 나올 생각은 없었지만 경계심이 일었다.

토니는 어깨를 으쓱하고 갈색 눈동자에 간청의 빛을 담아 나를 응시했다.

"너랑 있고 싶어." 그가 말했다. "전에는 몰랐어."

커피가 아직 뜨거웠지만 어쨌건 한 모금을 마셨다. 입술과 혀가 데었지만, 대답하기 전에 잠시 시간이 생겼다. 나와 함께하고 싶다는 말에 가슴이 살짝 떨렸지만 곧이어 두려움이 밀려왔다. 마음 한편에 리아의 충고가 계속 떠올랐다. 이전 연인들은 늘 똑같은 짐을 끌고 오고, 재결합해도 대개는 안 좋게 끝난다.

"솔직히 말해서 다시 시작한다 해도 결말이 똑같을 거 같아." 내가 말했다.

토니는 여전히 커피 잔을 감싸고 있는 제 손을 내려다보았다.

"나도 그런 생각이 들긴 하는데," 그가 말했다. "이번에는 우리 둘 다 달라지지 않을까."

나는 숨을 깊이 들이마시고 엄지손가락 주위에 인 거스러미를 뜯었다. "'달라진다'는 게 무슨 뜻이야?"

"나도 몰라." 그가 답했다. "지금 아주 좋아 보여. 건강해 보이고. 네가 지금처럼 한다면—건강을 유지하는 데 필요한 걸 한다면—예전처럼 되지는 않겠지."

토니의 말에 틀린 데가 없다는 걸 알지만 순간 발끈했다. 그 누구와도 유의미한 관계를 유지하려면 건강을 유지하는 게 필요하겠지만, 모든 게 내 책임인 양 떠미는 것에 화가 났다.

"최선을 다해서 약도 먹고 의사도 보러 갈 거야." 나는 허리를 더욱 꼿꼿이 세우며 말했다. "하지만 언제든 증상은 다시 발현할 수 있어. 약이 안 들을 가능성도 있고, 그럴 때 내 옆에 있어주리라는 걸 알아야겠어. 나의 모든 면을 받아들여야 해. 양극성 장애까지 말이야. 그리고 지금 솔직하게 말해줘. 내게 정신 질환이 있다는 사실을 어떻게 할 수 없다면, 좋아. 알겠으니까. 우린 각자의 길을 가면 돼. 나쁜 감정 같은 건 조금도 안 가질게. 자신에게 최선인 걸 하면 돼."

토니는 몸을 앞으로 숙이고 탁자 위로 팔을 뻗어 내 손을 잡았다.

"내게 최선은 너야." 그가 말했다.

내 손등에 닿은 그의 손바닥은 거칠면서도 따뜻했고, 나는 그의 몸에 닿는 게 얼마나 자연스러운지 깨닫고는 깜짝 놀랐다. 그때까지 우리는 서로의 몸 주위로 어색하게 춤을 추는 남남이었지만, 이 익숙한 친밀감은 한때 우리가 공유했던 모든 감미로움을 떠올리게 했다. 해질 무렵 호숫가를 걷던 그 긴 산책과, 소파에 앉아 〈스타트렉〉을 보던 그 밤들과, 그가 내 허리를 편안하게 감싸 안고 걷던 그 토요일 아침들을 나는 기억했다.

"내가 다시 아프면 날 버릴까 봐 두려워." 내가 속삭였다. "그리고 애초에 날 버린 것에 아직도 화가 나 있어."

토니와 나는 침묵 속에 서로를 응시했지만 자기방어적이거나 힐난하는 눈길이 아니었다. 얼마간 슬픔과 회한은 있었지만 손을 잡고 앉아 있자니 실제로는 헤어지지 않은 연인 같다는 생각이 들었다. 카페는 분주했지만—카페 음악 사이로 여러 곳에서 말소리가 두런거리고, 주문이 이어지는 가운데 신용카드 기계가 윙윙 돌아가고, 에스프레소 기계 몇 대가 쉿쉿 소리를 내며 우유 거품을 만들고—토니와 나는 주위 세상에 무관한 사람들 같았다. 우리는 멈춘 시간의 거품이었다. 우리는 안개에 묻힌 섬이었다.

"네가 화난 거 알아," 그가 말했다. "화낼 만해. 미안해. 겁이 났어. 우리 둘 다 물에 빠진 느낌이었고 헤어지는 게 서로에게 좋겠다 싶었어."

"우리 둘 다 물에 빠진 게 맞아," 내가 말했다. "하지만 내게 필요했던 건 배에서 힘껏 내치는 손길이 아니라 구명보트였어. 나한테 다시 그러지 마. 나도 건강을 유지하려고 최선을 다하겠지만 이건 일방통행로가 아니야. 내가 곤경에 빠졌을 때 그렇게 물러나면 안 돼."

토니는 잠시 말이 없다가 고개를 살짝 끄덕였다. 그에게 손이 잡힌 느낌이 좋긴 했지만 재결합에 여전히 확신이 서지 않았다. 어쩌면 나는 우리가 더 이상 손에 넣을 수 없는 것을 갈구하는지도 몰랐다. 어쩌면 나는 내가 생각했던 것보다 더 외로웠는지도 모른다.

"내 말을 못 믿을 수도 있지만, 같은 실수를 반복하지는 않을 거야." 토니는 내 손을 더욱 세게 쥐면서 말했다. "이 얘기는 안 하려고 했는데, 지난 몇 달 동안 성당에 자주 나갔어. 어느 날 미사를 드리고 있는데 우리가 함께 있어야 한다는 느낌을 받았어. 나도 모르겠어. 느낌 그 이상이었거든. 머리 한구석의 이렇게 작은 목소리였는데, 꼭 다른 데서 들리는 것 같았어. 불쑥 목소리가 튀어나오더니 우리가 서로에게 맞는 존재라고 말하는 거야. 머릿속 상상이었을지 모르지만, 그 목소리가 맞다고 믿고 싶어."

나처럼 토니도 성당에 잘 나가지 않는 가톨릭 신자였다. 그러나 나처럼 그도 여전히 성당에 끌림을 느꼈다. 가톨릭과 나의 관계는 시간이 지나면서 변했지만, 나는 믿음을 완전히 버릴 수 없다는 걸 깨달았다. 한때 성당에 느꼈던 그 비통함도 시간과 함께 바랬고, 그 의식과 아름다움에 마음이 다시 끌렸다. 어린 시절에 숭배했던 그 영혼은 나의 일부였다. 그것에 이르는 길이 여러 갈래라는 걸 이제는 이해하게 되었지만. 나의 길은 나를 제철소 한복판으로 이끌었고, 제철소 근무는 잠시 나를 무너뜨리긴 했지만 통제할 수 없을 줄 알았던 삶에 주인의식을 갖는다는 게 무엇을 의미하는지 알게 해주었다. 몇 년간 나를 힘들게 했던 문제들—가난, 성폭행, 질병—이 이제는 제어 가능한 것들로 느껴졌다. 내게 어떤 일이 일어났건 앞으로 나아갈 수 있었다. 부서진 것을 고칠 수 있었다. 조류가 쓰러뜨린 조각들을 다시 세울 수 있었다. 믿음이 수녀원에만 있는 것은 아니므로. 때로는 쳐다보려고도 하지 않은 철강 속에서 믿음을 발견한다.

나는 카페에 앉아 머리 한구석에서 작은 목소리가 들렸다는 토니의 이야기를 생각하며 그에게 미소를 지었다. 제철소는 나를 더욱 강하고 유연하게 만들었지만, 나는 여전히 눈을 반짝이며 성당에서 들린 목소리를 좇는 아홉 살 온순한 여자아이였다.

"좋아," 그 목소리가 예전에 내게 말했듯이 나도 토니에게 말했다. 그의 손을 더욱 세게 잡았지만, '잘 가'라고 말하지는 않았다.

"다시 시작해." 나는 고개를 끄덕였다. "다시 한번 해보자."

약속한 대로 모든 직원은 조질압연공장이 폐쇄된 이후에 다른 부서로 배치되었다. 넬슨과 모랄레스, 에벌린은 나의 예전 일터인 수송부로 갔다. 이선은 그가 예전에 일했던 롤숍으로 돌아갔다. 리아는 피클 라인에 자리를 잡았고 셰릴은 재검사 라인의 관리자로 남았다. 나로 말하자면 열연공장에서 크레인 모는 법을 배운 다음, 주황빛 불꽃의 본거지인 제1제강공장으로 옮겼다. 그곳에서 백운석과 잡광석과 망간을 큰 통에 채우며 주황빛 불꽃 바로 아래에서 일했다. 먼지와 열기로 내내 고생을 하다가 그다음에는 지게차를 운전했다. 그때는 이미 두려움 없이 지게차 모는 법을 터득한 뒤였다.

조질압연공장이 문을 닫기 몇 달 전에 트럼프의 관세 조치가 시행되었지만 클리블랜드 제철소의 일자리 24개를 구하기에는 역부족이었다. 결국 공장 폐쇄는 트럼프와도 오바마와도 관계가 없었다. 한편으론 클리블랜드 조질압연공장의 장비가 유지하기에는 너무

411

낡고 비쌌기 때문에, 한편으론 조질강의 수요가 줄어들었기 때문에, 또 한편으론 회사 소유의 인디애나주 조질압연공장이 그곳뿐아니라 클리블랜드의 작업량까지 쉽게 처리할 수 있기 때문에 회사는 운영의 합리화를 꾀한 것이다. 관세를 아무리 많이 부과해도 산업은 언제나 제 생명을 이어가게 마련이다. 그것은 팽창했다가 수축한다. 시드는 부분이 있으면 성장하는 부분이 있고, 옛 기술은 결국새 기술에 자리를 내어준다.

크레인 모는 법을 처음 배우던 2018년 여름에 나는 제철소 밖의 세상이 변하고 있다는 것을 알아챘다. 알렉산드리아 오카시오코르테스미국 민주당 소속의 하원의원. 스물아홉 살에 미 역사상 최연소 여성 하원의원으로 당선되었으며, 최상위 소득계층에 최고세율 70퍼센트 부과 등 파격적인 주장으로 밀레니얼 세대를 대변하는 정치인으로 급부상했다가 하원의원으로 선출되었고, 나는 휴게 시간에 그녀에 관한 뉴스를 읽으면서 그녀가 촉발한 시위에 웃음을 터뜨렸다.

"오카시오코르테스는 자격 미달이다." 사람들은 말했다. "웨이트리스로 일했던 여자가 정치를 한다! 웨이트리스가 하원의원이라니 말도 안 된다!"

나는 고개를 절레절레 흔들었다. 밀레니얼 세대를 대변하는 그녀는 우리 세대의 전형이었다. 우리는 예상치 못한 경기 침체기의 산물이었다. 오래 기다린 성인기가 도래하기 직전에 발밑에서 카펫이 치워졌으니, 우리는 스스로를 낮추고 묵묵히 걸으며 힘겹게 버텼다. 정책을 입안하기 전에 샌드위치를 서빙해야 했다. 사회에서 목소리를 내기 전에 라떼를 따라야 했다. 의미 있는 일에 헌신하기 전에 코일을 묶어야 했지만, 오카시오코르테스의 당선은 징조였다. 그것은 장대비 이후에 뜬 무지개였다. 수위가 줄어들고 있다는 조짐이었고, 폭우 이후에 좋은 일이 생길 수 있다는 증거였다. 최저임금과 하향 고용과 끔찍한 좌절의 오랜 시간 이후 우리 세대는 마침내 힘을 발휘하기 시작했다.

그다음 해에 나는 새로 딴 학위를 활용해 교수직에 지원했다. 제철소에 갇혔다든지 숨이 막힌다든지 하는 기분이 더 이상 들지 않았다. 목표 성취를 위해 노력하는 걸 더 이상 두려워하지 않게 된 것이다. 열두 달 동안 수차례 거절을 당했다. 테뉴어대학에서 연구 성과 등을 심사해 통과한 교수에게 정년을 보장해주는 제도를 원하는 철강 노동자를 어떻게 해야 할지 아무도 몰랐고, 나의 보잘것없는 강사 경력은 별 도움이 되지 못했다.

철강 노동자로 일한 지 3년이 되어가던 어느 날, 채용 제의를 받았다. 시간제 일자리에 지나지 않았지만 오랫동안 꿈꿔온 직종에서 자리를 잡는 데 도움이 될 것이었다. 처음부터 시작해 힘들게 올라가야 한다는 것도, 임금이 현저하게 줄어드는 것도 중요하지 않았다. 철강 노동자로 살아간 시간은 위험을 무릅쓸 만큼의 자신감과 재정적 안정을 제공했다. 제철소는 내게 일자리 그 이상이었기 때문이다. 그것은 내 정체성의 일부가 되었다. 그것은 제2의 가족이자 제2의 집인 동시에 제2의 출발이었다. 그 테두리 안에서 일하는 모든 사람에게 제철소는 식탁에 좋은 먹거리를 올려놓았다. 차고에 믿을 만한 차를 넣어주었다. 노후 자금을 제공했고 자녀의 대학 등록금을 대주어 다음 세대가 유리한 출발을 할 수 있게 보장해주었다. 제철소는 본질적으로 디딤돌이었다. 그것은 더 나은 미래에 대한 약속이었다.

조질압연공장이 문을 닫기 몇 달 전에 컨베이어벨트에서 코일을 묶고 있는데 정비사 몇 명이 급히 뛰어갔다. 나는 어깨를 으쓱하고 하던 일을 계속했다.

어디서 불이 났나, 나는 동요하지 않고 속으로 생각했다.

코일을 다 묶고 장갑을 벗어 철제 탁자에 올려놓았다. 그때 이선이 내 쪽으로 달려왔다. 그는 컨베이어벨트를 훌쩍 뛰어넘더니 공장 출구 가까이에 있는 탱크 세 대 뒤로 달려갔다. 모랄레스가 곧 그 뒤를 쫓았다.

"선배님." 내가 모랄레스를 부르자 그가 잠깐 속도를 늦췄다. "무슨 일이에요?"

"사람이 쓰러졌어." 그가 가쁜 숨을 내쉬며 대답했다. 그러고는 누가 쓰러졌느냐고 물어볼 새도 없이 다시 달려갔다.

당혹감에 무엇을 해야 할지 몰라 주위를 두리번거리는데 리아가 컨베이어 부스에서 황급히 나왔다. 나는 그녀의 시선을 끌려고 손을 흔들었다.

"누가 다쳤어?" 내가 물었다.

"프렌치." 그녀가 대답했다.

리아와 함께 조질압연기 끝 쪽으로 달려가자 프렌치가 제 손으로 평생 고쳐온 기계들 아래 바닥에 누워 있었다.

"무슨 일인지 알아?" 내가 리아에게 속삭였다.

"심장마비인 것 같아."

프렌치의 작업복은 제세동기를 사용하려고 풀어 헤쳐진 채였고, 나는 그의 맨가슴에 잠시 놀랐다. 고장 난 기계를 다시 작동시키는 그는 늘 퉁명스럽고 살짝 화가 나 있는 사람이었는데, 지금 그의 살

갖은 기름을 바른 양피지 같아 보였다. 핏줄이 옆구리를 따라 푸르스름하게 비치고 털 몇 가닥이 부드러운 가슴 위로 삐져나와 있었다.

이선이 프렌치를 소생시키려고 애쓰는 정비사 여럿과 함께 무릎을 꿇고 앉았다. 그들이 제세동기로 충격을 주고 벌린 입술 사이로 숨을 불어넣었지만 프렌치는 깨어날 기미가 없었다. 나는 그곳에 서서 그가 다시 깨어나는 기적이 일어나기를 간절히 빌었다. 어렸을 때 배운 기도를 되뇌었다. 주기도문. 성모송. 영광송. 그러는 동안에 척추를 따라 뭔가 따끔거리는 느낌이 전해졌다. 어둠 속에서 부스럭거리는 소리를 들을 때 엄습하는 전율 같은 게 떠올랐지만 나는 두렵지 않았다. 그 대신 정전되기 직전에 그렇듯이 그곳의 모든 불빛이 흐릿해지는 상상을 했고 사람 하나하나를 깜깜한 제철소에서 깜박이는 불빛으로 바라보았다. 마감부 끝을 지나 열연공장을 가로질러 저 너머 용광로 안쪽까지 한눈에 내려다보였다. 우리는 기계들 사이에서 활활 타오르는 의식의 작은 섬광들이었고—한 물질로 만들어진 우리 모두는 어둠 속에서 펄떡이는 맥박이었다—한데 뭉치면 이 세상의 고동치는 심장이었다.

구급대원들이 이윽고 도착해 프렌치를 들것에 실어 갔고 조질압연공장의 직원들은 구급차의 불빛이 번쩍이며 멀어져가는 것을 지켜보았다.

몇 시간 후 셰럴이 조질압연공장의 폐쇄 소식을 전한 회의실로 직원들을 소집했다. 마감부의 책임 관리자가 그녀 옆에 섰다.

"안 좋은 소식을 전하게 되어 유감입니다." 책임 관리자가 말했다. "프렌치가 오늘 아침 병원에서 숨을 거뒀습니다."

프렌치를 소생시키려고 안간힘을 썼던 직원들은 큰 충격을 받았다. 이선은 두 손으로 머리를 감쌌다. 한 정비사는 머리를 크게 저었고 다른 정비사는 눈물을 삼켰다. 회의실에 있는 모든 사람이 침묵을 지켰다. 우리는 고개를 숙이고 무릎을 내려다보았다. 어떤 사람들은 믿을 수 없다는 듯 어깨를 움츠렸다. 어떤 사람들은 나지막하게 기도를 드리며 명복을 기원했다. 또 어떤 사람들은 좋았던 옛 일을 추억했다.

먼지가 켜켜이 쌓인 그 회의실에서 우리는 우리 가운데 하나였던 이에게 깊은 경의를 표했다. 프렌치가 사측 사람이었다는 것은 중요하지 않았다. 그가 뼛속까지 관리자라는 사실에 우리는 개의치 않았다. 노조와 회사를 가르는 그 케케묵은 경계선은 그 순간 중요하지 않았고, 우리는 프렌치의 죽음을 깊이 애도했다. 그를 잘 알기 때문이 아니라 우리는 모두 철강 노동자인 동시에 오하이오 주민이고 미국인이기 때문이었다. 우리는 제철소를 돌리는 법을 아는 아무개 무리였고, 우리 모두 매일 안전모를 쓰는 가치를—위험도—이해했다. 결국 프렌치를 잃는 것은 형제를 잃는 것이었다. 제철소의 주황빛 불꽃 속에서 벼려진 통합을 가릴 만큼 높은 경계선은 없었다.

제철소의 심장에서 솟구치던 그 불꽃이 지금도 생생히 기억난다. 어스름이 깔릴 무렵 마감부 주위로 버기를 몰고 갈 때면 그 불꽃은 길게 늘인 제2의 태양처럼 분홍빛 하늘로 치솟았다. 저 뒤로 클리블랜드의 하늘이 서서히 그 자신의 그림자가 되는 동안, 노란 안전모를 쓴 남녀들은 용광로 옆에서 긴 밤을 보내기 위해 자리를 잡았다. 그들은 뜨거운 가스를 빼내고, 레이들을 가동하고, 큰 통에서 백운석을 꺼내고, 작업화를 털면서 100년 된 건물들을 지나, 오랜 세월 그곳에 쌓인 먼지와 흑연 속을 걸어간다.

이따금씩 사람들이 황혼 속으로 걸어 나와 저 높이 솟은 불꽃을 올려다보았다. 마치 가까움이 불꽃의 기세를 누그러뜨리기라도 한 듯 그 밑에서는 주황색이 한결 부드러워 보였고, 기우는 햇살 사이로 길게 드리운 연무의 띠가 눈에 들어왔다. 불꽃은 우리가 만들고 변형하고 정제할 수 있는 것의 증거였다. 분홍빛 하늘이 마침내 희미해지고 지평선이 사라지면 불꽃은 어둠을 향해 그 밝은 혀를 날름거리며 검댕과 때와 녹의 기억을 태워버리고, 그 아래서 생겼다가 사라진 삶들을 위해 밤을 밝혔다. 제대로 바라보면 불꽃은 숨을 멎게 한다. 그 불빛 속에서 제철소는 거의 신성해 보였다.

감사의 말

　오랜 세월 믿음과 강인함을 보여주고 격려해주신 나의 부모님 톰과 샌디께. 나를 위해 많은 걸 희생하신 엄마께. 다양한 시도를 할 수 있게 북돋아주신 아빠께. 내게 두 분보다 더 나은 부모님은 없을 겁니다. 두 분을 어찌 말로 표현할 수 있을까요.

　늘 분발하도록 자극을 준 나의 언니 로럴에게. 언니의 배필로 손색없는 재미있고 정 많고 충직한 나의 형부 랜스에게. 그리고 온화한 성품과 꼼꼼한 성격의 소유자인 나의 조카 콜린에게. 너를 보면 나도 그런 자질을 키워야겠다는 생각이 드는구나. 용감하고 감수성이 뛰어난—이것은 너와 나의 최고의 면인 것 같구나—나의 또 다른 조카 애비에게. 너희 둘은 이 세상에 아직도 순수함과 아름다움이 존재한다는 사실을 상기하게 한단다.

　멋진 시부모님인 프랭크와 캐시께. 글을 쓴다고 일요일 저녁을 함께하지 못할 때 너그러이 이해해주셔서 고맙습니다.

　훌륭한 입양 가족이 되어준 티나, 케빈, 애비, 리비, 핀에게. 강인하고 경쟁심이 강한 티나. 느긋한 케빈. 별난 구석이 있는 핀.

에너지와 카리스마 넘치는 애비. 나처럼 고요한 단호함이 있는 리비.

다들 희망이 없다고 할 때 나를 믿어준 데이비드 기펠스에게.

힘들 때 위로해주고 기쁠 때 축하해준 나의 절친한 친구 재키에게. 기꺼이 좋은 예술 작품을 찾아내 가치를 알아보는 너. 클리블랜드 하이츠에서 즐긴 그 와인들. 블로섬에서 클리블랜드 오케스트라 공연을 보던 그 밤들. 이 모든 걸 백만 번 더 하자꾸나.

이 책을 현실로 만들어준 나의 출판 대리인 세라 레비트에게. 미숙한 아이디어에 실체를 부여한 것은 당신의 인도 덕분이었습니다. 그 긴 시간 동안 나를 인도해준 당신에게 진심으로 고맙습니다. 당신의 낙관과 지원, 충고가 없었더라면 이 책을 쓰지 못했을 것입니다.

집필 내내 지혜를 빌려줘 이 책의 발전과 성장을 도와준 나의 편집자 브린 클라크에게. 다음 장을 어떻게 쓸지 늘 설레게 만든 당신의 솔직한 피드백에 영원히 빚을 졌습니다. 나의 충동을 붙잡아줘서 고맙습니다. 당신의 꾸준한 방향 제시에 또 한 번 고맙습니다. 그 덕분에 수정을 거듭해 이 이야기가 지금과 같은 꼴을 갖추게 되었습니다.

이 책이 나오는 데 도움을 준 플랫아이언북스의 모든 직원에게. 특히 크리스 스미스, 클레어 매클로플린, 케이틀린 세베리니에게 감사의 마음을 전합니다.

그리고 그 이상을 상상할 수 없을 만큼 훌륭한 나의 남편 토니에게. 당신이 건넨 격려의 말들. 공감과 지지의 순간들. 내가 놓친 저녁들. 당신과 함께하지 못한 산책들. 당신의 모든 희생에 진정으로 고맙습니다. 당신의 인내와 강인함, 됨됨이에 늘—영감을 받고—고개를 숙입니다.

강철 같은 노동의 정직성

여성 철강 노동자의 회고록인 만큼, 이 책에는 용광로의 구조와 제철 공정 등 제철과 관련된 용어가 곳곳에 등장했다. 그것들은 내게 낯선 영역이었다. 고백하건대, 나는 영어 단어 iron과 steel의 정확한 차이를 알지 못했다. 중학교 영어 시간에 배운 iron은 철과 다리미였고, steel은 엄마 세대가 스테인리스 스틸을 지칭할 때 쓰던 '스뎅'과 거의 동의어였다. 이 책을 번역하기에 앞서 철 생산의 메커니즘부터 파악해야 했다. 나 같은 독자의 이해를 돕기 위해 제철 공정을 간단히 설명하면, 우선 용광로에 "철광석, 코크스, 석회석을 층층이 넣"은 다음 "1,200℃의 뜨거운 바람을 불어넣는다. 그 뜨거운 바람에 코크스가 타면서 철광석이 녹아 쇳물이 된다".[1] 이때 코크스는 철광석에서 산소를 떼어내는 환원제 역할을 한다. 쇳물의 온도는 무려 1,500℃(2010년 스물아홉 살의 청년 노동자가 용광로에 빠져 숨진 뒤 식은 쇳물에서 건져낸 것이라곤 뼛조각 몇 개가 전부였다. 후진적 산재

---

1 이영준, 「푈클링엔 제철소의 흥망성쇠」, 『Vöklingen: 산업의 자연사』, 사월의눈, 2018년, 23쪽

사고라 할 수 있는 용광로 추락사는 지금도 대한민국 땅에서 발생한다). 이 쇳물로부터 선철iron을 얻는다. "선철은 3.5~4.5%의 탄소를 함유하고 있으며, 늘어나거나 휘어지는 성질이 거의 없어 그대로는 가공할 수 없다". 제강로에서 "선철을 재정련해 탄소 함량을 0.035~1.7% 수준으로 낮"추면 강도와 "내열성 등이 높은 강철steel이 된다".[2] 선철과 강철을 만드는 과정을 각각 제선과 제강이라 한다.

제철소 용광로에서 내뿜는 주황빛 불꽃을 골드바흐는 어린 시절 종종 목격한다. 그녀의 고향 클리블랜드는 한때 디트로이트보다 앞서 자동차 산업으로 호황을 누렸지만, 지금은 벌겋게 녹이 슨 공장 건물처럼 쇠락해가는 도시이다. 어린 그녀에게 제철소는 썩은 달걀 같은 악취가 나서 그 옆을 지나갈 때면 코를 손가락으로 싸쥐어야 하고, '악당처럼 불길해' 보이는 '과거에 속한' 곳이었다. 그러나 2016년 봄, 그녀는 자신이 일하게 되리라고는 꿈에도 생각지 않았던 그곳 제철소의 일원이 된다.

그녀가 철강 노동자가 되기로 결심한 것은 밀레니얼 세대의 현실과 무관하지 않다. 미국의 사회학자 제니퍼 M. 실바가 쓴 『커밍 업 쇼트』(문현아·박준규 옮김, 리시올, 2020년)를 보면 그들은 이전 세대처럼 교육을 마치고 취직, 결혼, 출산이라는 예측 가능한 성인의 삶을 꾸리지 못한다. 대신 불안한 노동시장과 안전망이 파괴된 사회에 내던져진 채 '길을 잃은 처지'가 된다. 골드바흐 역시 대학교를 졸업한 뒤 변변한 일자리를 구하지 못하고 페인트칠 아르바이트로 근근이

---

2 각주 1번과 같은 책, 21쪽

먹고살면서, 기대만큼 가능성이 무한하지 않음을 알게 된다. 사회에 나와 맞닥뜨린 현실은 그 어떤 것도 여의치 않다. 안정적인 일자리는 나의 것이 아니고, 그나마 가진 것을 잃을까 봐 결혼이나 출산을 쉽게 결정할 수도 없다. 그러나 골드바흐는 '성인이 되지 못한 채' 무력감에 빠져 불안정한 서비스 임시직을 전전하는 대신, 부모나 조부모 세대의 작업 현장인 제철소로 들어가 과거의 것으로 치부하던 산업 노동자의 삶을 시작한다.

하지만 제철소의 노동환경이 만만할 리 없다. 여전히 산재 사고가 발생하는 "악몽 같은" 작업 공간, 낮밤이 바뀌는 고된 교대 근무, 성차별이 만연한 조직 문화. 거기에 더해 그녀는 십대 시절에 성폭행을 당한 끔찍한 경험이 있는 데다 (그로 인해 초래되었다고 강하게 의심되는) 양극성 기분장애로 힘겨운 나날을 보낸다. 그럼에도 그녀는 매일의 노동을 통해 삶을 대하는 태도를 새롭게 배우고 삶의 주인이 된다는 게 무엇인지 깨닫게 된다. 선철을 제련해 쉽게 깨지지 않는 강철을 만들 듯 그녀는 자기 자신을 단련해나간다. 그리하여 존 케리 유세장에서 묵주기도를 올리던 열일곱 살의 여자아이는, 능숙하게 지게차를 몰고 주황빛 불꽃 아래에서 두려움 없이 일하는 스물아홉의 여성 철강 노동자로 거듭난다. 그런 까닭에 이 책은 아웃사이더의 성장소설처럼 읽힌다.

철강 노동을 통해 그녀는 개인적 성장뿐만 아니라, 파편화된 개인에 머물지 않고 세상과 연결되는 법을 조금씩 터득해 나간다. 50년 전 청년 전태일이 다른 모든 인간을 '나의 또 다른 나'라고 부르며 타인과의 일체감을 표현했듯, 골드바흐 역시 노동자들과 교감하며 주변에 '나의 또 다른 나'가 있음을 자각한다. "개인주의의 유독성"에 눈을 감는 대신, 타인의 고통에 공감하고 그들과 연대하는 법을 배우게 된 것이다. "우리는 강한 용기와 힘이 있는 사람들"이라고, 그녀는 비로소 자신의 정체성을 확인한다. 이때의 우리란 '나의 또 다른 나'들이 모인 것임에 틀림없다. 그렇게 그녀는 강철 같은 정직한 노동으로 세상과 뜨겁게 하나로 연결된다.

개인적 이야기를 하나 곁들이자면, 지난 미국 대선이 치러지던 2016년 겨울에 나는 위스콘신 매디슨에 머물고 있었다. 위스콘신은 지난 대선뿐만 아니라 이번 대선에서도 최대 승부처로 떠오른 러스트벨트 세 개의 경합주 가운데 하나이다. 그곳에서 사귀게 된 미국인 친구는 트럼프가 대통령으로 확정된 이후 트럼프 같은 이가 대통령이 되는 모습을 보여줘서 미안하다며 내 앞에서 눈물을 흘렸다 (위스콘신의 주도인 매디슨은 위스콘신대학교가 위치한 대학 도시로 주민들이 대체로 진보적인 성향을 띤다). 그녀는 트럼프식 분열 정치의 해악과, 어쩌면 미국의 쇠락을 예견한 것이리라. 나는 우리나라에도 못지않은 대통령이 있다며 짐짓 밝은 어조로 그녀를 위로했고, 당시 광화문 광장을 뒤덮은 촛불집회 사진을 휴대폰 화면으로 보여주었다. 놀라는 친구에게 약간은 우쭐한 마음으로 당신들도 우리처럼 할 수 있다고 말했지만, 그 후 4년 동안 그 친구를 비롯한 우리 모두는 무법자와도 같은 트럼프의 행태를 목도해야 했다.

러스트벨트는 2016년 트럼프 당선의 일등공신이었던 만큼 이번 대선에서는 트럼프 패배에 결정적 역할을 했다. 트럼프가 러스트벨트의 유일한 정체성이 '몰락'이라고 생각했다면 착각한 것이다. 그곳은 쇠락의 길에 접어들었을지언정 실패에 무너지지 않는, "끈질긴 인내로 점철된" 곳이기 때문이다. 과거의 끔찍한 기억과 정신 질환, 가난에도 불구하고 제 길을 찾아 한 발 한 발 내딛은 골드바흐처럼. '몰락'이 임박한 트럼프를 보며 기뻐할 골드바흐와 매디슨의 친구를 생각하니 미소가 절로 떠오른다. 그들의 건투를 빈다.

2020년 12월
오현아

추천의 말

여성 노동자가 풀어낸 감동적인 노동 서사. 저자는 단테의 지옥을 연상케 하는 제철소의 풍경을 생생한 언어로 그려내면서도, 강마른 성미의 괴짜 철강 노동자들과 함께 일하며 정치적 견해의 차이를 극복하는 공감과 연대의 가치를 발견한다. 미국 노동계급을 바라보는 예리하고도 훈훈한 시각이라 하겠다.

〈퍼블리셔스 위클리〉

저자는 제철소에서는 물론이고 그 너머 세상에서 고군분투하는 노동자의 모습을 있는 그대로 보여준다. 노동계급의 삶을 직시한 감동적인 이야기다.

〈커커스 리뷰〉

용감하고 진심 어린 회고록인 이 책에는 힘들게 배운 삶의 지혜가 넘쳐난다. 내가 그렇듯 이 시대의 정치적 분열로 인해 몸에 독이 퍼진 기분이 든다면, 해독제를 여기서 찾을 수 있을 것이다.

존 라리슨 (소설가)

『러스트벨트의 밤과 낮』은 『힐빌리의 노래』를 비롯한 2016년 미국 대선 이후에 출간된 책들과 결을 같이한다. 이 책의 큰 매력은 남성 중심적 노동환경에서 여성 노동자의 눈으로 제철소 풍경을 예리하게 관찰한다는 것이다. 또한 노동자의 정체성이 어떻게 끊임없이 정치인들에게 이용되는지, 정치인들의 미사여구가 어떻게 한 가족을 분열시키는지 등을 탁월하게 보여준다. 저자가 자신을 찾아나가는 과정이 감동적으로 펼쳐지는 가운데 미국 사회에 대한 진단이 곳곳에서 빛난다.

〈페이퍼백 파리〉

저자는 아웃사이더의 시각으로—여성이자 진보주의자로—철강 노동자의 삶을 통찰하면서, 많은 문제가 우리를 분열시키는 반면에 노동이 우리를 화합케 한다는, 힘들게 터득한 지혜를 진솔하게 보여준다.

〈북리스트〉

방치되었으나 무시할 수 없는 미국의 핵심을 이야기하는 감동적인 서사. 값싼 감상주의를 거부하는 진심 어린 고백. 재능 있는 작가의 출현을 알린다.

애덤 챈들러 (작가)

가감 없이 진솔하다. 『러스트벨트의 밤과 낮』은 주목할 만한 회고록인 동시에 아메리칸드림을 저버린 미국을 고발하는 기소장이다.

세라 켄드지어 (저널리스트, 작가)

이 힘든 시기에 골드바흐는 늦지 않게 왔다. 정신, 경제, 믿음, 가족 이 모든 것이 위태로운 가운데서도 각고의 노력을 기울이는 것이야말로 미국의 항구적인 가치라는 만고불변의 진리를 생생한 목소리로 전하기 위해서다. 이 책은 강철과 돌가루steel and grit, '강한 용기와 힘'이란 의미도 있다 관한 회고록이지만, 영혼에 관한 회고록이기도 하다. 젊은 클리블랜드 철강 노동자가 전한 이 감동적인 고난의 서사는 미국 노동 문학이라는 서가에 당당히 자리를 잡는다.

데이비드 기펠스 (『영혼의 집 짓기』 저자)

방치되고 쇠락한 공업지대의 제철소 한복판에서 의미를 찾는 노동자가 있다면 그에게서 많은 것을 배울 수 있으리라. 지역과 정치 성향, 인구 분포에 따라 나라가 분열된 지금, 이 책은 우리의 상처를 치유해주는 약수와 같다.

〈LIT 매거진〉

업턴 싱클레어의 『정글』, 스터즈 터클의 『일』, 몰리 마틴의 『안전모를 쓴 여자Hard-Hatted Women』, 바버라 에런라이크의 『노동의 배신』의 전통을 잇는다. 우리는 이 책을 통해 우리 존재에 꼭 필요한 노동의 가치를 제대로 이해하지 못했음을 겸허히 돌아보게 된다.

〈워싱턴 이그재미너〉

때맞춰 나온 이 책은 I-490 고속도로 옆, 굴뚝에서 치솟는 꺼지지 않는 불꽃처럼 우리의 눈길을 사로잡는다. 그럴 자격이 충분하다. 저자는 고향을 떠나고 싶은 욕망과 가족, 그리고 퉁명스러운 남성 동료들 옆에서 발견한 삶의 의지 사이에 끼인 채, 그 불꽃 아래에서 일하던 시절을 뜨거운 언어로 들려준다.

〈클리블랜드 매거진〉

마음을 뒤흔든다.

〈에크런비컨 저널〉

저자가 필사적으로 벗어나기를 원했던 러스트벨트에서의 삶과, 끝내 사랑하게 된 근면한 철강 노동자들에 대한 솔직한 회고록.

〈시카고 선타임스〉

오늘날 밀레니얼 세대로, 여성과 딸로, 그리고 신자로 사는 것이 무엇인지에 대해 진솔하게 써 내려간 골드바흐의 글에서 눈길을 떼지 못할 것이다.

〈미국 가톨릭 매거진〉

골드바흐는 러스트벨트의 뮤즈가 되어 철강과, 자기 자신을 찾은 철강 산업에 뜨거운 찬가를 바친다. 열정과 힘이 넘치는 문장으로 보건대 노래하는 법을 확실히 깨친 듯하다.

〈피츠버그 포스트가제트〉

골드바흐는 정신질환과 가난, 강간문화, 천주교와 함께한 유년시절 이야기를 뛰어난 묘사와 성찰을 버무려 솜씨 좋게 풀어놓는다.

〈내셔널 가톨릭 리포터〉